三版

國學常識

邱燮友　張學波　田博元
張文彬　馬　森　李建崑
編著

東大圖書公司

前言

一

中國學術，簡稱「國學」。國學的範圍極廣，從時間而言，縱貫五千年的歷史與文物；從空間而言，涵蓋三江五嶽的人文和生活經驗，這些都記錄在歷代的典籍中，表現了華夏民族高度的智慧，以及東方文化豐厚的異彩。

前人對中國歷史，有「一部二十五史，從何說起」的浩歎。其實中國學術的範圍，要比中國歷史的範圍更廣，今要簡介中國學術，其難度更高過於中國歷史。為了使初學者接觸中國學術，能明快地了解中國學術的內涵和精華，我們合力編撰了這一部最新的國學常識。使年輕的一代學子，以新觀念、新方法，來體會中國學術的博大與深奧，進而喜愛它，並發揚光大。

二

國學常識不是一部教科書，它卻是一部很實用的參考書，可以作為國文科的補充教材；它也是供應一般國學常識的泉源，既可豐富學問，又能開拓視野。就以一般適用性而言，對於提昇國文程度、奠定國學基礎，當有所裨益。愛好中國文學者，更可以它作為研讀國學的入門書籍，進而登堂入室，窺探中國學術的堂奧。

本書編纂的宗旨，主要是提供高中、高職、大學生，以及一般喜愛中國學術的社會人士，作為自我研讀進修之用。尤其對一般升大專或就業考試的考生而言，有關「國文」、「國學常識」、「中國文學」等科目，往往因為範圍漫無邊際，不知從何準備，從何找尋適當的參考書。本書便是針對這個需要，從基本常識上著手，並配合新時代的觀念來一一加以介紹。內容包括：國學的名稱和範圍、國學典籍的分類、經學常識、史學常識、子學常識、文學常識等項，並增列語文、文法和修辭常識。此外，為配合中等學校學生個人自修勵志之用，還開闢了一項偏重趣味性的單元，介紹重要的經學家、史學家、思想家、文學家的傳略和軼事，讓讀者體察古代成功人物的才情和際遇，了解古人成功的因素和貢獻。其次，尚開列「國學基本書目」，讀者可依此簡明書目，再配合坊間古籍今註今譯的本子，或後人校注的普及本，仔細研讀，達到自我進修的功效。同時，書末提供「國學常識題庫」，設計數百題的測驗題和問答題，目的在幫助讀者反覆學習，並自行評量學習的效果。

三

我們都做過這類的數學題目：即一項工程，由甲單獨去做，五天可以完成；乙單獨去做，四天可以完成；丙單獨去做，三天可以完成，今甲、乙、丙三人同時去做，請問幾天可以完成？這項題目給我們的啟示，說明了人類合作的可貴和團隊精神的時效。我們本著這種精神，邀集了志同道合的學者，就各人的專長，分工合作，在短期內完成這部著作。其中國學的名稱和範圍、國學典籍的分類、文學常識，由本人執筆；經學常識，由師範大學張學波教授執筆；史學常識，由師範大學田博元教授執筆；子學常識，由中興大學李建崑講師執筆；語文、文法與修辭常識，由師範大學張文彬副教授執筆；重要學者及文學家傳略軼事，由成功大學馬森教授、李建崑和我分別執筆；國學基本書目及國學常識題庫，由本書編者與東大圖書公司編輯部同仁合力編纂而成。茲明表所司，以示徵信。

四

東漢王充論衡謝短篇云：「夫知古不知今，謂之陸沉；……夫知今不知古，謂之盲瞽。」然而，今天橫亙在我們面前的，不是王充時代古今貫通的問題，而是我們面臨古今中外學術文化交匯的新時代，如何確定中國學術的精華和價值？我們該如何自處？又如何迎接未來的挑戰？也許這本書能給予我們一些啟示罷！

中國學術，浩如煙海；中國典籍，珍如珠璣，細數中國學術的精華，猶恐有遺珠之憾。全書篇幅不少，必有疏漏，尚祈博雅君子，有所指正、指教。

民國七十八年八月

邱燮友寫於國立臺灣師範大學

國學常識

目次

壹　國學的名稱和範圍

一、國學的名稱

「國學」一詞，始於清代。國學，是指中國學術而言，也就是中國一切學問的總稱。國學與西學是相互對待的。西學，便是泛指西洋的學術。自從清道光二十年（西元一八四〇年），中英鴉片戰爭以後，五口通商，由於中西文化的交流，西洋學術也輸入中國，從此就有國學、西學的名稱相對而存在。晚清時，張之洞崇尚洋務，主張：「中學為體，西學為用。」這裡所說的「中學」，就是「國學」。

中國學術，涵蓋古今，包羅廣闊，舉凡中國的一切學問，皆包括其間；無論經學、子學、史學、文學、語言學、文字學等著述，均列在中國學術的範圍中，可謂體大而思精，湛深而博大，凝聚了先民生活的經驗和民族特有的智慧，散發出東方文化特有的異彩。

國學，又有國故、國粹等名稱。今人或稱之為漢學。近人章太炎（西元一八六九－一九三六年）曾撰國故論衡、國學略說等書，以闡揚中華固有文化，弘揚中國學術精粹的所在。他在書中，提到「國故」、「國粹」、「國學」等名詞。今人採用「國學」一詞，而「國粹」、「國故」等詞彙，便少有人使用。大抵名稱的確定，也是隨時代而變化，由眾人的使用而約定俗成的。

近年來，西方學者對中國學術的研究至為普遍，他們稱中國學術為「漢學」(Sinology) 或「華學」。至於日本人則稱中國學術為「支那學」，韓國人稱之為「中國學」，有些國家則稱之為「中國研究」(Chinese Studies) 或「東方研究」(Oriental Studies)、「遠東研究」(Far Eastern Studies)。

總之，國人稱本國的學術為「國學」；外國人稱中國的學術為「漢學」，已被世人肯定而接納。

二、國學的範圍

國學的範圍很廣，清乾隆年間，姚鼐（西元一七三一－一八一五年）將中國學問分為義理之學、考據之學、詞章之學。同治年間，曾國藩（西元一八一一－一八七二年）更主張增添經世之學（又名經濟之學）。在曾國藩的日記上云：

> 有義理之學，有詞章之學，有經濟之學，有考據之學。義理之學，即宋元所謂道學也，在孔門為德行之科。詞章之學，在孔門為言語之科。經濟之學，在孔門為政事之科。考據之學，即今世所謂漢學也，在孔門為文學之科。此四者，闕一不可。

曾國藩文中所說的「漢學」，與前段所說的漢學，內涵不同，曾氏所云，是指考據之學，與宋學相對待，而宋學是義理之學。

中國人把學術分為四大類，其實每一大類之中，又涵蓋了一些類別，其範圍仍然廣闊，今列舉大要如下：

義理之學：包括經學、子學、玄學、佛學、理學、現代哲學等。

考據之學：包括語言學、文字學、聲韻學、訓詁學、目錄學、校勘學、考古學、金石學、敦煌學等。

經世之學：包括天文學、地理學、曆算學、博物學、醫學、兵學、政學，以及今日的自然科學。

詞章之學：包括文章學、文法學、修辭學、詩學、詞學、散曲學、戲劇學、小說學、俗文學、文學批評，甚至可擴展為文學和藝術。

這些對國學範圍的劃定，往往也因時代的不同、社會的需要而不斷地向外擴大；同時學術的領域也日益拓展，學術的分類日益精細，有系統的新科目，也不斷的增多；我們研究學術的視野，無形中日益增廣。

近年來，交通方便，海外研究中國學術的漢學家日益增多，但外國學者對中國的學術畢竟只能見其一而不能窺其全貌，以為漢學的範圍只是研究中國歷史、語言，或研究禪學、道家與道教之學，或研究紅學（紅樓夢學）、敦煌學、吐魯番學等，便視為漢學的全體了。同樣地，國內學者，以為研究國學，只是研究十三經、四史、先秦諸子、昭明文選、文心雕龍、說文、廣韻、爾雅等一些古籍。其實中國的學術博大精深，涵蓋的範圍極廣，只要能窮究其理，或成專家，或成通儒，都有益於中國學術的擴大與文化的弘揚。

貳　國學典籍的分類

中國典籍，數量浩瀚，雖然大部分經過前人的整理分類，但對於一般讀者仍然有著閱讀上的困難，且不知從何著手，本書便是試圖給中國學術的範圍和源流，勾勒出一個大致的輪廓，使喜愛中國學術的年輕一代，也能繼武前賢，薪火相傳。

中國學術的精華，大半記錄在歷代典籍之中，在此說明歷代典籍的分類，有助於了解國學的分類，以便於尋找所需的圖書。今將歷代國學典籍的分類，略述於下：

一、西漢劉歆七略的七分法

依漢書藝文志的記載，漢成帝時，圖書散佚，陳農奏請皇上派人尋求天下遺書，因此成帝詔令劉向校訂經傳、諸子、詩賦等書，會向卒，哀帝再令劉歆繼承父業，完成七略一書。七略便成為我國最早的一部圖書目錄的書籍。今漢書藝文志圖書的分類，便是依照七略七分法的分類：

輯略：相當於圖書總目。

六藝略：包括易、書、詩、禮、樂、春秋、論語、孝經、小學等類的書。

諸子略：包括儒、道、陰陽、法、名、墨、縱橫、雜、農、小說等十家的著作。

詩賦略：包括屈原等賦、陸賈等賦、孫卿等賦、雜賦、歌詩等。
兵書略：包括兵權謀、兵形勢、兵陰陽、兵技巧等類的書。
術數略：包括曆譜、五行、蓍龜、雜占、形法等類的書。
方技略：包括醫經、經方、房中、神仙等類的書。

二、西晉荀勖中經新簿的四分法

三國魏鄭默編中經，到西晉荀勖加以整理，是為中經新簿，其中將圖書分四類：
甲部：包括六藝及小學的書。
乙部：包括古代諸子、近代諸子、兵家、術數家的書。
丙部：包括史記、舊事、皇覽簿、雜事等書。
丁部：包括詩賦、圖贊、汲冢書。

三、南朝宋王儉七志的七分法

王儉的七志，沿劉歆的七略而有所增減，合六藝、小學、史記、雜傳為經典志，並增圖譜佛道的書為圖譜志。七志的分類為：
經典志：包括六藝、小學、史記、雜傳的書。
諸子志：包括古今諸子的書。

文翰志：包括詩賦的書。
軍書志：包括兵書。
陰陽志：包括陰陽圖緯的書。
術藝志：包括方技的書。
圖譜志：包括地域、圖譜、佛書和道書。

四、隋書經籍志的四分法

隋書經籍志是依荀勖中經新簿的圖書分類而來，但其分類不用甲、乙、丙、丁部，改為經、史、子、集。其後四部的分法，大致以此為準。其四分法為：

經籍一・經：包括易、書、詩、禮、樂、春秋、孝經、論語、圖緯、小學等書。
經籍二・史：包括正史、雜史、霸史、起居注、舊事、職官、儀注、刑法、雜傳、地志、譜系、簿錄等類的書。
經籍三・子：包括儒、道、法、名、墨、縱橫、雜、農、小說、兵、天文、曆數、五行、醫方的書。
經籍四・集：包括楚辭、別集、總集、道經、佛經的書。

五、清代四庫全書的四分法

清代乾隆三十七年（西元一七七二年），設館編修四庫全書，歷十年完成，分經、史、子、集四部，故名四庫。收錄圖書三千五百零三種，共七萬九千三百三十卷。全書分抄七部，分別收藏於清宮的文淵閣、奉天行宮的文溯閣、圓明園的文源閣、熱河承德行宮的文津閣、揚州的文匯閣、鎮江的文宗閣，以及杭州的文瀾閣。咸豐時，英法聯軍入北京，火燒圓明園，文源閣被焚毀；洪楊事起，文宗閣、文匯閣相繼被毀，今存文淵、文溯、文瀾、文津四部。文淵閣為正文，現存臺北故宮博物院，今有商務印書館的影印本，其餘存放大陸。四庫的分法為：

經部：包括易、書、詩、禮、春秋、孝經、五經總義、四書、樂類、小學等書。

史部：包括正史、編年、紀事本末、別史、雜史、詔令、奏議、傳記、史鈔、載記、時令、地理、職官、政書、目錄、史評的書。

子部：包括儒家、兵家、法家、農家、醫家、天文算法、術數、藝術、譜錄、雜家、類書、小說、釋家、道家的書。

集部：包括楚辭、別集、總集、詩文評、詞曲等書。

六、清代曾國藩的新四分法

清代姚鼐將中國學問分義理之學、考據之學、詞章之學。曾國藩更增列經世之學，合前三者，於是有新四分法分類的成立。其後朱次琦沿用曾氏的說法，在禮山草堂講學加以推廣。朱氏後隱居南海九江鄉，學者稱九江先生。新四分法的內容大要，在前節國學的範圍中有所說明，在此從略。

以上六種，大致對中國圖書的分類，作概要的敘述，也可以了解圖書分類的演變。其中分七分法和四分法兩大類，七分法有七略和七志的分類，四分法有中經新簿、隋書經籍志、四庫全書的分類，甚至清代尚有義理、考據、詞章、經世的新四分法。至今四庫的分類，或曾國藩、朱次琦的新分類，猶為世人所習用。

其次近代圖書館中，對圖書的分類，摻雜了西洋書籍，於是圖書館圖書分類採用了杜威十進法。美人杜威將世界圖書共分十類，每類之中又分十項。其分類大綱如下：

000 總類	010 總目錄	020 圖書館學	030 百科全書	040 總論集
050 雜誌	060 會報	070 新聞學	080 特別藏書	090 珍籍
100 哲學	110 玄學	120 玄學問題	130 身心	140 哲學派別
150 心理學	160 論理學	170 倫理學	180 古代哲學家	190 近代哲學家
200 宗教	210 自然神學	220 聖經	230 教理神學	240 信仰實踐
250 傳道法	260 教學寺院	270 宗教史	280 基督教教會	290 非基督教
300 社會學	310 統計學	320 政治學	330 經濟學	340 法律
350 行政學	360 團體社會	370 教育	380 商業及交通	390 風俗習慣
400 語言學	410 比較語言學	420 英語	430 德語	440 法語
450 意大利語	460 西班牙語	470 拉丁語	480 希臘語	490 其他各種語言
500 自然科學	510 數學	520 天文學	530 物理學	540 化學
550 地質學	560 古生物學	570 生物、人類學	580 植物學	590 動物學
600 應用技術	610 醫學	620 工程學	630 農學	640 家政
650 交通及商業	660 化學工業	670 製造	680 機械營業	690 營造

700 美術	710 庭園	720 建築	730 雕刻	740 圖案
750 繪畫	760 雕板	770 照相	780 音樂	790 娛樂
800 文學	810 美國文學	820 英國文學	830 德國文學	840 法國文學
850 意國文學	860 西班牙文學	870 拉丁文學	880 希臘文學	890 其他各種文學
900 歷史	910 地理及遊記	920 傳記	930 古代史	940 歐洲史
950 亞洲史	960 非洲史	970 北美洲史	980 南美洲史	990 大洋洲及兩極史

現今一般圖書館圖書的分類，採杜威的分法，但多加以修正，以合國內實際情形。今日由於電腦的運用極為普遍，圖書的檢索，都可儲存電腦資料中，從作者姓名檢索，或從書名首字檢索，都很容易尋找到所需要的書目，然後再從編號中，取得所要找的圖書；甚至有些圖書館，已將圖書的提要和章節輸入電腦，以備讀者取用，資料的取得，已較往日簡便快捷很多，這是讀書人之福。

參 經學常識

一、概說

中國文化以儒家思想為主流，而儒家思想的基本典籍就是經書。我國有文字以後，流傳最早的儒家典籍，就是易、書、詩、禮、春秋這五部書。當時這五部書並不稱為經，大概到了戰國以後，這些書始被稱為經。至於六經這個名稱，最早見於古書的，是莊子的天運篇：

丘治詩、書、禮、樂、易、春秋六經，自以為久矣。

但自唐以後，經的數字並不限於五經、六經，而有七經、十經、十三經諸多不同的名稱。劉勰在文心雕龍宗經篇上說：

經也者，恆久之至道，不刊之鴻教也。

這種說法固然是尊孔之風大盛，一般儒者對於經書的觀念，認為經書是中國文化的精華、修己安人的典籍，那是不容否認的。因此，要認識中國文化，涵養崇高品德，必須從讀經書開始。茲就經字的涵義、經書的範圍、要義、價值與流傳，加以摘要論述：

(一)經字的涵義

經字的涵義，古人的說法殊多不同，如：

班固白虎通：「經，常也。有五常之道，故曰五經，言不變之常經也。」

劉熙釋名典藝篇：「經，徑也，常典也。如徑路無所不通，可常用也。」

其實經字的本義，是「織布的縱絲」，所以許慎說文解字說：「經，織從絲也。」段玉裁注：「織從絲謂之經，必先有經，而後有緯。是故三綱五常六藝，謂之天地常經。」由是可見，說文以織縱絲為經，是經字的本義，而班固、劉熙以經字當作「常」字、「徑」字講，那已經是引申、假借的意義。至於儒家最早的易、書、詩、禮、春秋之書，因為一些儒者認為這些書是記載天道人事常理的書，所以就稱之為經書。

(二)經書的範圍

經書的範圍，各家的說法亦多不同。首先提出六經之說的，是莊子的天下篇：

詩以道志，書以道事，禮以道行，樂以道和，易以道陰陽，春秋以道名分。

其次，司馬遷的史記滑稽列傳說：

六藝之於治，一也。禮以節人，樂以發和，書以道事，詩以達意，易以神化，春秋以道義。

六藝就是六經，莊子與史記所論六經之用，原是一致的。不過，六經排列的次序，又有不同的說法，大致言之，有兩種排列的方式：

1. 詩、書、禮、樂、易、春秋。
2. 易、書、詩、禮、樂、春秋。

上面兩種排列的方式，屬於第一種排列次序的，有莊子天下篇、史記儒林列傳等，屬於第二種排列次序的，有漢書藝文志、儒林傳。至於何以有這兩種不同的排列，近人蔣伯潛在經與經學上說：

六經的次序，有兩種不同的排列法：一、易、書、詩、禮、樂、春秋。二、詩、書、禮、樂、易、春秋。主張第一種排列法的學者，認為六經是周公的舊典，所以依其制作的時代先後為次序：易由於八卦，八卦是伏羲畫的，故列第一；書的第一篇為帝典，是記堯舜的事的，故列第二；詩的豳風七月是周末去豳遷岐時的作品，商頌是商代郊祀的樂章，故列第三；禮、樂是周公所制，故列第四、第五；春秋是孔子就魯史記修成，故列第六。主張第二種排列法的學者，以為六經是孔子所作，用以教人的，所以依其本身程度的淺深為次序：詩、書是文字的教育，程度比較淺，所以排在前面；禮是約束人的行為的，樂是陶冶人的品性的，已是進一步了，所以列在其次；易明陰陽之變、天人之際，如其拿現代的話來比喻，是從「宇宙論」以推論「人生哲學」；春秋則是孔子的政治主張，借褒貶往事以示其微言大義的，所以并他們下列的「文學」一科的子游子夏，對於他的筆則筆，削則削，都不能贊一辭，這兩種書，程度最為高深，所以列在最後。

蔣氏所說，是今文家和古文家所持的不同意見，其實，六經本來只是六種書籍，其排列的先後，可以說全無關係。不過，由於古書中記載的次序不同，今文家和古文家的見解不同，因此又使六經排列次序成為經學的問題，這也是研讀經書的人所必須知道的事。

其次，六經雖有其名，而樂經卻始終未能見其專書，此又是什麼緣故？一般言之，又有兩種說法：

1. 樂經原有其書，而亡於秦始皇的焚書。
2. 樂經本無其書，所謂「樂」只是附於「詩」的樂譜。

上面兩種不同的說法，主張第一種說法的是古文家，他們認為六經是周公的舊典，樂經當然有這部書，後世所以不見此書，那是因為秦火燔書的緣故。此種說法固然言之成理，但秦火之後，其他的經書都能復出，何以樂經竟全無痕跡，而且先秦流傳至漢的書籍，也無一句引過樂經的話，因此主張樂經原有其書而亡於秦火之說，不免令人懷疑。其次，主張第二種說法的是今文家，他們的持論，從前面論述觀之，樂經本無其書的說法，似乎可信。至於「樂」是「詩」的樂譜之說，固然在論語的子罕篇上說：

吾自衛反魯，然後樂正，雅頌各得其所。

由孔子之說觀之，古代「樂」和雅頌具有密切關聯之處，是不容置疑；不過，六經中的「樂」是否就是「詩」的樂譜，卻未有確實的證據。但就古書的儀禮、禮記二書觀之，用樂的情形，卻記載非常詳細，如儀禮燕禮：

小臣納工，工四人，二瑟。小臣何瑟，面鼓執越。內弦，右手相入。升自西階，北面東上坐。小臣坐授瑟，乃降。工歌鹿鳴、四牡、皇皇者華。

又禮記鄉飲酒義：

工入，升歌三終，主人獻之。笙入三終，主人獻之。間歌三終，合樂三終。工告樂備。遂出。一人揚觶，乃立司正焉。知其能和樂而不流也。

由上觀之，詩的樂譜不見得就是樂的經。至於何以未有樂經傳世，依據今人王靜芝先生的推測，他在經學通論上說：

樂是合於詩而用於禮的。詩的唱譜便是樂調；樂的用場便在禮中。禮中用樂重在形式，奏樂出自詩的樂譜，二者都不是專靠文字記載的，所以沒有專書。

王氏所說，固是推測之言，但在其他證據未曾發現之際，只好姑妄信之。

既然沒有樂經這部書，那麼六經只有其名，而實際上只有五經。五經中的易、書、詩、春秋四經，師傳雖有不同，但都是「經」，至於禮，在西漢立博士時，是以儀禮為「經」。到了唐代，孔穎達作五經正義，禮卻取了小戴禮記。其次，漢代立春秋博士，只有公羊、穀梁二傳，但到唐代孔穎達作五經正義，春秋卻取左氏傳，而五經中便沒有公、穀二家。至於今日吾人所說的五經，那即是指孔穎達所說的五經。

自唐而後，經書的範圍又多不同，有七經、九經、十經、十二經、十三經之說：

1 七經之說

(1)詩、書、禮、樂、易、春秋、論語。(見後漢書張純傳李賢注)

(2)尚書、毛詩、周禮、儀禮、禮記、春秋公羊傳、論語。(見王應麟小學紺珠)

(3)易、書、詩、春秋、周禮、儀禮、禮記。(見清康熙御纂七經)

2 九經之說

(1)易、書、詩、春秋左氏傳、禮記、周禮、孝經、論語、孟子。(見宋刻巾箱本白文九經、清秦鏷刻九經)

(2)易、詩、書、春秋、周禮、儀禮、大學中庸、論語、孟子。(見明張照奉敕刻篆字九經)

(3)易、書、詩、春秋、禮記、周禮、儀禮、論語、孟子。(見明郝敬九經解)

(4)易、書、詩、周禮、儀禮、禮記、公羊傳、穀梁傳、論語。(見清惠棟九經古義)

以上四種都是宋以後的人採輯的，其內容各自不同。其實，南朝宋時，設國子助教十人，分掌十經：周易、尚書、毛詩、禮記、周禮、儀禮、春秋左氏傳、公羊傳、穀梁傳各為一經，論語、孝經合為一經，名義上是十經，實際上已有十一經。唐文宗開成間石刻十二經，置於太學，則於十一經又多了一種爾雅。後來十二經再加一部孟子，便是所謂十三經。南宋光宗紹熙間已有十三經注疏的合刊本，成為經部的一部叢書，其內容是：

周易正義：魏王弼、晉韓康伯注，唐孔穎達正義。
尚書正義：漢孔安國傳，唐孔穎達正義。
毛詩正義：漢毛亨傳、鄭玄箋，唐孔穎達正義。
周禮注疏：漢鄭玄注，唐賈公彥疏。
儀禮注疏：漢鄭玄注，唐賈公彥疏。
禮記正義：漢鄭玄注，唐孔穎達正義。
春秋左傳正義：晉杜預注，唐孔穎達正義。
春秋公羊傳注疏：漢何休注，唐徐彥疏。
春秋穀梁傳注疏：晉范甯注，唐楊士勛疏。
論語注疏：魏何晏等注，宋邢昺疏。
孝經注疏：唐玄宗注，宋邢昺疏。
爾雅注疏：晉郭璞注，宋邢昺疏。
孟子注疏：漢趙岐注，宋孫奭疏。

上面十三部經書，其實，並不能說都是正式的「經」。易、書、詩、周禮、儀禮、春秋，固然是「經」；而左氏、公羊、穀梁，都是「傳」；禮記、論語、孝經、爾雅，都是「記」；孟子一書，宋以前是一部子書。到了南宋光宗紹熙間將此十三部書合刊成書，始有十三經注疏的合刊本。

二、經書概述

經書是古代最早的書籍，它是古人所遺留下來智慧的累積，也是一些最珍貴的史料。在這些書籍中，蘊藏著古人的倫理、政治、哲理思想，因此，吾人想要了解我國古代的文化，就必須讀這些經書，想要懂得立身處世的道理，也就必須讀這些經書。現在就依據十三經排列的次第，來論述這些經書的要義：

(一)易　經

易經是我國一部最古的經書，相傳伏羲畫卦，文王重卦，孔子作十翼。其書中的六十四卦三百八十四爻，本來只是用來卜筮的，後來到了孔子之際，他又把讀易所得作成十翼，附之易中，於是由卜筮之書，而成為哲理之書。至於這部書何以叫做「易」？鄭玄在六藝論上說：

> 易，一名而含三義：易簡，一也；變易，二也；不易，三也。

鄭氏所說甚是，易經就是一本從卦爻的變化，以探討宇宙一切事物不變的理則，所以古人就把這本書叫做「易」。

其次，談到易的內容，現在分成三部分來敘述：

1 卦　爻

卦爻本是一些具有象徵性的符號，它分為兩種：一種是陽爻，其符號作「—」；一種是陰爻，其符號作「- -」。八卦就是由這些卦爻組合而成的，如：

☰ 乾卦　☷ 坤卦　☳ 震卦　☶ 艮卦

☲ 離卦　☵ 坎卦　☱ 兌卦　☴ 巽卦

八卦雖然只是由三畫的卦爻組合而成，可是它卻代表八種不同的物象：乾卦代表天，坤卦代表地，震卦代表雷，艮卦代表山，離卦代表火，坎卦代表水，兌卦代表澤，巽卦代表風。這八種的物象，只是八卦原始的涵義，至於由此引申，每卦所代表的意義就很複雜了。

其次，由八卦錯綜相重就成為六十四卦。這六十四卦，每卦都有六爻，都是用來象徵宇宙的萬物萬事，從這裡面可以占卜吉凶，所以六十四卦之作，其原意也只是占卜之用。至於卦爻的名稱，陽爻叫做「九」，陰爻叫做「六」，每卦最下的一爻，陽爻叫做「初九」，陰爻叫做「初六」。從第二爻到第五爻，陽爻叫做「九二、九三、九四、九五」，陰爻就叫做「六二、六三、六四、六五」，每卦最上的一爻，陽爻叫做「上九」，陰爻就叫做「上六」。現在就以乾、坤二卦的圖形為例，說明如下：

乾卦		坤卦	
━	上九	--	上六
━	九五	--	六五
━	九四	--	六四
━	九三	--	六三
━	九二	--	六二
━	初九	--	初六

2 繫辭

卦爻下面所寫的字，用來說明卦爻象徵意義的，叫做繫辭。繫，聯綴的意思。繫辭分為兩種：

(1)卦辭　在每卦下面所綴聯的辭，叫做卦辭。如乾卦：

乾：元亨利貞。

乾，是卦名；「元亨利貞」，即是卦辭。

(2)爻辭　在每爻下面所綴聯的辭，叫做爻辭。如乾卦：

初九：潛龍勿用。　九二：見龍在田，利見大人。

九三：君子終日乾乾，夕惕若厲，无咎。　九四：或躍在淵，无咎。

九五：飛龍在天，利見大人。　上九：亢龍有悔。

「初九、九二、九三、九四、九五、上九」，是爻名；「潛龍勿用……亢龍有悔」，便是爻辭。

從易經的組合觀之，卦辭是闡述一卦卦象的涵義，爻辭是詮釋每爻爻象的涵義，所以卦辭、爻辭，是易的經文。

3 十　翼

十翼是易的傳，用來解釋經文的涵義，相傳是孔子所作。張守節在史記正義上說：

夫子作十翼，謂上彖、下彖、上象、下象、上繫、下繫、文言、序卦、說卦、雜卦也。

十翼是否出於孔子之作，姑且不論，在此只把十翼略作說明：

(1)彖傳：又名彖辭。彖傳是解釋卦辭的，其文辭精醇，蘊藏著天人之道。每卦中「彖曰……」云云，即是彖傳。

(2)象傳：又名象辭，分為二種：解釋一卦卦象的，叫做大象，如乾卦：「象曰：天行健，君子以自強不息」，即是大象；解釋一爻爻象的，叫做小象，如乾卦：「象曰：潛龍勿用，陽在下也」，即是小象。

(3)繫辭：又名繫辭傳，漢人或名之曰易大傳。泛論陰陽、象數變化的道理，分上下二篇，其對經義、易道的詮釋，至為精闢。

(4)文言：又稱文言傳。乾坤二卦為易的門戶，故作文言以詮釋卦爻辭的義蘊，今本周易分隸乾坤二卦中。

(5)說卦、序卦、雜卦：說卦，是論說八卦的德業、變化及法象；序卦，是詮釋六十四卦先後次序的涵義；

雜卦，是雜糅眾卦，如「乾剛坤柔」、「比樂師憂」，多用兩卦相對的道理來說明。其言近而旨遠，頗能發人深省。

總之，易經是由卦爻、繫辭、十翼組合而成的，它是一本講求天人之道的典籍。在這部書中，不但說明自然界的一切現象和法則，而且更從自然的現象和法則，透現出人類生存的道理，所以易經是一部講求待人處世、安身立命的哲學，其在中國的古書中，確是一本重要的典籍。

(二)書　經

書經，是一部歷史的書籍，古代只稱「書」。「書」的本義，是記述、著錄的意思。古代政府的公文檔案，由史官記錄之後，保存在官府，為了表示這些是由史官所記錄的，所以就稱之為書。到了東周之世，王官失守，檔案流散民間，孔子便將這些史料加以編集，作為教材，這便成為百篇尚書。到了漢代初年，又稱之為尚書。自是而後，書經歷代都稱尚書。至於何以稱之為尚書，孔安國尚書序上說：

> 以其上古之書，謂之尚書。

尚，即是上古之意，因為這部書中所記錄保存的，都是上古的史料，所以就稱之為尚書。其次，談到尚書的內容：

一般言之，尚書由孔子編集整理之後，共有百篇，每篇各有篇名，最早的是堯典，最晚的是秦誓，所以漢書藝文志上說：

> 書之所起遠矣，至孔子纂焉，上斷于堯，下訖于秦，凡百篇，而為之序，言其作意。

孔子所編的尚書百篇，經過秦始皇焚書之後，到了漢代，已經亡佚四十二篇。今日所傳的尚書五十八篇，有二十五篇是東晉人所偽作，此即所謂「偽古文尚書」。至於其餘三十三篇，舜典是從堯典的後半篇分出來的，不是原來的舜典；益稷是從臯陶謨的後半篇分出來的，不是原來的益稷；盤庚三篇原本合為一篇；如此去除四篇，得二十九篇，此二十九篇，即所謂「今文尚書」，是由漢初伏生傳下來的，所以史記儒林列傳上說：

> 漢定，伏生求其書，亡數十篇，獨得二十九篇，即以教於齊魯之間。

由是觀之，今日所傳的尚書，只有二十九篇的今文尚書，最為可信。至於這二十九篇的內容，現在依據孔安國書經的體式，略述於左：

典體：如堯典，是記載堯舜命官任職，讚揚王庭之事。

謨體：如臯陶謨，是記禹、臯陶、伯益與帝舜謀議國事之言。

訓體：如高宗肜日，是記述祖庚肜祭武丁時，祖乙告誡殷王之事；無逸，是記周公誥成王戒逸樂之辭。

誥體：如盤庚，是記盤庚自奄遷殷，告誡百姓之辭；大誥，是記周公伐殷時告誡屬下的文辭；洛誥，是洛邑建成後，周公誥成王之辭；多士，是成王遷殷之遺民於洛，周公代成王告殷民之辭。

誓體：如甘誓，是記夏啟伐有扈氏的誓師辭；湯誓，是記商湯伐夏桀的誓師辭；牧誓，是記武王與商紂戰於牧野的誓師辭；費誓，是魯僖公伐淮夷的誓師辭；秦誓，是秦穆公伐晉的誓師辭。

命體：如文侯之命，是記周平王錫命晉文侯之辭；顧命，是記成王臨終時的遺言。

總之，尚書是一本記錄上古政事的史書，有的史料是今日考古重要的史料，有的學說是吾人立身治國的龜鑑，所以尚書這部書，其價值永垂不朽，值得探索研究。

(三)詩經

詩經是我國一部最古的詩歌總集，古代但稱為「詩」。這一部書，共收集了三百零五篇，另外還有有目無辭者六篇。孔子時用作教材，教授弟子。至戰國晚期，學者尊之為經，始稱之為詩經。

1 詩經有關的問題

一般言之，要想探討詩經的內容，先要認識詩經有關的一些問題：

(1)採詩與刪詩

首先來談談詩經這部書是如何編集而成的：大致言之，詩經包含風、雅、頌三部分：頌是朝廷祭祀的樂章，雅是朝廷宴饗的詩歌，這些詩篇，都是出自朝中士大夫之手，當然不必派專人去採集，只有風是民間的歌謠，必須由專人去採集。根據古人的說法，周代的時候，政府裡設有專人，分別到各地去採集民間歌謠，所以漢書藝文志上說：

> 古有采詩之官，王者所以觀風俗，知得失，自考正也。

由是觀之，王者所以採集民歌，只是為了自己蒞政施政的參考。其次，古代所採集的詩篇，是否經過孔子的刪定呢？這個問題，始見於史記孔子世家：

> 古者詩三千餘篇。及至孔子，去其重，取可施於禮義，……三百五篇，孔子皆弦歌之，以求合韶武雅頌之音。

司馬遷所說孔子刪詩之說，似不可信。近人屈萬里先生在詩經釋義敘論上說：

> 魯襄公二十九年左傳，記季札在魯觀樂，所見的詩，已和今本略同，所不同處，只是國風的次第，以及對於頌沒說到周、魯、商之分。那時孔子才八歲，自然不會有刪詩之事；可見刪詩之說，不足憑信。

屈先生之說，不為無見，孔子刪詩之說，當不可信。

(2)毛詩與三家詩

其次，談談詩經的版本：自從秦始皇焚書之後，到了漢代，經學產生了今、古文的派別。今文的詩經，有齊、魯、韓三家。齊詩傳自齊人轅固生，魯詩傳自魯人申培公，韓詩傳自燕人韓嬰。此三家的詩，後人合稱為「三家詩」。到了魏時，齊詩便首先亡失；至西晉之時，魯詩也隨之失傳；只有韓嬰所作的韓詩外傳，現在還流傳於世。至於古文的詩經，只有毛詩一家。毛公是趙人，名亨，其學自謂是子夏所傳，他作有毛詩故訓傳三十卷，而毛萇傳之。當時的人稱亨為大毛公，萇為小毛公。毛詩雖然只在平帝時一度立為博士，但其學流行於民間。到了漢末的鄭玄，更根據他的故訓傳而為之作箋，於是毛詩到現在還流傳於世。

(3)四始與正變

此外，詩經又有「四始」之說，毛詩、魯詩、齊詩之說又各不同。毛詩以為四始之意，是以風、小雅、大雅與頌為王道所由興廢的四端，所以毛詩序說：

> 是以一國之事，繫一人之本，謂之風。言天下之事，形四方之風，謂之雅。雅者，正也，言王政之所由廢興也。政有小大，故有小雅焉，有大雅焉。頌者，美盛德之形容，以其成功告於神明者也。是謂四始，詩之至也。

其次，司馬遷也說到「四始」，他在史記孔子世家上說：

> 關雎之亂（按：依下文例，「之亂」二字為衍文，當刪）以為風始，鹿鳴為小雅始，文王為大雅始，清廟為頌始。

司馬遷所說的四始，只是指詩經中的風、小雅、大雅和頌的第一篇詩篇。司馬遷學的是魯詩，他的四始之說，應該是魯詩的說法。此外，齊詩的四始之說，見於詩緯汎歷樞：

> 大明在亥，水始也；四牡在寅，木始也；嘉魚在巳，火始也；鴻雁在申，金始也。

齊詩四始之說，是用五行家的理論，其所指的是春夏秋冬四時奏樂開始的詩篇，原來是根據樂律來說明的，比之齊詩、魯詩的說法，當較可信。

其次，詩經中的風和雅又有正變之說，此說始見於毛詩序：

至於王道衰，禮義廢，政教失，國異政，家殊俗，而變風、變雅作矣。

由是以觀，毛序以盛世之詩，安樂和平，為正聲；衰世之詩，困苦怨怒，為變聲。不過，三百篇中，何者為盛世之詩，何者為衰世之詩，固難確定，但漢代的鄭玄卻提出他的看法，他在詩譜上說：

文武之德，光熙前緒，以集大命於厥身，遂為天下父母，使民有政有居。其時詩風有周南、召南，雅有鹿鳴、文王之屬。及成王、周公致太平，制禮作樂，而有頌聲興焉，盛之至也。本之由此風雅而來，故皆錄之，謂之詩之正經。後王稍更陵遲，懿王始受譖亨齊哀公；夷身失禮之後，邶不尊賢。自是而下，厲也，幽也，政教尤衰。……故孔子錄懿王、夷王時詩，訖於陳夷公淫亂之事，謂之變風變雅。

鄭氏之說，以西周初葉的詩為正，懿王以後之詩為變，此雖是臆測之辭，但文獻不足的今天，也只好留待考證。

2 詩經內容的探討

至於詩經的內容，毛詩序說：

詩有六義焉：一曰風，二曰賦，三曰比，四曰興，五曰雅，六曰頌。

由是觀之，「風、雅、頌」是詩的三種體裁，「賦、比、興」是詩的三種作法。現在就來談談風、雅、頌的內容：

詩經中的風，一共收錄了十五國一百六十首的詩，這些詩篇都是各國所採集的民歌。至於這些詩篇何以叫做風？毛詩序說：

風，風也，教也。風以動之，教以化之。……上以風化下，下以風刺上，主文而譎諫，言之者無罪，

> 聞之者足以戒，故曰風。

由是觀之，毛序把「風」解作諷，恐怕不是「國風之風」的本義。宋人鄭樵在六經奧論上說：

> 風土之音曰風。

又說：

> 風者，出於風土，大概小夫賤隸婦人女子之言。其意雖遠，其言則淺近重複，故謂之風。

鄭氏所說甚是，國風的風，應該解作「風土之風」，這一百六十首的詩篇，都是民間的歌謠，有的描述各地的風土民情，有的抒寫青年男女的情懷。

其次，詩經中的雅詩，分為小雅與大雅，一共收錄一百零五首。雅字的意義，本來是樂器之名。周禮春官笙師鄭玄注云：

> 雅，狀如漆筩而弇口，大二圍、長五尺六寸，以羊韋鞔之，有兩組，疏畫。

由是可見，周代歌唱雅詩時，就是以雅這種樂器為主，因此即以樂器之名，作為樂歌之名。至於雅又何以謂之正樂，那是因為古代雅字又與夏字相通，夏字的本義，是「中國之人」的意思，所以流行中原一帶而為王朝所崇尚的正聲，就謂之雅。同時，雅又有大小雅的區分，大概是從它的音節、內容來分別的，所以朱熹詩集傳上說：

> 正小雅，宴饗之樂也；正大雅，會朝之樂，受釐陳戒之辭也。……詞氣不同，音節亦異。

朱子所說甚是。小雅七十四篇，大多是士大夫宴饗的樂詩；大雅三十一篇，大多是士大夫會朝的樂詩。

至於詩經中的頌詩，分為周頌、魯頌與商頌，一共收錄四十首。頌字的意義，清人阮元在釋頌上，以為頌就是容，是歌而兼舞之意。在這些頌詩中，周頌三十一篇為最早，大致都是西周初年的詩篇；魯頌四篇，全都作於魯僖公之時；商頌五篇，大約是宋襄公時的作品。這些頌詩，大多都是用來祭告神明的樂詩。

總之，詩經三百零五篇，不但在文學上具有極高的價值，而且它也是一本培養美德的典籍，如周南桃夭：

之子于歸，宜其室家。

這兩句詩，就是在抒寫夫婦必須和順相待；其次，如大雅抑：

溫溫恭人，維德之基。

這兩句詩，就是在說明溫恭是做人的基本涵養。由是觀之，詩經的詩篇，也是修身進德所必讀的一部典籍。

㈣三　禮

1 周　禮

周禮，原來稱作「周官」。荀悅漢紀上說：

劉歆以周官經十六篇為周禮。王莽時歆奏以為禮經，置博士。

由是觀之，周官到了西漢末年的劉歆，始稱為周禮。而「周禮」這個名稱，自從鄭玄為三禮作注以後，就成為世人習慣的定稱。至於周禮的作者及內容，略述於下：

⑴周禮的作者

秦始皇焚書以後，漢初並未見到周官一書，到了武帝時，河間獻王從季氏得到這部書的古文本，但亡失了冬官一篇，於是用考工記來補綴。至於周禮一書的作者，議論紛紜，最重要者有下列四說：

①鄭玄周禮注：「周公居攝而作六典之職，謂之周禮。」

②張載橫渠語錄：「周禮是的當之書，然其間必有末世增入者。」

③洪邁容齋隨筆：「昔賢以為戰國陰謀之書，考其實，蓋出於劉歆之手。」

④梁啟超古書真偽及其年代：「周禮是戰國以後的書。」

周禮一書的作者固難確定，但武帝時河間獻王已得到周官，由是觀之，此書絕非劉歆的偽作。至於此書著成的時代，大體言之，周禮或許是成於西周時代，到了戰國末期又有人從事增補整理。今人周何先生在周禮述要一書中說：

周禮著成時代……就文章體制的發展來推測其時間，應該要到戰國的末期；如就思想型態的發展來說，可能與荀子的時代、荀子的思想都非常接近。

周先生所說甚是，周禮一書，其作者固難確定，但其著成的時代，當是戰國的末期。梁氏之說，甚是。

(2)周禮的內容

周禮這部書，是敘述周代的行政官制和職掌，本來就收了天官、地官、春官、夏官、秋官、冬官等六篇，所以過去也有人稱此書為「六官」。不過，漢代初年，冬官部分就已經亡佚，後來就用考工記補綴在後面，因此今本的周禮雖然還是六篇，但已經不是周禮的原文。至於周禮全書的內容，最重要的包括下面四個部分：

總序：周禮每篇文章的前面，都有這麼幾句話：「惟王建國，辨方正位，體國經野，設官分職，以為民極。」這幾句話，是周禮六官的總序。

總職：每篇總序以下，接著就說出其總職，如：「天官冢宰，掌邦治。」「地官司徒，掌邦教。」不過，冬官亡佚，沒有「冬官」總職的說明。後人就根據天官小宰及尚書周官篇來增補，認為「冬官」的總職是：「冬官司空，掌邦事。」

序官：每篇總職以下，都列有序官，說明各官的僚屬，以及官秩的高低和編制的人員。

職掌：每篇序官以下，又列出各屬官的專司職掌，這是周禮的正文。

總之，周禮這一部書，固然不是劉歆的偽造，但就其內容觀之，其不但是我國最早一部職官治事的政典，同時也是一部儒家政治思想的淵鑑，所以周禮這一部書，當是研究我國古代政治制度重要的典籍。

2 儀禮

儀禮，原來只稱作「禮」。班固漢書藝文志但云「禮古經」及「經」，並無「儀禮」的名稱。大概到了梁陳以後，始有儀禮的名稱。自此以後，儀禮便成了常用的書名。至於儀禮的作者及內容，略述於下：

⑴儀禮的作者

儀禮的作者，最重要的有下列三說：

①孔穎達禮記正義序：「成王幼弱，周公攝政六年，制禮作樂。但所制之禮，則周官、儀禮也。」

②邵懿辰禮經通論：「以周禮為周公作固非，以儀禮為周公作亦未是也。禮十七篇蓋孔子所定。」

③崔述豐鎬考信錄：「此必春秋以降，諸侯吞併之餘，地廣國富，而大夫士邑亦多，祿亦厚，是以如此其備，非先王之制也。」

儀禮的作者，固難確定，不過，依據論語、禮記的記載，孔子時已有鄉飲酒禮、鄉射禮，那麼儀禮並非全由孔子所作，或可相信。其實，禮儀是由生活漸漸約定俗成，不可能由一人強制規定，所以儀禮當沒有作者，而是輯纂成書的。今人王靜芝先生在經學通論上說：

禮儀是生活中漸漸形成的，初時無書，漸有文字記載。文字記載可能很多，秦火後散失。高堂生得十七篇，以今文傳之，於是有了一部儀禮。

王氏所說，固是臆測之言，惟就全書的內容觀之，當可深信。

⑵儀禮的內容

儀禮有今古文的分別，而且篇數也不同。班固漢書藝文志上說：

禮，古經五十六卷，經七十篇。（劉敞校云：此七十與後七十皆當作十七，計其篇數則然。）

漢志所錄的「古經」，就是「古文儀禮」；「經」，就是「今文儀禮」。後來古文流傳不廣，漸漸亡佚，而今文十七篇，一直流傳至今。

漢代的時候，儀禮有三種傳本：戴德本、戴聖本、劉向別錄本。東漢鄭玄注儀禮，即是採用別錄本。而十三經的鄭玄注，其篇目是：

①士冠禮　②士昏禮　③士相見禮　④鄉飲酒禮　⑤鄉射禮
⑥燕禮　⑦大射　⑧聘禮　⑨公食大夫禮　⑩覲禮
⑪喪服子夏傳　⑫大喪禮　⑬既夕禮　⑭士虞禮　⑮特牲饋食禮
⑯少牢饋食之禮　⑰有司徹

從這十七篇的篇目觀之，其內容不外是記述古代冠、昏、喪、祭、鄉、射、朝、聘等八種禮節的儀式。

總之，儀禮這一部書，是記述古代習俗禮儀的書，雖然禮儀是隨著時代改變而有所因革損益，但是社會上許多相沿成習的禮俗，還是可以從這部書中找出它們的根源來，所以儀禮這一部書，是研究我國古代社會文化所必讀的一部書。

3 禮　記

禮記，在漢時有時稱「記」，如班固漢書藝文志六藝略上說：

記，百三十一篇。

不過，有時也稱「禮記」，如班固漢書河間獻王傳上說：

獻王所得書皆古文先秦舊書，周官、尚書、禮、禮記、孟子、老子之屬，皆經傳說記，七十子之徒所論。

由是觀之，禮記在漢時有時稱「記」，有時稱「禮記」。至於後世的通稱，都是稱作禮記。孔穎達禮記正義引鄭玄六藝論說：

戴德傳記八十五篇，則大戴禮是也；戴聖傳禮四十九篇，則此禮記是也。

大戴記今存四十篇，其中有與小戴記相重複者，也有雜入小戴記篇中者，而小戴記四十九篇，至今沒有散失，就是現在的禮記。下面就來談談禮記的作者及其內容：

(1)禮記的作者

禮記四十九篇，是一部蒐集編輯而成的書，作者眾多，前人所提及而最重要者，有下列數說：

①漢書藝文志班固自注：「七十子後學所記。」顏師古注：「劉向別錄云：六國時人也。」

②漢書藝文志六藝略樂部敘錄：「武帝時，河間獻王好儒，與毛生等共采周官及諸子言樂事者，以作樂記。」

③陸德明經典釋文：「禮記者，本孔子門徒共撰所聞，以此為記。後人通儒各有損益。故中庸是子思伋所作，緇衣是公孫尼子所制。鄭玄云：『月令是呂不韋所撰。』盧植云：『王制是漢時博士所為。』」

④何異孫十一經問對：「問：『禮記一書誰作？』對曰：『孔子說，七十二子共撰所聞，以為之記，及秦漢諸儒錄所記以成編，多非孔子之言，凡子曰者多假託。』」

上面各家所說，多是臆測之言，恐不可信。其實，禮記一書的作者，大概是戰國至秦漢間儒家學者之所作。今天吾人所見十三經中的禮記，是經過戴聖編定的，當可確信。

(2)禮記的內容

十三經中的禮記，便是四十九篇的小戴記。至於它的內容，非常豐盛繁雜，現在就參考高明先生禮學新探的分類，藉此以窺知禮記一書的梗概：

①通論

甲、通論「禮」意：包括禮運、禮器、郊特牲、經解、哀公問、仲尼燕居等六篇。

乙、通論與「禮」有關的學術思想：包括孔子閒居、樂記、學記、大學、中庸、坊記、表記、緇衣、儒行等九篇。

②通禮

甲、關於世俗生活規範：包括曲禮上下、內則、少儀、深衣、玉藻等六篇。

乙、關於國家政令制度：包括月令、王制、文王世子、明堂位等四篇。

③專禮

甲、喪禮：包括奔喪、檀弓上下、曾子問、喪大記、喪服小記、雜記上下、服問、大傳、閒傳、問喪、三年問、喪服四制等十四篇。

乙、祭禮：包括祭法、祭義、祭統等三篇。

丙、冠禮：冠義一篇。

丁、鄉飲酒禮：鄉飲酒義一篇。

戊、射禮：射義一篇。

己、燕禮：燕義一篇。

庚、聘禮：聘義一篇。

辛、婚禮：昏義一篇。

壬、投壺禮：投壺一篇。

從上所述觀之，禮記一書，有的是說明禮文制度的原意，有的是闡論淑世拯民的道理，有的是記載祭祀養老的制度，有的是敘述生活行為的規範，所以禮記這部書，是認識素有「禮義之邦」美稱的我國傳統文化必讀的典籍。

(五)三　傳

1 左　傳

左傳，是「春秋左氏傳」的省稱，原來的名稱叫做「左氏春秋」，漢人又省稱為「左氏傳」，它與「春秋公羊傳」、「春秋穀梁傳」，合稱為「春秋三傳」。現在就先來討論左傳的作者與內容：

(1)左傳的作者

首先提出左傳為左丘明所作的，是太史公司馬遷。他在史記十二諸侯年表序上說：

> 是以孔子明王道，干七十餘君，莫能用，故西觀周室，論史記舊聞，興於魯而次春秋，上記隱，下至哀之獲麟，約其辭文，去其煩重，以制義法，王道備，人事浹。七十子之徒受其傳指，為有所刺譏褒諱挹損之文辭，不可以書見也。魯君子左丘明懼弟子人人異端，各安其意，失其真，故因孔子史記具論其語，成左氏春秋。

自史記以後，幾乎都認為左傳是左丘明所作的，但自唐宋以後，卻有不少學者認為左傳不是左丘明所作，如唐人陸淳春秋集傳纂例上說：

> 予觀左氏傳，自周、晉、齊、宋、楚、鄭等國之事最詳，……左氏得此數國之史以授門人；義則口傳，未形竹帛。後代學者乃演而通之，總而合之，編次年月以為傳記。

宋人葉夢得春秋考上又說：

> 今考其書，雜見於秦孝公以後事甚多，以予觀之，殆戰國周秦間之人無疑也。

綜觀前人之說，唐宋以後的人之所以懷疑左傳的作者，其最大的理由，是左傳所載的史事，有後於左丘明之時代者，故疑其非左丘明所作。其實，細考先秦的典籍，鮮有未經後人附益者，左傳所載的史事，當然也有後人的增竄。紀昀四庫全書總目提要上說：「經止獲麟，而弟子續至孔子卒；傳載智伯之亡，殆亦後人所續；史記司馬相如傳中有揚雄之語，不能執是一事指司馬遷為後漢人也。」紀氏所說甚是，左傳當是左丘明所作，但也有後人的增竄，所以史公之說，當可深信。

(2)左傳的體例

左傳的內容，其主旨在闡釋經旨，傳示來世，所以左氏蒐集許多史料，用來褒貶是非，講論春秋的大義，但左傳也往往溢出經文之外，敘述一些春秋所無的事情，因此，左傳是一部經學的書，同時也是一部史學的書。至於左傳傳經的體例，現在根據劉正浩先生左傳導讀一文之所述，撮要列述於左，以供研讀之參考：

①左傳記事，直書其事：左傳述事，主要是為了闡發春秋的微言大義；假使事態既明，大義可得，當然也就只有直述其事。

②左傳傳經，兼述其義：經文的寓意隱微，左氏除了陳述事實，而且還要探索春秋經文的大義。

③左傳述事，自申其義：左傳記事，也常有他獨到的見解，隱微的寓意，無法用述事之辭表達，恐日久湮沒失真；於是他自創新例，假託「君子」之名以發議論，自申其義。

總之，左傳是一部經書，也是一部史書，它融經學於史學，寓褒貶於記事，是我國一部不朽的著作。由是觀之，研究我國古代文化的人，都應該潛心研讀左傳。

2 公羊傳

西漢之際，由於漢武帝的尊儒，而董仲舒的對策，又都依據「公羊家」之言，因此，公羊傳乃成為西漢最受人重視的經典。在此試論公羊傳的傳授及其體例，以作研讀之參考：

(1)公羊傳的傳授

公羊傳的傳授，出自孔子的門人子夏，所以戴宏公羊傳序說：

> 子夏傳與公羊高，高傳與其子平，平傳與其子地，地傳與其子敢，敢傳與其子壽，至漢景帝時，壽乃共弟子齊人胡母子都（胡母生，字子都）著於竹帛，與董仲舒皆見於圖讖是也。

由是觀之，公羊傳的傳授，最初只是口傳，到了公羊壽與胡母生始著於竹帛，其實，西漢傳此書者不止公羊壽和胡母生，董仲舒也是「公羊學」的著名學者。鄭玄六藝論說：

> 治公羊者胡母生、董仲舒。董仲舒弟子嬴公，嬴公弟子眭孟，眭孟弟子莊彭祖及顏安樂，安樂弟子陰豐、劉向、王彥。

由此觀之，漢初傳公羊傳者以胡母生與董仲舒最為著名；而二者之中，董仲舒尤為重要。

(2)公羊傳的體例

三傳對春秋的解經，左傳重在敘述春秋經文所書的事實，所以謂之「記載之傳」；公羊、穀梁重在解釋春秋經文的義例，以發揮春秋的微言大義，所以謂之「訓詁之傳」。至於公羊傳解經的體例，現在根據王靜芝先生經學通論一書之所述，撮要列述於左，以供研讀之參考：

①公羊傳的解經，每句一解：左氏主要在敘事，因此無法每句一解，而公羊主要在解經，所以每句一解，不過，其在行文之間，並未標識經傳的分別，所以眉目不如左傳清楚。

②公羊傳的記事，多用問答：公羊傳中的記事，多在字句之間，作問答式的解釋，並記其事的始末。

③公羊傳的探義，重正名分：正名分是孔子作春秋的要旨，所以公羊傳對正名分，就特別注重。在公羊大義中，這算是一個最重要的項目。

總之，公羊傳之書，其對春秋大義中的正名分、別善惡的解說，最為詳盡，所以要想研究春秋大義，不可不讀公羊傳。

3　穀梁傳

穀梁傳的性質，大致與公羊傳相同，主要在解釋春秋經的義例，但其解經的內容卻又與公羊傳殊多不同。至於穀梁傳的傳授與體例如何？在此略作說明：

(1)穀梁傳的傳授

穀梁傳的傳授，也是出自孔子的門人子夏，所以楊士勛春秋穀梁傳序疏說：

> 穀梁子名淑，字元始，魯人。一名赤。受經于子夏，為經作傳，故曰穀梁傳。傳孫卿；孫卿傳魯人申公；申公傳博士江翁。其後魯人榮廣大善穀梁，又傳蔡千秋。漢宣帝好穀梁，擢千秋為郎。由是穀梁之傳大行於世。

由此觀之，穀梁傳當是穀梁子的自作，不過，清人紀昀卻反對此種說法，他在四庫全書總目提要上說：

> 公羊傳定公即位一條，引沈子曰。何休解詁以為後師。此傳定公即位一條，亦稱沈子曰。公羊穀梁既同師子夏，不應及見後師。又初獻六羽一條，稱穀梁子曰。傳既穀梁自作，不應自引己說。且此條又引尸子曰。尸佼為商鞅之師，鞅既誅，佼逃於蜀，其人亦在穀梁後，不應預為引據。疑徐彥之言（案徐彥公羊傳疏：公羊高五世相授，至胡母生乃著竹帛，題其親師，故曰公羊傳。穀梁亦是著竹帛者，

題其親師，故曰穀梁傳，則當為傳其學者所作。）為得其實。但誰著於竹帛則不可考耳。

紀氏所說甚是，穀梁傳並非穀梁子的親作，至於穀梁傳何時著成，寫錄成書的人是誰？文獻不足，已經難以稽考，但必是傳其學者所作，因稱穀梁傳。

(2)穀梁傳的體例

穀梁傳的體例，大致與公羊傳相近，也是一句一句用問答方式來解釋春秋經文的涵義，但它與左傳採用記事、敘述的體裁不同。至於穀梁傳體例的特色，現在根據王熙元先生春秋穀梁傳述要一文之所述，撮要列述於左，以供研讀之參考：

①穀梁之義，多本於論語，如僖公十九年傳提出「正名」二字，這正是論語子路篇孔子告訴子路「為政必先正名」的主張，可見穀梁傳中包含了不少純正的孔子思想。

②穀梁傳對春秋的辨別名實，都能明察秋毫、一絲不苟的將實情解說得完全符合。

③穀梁傳的義例，凡列國諸侯會盟不書日，若為三國合盟之始，則謹慎書日，以志其要。如隱公八年書：「秋七月庚午，宋公、齊侯、衛侯盟于瓦屋。」穀梁傳說：「外盟不日，此其日何也？諸侯之參盟於是始，故謹而日之也。」

從上所述觀之，穀梁傳是重在解釋春秋經文的義例，而且其解經又多本於論語，書中寓有「明辨是非」的精神，所以穀梁傳不僅是闡發春秋大義的典籍，而且也是探索孔子思想的津梁。

(六)論　語

論語是記載孔子言行的典籍，也是儒家最有價值的名著。二千多年來，深受世人的推崇，所以趙岐孟子題辭上說：

七十子之疇，會集夫子之言，以為論語。論語者，五經之錧鎋，六藝之喉衿也。

宋史趙普傳也說：

普嘗謂太宗曰：「臣有論語一部，以半部佐太祖定天下，以半部佐陛下致太平。」

趙岐和趙普所說的話，其實一點也不誇大，論語的確是一部安身立命、拯民救世的經典。至於論語的編纂、傳本和內容，下面就來加以敘述：

1 論語的編纂

論語這部書，究竟是何人編纂而成的？自班固以來，最重要的有下列四說：

(1)班固漢書藝文志：「論語者，孔子應答弟子時人，及弟子相與言，而接聞於夫子之語也。當時弟子各有所記，夫子既卒，門人相與輯而論纂，故謂之『論語』。」

(2)陸德明經典釋文敘錄：「鄭玄云：『論語乃仲弓子夏等所撰定。』(邢昺疏：「仲弓下脫子游二字。」)」

(3)程子論語集注序說：「論語之書，成於有子、曾子之門人，故此書獨二子以子稱。」

(4)皇侃論語義疏：「論語者，是孔子沒後七十弟子之門人共所撰錄也。」

從上所述觀之，論語一書的編纂，固難考定，不過，就全書的內容觀之，泰伯篇既已記載曾子臨終時的話；曾子之死，孔子的弟子多已無存；且古人之稱字稱子，並無輕重之分。由是觀之，論語一書，當是孔子弟子之門人所撰錄。皇氏之說，較為可信。

2 論語的傳本

論語在漢代，有三種的傳本。皇侃論語義疏引劉向別錄說：

> 魯人所學，謂之魯論；齊人所學，謂之齊論；合壁所得，謂之古論。

由此可知，論語在漢代有三種傳本：魯論、齊論、古論。至於這三種傳本的不同，略述於左：

(1)魯論：今文本，魯人所傳，共二十篇。傳魯論的，經典釋文序錄載有六家，即龔奮、夏侯勝、韋賢及子玄成、魯扶卿、夏侯建和蕭望之。

(2)齊論：也是今文本，齊人所傳，共二十二篇。多問王、知道二篇。據經典釋文序錄所說，齊論多此二篇外，其餘二十篇，章句亦多於魯論。傳齊論的，漢書藝文志載有五家，即王吉、貢禹、宋畸、五鹿充宗和庸生，何晏集解序又增王卿一家，共六家。

(3)古論：古文本，據漢書藝文志所說，也是魯恭王得之孔宅壁中，共二十一篇。分堯曰篇的第二章「子張問何如斯可以從政」及第三章「不知命」為一篇，有兩個子張篇。篇次和齊論、魯論也不太相同，文字和魯論不同的有四百多字。孔安國、馬融曾作過注解，今已失傳。

至於今本二十篇的論語，就是張侯論。漢書張禹傳上說：

> 魯扶卿及夏侯勝、王陽、蕭望之、韋玄成皆說論語，篇第或異。禹先事王陽，後從庸生，采獲所安，最後出而尊貴。諸儒為之語曰：「欲為論，念張文。」由是學者多從之，餘家寖微。

陸德明經典釋文序錄上又說：

> 安昌侯張禹，受魯論於夏侯建，又從庸生、王吉受齊論，擇善而從，號曰張侯論，最後而行於漢世。禹以論授成帝。後漢包咸、周氏並為章句。

由是觀之，張禹本受魯論，後採齊說，刪去二者的煩惑，又除去齊論的問王、知道二篇，以魯論二十篇作為底本，這就是世人所稱的張侯論。漢末鄭玄又以張侯論為本，參考齊論、古論而作注，魏時何晏又集孔安國、包咸、周氏、馬融、鄭玄之說，著成一本集解，這就是今天所見十三經中的論語。

3 論語的內容

論語自學而至堯曰，全書凡分二十篇。每篇篇名並沒有特殊的意義，而且篇章之間也無任何關聯，所以在研讀這部書時，最好分類研讀，才能深入探討孔子的思想。從論語一書來看，仁道思想，就是孔子的中心學說，所以清人阮元在論語論仁論上說：

孔子為百世師。孔子之言，著於論語為多。論語五常之事詳矣，惟論仁者凡五十有八章，仁字之見於論語者凡百有五（按：論語仁字共一百零七，阮氏之說，實不正確），為尤詳。

阮氏之說甚是；仁道學說，是孔子的中心思想，因此研讀論語，首先就必須體認這個仁字的涵義，如此始可真正理解論語這部經典。

總之，論語是儒家一部最偉大的典籍，在這部書中記載著孔子許多不朽的思想。「孔子個人有多少價值，論語便也連帶地有多少價值。」梁啟超這句話，是很對的，所以在十三經中，論語的確是值得讀也是不可不讀的一部經典。

(七)孝　經

孝經也是十三經之一，它是討論孝道的書。從前的人都認為孝經是孔子作的，所以孝經這本書向來都受到世人的重視。現在就來談談孝經的作者及內容：

1 孝經的作者

孝經的作者，自漢以降，最重要者有下列四說：

(1)司馬遷史記仲尼弟子列傳：「曾參少孔子四十六歲，孔子以為能通孝道，故授之業，作孝經。」

(2)晁公武郡齋讀書志：「何休稱『子曰：「吾志在春秋，行在孝經」』，信斯言也，則孝經乃孔子自著者也。今首章云：『仲尼居，曾子侍。』則非孔子所著明實。評其文書，當是曾子弟子所書。」

(3)姚際恆古今偽書考：「是書來歷出於漢儒，不惟非孔子作，併非周秦之言也。」

(4)王正己孝經今考：「孝經思想有與孟子思想相同者五點，大概可斷定為孟子門人所作。至其成書年代，在戰國末年，早不過莊子時代，晚不出呂氏春秋成書時代。」

綜觀孝經一書，呂氏春秋察微篇已引孝經諸侯章，可見戰國時已有此書，因此，孝經一書，大約戰國末年至漢代初年的儒家學者所著成。王氏之說，較為可信。

2 孝經的內容

孝經一書，也有今文、古文本的分別。古文本為孔安國所注，據說也出於孔宅壁中，到梁時就已亡佚；今文本為鄭玄所注，鄭注雖已亡佚，而經文卻流傳至今。現存十三經中的孝經，經文就是採用今文本，注是唐玄宗的御注。全書凡分十八章，其篇目如下：

①開宗明義章	②天子章	③諸侯章	④卿大夫章	⑤士章
⑥庶人章	⑦三才章	⑧孝治章	⑨聖治章	⑩記孝行章
⑪五刑章	⑫廣要道章	⑬廣至德章	⑭廣揚名章	⑮諫諍章
⑯感應章	⑰事君章	⑱喪親章		

上述的十八章，從其結構來說，第一章是全書的綱領，其他的十七章都是用來補充詮釋孝道，所以朱子就稱第一章為「經」，而下面十七章都稱作「傳」。在這十八章中，最長的是聖治章，全文共二百八十八字，最短

的是五刑章，全文僅三十七字，而且短的多，長的少。全書也只不過一千七百九十九字。在十三經中，算是一本字數最少的經書。

總之，孝經是一本論述孝道思想的書，雖然今天的時代變了，禮俗也不同了，但是敬親尊親的觀念，應該是永遠不變的，因此，孝經在今日仍有它一定的價值，況我國自古就崇尚孝道，炎黃子孫自當研讀孝經。

(八)爾　雅

爾雅原來只是一本解釋字義的書，也可說是我國最早的一部詞典。因為漢書藝文志把這部書列在孝經類中，所以後來就將它安置在經書之列；其實，爾雅這部書，只是古人為解經而作的，附在群經之末，以備讀經者的翻檢而已，在十三經中，算是價值最低的一本經書；不過，這本書中所錄的名物詞類，不僅對讀經書有極大的幫助，而且其對古今語言和名物命名演變的研究，也是一種有用的資料，所以爾雅這部書，也自有其不朽的價值。茲略述其作者及內容。

1 爾雅的作者

爾雅的作者，古人有許多不同的說法，最重要的有下列三說：

(1)揚雄說：「(爾雅)，孔子門徒游夏之儔所記，以解釋六藝者也。」(見西京雜記引)

(2)張揖說：「臣聞昔在周公，纘述唐虞，宗翼文武，剋定四海，勤相成王。……六年制禮，以導天下。著爾雅一篇，以釋其意義。」(見上廣雅表)

(3)葉夢得說：「爾雅訓釋最為近古，世言周公作，妄矣！其言多是詩類中語，而取毛氏說為正，予意此但漢人所作耳。」(見石林集)

綜觀上述三說，說法不同，固難考其是非，但就爾雅一書的內容觀之，當是漢代學者採擷諸書的訓詁名物編輯而成的字書。葉氏之說，似較可信。

2 爾雅的內容

爾雅今傳本共計十九篇，而漢書藝文志著錄的有二十篇。清人王鳴盛蛾術篇以為漢志所著錄多一篇，是合序篇而言；但孫怡谷讀書脞錄續篇卻以為釋詁所收錄的文字過多，分成上下兩篇，所以漢志著錄稱二十篇。上面兩種說法，從爾雅的內容看來，孫氏之說，較為合理。爾雅現存十九篇，其篇目列舉如下：

①釋詁	②釋言	③釋訓	④釋親	⑤釋宮
⑥釋器	⑦釋樂	⑧釋天	⑨釋地	⑩釋丘
⑪釋山	⑫釋水	⑬釋草	⑭釋木	⑮釋蟲
⑯釋魚	⑰釋鳥	⑱釋獸	⑲釋畜	

由上所述觀之，爾雅所包含的範圍，十分廣泛。至於這十九篇的內容，釋詁、釋言、釋訓前三篇，大抵是詮釋古代的詞語，第四篇釋親是解釋古代親屬的稱謂，至於釋宮以下，都是訓釋實物的名稱，這是爾雅一書內容的梗概。

總之，爾雅這部書，是古代訓詁名物的總匯，所蒐羅的語言辭類十分豐富，不啻為研讀經籍的工具書，因此，時常翻查，將有助於經書的閱讀。

㈨孟　子

孟子本來是一部子書，在漢書藝文志中列於子部的儒家，沒有今古文之分。唐代以後漸被尊崇，宋代時始列入經部，與論語並稱，是一部發揚孔子學說最重要的經典。至於孟子的篇數、編纂及內容，下面撮要略述於左：

1 孟子的篇數

孟子這本書，依據史書的記載，當以西漢河間獻王本為最古。班固在漢書梁十三王傳中說：

河間獻王修學好古，所得書，皆古文先秦舊書：周官、尚書、禮、禮記、孟子、老子之屬。

由是觀之，孟子最古的版本，當是古文本。其實，孟子在西漢時，已經有了兩種版本：一種是七篇本，一種是十一篇本。到東漢末年的趙岐，他卻認為七篇是孟軻的原著，後加的四篇是偽作，所以他在孟子題辭上說：

孟子……於是退而論集所與高第弟子公孫丑、萬章之徒疑難答問，又自撰其法度之言，著書七篇，二百六十一章，三萬四千六百八十五字。包羅天地，揆敘萬類，仁義道德，性命禍福，粲然靡所不載。……又有外書四篇：性善、辯文、說孝經、為正。其文不能弘深，不與內篇相似，似非孟子本真，後世依放而託之者也。

趙氏所說甚是，今世所傳的梁惠王、公孫丑、滕文公、離婁、萬章、告子、盡心等七篇為中篇或內篇當是孟子的原著，至於性善、辯文、說孝經、為正等四篇為外篇或外書，當是劉歆的偽作。可是，漢人的孟子外書，到了隋唐之際便已亡佚，而今日所見的孟子外書，卻又是出於明人姚士粦的偽託。

2 孟子的作者

孟子一書的作者，自漢以降，眾說紛紜，最重要者有下列四說：

(1)司馬遷史記孟子荀卿列傳：「孟軻乃述唐虞三代之德，是以所如者不合。退而與萬章之徒，序詩、書，述仲尼之意，作孟子七篇。」

(2)韓愈答張籍書：「孟軻之書，非軻自著，軻既沒，其徒萬章、公孫丑相與記軻所言焉耳。」

(3)林之奇孟子講義序：「孟子之書，乃公孫丑、萬章諸人之所錄，其稱萬子曰者，則又萬章門人之所錄，蓋集眾人之聞見而成也。」

(4)閻若璩孟子生卒年月考：「孟子道不行，歸而作書七篇，卒當赧王之世。卒後書為門人所敘定，故諸侯王皆加諡焉。」

從上所述觀之，孟子一書之作者，固難考定，不過，戰國時絕無稱自己為「子」者，今觀孟子全書都自稱「孟子曰」，由是觀之，孟子一書必非孟軻所自著。司馬氏之說，恐不可信。至若閻氏以孟子一書為孟軻所自作，但諡法當是門人所竄加，此說只是揣測之辭，並無實據；而林氏以孟子之書為孟軻弟子所作，且雜有再傳弟子的記錄，今就孟子書中內容及其文體觀之，此說較為可信。

3 孟子的內容

孟子這部書的體裁，記問答的居大多數，大體和論語的體例相似，但卻和長篇大論的子書不同。至於孟子一書的內容，其對我國文化影響最大者，當是他的性善學說。孟子從心說性，他認為人的本心都是善的，所以他在公孫丑上篇說：

> 惻隱之心，仁之端也；羞惡之心，義之端也；辭讓之心，禮之端也；是非之心，智之端也。人之有四善端也，猶其有四體也。

人心既然都具有此四種善端，那麼人性自然都是善的。孟子的這種性善學說，不但可以啟迪人類向上的自信，同時也可以鞭促人類向上的努力，其影響中國人的思想，真是極為深遠。其次，孟子的心學理論，對我國文化的影響，也極重大。孟子在盡心上篇說：

君子所性，仁義禮智根於心。

這句話，不但指點道德修養的方向，而且也肯定人生價值的根源。中國文化之所以成為心性的文化，中國學問之所以成為注重道德的學問，都是受了孟子心學的影響。此外，孟子的道統思想，對中國人的影響，尤為深遠。中國的道統思想，孔子只是偏重仁道，到了孟子才特別注重仁義。孟子在公孫丑下篇說：

輔世長民，莫如德。

萬章上篇又說：

非其義也，非其道也，一介不以與人，一介不以取諸人。

孟子的道統思想，不但為人類揭示立身處世的法則，而且更為世人指點從政治國的法則。孟子的這三種思想，其對中國文化的影響及貢獻，的確厥功匪淺。

總之，孟子一書，不但在儒家的哲學上具有卓越的貢獻，而且其在文學、史料上亦具有不朽的價值。吳摯甫林下偶談上說：「孟子七篇，不特推言義理廣大而精微，其文法極可觀，如齊人乞墦一段尤妙。唐人雜說，蓋出於此也。」吳氏所說甚是。所以孟子和論語一樣，已經成為中國知識分子不可不讀的經典。

三、經學流傳

經書是古代最早的書籍，自孔子用以教門弟子以後，始漸漸引起世人的重視。不過，秦以前經學的流傳，由於時代較早，已經不易探尋其源流。但就一般的史料觀之，孔門傳經之儒，當首推卜子夏。近人蔣伯潛在經與經學上說：

孔門傳經之儒，現可考見者，當首推卜子夏。經典釋文敘錄於周易類首列子夏易傳三卷，自注云：「卜商字子夏，衛人，孔子弟子。」毛詩之學，一云子夏授高行子，四傳而至小毛公；一云子夏傳曾申，五傳而至大毛公（亦見釋文序錄）。春秋，則公羊高受之於子夏（見釋文序錄自注）。穀梁赤亦為子夏門人（見釋文序錄自注引風俗通）。儀禮喪服亦有子夏傳（今存儀禮中）。而論語，鄭玄亦謂為仲弓、子夏等所撰定。

由是觀之，子夏傳經之功，實不可沒。後漢徐防上疏，有「詩、書、禮、樂，定自孔子；發明章句，始於子夏」的話，似可相信。到了戰國之際，繼承子夏的傳經之儒，可以說就是荀子。近人蔣伯潛在經與經學上又說：

> 戰國時，儒家鉅子，首推孟軻、荀況。孟子，可以說他是「傳道之儒」，繼承曾子一派的；荀子，可以說他是「傳經之儒」，繼承子夏一派的。釋文敘錄謂毛詩，一云孫卿子（即荀子）。傳魯人大毛公，則毛詩出自荀子；漢書楚元王傳謂元王劉交少時嘗與魯穆生、白生、申公受詩於浮丘伯，而伯為孫卿之門人，魯詩為申公所傳，則亦出於荀子；韓詩今存外傳，其中引荀子以說詩者，凡四十四則，是韓詩亦與荀子合。釋文序錄又謂左丘明作傳授曾申，申傳吳起，起傳其子期，期傳鐸椒，椒傳虞卿，虞卿傳荀卿，則左傳亦傳於荀子；漢書儒林傳謂瑕丘江公受穀梁春秋於申公，而申公為荀子再傳弟子，則穀梁傳亦荀子所傳。大戴禮記曾子立事篇載荀子修身、大略二篇文，小戴禮記樂記、三年問、鄉飲酒義諸篇，載荀子禮論樂論二篇文；荀子論學論政，本是注重「禮教」、「禮治」的，其深於禮，不言可知。劉向又稱荀子善為易，其義略見非相、大略二篇中。

由是觀之，戰國傳經之儒，以荀子之功最大。

(一)兩漢的經學及今古文的爭論

到了秦始皇統一天下以後，由於採納李斯的建議，因此於始皇三十四年下焚禁詩書之令。經籍罹此災厄，散佚殆盡。漢惠帝四年，乃明令廢除挾書之禁，於是傳經之儒，又紛紛繼出，經學遂興盛於西漢。至若西漢傳經的儒者，依據司馬遷史記儒林列傳上說：

> 言詩，於魯則申培公，於齊則轅固生，於燕則韓嬰；言尚書，自濟南伏生；言禮，自魯高堂生；言易，自菑川田生；言春秋，於齊魯自胡母生，於趙自董仲舒。

由此觀之，西漢傳經之儒，以申培、伏生、董仲舒諸人最為著名。至於他們所傳的經書，都是「今文」。同時，他們先後也都立於學官：在文帝時，申培、韓嬰以詩為博士；景帝時，轅固生也以詩為博士，董仲舒、胡母生則以治公羊春秋為博士。後來到了武帝建元五年時，五經博士就普遍設立；元成二帝時，十四博士也立於學官，經學於是入於全盛的時代。

逮至西漢哀平之世，劉歆在祕府中發現「古文」書寫的經，於是經書有「今文」「古文」的派別：凡是用西漢時通行的文字隸書寫的，叫做「今文」；凡是用秦漢以前通行的文字古篆寫的，叫做「古文」。經書書寫時所用的字體既然不同，文字、篇數多少自然也有差別，因此，經學家各持所據的經本，各守門戶之見，形成爭執對抗的兩派。

今古文兩派的紛爭，肇始於劉歆。近人蔣伯潛在經與經學中說：

> 歆領校群書時，在中祕書中發現了許多古文經傳，及官侍中大中大夫，得親近，乃欲立左氏春秋、毛詩、逸禮、古文尚書於學官。哀帝令歆與五經博士講論其義，諸博士或不肯置對。歆乃數見丞相孔光，為言左氏以求助，光卒不肯，歆因移書太常博士責讓之，歆之意，以為今文經傳是秦火燼餘，殘缺訛

> 脫，且有口耳相傳，至後世始筆錄成書的，不如當時就寫錄成書的之信而有徵。

由上所述觀之，首先起來攻訐今文經缺失的是劉歆，當時他雖然遭遇到大司空師丹的毀謗，使其自求外放而出為河內太守，終使古文經不得立於學官，但從此以後，今古文就形成對峙的形勢，今文家斥古文家為「顛倒五經，變亂師法」，古文家斥今文家為「專己守殘，黨同妬真」，各守門戶，兩不相下。今從後漢書觀之，東漢古文經學家甚多，有鄭眾、杜林、桓譚、賈逵、馬融等人，而今文經學家卻寥寥無幾，只有李育、何休數人而已，可見東漢是古文經學的全盛時代。

綜觀兩漢的經學，東漢的經學異於西漢者，不僅今古文盛衰的一端，而且西漢的經師，文尚簡樸，其研究群經注重大義；東漢的經師，文多泛濫，其研究群經注重訓詁，此乃兩漢經學最大的不同。至若今古文的派別，到了東漢末年的鄭玄，他的群經注解，卻兼採今古文之說。蔣伯潛在經與經學中說：

> 玄既學無常師，博通今古，見當時今古文兩派攻難不休，乃欲參合其學，自成一家之言。於是徧注群經，據本傳所載：周易、尚書、毛詩、儀禮、禮記、論語、孝經等，都有注解；而其內容，則都兼采今古文之說。如箋詩，雖以毛傳為主，而又時違毛義，兼采三家；注尚書，雖用古文，而又和馬融不同，或從今文說；注儀禮，從今文說，則注內疊出古文；從古文，則注內疊出今文：於是鄭注行而齊魯韓三家詩，歐陽、大小夏侯尚書，大小戴禮都廢了。易與論語等，也是如此。

由是以觀，今古文的派別，到了鄭玄就已經開始混合。

㈡魏晉南北朝的經學

魏晉的經學以王朗、王肅、何晏、王弼諸人最為著名。王朗是王肅的父親，他師事楊賜，楊氏世世傳今文歐陽尚書，王肅受其父學影響，兼通今古文學，他所作的尚書、詩、論語、三禮、左氏解和他父親王朗作的易傳，都因為他的女兒嫁給司馬昭，藉著帝王的勢力，而立於學官。從此以後，經學今古文的爭論，也就銷聲匿跡了。

經學的流傳到了晉代，西晉雖然崇尚王學，但王鄭仍然成為紛爭的局面，有申王駁鄭的，也有主鄭駁王的，晉代經學的紛爭，只有鄭王兩派之爭，不復有今古文之爭了。至於魏晉人的注經書籍，最著名者有下列五部：

1. 周易注　王弼
2. 論語集解　何晏
3. 左傳集解　杜預
4. 穀梁傳集解　范甯
5. 爾雅注　郭璞

經學流傳到南北朝，大概又成為分立的局面。這一時期的經學，有南學北學之分。北學的易、書、詩、禮、左傳，都宗鄭氏；而南學宗鄭玄者，僅禮一經。當時注經的學者，北方有劉獻之的三禮大義、徐遵明的春秋義章等，南方有崔靈恩的三禮義宗、沈文阿的論語義疏等，但這些著作今已亡失，只有皇侃的論語義疏，皇侃、熊安生的禮記義疏，流傳於世。今觀南北朝的經學，確是漢人注經、唐人疏注二者之間的橋梁，其承先啟後之功，當不可沒。

(三)唐宋明清的經學

唐代是文學鼎盛的時代，文學的貢獻，除韓、柳古文之外，駢文、詩、傳奇小說，亦頗有成就。至於經學最著名的著作，是陸德明的經典釋文、顏師古的五經定本，其次是孔穎達等人所撰的五經正義。此書雜出眾手，見解紛歧，譬如其對讖緯之說，毛詩正義、禮記正義則以為是，尚書正義則以為非，同屬五經正義，而其說法卻自相矛盾，所以五經正義並不是一部最有價值的著作。朱子認為五經疏、周禮最好，詩、禮記次之，書、易為下，他的批評頗為得當。

宋代的學術，文學以詞最為興盛，詩與文，只不過承繼唐人的餘風而已。至於宋人的治經，因為疑經的緣故，往往任意刪改經傳，如歐陽脩的毛詩本義，不守毛傳；王安石的新經義，改變舊說；蘇轍的詩集傳，不信詩序；朱熹的詩集傳，不用毛詩序而另立新義。此外經學開闢新徑的著作，有蘇軾的易傳、書傳，劉敞的春秋權衡，葉夢得的春秋傳，蔡沈的書集傳等書。不過，宋代的學風，其重心在理學而不在經學，因此，自南宋至明，經學就日趨衰落。

到了明代之際，除王守仁派的理學外，治經者多株守元人之書，其於宋儒之書，亦少研究。在明代的學者中，經學的著作，只有梅鷟的尚書考異，這是一本考辨古文尚書的佳作。至於胡廣等所編修的五經大全，雖是一部官修經義的鉅著，但其內容多抄襲舊說。此外豐坊的申培詩說、子貢詩傳，姚士粦的孟子外書，又都是一些作偽欺人的偽書。經學流傳到明朝，真是走到了一個最衰微的時期。

但是到了清代，經學又日趨興盛。顧炎武、閻若璩、胡渭三人，是清代學術代表的人物，他們所抱持「漢宋兼采」的主張，對清代經學的影響至鉅。在清代的經學著作中，閻若璩的古文尚書疏證一書，考辨真偽，詳列證據，喚起學者疑古求真的精神，其於經學之貢獻極大。其次，清代經學的著作，最為著名者有：

1. 周易述　惠棟
2. 尚書今古文疏證　孫星衍
3. 毛詩傳疏　陳奐
4. 毛詩傳箋通釋　馬瑞辰
5. 周禮正義　孫詒讓
6. 論語正義　劉寶楠
7. 爾雅義疏　郝懿行
8. 孟子正義　焦循
9. 禮書通故　黃以周
10. 五禮通考　秦蕙田

上列經學的書籍，都是最為精博的著作。此外，阮元及王先謙所編輯的皇清經解與續皇清經解二書，所收清儒解經之書，前者有一百八十八種，後者有二百零九種。清人經學之鼎盛，不但非唐宋元明所可及，亦且超軼兩漢。

肆　史學常識

一、概　說

(一)史的意義

漢許慎說文解字說：「史，記事者也。从又（古手字）持中。中，正也。」玉篇說：「史，掌書之官也。」周禮天官宰夫：「史，掌官書以贊治。」由上三說可知，史的本義為掌書記事的官，職位非常的重要。而史官的工作，最重要的是記言與記事二項。所以，漢書藝文志說：「左史記言，右史記事。」

史的定義，梁啟超先生的詮釋最為精當，他在中國歷史研究法中說：「史者何？記述人類社會賡續活動之體相，校其總成績，求得其因果關係，以為現代一般人活動之資鑑者也。」歷史是人類過去一切活動的總紀錄，舉凡朝代的盛衰、風俗的文野、政教的得失、文物的盈虛，都可從歷史上獲致經驗與教訓。所以，治史的人不但能「究天人之際，通古今之變」，更能「為天地立心，為生民立命，為往聖繼絕學，為萬世開太平。」

(二)史的分類

研究歷史的學問，叫做「史學」；記載歷史的書，稱為「史書」。現代尚存最早的史書，當推尚書。但在司馬遷以前，史學並未完全獨立。在漢書藝文志的著錄中，戰國策、史記等史書，尚只附於六藝略的春秋家之內，著錄的史書僅四百二十五篇。直至晉荀勗依據魏鄭默的中經，更著新簿，分群書為四部，而以史為丙部，與甲經、乙子、丁集並列，史學始脫離經學而獨立。東晉元帝時，李充另造四部書目，略易荀氏的舊例，定為甲經、乙史、丙子、丁集的次序。這項分類，自隋唐迄清，率多依循，少有更易。

史部的著錄，隨時代而俱增。史書的分類，亦愈精細。我國史書的分類，最早見於隋書經籍志，共分為十三類：一正史（紀傳表志），二古史（編年繫事），三雜史（紀異體），四霸史（紀偽朝），五起居注（人君動止），六舊事（朝廷政令），七職官（序班品秩），八儀注（吉凶行事），九刑法（律令格式），十雜傳（先賢人物），十一地理（郡國山川），十二譜系（世族繼序），十三簿錄（史條策目）。至清四庫書目提要分類更細，共分十五類：一正史，二編年，三紀事本末，四別史，五雜史，六詔令奏議，七傳記，八史鈔，九載記，十時令，十一地理，十二職官，十三政書，十四目錄，十五史評。

唐劉知幾深通史法，他著有史通一書，將古來史籍的體例，分敘為六家：一曰尚書家（即紀言家），二曰春秋家（即紀事家），三曰左傳家（即編年家），四曰國語家（即國別家），五曰史記家（即通古紀傳家），六曰漢書家（即斷代紀傳家）。又將六家統括為兩體，曰編年體，曰紀傳體。

上述兩種分法，一從性質分，一按體例分。或失之繁瑣，或失之籠統。梁啟超著中國歷史研究法則分為紀傳、編年、紀事本末、政書四體，最為合理切要。

㈢史家的四長

歷史是人類生活的龜鑑，而史書是記錄歷史事實的書。因此，研讀史書，即在能鑑往以知來，進而修己安人，達到內聖外王的境界。史書既然如此重要，那麼，作為修史的史家應具備那些條件呢？劉知幾的史通認為必須具備三個條件：即史才、史學、史識。章學誠文史通義加上一個史德。梁啟超先生則認為史德最為重要，次史學，又次史識，而史才居末。

所謂「才」即指表現於文字組織的技巧；所謂「學」即指參考的資料是否廣博；所謂「識」即指是非的褒貶是否精當；所謂「德」即指作史者心術是否端正。

歷史本有它的「特殊性、變異性與傳統性」，而一部史書的修撰，最重要的就在能忠實的記載歷史的真相。史料的參考愈豐富，史實必愈正確。但史料愈多，編排愈難，如何把豐富的史料，有條不紊地組織起來，非有史才不為功。但有豐富的史料，完美的組織，尚須精當的判斷，才「能見其全，能見其大，能見其遠，能見其深，能見人所不見處」（錢穆中國歷史研究法）。有了史學、史才及史識，又須有史德，如此才能「不抱偏見，不作武斷，不憑主觀，不求速達」（同前）。譬如魏書，被譏為穢史即是。

總之，一個史學家肩負著歷史文化的傳承重任，因此，他必須才學識德兼備，才能善盡本分，修好一部史書。

二、紀　傳

㈠紀傳的由來

紀傳體是我國史書的主要體裁，通稱正史。正史的名稱，始見於隋書經籍志正史序說：

世有著述，皆擬班馬，以為正史。

紀傳體的史書，係以人物為中心，詳一人的事跡。其來甚早，開始於漢司馬遷的史記。後來，班固的漢書、范曄的後漢書、陳壽的三國志也都以紀傳為體，稱曰「四史」。自唐以後，史目遞增，遂有十史、十三史、十七史、十八史、二十一史、二十二史等名目。到清朝時，已積有二十四部，通稱為二十四史，即史記、漢書、後漢書、三國志、晉書、宋書、南齊書、梁書、陳書、魏書、北齊書、周書、隋書、南史、北史、舊唐書、新唐書、舊五代史、五代史記、宋史、遼史、金史、元史、明史。民國七年以後，徐世昌下令將新元史列入正史，遂成為二十五史，或加清史稿，而為二十六史。

各史或稱「書」，或稱「志」，或稱「史」，或稱「史記」，實為一體。

㈡紀傳的體例

紀傳體的史書，以人為綱。它的體例，創自司馬遷的史記。史記的體例，共分五類：1.本紀，2.世家，3.表，4.書，5.列傳。這五類體例，史遷都有所本，並非自創。史遷憑著豐富的學養，高遠的見識，將前代各種史書的體例，鎔為一爐，開創了完美的紀傳體例，為我國史書啟開嶄新的一頁。而歷代的正史，率多依循，少有變易。現將各體分述於下：

1 本紀

本紀以帝王為中心，記載國的大事。司馬貞五帝本紀索隱說：

> 紀者，記也。本其事而記之，故曰本紀。

張守節五帝本紀正義引裴松之史目說：

> 天子稱本紀，本者繫其本系，故曰本紀；紀者，理也；統理眾事，繫之年月，名之曰紀。

劉知幾史通解說最為清楚，他說：

蓋紀之為體，猶春秋之經，繫日月以成歲時，書君上以顯國統。

可見本紀的特色是以編年為體，大事乃書。有年代可考的，按年記事；無年代可考的，分代敘事。

2 世　家

世家以紀侯國。年封世系，盛衰興亡的事跡，分國按年記述。司馬貞史記吳太伯世家索隱說：

世家者，記諸侯本系也。言其下及子孫，常有國故。

劉知幾史通說：

司馬遷之記諸國也，其編次之體與本紀不殊；蓋欲抑彼諸侯，異天子，故假以他稱，名為世家。

史記世家一體，班固漢書改為列傳，其後諸史因之。晉書於僭偽諸國，數代相繼的，不曰世家，而別稱曰載記。歐陽脩的新五代史，則於吳、南唐、前蜀、後蜀、南漢、楚、吳越、閩、南平、北漢等十國，仍稱世家，宋史因之作十國世家，遼史於高麗、西夏等諸國另稱外紀。

3 表

表係以時間為中心，編排同類性質的大事。歷史人物，不可數計，人各一傳，不勝其傳。表有提要匯總的作用，可以補本紀、世家、列傳的不足。所以萬斯同說：

表所以通紀傳之窮，其有人已入紀傳而表之者，有未入而牽連表之者，表立然後紀傳之文可省，讀史不讀表，非深於史者也。

或年經國緯，以見天下的大勢；或年經事緯，以見君臣的職分；或國經年緯，以睹一時的得失。不過，二十五史中，僅十史有表，即史記、漢書、新唐書、新五代史、宋史、遼史、金史、元史、新元史、明史等，餘均闕如。萬斯同作歷代年表六十卷，可補諸史的不足。

4 書

書係以事類為綱，記載國家的大政大法。司馬貞史記禮書索隱說：

書記，五經六籍之總名也。此之八書，記國家大體。

顏師古說：

志，記也，積記其事也。

如紀禮儀、禮俗的禮書，紀音樂的樂書，紀地理水利的河渠書，紀財政經濟的平準書等。朝章國典，因而得以備錄。書的名稱，諸史或有不同，史記稱書，班固改稱志，諸史因之。歐陽脩的新五代史稱考。三國志、梁書、陳書、北齊書、周書、南史、北史則無書志一門。

5 列傳

列傳係以誌人物。舉凡社會各階層的特殊人物事跡，甚至邊疆各國的概況，都可入傳。趙翼廿二史箚記說：

古書凡記事立論，及解經者，皆謂之傳，非專記一人之事跡也。其專記一人為一傳者，則自遷始。又於傳之中分公卿將相為列傳。……又別立名目，以類相從。自後作史者，各就一朝所有人物傳之，固不必盡拘遷史舊名也。

若按撰寫性質的不同分，又有單敘一人的單傳（或稱專傳），合敘兩人或兩人以上的合傳，以類相從，依照人物先後敘在篇裡的類傳，以及帶敘其他人物的附傳等，可說是史書極為重要的部分，歷代諸史都有。

此外，史記論斷，稱「太史公曰」。班書改稱「贊」，陳壽三國志稱「評」，范曄後漢書改稱「論」，而又系以贊，論為散文，贊為四言。梁沈約宋書改稱「史臣曰」，唐時所修諸史均同。五代史直起無標題，加以「嗚呼」二字。僅元史無論贊。新元史論贊俱稱「史臣曰」。

史記體例的編次，是先「本紀」、次「表」、次「書」、次「世家」、次「列傳」。班固漢書缺世家，餘皆相同。迨後，歷代的正史，多依循這個規格。不過世家的體例，諸史不能悉有，僅五代史用之，而晉書改稱載記，名雖異而實同。且晉書載記，五代史世家乃附於書末。宋、遼、金、元諸史同。新唐書表後於志，魏書志後於傳，五代史同。這些史籍中，體例安排的次序雖有不同，但都不出史記的範圍，所以，史記被推尊為紀傳通史之祖。

(三)紀傳的史書

1 史　記

史記是我國第一部通史紀傳體的史書，也是我國古代第一部傳記文學的總集。漢司馬遷撰。司馬遷字子長，夏陽（今陝西韓城縣南）人。父司馬談是個學問淵博的學者，在建元、元封之間，做了太史公。他有滿腔的抱負，想撰寫一部表彰「明主賢君，忠臣死義」的史書。這個宏願，後來由司馬遷發憤完成。司馬遷少時，曾接受完整的儒學教育，從大儒孔安國學古文尚書，從董仲舒治公羊春秋。因此，司馬遷在思想上雖留有他父親的黃老之學的遺澤，但是，儒學卻是他的思想主流。因此，在整部史記中，司馬遷徵引孔子說話的地方非常多，且逕以孔子的論斷作自己的論斷，並隱然以史記上比春秋。

史記是一部史書，但是，司馬遷撰寫史記的目標，不徒在記載歷史的事實，更要能「究天人之際，通古今之變，成一家之言」。人類的歷史活動，雖不一定能重演，但在不停息的變動流轉中，自有軌跡可尋。司馬遷作史的目的，即想從上下兩千餘年的種種人事演變的跡象中，原始察終，通窮達變，去找出「成敗興壞」的定理，以為後世的殷鑑。更想從「網羅天下舊聞」、「歷紀古今成敗」中，建立起歷史的哲學體系，顯現宇宙人生的根本道理。

史記一書，上起黃帝，下迄漢武。縱貫上下數千年，橫及各國各階層。據太史公自序說：

著十二本紀，作十表、八書、三十世家、七十列傳，凡百三十篇，五十二萬六千五百字。

可見史記百三十篇內容繁富，各體賅備，誠然是一部史學的巨著。

事實上，史記不僅是亙古未有的歷史巨著，而且是我國最早的一部傳記文學的總集，也是一部融匯古代學術思想的要籍。史記的成就是多方面的，在史學方面，司馬遷為後世的史學家提示了作史的標的。而史記的體例——本紀以序帝王，世家以紀侯國，表以繫時事，書以詳制度，列傳以誌人物，也為後世正史的體裁，奠立下永恆的規模。文學方面，史記雄深雅健的散文風格，以及簡樸而動人的敘寫方法，都是唐宋八大家和明清的散文作家學習的模範。至於明清的戲曲、小說也多採用史記的人物故事為題材。在學術方面，舉凡禮儀禮俗、音樂曆法、軍事氣象、財政經濟，甚至宗廟鬼神、天文地理等，無不包括在八書之內。所以錢玄同先生說：「司馬遷實集上古思想學術之大成，而有自具特識的人。」

史記的注釋很多，以宋裴駰的集解、唐司馬貞的索隱、張守節的正義為最著，宋刻併三家為一本，尤見通行。

2 漢　書

漢書，又稱前漢書，是我國第一部斷代史紀傳體的史書。東漢班固撰。

班固字孟堅，扶風安陵（今陝西咸陽東北）人。父彪斷史記太初以後，採前史遺事，傍貫異聞，作後傳數十篇。而固以彪所續前史，未盡詳密，於是潛精研思，接續著作，前後經歷二十餘年。和帝永元四年，竇憲失勢自殺，固受株連，死在獄中。八表及天文志，未及完成。和帝詔其妹班昭在東觀藏書閣補寫，後又詔令馬融兄續續成，全書歷經四人之手，始成完本。

漢書凡一百篇，分一百二十卷。有本紀十二、表八、志十、列傳七十。上起於漢高祖，下終於王莽之誅。班固在漢書敘傳中說：司馬遷的史記「太初以後，闕而不錄。故採撰前記，綴輯所聞，以述漢書。」可見漢書是繼續史記而作。而漢書的紀、表、書、傳，也都因襲史記的體制。劉知幾有言：

> 昔虞、夏之典，商、周之誥，孔氏所撰，皆謂之書。夫以書為名，亦稽古之偉稱，尋其創造，皆準子長，但不為世家，改書曰志而已。

漢書是繼史記以後一部偉大的史書，班固不僅是漢代著名的史學家，也是辭賦大家。自漢書著成後，以紀、傳、表、志為主要形式的斷代史史書的體例，始告發展完成。而其為文裁密思靡，喜用駢偶，亦為六朝駢文家所宗，在中國駢文發展史上具有重要的地位。

漢書的注釋，唐顏師古注及清王先謙補注，最通行於世。

3 後漢書

繼班固前漢書而作的，則為後漢書。南北朝時，宋宣城太守范曄撰。

范曄字蔚宗，順陽（今河南淅川）人，少好學，博涉經史，善屬文，能隸書，曉音律。初為尚書吏部郎，左遷宣城太守。不得志，於是窮覽舊籍，刪眾家後漢書，以成一家之作。惜志未成，因與孔熙先謀傾宋室，事發伏誅。梁時，劉昭取晉司馬彪續漢書志的部分，加以注解，「分為三十卷，以合范史」，遂成今之後漢書。

後漢書一百三十卷，起自光武帝，至獻帝止。有本紀十共十二卷，列傳八十計八十八卷，志八計三十卷。史書無表，實自蔚宗開始。

後漢書師法史記，編次卷帙，各以類相從；取法班氏，多附載政論材料以及詞采壯麗的文章。敘述詳簡得宜，立論亦稱允當。劉知幾推稱此書「簡而且周，疏而不漏」。縱有傳文矛盾、敘事無根的缺點，仍不失為良史。

後漢書的注家，以唐章懷太子李賢注最為通行。清惠棟後漢書補注、王先謙後漢書集解，頗便學者研讀。

4 三國志

三國志為晉陳壽撰。壽字承祚，巴西安漢（今四川南充縣）人。少好學，師事譙周，仕蜀為觀閣令史。蜀平入晉，舉孝廉，除佐著作郎，終御史治書。撰有三國志、古國志、益都耆舊錄。三國志一書，尤為時人所推重。

三國志，凡六十五卷。魏志三十卷，蜀志十五卷，吳志二十卷。其中魏四紀，二十六列傳；蜀十五列傳；吳二十列傳。書雖名志，實無一志，亦缺表。洪亮吉三國疆域志、錢大昭三國藝文志以及萬斯同歷代史表，可以參看。

二十五史中，三國志最為簡潔。晉書本傳說：「時人稱其善敘事，有良史之才。」宋文帝則嫌三國志為文簡略，命裴松之作注。於是，松之鳩集傳記，增廣異聞，以補壽志的缺失。所引的書，多至五十餘種。裴注此志，較原書多出三倍，可謂集注史的大成。

5 晉　書

晉書為唐房玄齡等奉敕所撰，參預其事者共二十一人，開史書眾修的先河。在唐以前，晉書的編撰，家數甚多。至唐初，仍有何法盛等十八家流行。唐太宗以為都不完善，敕房玄齡、褚遂良、許敬宗重撰，又命李淳風修天文、律曆、五行三志，敬播等改正類例。太宗並自撰寫宣、武二本紀和陸機、王羲之二列傳的「論」。是以曰「制旨」，又總題全書為「御撰」。

晉書凡一百三十卷，有本紀十、志二十、列傳七十及載記三十。總記西晉四帝，凡五十四年，東晉十一帝，凡一百〇二年。又以胡、羯、氐、羌、鮮卑等五族，割據中原，分為二趙、五涼、四燕、三秦與夏、蜀等十六國。較之前史少年表一門，多載記一項。

全書組織尚稱嚴密，重要史實也能留存下來。然司馬懿、司馬師、司馬昭均未即帝位，徒以身後追尊的原故，作宣、景、文三紀，於本紀之例，似有缺失。而預修諸人多為唐初文學詞臣，受六朝文風影響，行文好為麗辭奇句，似與史書體制未合。

晉書的注釋，以吳士鑑、劉承幹注最為流行。今通行本並附有唐何超音義三卷。晉書包羅宏富，蕪雜未免，清周濟撰晉略一書，文筆嚴謹，考訂功深，頗有參考價值。

6 宋　書

宋書舊題梁沈約撰，實撰成於齊武帝永明年間。本書材料，多取徐爰舊本增刪而成，用時不過一年左右。大抵沈約續補永光（前廢帝）以後，至亡國十餘年的事，並刪除徐爰舊著中有關晉末諸臣，及桓玄等諸叛賊的部分，其餘都本爰書。

宋書凡一百卷，有帝紀十、志三十、列傳六十，而無表。本書蕪詞甚多，繁簡失當，宋齊革易間的事，作史者既為齊諱，又欲為宋諱，不能據事直書，有乖史筆。

唐劉知幾史通說：

其書既成，河東裴子野更刪為宋略二十卷，沈約見而歎曰：「吾所不逮也。」由是世之言宋史者，以裴略為上，沈書次之。

7 南齊書

南齊書為梁蕭子顯撰。子顯字景陽，齊高帝蕭道成之孫，豫章王蕭嶷之子。

南齊書凡六十卷，其中序傳，後世失傳，今存五十九卷。有本紀八、志十一、列傳四十，無表。北宋刻本尚有進書表，今本已無。又今本文學傳無敘，州郡志及桂陽王傳都有闕文，實非完善。

子顯撰寫南齊書，雖於以前作者，不無因襲，然而頗能斷以己意。子顯身為齊宗室之後，而於梁時作史，於開國史既不便宣揚祖惡，於亡國史亦不便直彰篡逆的事跡，而卻能「直書無隱，尚不失是非之公」（四庫提要）。本書不見篡弒的痕跡，而能微露己意，難怪劉知幾史通稱許說：「子顯雖文傷蹇躓，而義甚優長。」

8 梁書

梁書，唐姚思廉奉敕撰。據新唐書姚思廉傳稱：「貞觀三年（西元六二九年）詔思廉同魏徵撰。」今本梁書題姚思廉撰而不列魏徵之名。大約魏徵本奉詔監修，而實由思廉一人執筆，所以獨標姚思廉撰。

梁書凡五十六卷，有本紀六、列傳五十，以較前史，缺書志、年表兩種。

梁書初稿撰於梁代，如沈約、周興嗣、鮑行卿、謝昊等相承撰錄的梁書共一百卷，而思廉之父姚察，陳時為吏部尚書，奉敕修撰梁史。姚察的舊稿，實即為思廉所本。因此，本書記述史蹟，詳密覈實。而成書時，又相隔三代，既無個人恩怨，亦少當朝忌諱，所以持論頗稱平允。況姚氏父子為唐代古文先驅，行文自稱爐錘，洗盡六朝浮豔文風，雖敘事論人間亦矛盾冗雜，實亦頗多可取之處。

9 陳　書

陳書亦為唐姚思廉撰。

陳書凡三十六卷，有本紀六、列傳三十。高祖、世祖兩本紀末有「陳吏部尚書姚察曰」字樣，其餘紀傳之末，則稱「史臣曰」。

陳書既與梁書同出思廉之手，優劣之處，亦相伯仲。倫序秩然，言論精當。然而，文多避諱，有乖直筆。陳書專立姚察傳，亦頗受人非議，有變古之嫌。

10 魏　書

魏書，北齊魏收撰。

魏書凡百三十卷，有帝紀十二、列傳九十二、志十，諸史表志均在傳前，而魏書則志居傳後。宋劉恕、范祖禹等校定時，稱「亡逸不完者無慮三十卷，今各疏於逐篇之末。」四庫全書謂實缺二十九傳，然所據何書以補缺，恕等並未明言。

本書內容蕪穢，體例荒謬，世稱穢史。北齊書魏收傳說：

修史諸人祖宗姻戚多補書錄，飾以美言。

一人立傳，不論有官無官，有否功績，都附綴於後，有至數十人者。且「夙有怨者，多沒其善，每言何小人，敢共魏收作色，舉之則使上天，按之當使入地。」史筆成為酬恩報怨的工具。收因仕於北齊，而修史又在齊文宣帝時，舉凡涉及齊神武帝（高歡）在魏朝時，多曲為迴護，黨齊毀魏，有失是非之公。惜收前諸儒所撰魏史，悉數被毀，因此，收書終得列入正史，以存文獻。

11 北齊書

北齊書，唐李百藥撰。

北齊書凡五十卷，有本紀八、列傳四十二。自北宋以後，本書日漸散佚，宋晁公武郡齋讀書志稱其殘缺不全。今據四庫提要及王鳴盛、錢大昕、趙翼等考證，尚可知其體例。今本乃後人取北史及他書補成。

北齊書既為後人所補，因此糅雜牴牾，體例不一，自北史行後，此書遂不為人注意。且北齊立國本淺，文宣以後，綱紀廢弛，人材寥落，事功不顯，亦少有可紀。不過百藥文筆簡潔，語多粧點，亦為其特色之一。

12 周書

周書，唐令狐德棻奉敕撰，共事者有岑文本等十七人。

周書凡五十卷，有本紀八、列傳四十二。北宋重校時，尚有全本。今本殘闕，多取北史以補亡。惜不標明所移掇者何卷？所改者何篇？德棻原本，遂不可辨。

德棻博涉文史，早歲知名，唐初各正史的修撰，實乃議自德棻。本書敘事得宜，文筆簡勁，惜今書殘闕不全，遺文脫簡，不可枚舉。且北周立國僅二十六年，鮮有事功可顯，所以，德棻雖號稱博學，亦難展其史才。

13 隋書

隋書，唐魏徵等奉敕撰。撰紀傳者有顏師古、孔穎達、許敬宗等三人。撰志者有于志寧、李淳風、韋安仁、李延壽、令狐德棻等人。

隋書凡八十五卷，有本紀五、列傳五十、志三十。隋書十志，或名五代史志，原為梁、陳、周、齊、隋五代史而作。其後各史單行，而隋書居末，十志遂專稱隋志，唐太宗駕崩後，將志編入隋書，則有失其實。

隋書成於眾手，牴牾難免。執筆者都屬唐初名臣，書法嚴謹，文筆簡淨，惜高祖紀與煬帝紀中，曲為迴護，頗有隱諱篡逆的事跡，誠有愧史筆。

14 南史

南史，唐李延壽撰。延壽之父，名大師，貞觀中，官御史臺主簿，兼值國史。北史序傳說：

> 大師少有著述之志，常以宋、齊、梁、陳，魏、齊、周、隋，南北分隔，南謂北為「索虜」，北謂南為「島夷」。又各以其本國周悉書，別國並不能備，亦往往失實，嘗欲改正，將擬吳越春秋編年以備南北。

惜書未成，而大師已死。延壽繼承父志，窮十六年的功夫，涉獵千有餘卷，總敘八代的事情，撰成南史、北史二書。

南史凡八十卷，有本紀十、列傳八十八。始於劉宋永初元年，迄於陳禎明三年，歷宋、齊、梁、陳四代，一百七十年。

南史屬通史體裁，敘事簡淨，文少避諱，頗能糾正各史迴護的缺點。本書雖以宋、齊、梁、陳四史為根據，但是刪繁補闕，意存簡要，舉凡詔誥詞賦，一概刪削，無煩冗蕪穢之詞，司馬光稱為佳史。

15 北史

北史，唐李延壽撰。

北史凡一百卷，有本紀十二、列傳八十八，總記魏、齊、周、隋四代的史事，始於魏登國元年，迄於隋義寧二年，凡三代二百四十四年。兼自東魏天平元年至齊隆化二年，共四十四年的行事。

北史與南史，同出李延壽之手，敘事簡淨，堪稱史籍中的佳構。大抵南史因四史舊本而稍有刪減，補缺者少。北史則較南史用力獨深。如周書文帝紀增補追侯景不及事，齊慕容紹宗傳增補侯景畏紹宗事。元魏一代雖以收書為主，而用魏澹書義例，以西魏為正統，增入文帝、廢帝、恭帝三紀。各帝紀後，並附見東魏，史例頗為允當。魏收曲筆，亦多加糾正。

16 舊唐書

舊唐書，五代後晉劉昫等撰。

舊唐書，原名唐書，自宋歐陽脩、宋祁等重撰新唐書，此書便廢而不用，然仍流傳民間，歷世不絕。清乾隆時，與新唐書並列於二十四史中，成為正史之一。

舊唐書凡二百卷，有本紀二十、書志三十、列傳一百五十，約一百九十萬言。

有唐一代，凡十四世，二十一主，二百九十年，享國甚久，聲教文物，亦稱極盛。而劉昫等所撰唐書，多以令狐德棻及吳兢的舊稿為藍本，敘事得體，文筆簡淨。尤其穆宗以前，簡而有體，敘述詳明，頗能保存班、范的舊法。惜穆宗以後，語多枝蔓，多述官職、資望，竟似斷爛朝報。而且各傳並見，重出頗多，本紀、列傳亦多迴護之處，為世所病。

17 新唐書

新唐書，宋歐陽脩、宋祁等撰。曾公亮監修。書中列傳，都題祁名，而本紀、志、表則題脩名，宰相世系表，宋史呂夏卿傳以為呂夏卿所撰，而今新唐書中，亦題脩名。

新唐書凡二百二十五卷，有本紀十、志五十、表十五、列傳一百五十，約一百七十萬言。

曾公亮在新唐書進表說：「其事則增於前，其文則省於舊。」事增文省，確是新唐書的最大特色。本書作者歐陽脩、宋祁等人都是積學之士，又是古文大家，修史時，正值文物鼎盛之際，史料的搜求，比較容易。因此，唐書迴護之筆，本書多予刊正；舛漏之處，亦加補救。尤其歐陽公所撰的本紀，文章明達，語多褒貶；宋祁所撰列傳，則刻意學古，頗失本來面目。

18 舊五代史

舊五代史，北宋薛居正等奉敕撰。同修者有盧多遜、扈蒙、張澹、李昉、劉堅、李穆、李九齡等人。自歐陽脩別撰五代史記，金章宗下詔採用，歷元、明、清，五代史遂見廢棄。乾隆時，自永樂大典輯出，並考核宋人著述中徵引薛書資料，摘錄補缺，頗復舊觀。

舊五代史凡一百五十卷，有本紀六十一、志十二、列傳七十七，以較前史，缺年表一種。

五代雖值離亂時代，各朝卻都有實錄。薛史取材，多本諸實錄，因此修史時間，不過一年餘，事雖詳備，然實錄中迴護之處，都未能核實糾正，有失史實。

19 新五代史

新五代史，原名五代史記，宋歐陽脩撰。

新五代史凡七十四卷，有本紀十二、列傳四十五、考三、世家十、十國年譜一、四夷錄三。

舊五代史仿陳壽三國志的體例，以國別為限，各自為書。新五代史則遠祖史記，以類相從。舊五代史率依各朝實錄，新五代史則旁參史料，褒貶分明。趙翼廿二史劄記說：

歐史不惟文筆簡淨，直追史記，而以春秋書法寓褒貶於紀傳之中，則雖史記亦不及也。

20 宋　史

宋史，元托克托等奉敕修撰。

宋史凡四百九十六卷，有本紀四十七、表三十二、志一百六十二、列傳二百五十五。

宋史全書，為卷五百，文百萬言，而修撰時間不及三年，成書可謂神速。有宋一代，史料的記錄與保存，非常周密。有起居注，有時政記。每一帝必修有日曆，日曆之外，又有實錄。然本書因依實錄與傳記而成，未加考覈損益，因此枉曲迴護，頗多不合史實。且立傳失當，前後矛盾，蕪雜特甚。

21 遼　史

遼史，元托克托等奉敕修撰。

遼史凡一百一十六卷，有本紀三十、志三十二、表八、列傳四十五，末又附國語解一卷。

遼史在遼、金、元三史中，最為潦草疏略。本書所據底本為遼耶律儼所修太宗以下諸帝實錄七十卷，及陳大任遼史。見聞既隘，且首尾不及一年，即告完成。潦草成篇，實多疏略。國語解一卷，體例則頗完善，其序說：

史之所載官制、宮衛、部族、地理，率以國語為之稱號，不加註釋以辨之，則世何從而知，後何從而考哉？今即本史，參互研究，撰次遼國語解，以附其後，庶幾讀者無齟齬之患。

22 金史

金史，元托克托等奉敕修撰。

金史凡一百三十五卷，有本紀十九、志三十九、表四、列傳七十三。末另附金國語解一卷，清乾隆所補。

趙翼稱金史敘事最為詳核，文筆也極老潔，迥出宋、元二史之上。顧亭林評論金史，說：

考其史裁大體，文筆甚簡，非宋史之繁蕪；載述稍備，非遼史之闕略；敘次得實，非元史之譌謬。

顧說頗為允當。不過，三史所載人名、地名多不相符，三史所載史實，也頗有出入，當相互參觀，以究其真。

23 元史

元史，明宋濂、王褘等奉敕撰。

元史凡二百十卷，有本紀四十七、志五十三、表六、列傳五十七。

本書的修撰，經歷兩次開局，前後僅一年有餘，成書神速。大抵元史所據的資料，本紀依據元十三朝實錄，書志依據元人所撰經世大典、大一統志，列傳則採取元歷朝后妃功臣列傳及當時諸家所撰的行狀墓誌等。因此，避諱迴護，繁冗蕪雜，在所難免。

24 明史

明史，清張廷玉等奉敕撰。

明史凡三百三十二卷，有本紀二十四、志七十五、表一十三、列傳二百二十。另附目錄四卷。

明史一書，為近代諸史中的佳作。張廷玉進史表中說：

> 發凡起例，尚在嚴謹；據事直書，要歸忠厚。

本書編纂得當，考訂審慎，頗稱精善。所以趙翼稱「近代諸史，自歐陽脩五代史外，遼史簡略，宋史繁蕪，元史草率，惟金史行文雅潔，稱為可觀，然未如明史之完善。」

25 新元史

新元史，民國柯劭忞撰。

新元史凡二百五十七卷，有本紀二十六、表七、志七十、列傳一百五十四。

本書的修撰，前後閱時三十年始成。柯氏承襲諸家之後，參考各家的著述，正如百川的歸流大海，允稱集大成的傑作。本書義例嚴謹，考證博洽，且文章雅潔，論斷明快，頗足糾補元史的缺失。不過，梁啟超在中國近三百年學術史中對本書頗多微辭。他說：

> 柯著彪然大帙，然篇首無一字之序，無半行之凡例，令人不能得其著書宗旨及所以異於前人者何處。篇中篇末又無一字之考異或案語，不知其改正舊史者為某部分？何故改正？所根據者何書？

以上為正史二十五史的簡述。至於清史，民國十六年已成清史稿，由趙爾巽、柯劭忞等人所撰。全書「關內本」凡五百三十六卷，另有目錄一冊，計本紀十二，二十五卷，志一百四十二卷，表五十三卷，列傳三百一十六卷。本書修史諸人，純以清遺臣身分，記述清朝史事，因此書中頗多不合史實之處，義例既非，書法也多有偏頗。今人張其昀、蕭一山等人取舊稿稍予斟補，刊為清史，全書五百五十卷。此書敘例中說：「清史之沿用舊史稿，而改正其體例，猶明史之用鴻緒稿也。」又說：「世變日亟，舊稿易散，不得已而略變體制，是正違礙，稍予斟補，以存史料。」

三、編　年

(一)編年的由來

編年體的史書，起源最早，春秋、左傳即是。隋志稱為「古史」，所以別於正史的紀傳。明焦竑國史經籍志說：

編年者，以事繫年，詳一國之治體，蓋本左氏；紀傳者，以人繫事，詳一人之事蹟，蓋本史遷。

是編年的史書以年為主，而以事繫於年月。編年體的長處即在以時月為樞紐，一切事跡按年月一檢即得，沒有分述重出的煩惱。

(二)編年的史書

以編年為體的史書，又分歷代的編年，如竹書紀年，屬通史；一代的編年，如漢紀，為斷代史。後來諸家仿作紛起，如張璠及袁宏的後漢紀、孫盛的魏代春秋、習鑿齒的漢晉春秋、干寶的晉紀、徐廣的晉紀、裴子野的宋略、吳均的齊春秋、何之元的梁典等。惜除袁宏的後漢紀外，都不傳於世。

1 竹書紀年

竹書紀年出自西晉時代，作者何人，已無從考起。根據晉書束皙傳的記載：

太康二年，汲郡人不準盜發魏襄王墓（或言安釐王塚），得竹書數十車，其紀年十三篇，記夏以來至周幽王為犬戎所滅，以晉事接之，三家分晉，仍述魏事，至安釐王二十年。蓋魏國之史書，大略與春秋多相應。

本書文辭簡要有如春秋，記事則同於左傳。其中記載，最駭人聽聞，而與古代傳說相異的有：夏啟殺伯益、太甲殺伊尹、文丁殺季歷等。至於戰國時期，與史記不同的地方更多。因此，此書的史料價值頗堪重視。

竹書紀年的史料價值雖高，而與傳統的儒說不合。因此，不為世所重，兩宋以來，逐漸殘缺失傳。今本所錄為二卷，題梁沈約注，疑為明人所偽撰。清朱右曾別輯有汲冢紀年存真二卷，今人王國維有古本竹書紀年輯校一卷、今本竹書紀年疏證二卷。

竹書紀年是古代的記事史書，包括有夏、商、周三代的史料。原書早已失傳，今所見者為輯本。此書因係竹簡為書，故名曰「竹書」；因係編年體裁，故名曰「紀年」。本書的真名，早已失傳，竹書紀年的名稱恐是西晉人所定。

2 漢　紀

漢紀，東漢荀悅撰。

漢紀，凡三十卷，計有高祖、惠帝、呂后、文帝、景帝、武帝、昭帝、宣帝、元帝、成帝、哀帝、平帝等十二紀，而以王莽之事附於平帝紀後，共敘事二百三十一年（西元前二〇九—西元二一年）。本書取材，不出班固漢書，而體例則依春秋左氏傳。後漢書荀淑傳附孫荀悅傳說：

（獻）帝好典籍，常以班固漢書文繁難省，乃令悅依左氏傳體，以為漢紀三十篇，辭約事詳。

本書撰自建安三年（西元一九八年），至五年書成。本書撰寫特色，荀悅在漢紀自敘：

謹約撰舊書，通而敘之，總為帝紀，列其年月，比其時事，撮要舉凡，存其大體。

本書組織嚴密，文筆簡潔，內容雖不出漢書範圍，亦時有所刪潤，並非泛泛抄錄而成書。所謂「撮要舉凡，存其大體」，實可作為研讀漢書的入門要籍。

3　後漢紀

後漢紀，東晉袁宏撰。

後漢紀，凡三十卷，計有世祖、明帝、章帝、和帝、殤帝、安帝、順帝（沖帝附）、質帝、桓帝、靈帝、獻帝等紀，共敘事一百九十八年（西元二三－二二〇年）。本書體例論斷，全仿荀悅前漢紀（漢紀）。然而荀書全取班書，成書在班書之後；而袁書則在范書之前，參考史料達數百卷，歷經八年，才撰寫成書，用力特甚。

袁宏撰為後漢紀的動機，在其自序中有說：「余嘗讀後漢書，煩穢雜亂，明而不能竟也。」因此，本書的特點即在簡明扼要，一掃「煩穢雜亂」之病。四庫提要對後漢紀稱譽說：

此書則抉擇去取，自出鑒裁，抑又難於悅矣。劉知幾史通正史篇，稱世言漢中興，作史者惟袁范二家，以配蔚宗，要非溢美也。

4　資治通鑑

資治通鑑，宋司馬光撰。光於英宗治平二年奉詔作書，至神宗元豐七年始成，歷時十九年。助修者有劉攽、劉恕、范祖禹等人。

資治通鑑，凡二百九十四卷，上起周威烈王二十三年（西元前四〇四年），三家分晉，戰國開始，下終五代之末（西元九五八年），貫一千三百六十二年的史事，以朝代為紀，以編年為體，詳述歷代治亂興衰的事跡。神宗初立，以其書「鑑於往事，有資治道」，賜名「資治通鑑」，並親為作序。

本書內容以治亂興亡，政治沿革為主。取材廣博，嚴於去取，除正史外，旁涉雜史三百二十種，四庫提要譽為「網羅宏富，體大思精，為前古之所未有」。然本書雖以政治為主，並非單純的政治史，舉凡社會、經濟、文化、制度等莫不摘要記述，實已涵括全面的歷史發展。且除敘述史實外，兼具史實的分析與評論，誠為一部有史學價值的巨著。

資治通鑑書成後，門人劉安世嘗為撰音義十卷，今已亡佚。南宋以後，注者頗多。元胡三省匯合眾注，訂訛正漏，作資治通鑑音注，歷三十年，稿經三易，始告成功。因此，胡注本成為資治通鑑今日最通行的版本。

5 續資治通鑑長編

續資治通鑑長編，南宋李燾撰。

續資治通鑑長編，凡五百二十卷。仿司馬光通鑑體例，記自宋太祖建隆（西元九六〇年）至欽宗靖康（西元一一二七年）一百六十八年的事跡。本書卷帙浩繁，刻印不易，傳寫者多為節錄本。明代修永樂大典，收錄其絕大部分，而世間已無足本流傳。今傳四庫全書輯永樂大典本，所記英宗、哲宗以前，年經月緯，詳備無遺，徽宗、欽宗二朝的事仍有缺佚。

李燾修撰此書，前後歷時四十年，畢生精力，盡萃於斯。全書編纂得當，敘事詳密，文不蕪累。誠如李燾所言：「寧失之繁，無失之略」，堪稱繼踵通鑑的名作。

6 建炎以來繫年要錄

建炎以來繫年要錄，宋李心傳撰。

建炎以來繫年要錄，凡二百卷，仿通鑑編年體例，詳述南宋高宗一朝自建炎元年至紹興三十二年間（西元一一二七－一一六二年）的事跡。上與李燾的長編相銜接。

本書編纂得法，內容豐富，取材以國史、日曆為主，並參考稗官、野史、家乘、誌狀、案牘、奏議等資料。此書著重史實，遇有異說則並採置各條下，以備後世評定。

7 續資治通鑑

續資治通鑑，清畢沅撰。

續資治通鑑，凡二百二十卷，有宋紀一百八十二卷，元紀三十八卷。上起宋太祖建隆元年，下訖元順帝至正二十八年，共四百一十一年。總記宋、遼、金、元四代史事。本書體例，同於通鑑，以清初徐乾學所撰資治通鑑後編為基礎，旁參李燾長編與李心傳繫年要錄等書，遼、金及宋末的事增補最多。

本書史料，都有所本。徵引史實，以正史為經，而以契丹國志及各家文集為緯。事必詳明，語歸體要。於舊史之文，惟有取捨剪裁，不加改寫；但有敘事，不雜議論。張之洞書目答問譽稱：「有畢鑑，則諸家續鑑皆可廢。」

8 通鑑綱目

通鑑綱目，宋朱熹撰，門人趙師淵助編而成。

通鑑綱目，凡五十九卷，又凡例一卷。本書據司馬光資治通鑑而作，書的起訖都依通鑑。朱熹編纂此書以道德、思想、教育為主，故仿春秋褒貶之例，取通鑑所記的事，創立綱目。綱仿春秋，力求嚴謹；目仿左傳，詳以記事。每論一事，都以「凡」字發端，以模擬左傳的「五十凡例」。較之單純的編年紀事眉目清晰。

通鑑綱目，實非創作。本書取材範圍，不出資治通鑑，因此可用以勘正資治通鑑的字句訛異。而書中所載，如尊蜀貶魏，以蜀為正統，書揚雄為莽大夫等，均不同於通鑑。

四、紀事本末

(一)紀事本末的由來

紀事本末體的史書，是以事跡為主，詳一事的始末。章學誠文史通義書教篇說：

> 按本末之為體也，因事命篇，不為常格，非深知古今大體，天下經綸，不能網羅隱括，無遺無濫，文省於紀傳，事豁於編年，決斷去取，體圓用神。

任何史蹟的發生、經過、結果，都有連續性。且可能亙延數十年或數百年，所以，欲了解史蹟的始末因果，非以事為主不可，因此，紀事本末體為史界另闢一徑。

劉知幾史通列史學六家，而歸為紀傳、編年二體。有唐以前，所有史書，不出此二體，至宋袁樞而有紀事本末體的創制。於是史書的體例，分而為三。宋史袁樞傳說：

> 樞常喜誦司馬光資治通鑑，苦其淵博，乃區別其事，而貫通之，號通鑑紀事本末。參知政事龔茂良得其書，奏於上。孝宗讀而感歎，以賜東宮及分賜江上諸帥，且令熟讀，曰：「治道盡在是矣。」

由此可知，紀事本末體實創自宋袁樞的通鑑紀事本末。紀事本末體的特點即在以事為中心，標立題目，而依年月為序敘述。既不受人物的拘束，可以免去紀傳體的重複；又不受時間的限制，可以補編年的破碎。四庫提要譽稱：

經緯明晰，節目詳具，前後始末，一目了然，遂使紀傳、編年貫通為一，實前古之所未見也。

然而紀事本末體以事為類，僅能就部分歷史事跡作有系統的敘述，而無法對整個歷史作全面的觀照，就史料保存的作用而言，不及編年、紀傳二體。

㈡紀事本末的史書

1 通鑑紀事本末

通鑑紀事本末，宋袁樞撰。

通鑑紀事本末，凡四十二卷。袁樞原治通鑑，苦其以事繫年，前後尋檢，殊多費事，遂就通鑑事跡，以事為類，每事成編，自為標題，凡二百三十九事，依年月為次而成的書，始於三家分晉，終於周世宗的征淮南，包括一千三百年的事跡。

本書材料，雖不出通鑑，然義例精密，裁取得宜。四庫提要評價極高：「樞所綴集，雖不出通鑑原文，而去取剪裁，義例極為精密，非通鑑總類諸書、割裂撏撦者可比。」清章學誠推譽本書能「化臭腐為神奇」，梁啟超也稱其有「提要鉤玄之功」。可見本書極具史學的價值。

2 九朝紀事本末

自宋袁樞通鑑紀事本末書出後，後人仿照袁書體裁，相續撰述，而有清高士奇的左傳紀事本末、明陳邦瞻的宋史紀事本末、元史紀事本末、清李有棠的遼史紀事本末、金史紀事本末、清張鑑的西夏紀事本末、清谷應泰的明史紀事本末、清楊陸榮的三藩紀事本末，與袁樞的通鑑紀事本末，合稱九朝紀事本末。

⑴左傳紀事本末　左傳紀事本末，清高士奇撰，凡五十三卷。本書依據宋章沖左傳事類始末增廣而成，以國為中心，分周、魯、齊、晉、宋、衛、鄭、楚、吳、秦、列國等十一國，一國之內取大事標目成篇，每目一卷，共計五十三目，每卷之後，更以「臣士奇曰」的形式，附加一篇史論。本書內容雜採子史之說，不專主於左傳，較章書勝。

⑵宋史紀事本末　宋史紀事本末，明陳邦瞻撰，凡二十六卷。本書大抵本於明馮琦宋史紀事本末遺稿者十之三，邦瞻自補葺者十之七，共分一百九目。條理瞭然，足資參考。

⑶元史紀事本末　元史紀事本末，明陳邦瞻撰，凡四卷。全書共分二十七目，敘事條理分明，無元史的雜亂。簡明目錄說：

其律令一篇，則臧懋循所補。所據惟元史及商輅續綱目，故不及宋史紀事本末之賅博。又元明間事，皆以為宜入國史，併順帝北行，關一代之興亡者，亦刪不錄，殊多漏略。然於一代典制，則條析頗詳。

⑷明史紀事本末　明史紀事本末，清谷應泰撰，凡八十卷，分為八十篇，始於太祖起兵，終於甲申殉難。本書成書於明史未刊之前，對談遷國榷、張岱列傳，多有採錄。所記明代典章事跡，較明史詳盡。每篇後附有論斷，仿晉書的體例，行以駢偶。文筆華麗，敘事詳略得宜，頗便初學明史者研讀。

⑸三藩紀事本末　三藩紀事本末，清楊陸榮撰，凡四卷。本書記三藩之亂始末，共分二十二目。據自序言，書成於康熙丁酉，當時文字禁令正嚴，因此，本書缺漏失實的地方甚多。

⑹遼史紀事本末、金史紀事本末、西夏紀事本末　遼史紀事本末，清李有棠撰，凡四十卷；金史紀事本

末，清李有棠撰，凡五十二卷。二書均採以篇為卷的方式，今收於廣雅書局匯刻的八種紀事本末中。西夏紀事本末，清張鑑撰，凡三十六卷，又年表一卷，亦以篇為卷，光緒初年江蘇書局刊行。以上三書，於遼、金、西夏的史事，均作了簡明概括的敘述。

3 繹史

繹史，清馬驌撰。

繹史，凡一百六十卷，本書所錄自太古起，至秦末止，首為世系圖、年表，不入卷數；次太古十卷，次三代三十卷，次春秋七十卷，次戰國五十卷，另有別錄十卷。

本書仿袁樞紀事本末的體例，每事各立名目，詳述始末。每篇之末，自作論斷。所記事跡，均博引古籍，並冠原書名。遇有異同譌舛的地方，便於條下疏通辨證。四庫提要評說：

> 疏漏牴牾，間亦不免，而蒐羅繁富，詞必有徵，實非羅泌路史、胡宏皇王大紀所可及。

五、政書

(一)政書的由來

政書為史，始於唐杜佑通典，專記文物制度；而「政書」一目，隋書經籍志始分為舊事、儀注、刑法三類，舊事或稱故事，亦作典故；儀注或作禮法；刑法亦作政刑，亦稱法令。清四庫全書據錢溥祕閣書目，合併為政書一門。與紀傳、編年、紀事本末同為我國重要的史學體裁。

紀傳體中，原有書志一門，記載朝章國典，考其所記，係導源於尚書，尚書有洪範記天文、五行；有禹貢記疆域地形；有周官記典章制度。然紀傳多斷代為書，不易會通古今，觀其沿革，況各史並非都有志，有志的史，書志的名目，亦互有出入。唐杜佑乃著通典，以適應這一要求。

自杜佑通典書出，宋鄭樵的通志以及元馬端臨的文獻通考，都以通典為藍圖，號稱「三通」。清高宗時又敕群臣撰續三通，即續通典、續通志、續文獻通考。以及清三通，即清通典、清通志、清文獻通考，號稱「九通」。而唐會要、明會要、清會要等各朝會要，限於一代的典章制度，不合杜佑通典主旨，僅能說是政書的流亞。

(二)政書的史書

1 通　典

通典，唐杜佑撰。因唐劉秩政典三十五卷而擴展編成。通典，凡二百卷。始自黃虞，迄於唐天寶末。按事分類，分別敘述歷代重要制度的沿革、史實的發展以及時人的議論，以資考鏡，號曰通典。計食貨十二卷、選舉六卷、職官二十二卷、禮一百卷、樂七卷、刑二十三卷、州郡十四卷、邊防十六卷，共分八門，每門之下，更分列子目。篇目的次序，據杜佑自序說：

既富而教，故先食貨；行教化在設官，任官在審才，審才在精選，故選舉、職官次焉；人才得而治以理，乃興禮、樂，故次禮、次樂；教化隳則用刑罰，故次兵刑；設州領郡，故次州郡；而終之以邊防。

杜佑著書的目的，他在通典總序中有說：

所纂通典，實採群言，徵諸人事，將施有政。

本書著重典章制度和社會經濟發展等重要史實，組織完善，條理分明。四庫提要評其：「詳而不煩，簡而有要，元元本本，皆為有用之實學，非徒資記問者可比。」實體大思精的史學要籍。

2 通　志

通志，宋鄭樵撰。

通志，凡二百卷，自三皇至唐，為通史體裁，計分帝紀十八卷、皇后列傳二卷、年譜四卷、略五十一卷、列傳一百二十五卷。全書的精華則在二十略中，二十略為：氏族、六書、七音、天文、地理、都邑、禮、謚、器服、樂、職官、選舉、刑法、食貨、藝文、校讎、圖譜、金石、災祥、草木昆蟲，所載多為歷代的文物制度。鄭樵自序稱：

其（氏族等十五略）十五略，漢唐諸儒所不得而聞也。

又稱：

凡十五略出臣胸臆，不涉漢、唐諸儒議論。

而以禮、職官、選舉、刑法、食貨等五略，「雖本前人之典，亦非諸史之文也。」由此可見，鄭氏於二十略，自負甚高。

本書「網羅繁富，才辯縱橫」（簡明目錄），然「穿鑿掛漏，均所未免」。宋史本傳稱「樵好為考證倫類之學，成書雖多，大抵博學而寡要」。四庫提要則謂「其採摭既已浩博，議論亦多警闢，雖純駁互見，而瑕不掩瑜，究非遊談無根者可及，至今資為考鏡，與杜佑、馬端臨並稱三通，亦有以焉。」此說最為中肯允當。

3 文獻通考

文獻通考，元馬端臨撰。

文獻通考，凡三百四十八卷，始自唐虞，下終於南宋寧宗嘉定年間，計分二十四門。本書門類，係就通典成規，分通典八門為十九，即田賦、錢幣、戶口、職役、征榷、市糴、土貢、國用、選舉、學校、職官、郊社、宗廟、王禮、樂、兵、刑、經籍、輿地、四裔等門，另增經籍、帝系、封建、象緯、物異等五門。實為通典的擴大與續作。本書取材，大抵中唐以前，以通典為基礎，中唐以後則為馬氏廣收博採而成，中以宋朝制度為最詳。

本書取材廣博，網羅宏富，雖以卷帙繁重，難免顧此失彼，然條分縷析，貫穿古今，實政書體中的重要史籍。四庫提要論說：

> 大抵門類既多，卷繁帙重，未免取彼失此。然其條分縷析，使稽古者可以案類而考。又其所載宋制最詳，多宋史各志所未備，案語亦能貫穿古今，折衷至當，雖稍遜通典之簡嚴，而詳贍實為過之。

4 續三通

續三通，指續通典、續通志、續文獻通考而言。清乾隆年間敕撰。茲簡述如下：

(1)**續通典**　續通典，清乾隆三十二年敕撰，凡一百五十卷。全書體例篇目，全依杜典，惟以兵、刑分列，共為九門，按年編次。以杜佑通典終於天寶之末，因為續唐肅宗至德元年以後，訖於明崇禎末年的事。本書取材，大抵年代較遠者，以正史為主，旁參圖籍，以求詳賅；近代則多採自雜記諸書。對唐至明代的典制源流、政治得失，頗具參考價值。

(2)**續通志**　續通志，清乾隆三十二年敕撰，凡六百四十卷，本書體例篇目，全依鄭志。有本紀七十卷、后妃傳十卷、略百卷、列傳四百六十卷。以鄭樵通志止於唐代，因續自宋迄明的事，於唐代紀傳未備的部分，亦採新、舊唐書增補。著錄詳明，考證亦頗精到。

⑶續文獻通考　續文獻通考，清乾隆十二年敕撰，三十七年成書，凡二百五十卷。本書體例篇目，一仍馬氏通考，而於郊社考中分出群祀考一門，宗廟考中分出群廟考一門，共為二十六門。內容包括南宋後期及遼、金、元、明五朝事跡。所記事跡先徵諸正史，而參以總部雜編，議論則博取文集，而佐以史評語錄，頗為精要。

5 清三通

清三通，指清通典、清通志、清文獻通考而言。清乾隆年間敕撰。茲簡述如下：

⑴清通典　清通典，本名皇朝通典，清乾隆三十二年敕撰。凡一百卷，全書體例與通典、續通典同，共分九門，惟各門子目略有增刪。本書取材，以清會典、清律例、清一統志等書為主，分門別類，頗為詳明。

⑵清通志　清通志，本名皇朝通志，清乾隆三十二年敕撰。凡一百二十六卷，共分二十略。全書體例與通志、續通志同，而紀傳、世家、年譜省而不作。二十略中，有原本繁而汰者，有原本疏而補者，有原本冗瑣而刪併者，有原本未備而增者，於清開國至當時典制，縷分條繫，端委詳明。

⑶清文獻通考　清文獻通考，本名皇朝文獻通考。清乾隆十二年敕撰。凡三百卷，全書體例與續文獻通考同，分二十六考，唯各門子目略有增刪。本書原為續文獻通考的一部分，乾隆二十六年始提出，自為一書。凡所採輯的事，都尋源竟委，乾隆以前的清代文獻，賅括無遺。

續三通和清三通，取材均以正史為主，內容充實，組織嚴密，對史料的保存，頗有貢獻。各書的刻本，除武英殿聚珍版外，清末浙江書局有復刻本，均與正三通合刻，稱為九通。

伍　子學常識

一、概　說

(一)諸子的涵義

所謂「諸子」，原指周秦之際，諸子百家的學術。當時出現很多卓越的思想家，創立種種精深的哲學思想，傳授門徒，形成學派。這些思想具有極大的創造性，而且他們的議論確實能「持之有故，言之成理」，以致歷代的學術，無不受到影響。諸子的時代，成為我國學術史的黃金時代；諸子的學說，直接進入每一個中國人的心靈中，落實在思想言行上。

「子」字原指男子，以後作為男子的美稱。古代士大夫的嫡子以下，皆稱為夫子。從孔子起，開始有私人講學活動，孔子的門人尊稱孔子為「夫子」，簡稱「子」。自此相沿成風，弟子纂述老師言行思想的書便以「子」為稱呼，這便是子書命名的由來。這一類的書漸多，古代的史學家、目錄學家為了記錄的方便，就概括稱為「諸子」。例如東漢班固漢書藝文志中有「諸子略」，唐魏徵監修的隋書經籍志有「子部」之設置。以後研究諸子的學問稱為「諸子學」，省稱為「諸子」或「子學」。

(二)諸子產生的背景

任何一門學問，都有一個產生的背景。以諸子的學術而言，正興起於周秦之際、天下局勢最混亂的時候。當時各國諸侯，勢力龐大，相互爭雄，周天子無法號令天下，不論政治、社會、經濟、教育各方面，都產生了劇烈的變革。

從政治方面來看，周代所行的封建制度，已經因為諸侯之間稱霸爭雄，彼此蠶食併吞而逐漸崩潰。從社會方面來看，周代世襲的貴族階級社會，已經因為平民崛起，而根本動搖。從經濟方面來看，由農牧業而發展出商業，商人地位提高，經商致富的人取代貴族成為新地主，「世居其土，世勤其疇」的農氓，隨著商人勢力的擴張，產生大量人口流動。

最重要的是教育方面的改變：我們都知道周朝所行的是貴族政治，只有貴族子弟才有受教育的權利。到了春秋戰國時期，政治社會的變動，使平民漸漸有機會受教育，出身平民的才俊之士，數量大增，更富於使命感。他們面對時代的課題，著書立說，彼此論辯，學術越來越興盛，就此開啟了百家爭鳴的局面，創建了我國古代最寶貴的學術遺產。

(三)諸子與王官的關係

古代學術的狀況和今天不一樣，「政」與「教」不分，「官」與「師」合一，學術的資源掌握在官方。周平王東遷以後，官學衰微，民間學術興盛，局面才漸漸改觀。所以，古人在討論諸子的淵源時，便有「諸子出於王官」之說。根據班固漢書藝文志的記載：

儒家者流，蓋出於司徒之官。（注：掌教育）

道家者流，蓋出於史官。（注：掌典籍）
陰陽家者流，蓋出於羲和之官。（注：掌星曆）
法家者流，蓋出於理官。（注：掌刑法）
名家者流，蓋出於禮官。（注：掌禮秩）
墨家者流，蓋出於清廟之守。（注：掌祀典）
縱橫家者流，蓋出於行人之官。（注：掌朝聘）
雜家者流，蓋出於議官。（注：掌諫議）
農家者流，蓋出於農稷之官。（注：掌農事）
小說家者流，蓋出於稗官。（注：掌野史）

又說：「諸子十家，蓋可觀者，九家而已。」「九流十家」的名稱由此而來。

當然也有人從另外的角度提出異議，比如近人胡適著諸子不出於王官論便否定藝文志的看法。依常理來看，天下間任何事物都有一個緣起，周秦之際，時勢危殆，戰爭連年，假使沒有前承，必不能產生高深的學術。因此，諸子淵源於王官，是可以肯定的看法。

㈣諸子的流派與發展

評論諸子流派的文章，以莊子天下篇最早，其次是荀子非十二子篇、司馬談論六家要指，然後才是班固漢書藝文志的九流十家之分。

莊子天下篇及荀子非十二子篇論及很多思想家，然而並無儒、道、墨、法、名家的名稱。司馬談論六家要指把先秦時代的學術分成六家：陰陽家、儒家、墨家、名家、法家、道德家。中國學術史上正式以儒、墨、名、法、道德、陰陽作為諸子流派肇始於此。班固漢書藝文志依劉歆七略立諸子略，更分為：儒、道、陰陽、法、名、墨、縱橫、雜、農、小說十家，其中小說家除外，亦稱九流。

諸子十家，彼此都有關係。儒、道、墨三家可謂完全獨立的門派；名家、法家由此三家分出；而陰陽家是春秋以前就已存在的舊學問；至於縱橫家，是說客遊說各國的兩種謀略（連橫、合縱）；雜家之作，雜錄各家言論，並無中心思想；農家的許行，小說家的宋鈃均無著作流傳，必賴孟子、荀子記載方知言論大要，由此可知，十家雖然齊名平列，其學說之內涵與價值，卻不能相提並論。

春秋戰國時代，是諸子之學最興盛的時期。秦國統一六國，建立了秦朝，雖有焚書坑儒之舉，諸子之學仍保存在官方的博士之手。漢朝初期，諸子之學盛行如故，從漢武帝接受董仲舒的建議，罷黜百家、獨尊儒學，才結束了百家爭鳴的盛況。

二、先秦諸子概述

㈠儒　家

1 命名由來與代表人物

「儒」字的本義是「柔」，又作「術士」之稱。從周禮注的記載，可知儒者是古代職掌教育的人，具備相當的學問與崇高的人格，是學者兼教育家。在莊子天下篇中稱之為「鄒魯之士，搢紳先生。」

從儒家的典籍來看，周公是儒者們祖述的宗師，但是儒者形成學派，卻是孔子以後的事。淮南子要略說：

「孔子修成康之道，述周公之訓，以教七十子，使服其衣冠，修其篇籍，故儒者之學生焉。」便明顯地將孔子視為儒家的創始者。

孔子在世的時候，已有「四科」的名目，此即論語先進篇中所說的：「德行：顏淵、閔子騫、冉伯牛、仲弓；言語：宰我、子貢；政事：冉有、季路；文學：子游、子夏。」可知孔子弟子中，已因性格和能力的不同，而有四種發展傾向。

再看韓非子顯學篇的記載，孔子死後有八種儒學的分支，即「子張之儒」、「子思之儒」、「顏氏之儒」、「孟氏之儒」、「漆雕氏之儒」、「仲良氏之儒」、「公孫氏之儒」、「樂正氏之儒」。漢書藝文志更著錄了三十一家先秦儒家的著述，只是這些儒家的分支若非殘存不全，便是學說不純，今天提到先秦儒家，還是以孔子、孟子、荀子為代表人物，以論語、孟子、荀子為代表性的典籍。論、孟既已列入經部，存於子部的僅有荀子而已。

2 荀　子

荀子名況，時人尊稱為「卿」，故曰荀卿。趙國人，生於周赧王二年（西元前三一五年），卒於秦始皇九年（西元前二三八年）。十五歲（據王叔岷先生考證）遊學於齊國，後至楚國。春申君很賞識他，任命他為蘭陵令。春申君死後，荀子也廢了官，就此長居蘭陵。他的學說根據孔子而來，著有荀子三十二篇。

在儒家的典籍中，論語、孟子都是弟子纂輯而成的「語錄」，而荀子一書，則已超越語錄的形式，使用比較富於邏輯思維的論文方式寫作而成。作者雖是荀子本人，可是現在流傳的荀子三十二篇，經過歷代的傳抄、整理、印行，已不是本來的面貌。而這也是先秦諸子著作普遍面臨的問題。

荀子一書，起自勸學，迄於堯問。其中成相是用民間樂曲的體制寫成的勸諭文，賦篇是用賦體寫成。雖然如此，今本荀子中，正名、解蔽、富國、天論、性惡、正論、禮論等篇章，字句錯誤最少，且為荀子學說精華所在。

心性論是儒家思想的精粹，孟子、荀子都是發揮孔子思想的儒者。孟子從人人皆有「四端」之心，提出「性善說」。荀子由於對心性的認知異於孟子，而提出「性惡說」。大體說來，孟子的「性」，相當於「人的自覺心」；荀子的「性」，相當於「人的本能」。荀子從人的自然本能證明人之性惡，但是不否認人可以為善。他認為：「其善者偽也。」所謂「偽」就是「人為」，就是「變化氣質」的意思。

要變化氣質，必須仰賴學問。具體地說，就是以禮樂作為教育的工具。因此，荀子重視師法，弘揚禮樂。荀子從理智的精神，把「天」看作是「自然實體」，主張「制天用天」，反對「天人禍福」之說。此外他從認識心的辨析中，發展出初步的邏輯思維；從君臣的對待關係中，提出「尊君貴民」、「富國強國」的思想，都有相當的開創性。

(二)道　家

1 命名由來及代表人物

「道」的本義是「路」，又可解作「術」，都指人們共同行走的道路。莊子天下篇開始把「道」「術」二字連言，指稱古代的學術。

然而所謂「道家」，卻是比較後起的稱呼。在漢司馬談論六家要指一文，原稱為「道德家」。司馬遷在史記老莊申韓列傳說老子「著書上下篇，言道德之意」。至班固漢書藝文志才簡稱為「道家」。

相傳道家源出於史官，史官之設置又可以溯源到黃帝，故道家的典籍常把自己的學說託始於黃帝。其實，道家的思想或許可以遠溯到上古，道家形成學派，卻是老子以後才成立。而莊子的學說，源於老子，所以論及道家的人物時，應以老子、莊子為代表。

2 老 子

老子的生平，最早見於史記老莊申韓列傳。從這篇傳記，我們大致知道：老子姓李名耳，字聃，楚國苦縣厲鄉曲仁里人。生於周靈王初年，曾任周之守藏史（又稱為柱下史），職掌方冊圖書，因此能夠博覽群書，縱觀世變。相傳孔子曾經問禮於老子。老子看到周室衰微，於是離周而去。行至函谷關的時候，有一位名叫喜的關尹，強使老子著書，撰成道德經五千餘言，然後不知所終。

史記說得很清楚，道德經是老子撰成的，莊子和韓非子也都引用過老子的言論。老子之所以稱為道德經，可能是取用上篇第一句「道可道，非常道」與下篇第一句「上德不德」中的「道」與「德」二字而成。全書原先究竟分成幾章，今天已經難以察考，現在流傳的版本，不論是王弼本還是河上公本，都分成八十一章。上篇三十七章，下篇四十四章。共五千二百餘字。

老子一書使用「韻文體」來表達思想，和孔子、墨子使用問答式的語錄體頗為不同。這是因為我國古代有南北文化之分，南方人喜歡用韻文，北方人喜歡用散體的緣故。老子之中某些章節頗似楚辭，甚至被視為楚辭的前身。

「道」是老子思想的核心。在老子一書中，有很多對「道」的描述，大體認為：天地萬物的本源是「道」，天地萬物都由「道」所創生。而「道」是一種虛無恍惚，卻實際存在的東西。在創生萬物以後，便內存於萬物之中，衣養萬物。這一種創生活動，永不竭盡，因為「道」的運作是循環反復的。

「道」的運作，既然是循環反復的，因此天地間的事物也就有正有反、有高有低、有長有短、有貴有賤、有吉有凶、有禍有福。然而，這種相反對立的關係也並不是固定不變，而是隨時游移的。既然正反互變，禍福無常，那麼，人應該如何自處呢？老子提示的方案是：「守柔」、「無為」與「不爭」。

老子說：「堅強者，死之徒。」又說：「柔弱勝剛強。」又說：「柔弱道之用。」這些話語，最能透示老子人生哲學的觀念。在自我的領域中，老子主張「無為」，無為才能自作主宰，然後在經驗世界中，發揮「無不為」的支配作用。在應世的原則上，老子主張「不爭」，不爭才能「無尤」，不爭才能使「天下莫能與之爭」。

整體看老子的思想，實以「自然」作為學習的對象。「自然」是「道」的精神所在。唯有因循自然，才能可大可久。他主張絕聖去智、絕仁去義，凡能桎梏人性的文明制作，都在排斥之列。最後，老子以「小國寡民」、「安居樂俗」作為政治理想。

3 莊　子

莊子的生平，也見之於史記老莊申韓列傳。根據前人的研究，大致是這樣：莊子名周，宋國蒙縣人。生於周烈王六年（西元前三七〇年）前後，卒於周赧王二十年（西元前二九五年）前後（據馬夷初莊子年表）。他的生活年代大致和梁惠王、齊宣王、孟子同時，可是和孟子不曾見面。他曾做過蒙縣的漆園吏，一生貧窮，但曠達不羈，不求富貴。他有超卓的理性能力，又有至深的感性能力，他自期與天地精神往來而不鄙視萬物，不問是非，和世俗相處。和惠施經常往來，是學問上的論敵、道義上的好友。

莊子又被稱為南華真經，全書原有五十二篇，現存三十三篇。至晉代郭象，編定為內篇七篇、外篇十五篇、雜篇十一篇。內篇七篇的篇名是：逍遙遊、齊物論、養生主、人間世、德充符、大宗師、應帝王。內七篇不論行文方式或思想內容，都能前後一貫，自成系統，大致為莊子手筆，最能代表莊子本人的思想。

至於外篇、雜篇中的篇章，後人一致的意見，都認為是莊子門人及後學的作品。這是因為立論點頗不一致，敘述的故事常常互相牴觸，又常引用莊子自身的言論。雖然如此，外、雜篇卻是從莊子到淮南子之間，道家思想的橋梁。

莊子書中，不喜歡從片面的角度來看待事物，善作迂遠無稽的議論，放曠不著邊際的文辭。大概是認為當時天下風氣沉迷混濁，無法講述莊嚴正經的理論，所以故意使用變化不定的方式、虛構的寓言，來闡明他的學說。由於這個緣故，莊子被後人看作是哲學與文學高度融合的典範，同時擁有很高的文學價值。

從思想的發展來看，莊子繼承老子的哲學，也肯定「道」是創生萬物的本源。他更進一步說明「道」是「非物」，是先於萬物而存在的精神性本體。從「道」的角度來看，萬物是齊一的，無所謂高低貴賤。從萬物齊一的觀點出發，不僅事物是相對存在，連人的認知能力也是相對有限。由此，他主張「泯是非」、「薄辨議」，進而主張「齊物我」，並且由此得出「天地與我並生，萬物與我合一」的結論。

為了達成「齊一物我」的理想，他提示了一系列修養心靈的方法。在逍遙遊中，莊子講了一段鯤魚變大鵬，凌空而飛的寓言。提示我們真正的自由自在，是不必依賴任何物質條件的。這就是「無待」。

在大宗師之中，莊子又編造了一則顏回向孔子報告自己修養的對話，說明「無己」的道理。在莊子的觀念中，「無待」、「無己」能使人的心靈絕對虛靜，而達到與「道」合一的境界。

莊子站在超越而相對的立場，齊一是非善惡之分別，破除生死壽夭的執著，可以說：替人類開啟了另一片視野，本質上，這是一種藝術性的精神境界，在此，人們可以擁有絕對的精神的自由。在這樣的理念下，莊子自然主張取消一切禮法、制度，甚至音樂、工藝等文明制作，而希望建立一個「同與禽獸居，族與萬物并」、「同乎無知」、「同乎無欲」的「至德之世」。

綜合來看道家的思想，其目的在彰顯一種純粹精神的自由，內在方面，不能修心而成就道德；外在方面，不能成就文化業績，但是獨能成就一種超脫現實的心靈境界。透過道家思想，可以使人更為達觀、更為樂天安命。道家思想在亂世往往成為知識分子心靈的避難所，原因在此。

(三)墨 家

1 命名由來與代表人物

「墨」字原指黑色的書寫顏料，其後引申為「繩墨」之意。「墨」又是古代刑法之一。墨子主張刻苦，而其從學門徒，大多因首垢面，面目黧黑，又自奉甚儉，送死甚薄，重在引繩墨自矯，因此以「墨」作為學派名稱，稱為「墨家」。

墨家的淵源，可以追溯到夏禹。這是因為夏禹治水時，那種「菲衣食、惡衣服、卑宮室」的刻苦精神和墨家的精神很接近，墨子十分稱道，以後的墨者以此相尚。莊子天下篇、淮南子要略便根據這點，認為墨子之學是繼承夏禹而來的。

然而淮南子要略也指出：墨子曾經學習儒家的學術，獨對儒者「其禮繁擾，厚葬靡財」感到不滿，才「背周道而用夏政」。再看漢書藝文志記載：「墨家者流，蓋出於清廟之守。」所以，墨家之產生，可能是承繼夏禹的刻苦精神，擴充古代人的尊天思想，運用古代的宗教組織形式所建立的學派。

2 墨 子

墨子是墨家的祖師，前人都以為他姓墨名翟，魯國人。見諸於載籍的傳記資料不多。在孟子、荀子、列子、莊子、韓非子中皆稱為「墨翟」，或單稱「墨」。在高誘注淮南子修務訓、呂氏春秋當染篇並云：名「翟」；唯江瑔讀子卮言「論墨子非姓墨」一章，認為「墨」非「墨翟」之姓。算是比較新奇的說法。

墨子生活年代大致在孔子以後、孟子之前。孟子滕文公下說：「能言距楊墨者，聖人之徒也。」又說：

「天下之言，不歸於楊，則歸於墨。」韓非子則稱儒、墨為「顯學」。墨子原有七十一篇，今存五十三篇。這本書非作於一人，不成於一時，大都是門弟子所記述，說是墨家學說之總集也無不可。其中經上下、經說上下、大取、小取又稱為墨辯。而尚賢、尚同、兼愛、非攻、節用、節葬、天志、明鬼、非樂、非命、非儒等篇，最能表現墨子之思想，是全書的精華。

墨子思想的核心觀念是「兼愛」，但是「兼愛」不是道德性的主張，而是著眼於治亂的功利性主張。墨子以為一切混亂，起源於不相愛，「兼相愛則治，交相惡則亂」。天下人若能彼此相愛，就不會有強凌弱、眾暴寡的現象產生。「兼愛」也是上天的意志，順天意、兼相愛，必得天賞；反天意、別相惡、交相賊，必得天罰。墨子的兼愛、利天下，因此墨子具有游俠的精神。

由「兼愛」的原則，墨子又提出「尚賢」和「尚同」的政治主張。他主張不論血緣關係的遠近親疏，「選天下之賢可者，立以為天子」。而「天子總天下之義，以尚同於天」。可是，天子如何順天之意呢？墨子的答案是：「兼愛天下之人。」根據「尚同」的原則，百姓要上同於天子，天子要上同於天志。這樣，墨子也建立了一套權威主義的觀念。

基於兼愛的原則，墨子反對戰爭，此即「非攻」之主張。墨子把戰爭視作虧人不義之最大者，攻伐所得，往往不如所喪之多。有時攻伐別人，適足以使自己亡國。君子應興利除害，不可不非攻。

此外，墨子以儒為論敵，反對儒家天命的說法，改以「天志」「明鬼」之說。又就儒者煩飾禮文，不事生產，譏議儒者禮文為虛偽；由非議禮文，從而主張「薄葬」。另就音樂「不中聖人之事」、「不中萬民之利」，足以廢事，無利天下，從而有「非樂」之說。因為墨子太過於重視功利與實用，所以荀子評之為：「墨子蔽於用而不知文。」

3 墨子的後學

墨子約死於戰國初期，身後墨學正盛。前期墨家之著者為宋鈃、尹文。後期墨家，至莊子時分為南北兩派：北為「相里勤之弟子、五侯之徒」，南為「苦獲、己齒、鄧陵氏之屬」。據韓非子顯學篇記載，分為三派：

自墨子之死也，有相里氏之墨、有相夫氏之墨、有鄧陵氏之墨。趨合相反不同，而皆自謂真墨。

墨子後學的思想已經很難考察詳情，但是仍可以從經上、經下、經說上、經說下、大取、小取這六篇來了解一個大概。這六篇作品內容十分駁雜，有辯護墨子思想者、有闡發墨子思想者、也有涉及邏輯思維及初淺的科學思想者，更有涉及其他哲學者。

墨子後學的時代，主要的論敵是名家的辯者，因此，墨家的後學努力研究辯論技巧，以及邏輯問題。在墨辯之中，比較重要的部分便是對「同異問題」、「堅白問題」、「詭辯問題」之討論與駁斥。這些論辯的成果，對中國哲學思想的發展，有其不可抹煞的貢獻。

(四) 法　家

1 命名由來與代表人物

「法」字，原作「灋」，从水，取其平直如水。从廌去，相傳廌為神獸，能以一角觸不直之人。「法」字為「灋」之省文，有求平直之義。其後引申為「憲令」、「刑罰」、「準繩」之義。韓非子定法篇說：

法者，憲令著於官府，刑罰必於民心。賞存於慎法，而罰加乎姦令者也。

不別親疏，不論富貴，一切是非功過，以「法」作為論斷標準。這是法家的精神，也是法家命名的由來。

法家的興起與春秋以來，諸侯之間互爭雄長有關。他們心中最關切的問題是：如何富國強兵、如何進行有效的統治？法家諸子，依其學說的中心思想，各有不同的側重和強調，可以分成三大派別：一是重勢派，以慎到為代表；二是重術派，以申不害為代表；三是重法派，以商鞅為代表。至於韓非，則認為勢、術、法三者不可偏廢，成為法家之集大成者。此外，戰國時代，偽託管仲所作之管子一書，亦為法家之重要著作。

2 慎子

慎子名到，是趙國人。據史記孟子荀卿列傳說慎到曾學黃老之術。班固漢書藝文志著錄法家慎子四十二篇，注云：「名到，先申韓，申韓稱之。」可知慎子是戰國時代的人，生活年代比申不害、韓非早。他的著作大半亡佚，惟有威德、因循、民雜、知忠、德立、君人、君臣七篇留存傳世。慎子的思想中，含有道家的成分，例如：他主張因循自然，順應情勢，則本自老子。他主張「齊萬物以為首」，則與莊子相同。他主張棄知去己，更是道家共守的要旨。所以慎子可以說是由道家轉變為法家的人物。

在慎子威德篇中，他說：有霧的時候，騰蛇可以漫遊霧中；有雲的時候，飛龍可以翱翔雲端，一旦雲霧散去，騰蛇飛龍便和蚯蚓無異。為什麼？因為牠們失去了遨遊飛翔的憑藉。相同的，一個賢者之所以屈就在不肖的人之下，是因為他權輕；一個不肖的人肯臣服於賢者，是因為他位尊。可見「權勢」與「地位」是何等重要。

在威德篇中又說：「法」雖不善，還是比「無法」好。法令制度、禮儀書籍，目的在建立公正的規範。凡是建立公正，都意味著要拋棄私人的、自我的立場。在君人篇中，又從人君的立場主張：法以公平為原則，信賞必罰，惟法是賴。因為人君若不依法賞罰，而是自由心證，那麼受賞再豐盛，臣下仍不滿足；受罰再確當，臣下仍然懷有怨恨。由此可知人君須有威權，才能驅使臣民，身為人君，一樣要信守法律。法家一貫主張法律之前，人人平等，正是慎到開啟的觀念。

3 申 子

申子名不害，是戰國時代鄭國京邑人。史記老莊申韓列傳說：

申不害，故鄭之賤臣，學術以干韓昭侯，為相十五年，國治兵強，無侵韓者。

漢書藝文志著錄了申子六篇，今天已全部亡佚。但是從韓非子徵引申子的遺文及前人對申子的記述中，仍然可以考察一個大概。

申子的學說，以黃老一派道家思想為本源，特別重視刑名。申子在當時的法家，以注重用「術」出名。所謂「術」，就是看能力授官位，依官位要求職責，掌握生殺的權柄，考核群臣的成效，一種執掌在人君手上的東西。

這一種「術」是不能隨便顯露真相給臣下的，因為臣下會有種種巧詐的辦法去適應君主，只有清靜無為可以避免臣下的揣摩與適應。君主要做到：看清別人看不清的，聽懂別人聽不懂的，遇事能自行決斷；也就是要懷抱利器，但是高深莫測。

然而，作為一個國君，還是要以法令顯現尊嚴。他說：「令之不行，是無君也。」一個聖君，應該「任法而不任智，任數而不任說。」應該「明法正義，若懸權衡」。可知申不害的中心思想在於「重術而任法」，權術的運用只是人君必要的手段，法令才是最終的準繩。

4 商 子

商子姓姬名鞅，原為衛國的庶公子，在春秋時代，凡是諸侯的旁支子孫都以「公孫」為氏，所以又稱公孫鞅。起先是魏相公叔痤的手下，沒有受到重用，聽說秦孝公徵求賢才，於是投效秦國。定變法之令，使秦國國富兵強。因為建了大功，封於商，所以改稱商鞅。漢書藝文志著錄了法家商君二十九篇，今存二十四篇。商君書並非商鞅自著，而是後代研究商君之學者，追輯其法令與言論而成的。

商子是一位務實的政治家，對「法」很重視。所謂「法」就是官府頒布法令，使人民相信賞罰絕對要實施，獎賞是賜給守法的，刑罰是處分違令的，這是人臣所必須遵守的東西。他認為治國之道有三：一曰法、二曰信、三曰權。「明主愛權重信，而不以私害法。」法令必明，賞罰必信，令出必行。

他重視農業，以達到國富的目的；他獎賞軍功，鼓勵國民好戰，以重賞重罰，嚴厲整飭內政；修守戰之具，和各諸侯國爭雄。秦國行商鞅的新法，奠定了統一六國的基礎，功勞不小。但是商鞅過分重視法令的效用，為了政治上的需要不惜主張「以戰去戰，雖戰可也；以殺去殺，雖殺可也；以刑去刑，雖重刑可也。」又一味尊重人君，卑視臣下，相當泯滅人性，所以有很大的流弊。

5 韓非子

韓非子，姓韓名非，是韓國的公子。生年不詳，卒年是秦始皇十四年（西元前二三三年）。史記老莊申韓列傳說他：「喜刑名法術之學，而其本歸於黃老。」又說他：「為人口吃，不能道說，而善著書，與李斯俱事於荀卿，斯自以為不如非。」可見他的思想與道家、儒家都有淵源。漢書藝文志著錄了法家韓子五十五篇，和今傳的韓非子篇數相合。

韓非是荀卿的弟子，他承繼了荀子性惡說，認為人無善惡意識。也承繼了荀子的「尊君」說，強調人君的利益至上。又襲取了道家虛靜的修養理論，強調人君應以靜制動，駕御臣下。此外，他吸收了法家前驅的思想，建立了一個以法治為基礎，集「法」、「術」、「勢」於一爐的政治思想體系。

他反對儒家尊賢之說，認為人才不值得仗恃，唯有「法」才是治國的張本。一個有道之君，應「遠仁義，去智能，服之以法。」且必須以「利」來收拾人心，以「威」遂行意志，以「名」作為上下追求的目標。

他認為一個萬乘之王，千乘之君，能宰制天下，征伐諸侯，最重要的原因是他有「威勢」。他主張運用權術的手段來維護人君絕對的權力，對於不能絕對臣服的下屬，不惜忍痛去除。為了維護人君的「威勢」，他主張統一言論，同時，要以「刑德二柄」來宰制群臣。什麼是「刑」呢？他說：「殺戮之謂刑」，什麼是「德」呢？他說：「慶賞之謂德。」作為一個人臣，都是喜歡受賞，畏懼受罰。以賞罰作為宰制手段，便能保證人君的絕對權力不受到挑戰。

此外，人君的意志也不可以讓臣子測知。韓非認為人君應該「執一以靜，使名自命，令事自定。」在和氏篇中又說：「主用術，則大臣不敢擅斷，近習不敢賣重。」具體地說：一個人君，應以冷靜客觀的心態，不苟同世俗之言，循名實來定是非，依參驗所得，來審視臣下的言辭，如此，臣下不敢偽詐姦私，必能竭盡心力來為人君服務。人君在上位只要以法制之，賞罰嚴明，便可無為而治。

綜觀韓非立說大旨，是在替專制君主建立絕對的統治權力，他不能理解儒家仁政的價值，對於道家虛靜的人生境界也不能正面承受，反而轉化為人君的權謀工具，對於中國文化精神而言，這是一種墮落與沉淪。

6 管　子

管子名夷吾，字仲，齊國人。少時與鮑叔牙友善，鮑叔牙深知其賢。齊桓公立，鮑叔牙進薦管仲，管仲遂為齊相，以區區齊國，在海濱，通貨積財，富國彊兵，遂能九合諸侯，一匡天下，成為春秋五霸之一。

管子雖是春秋人，其事跡亦見之於左傳、國語、史記諸書，但今本所傳之管子，非出於一人之手，亦非作於同一時間。南宋朱熹已懷疑管子非管仲所作，明代宋濂已提及管子中有絕似曲禮者、有近似老莊者，今人羅根澤先生管子探源分析尤詳，已斷定為戰國時人所作。

管子一書在道德思想方面，完全承自道家，但是轉入法治主義，認為「法」之來源，出於「道」。無為之治，為法治之最高理想。但是管子亦強調禮治，禮不能治，方繼之以法，以濟禮治之窮。在政治制度方面，以「四維」為立國之本，國本既立，乃有五官、五卿之設，施行文政、武政。在教育方面，主張教軍士、教子弟、教士民。其教育事業，全委諸地方官吏。在經濟方面，主張鹽鐵專賣，礦產國有，開發森林，斂散穀物。並鼓勵生產，均節消費，調劑分配各種資源，販有易無，從事國際貿易。在國際關係方面，敦睦邦交，聯盟諸侯。總之，管子一書在為政處事、經世濟民方面有很高的價值。

(五)名 家

1 命名由來與代表人物

「名」字本指對事物之稱謂。「名」是由「實」而來的，古代以「名」、「實」的關係作為探討對象，從而發展出來的學問稱為「名學」。

早自孔子、老子，已經使用了「名」這一個術語。孔子曾有「正名」主張，老子也曾說「無名天地之始，有名萬物之母」。荀子擅長名實之辯，有正名篇之作。墨子的後學，有「同異」、「堅白」之論辯。但是真正使「名學」成為一種學術，始於鄧析，而大盛於惠施、公孫龍。

至於「名家」之稱，則起自西漢司馬談論六家要指，他說：「名家苛察繳繞，使人不得反其意，專決於名，而失人情。」莊子天下篇稱呼從事這門學問的人為「辯者」，雖然荀子非十二子篇批評名家「好治怪說，玩琦辭」，然而琦辭怪說也正是名家的特色，因為名家的辯者以邏輯及形上學作為主要的課題，他們運用詭辯的方法，作純粹的思考和概念的辨析，無意在道德、政治或歷史文化方面提出論見或方案。

2 惠施

提到名家人物，雖然可以從鄧析說起，但因鄧析的思想也有法家的色彩，他的著作又是後人偽託的，又鄧析、惠施二者之說可以歸入同一系統，所以論及名家代表人物，從惠施始。

惠施是戰國時代宋國人，大約生於西元前三七〇年，卒於西元前三一八年。曾擔任魏相十餘年。莊子天下篇說：「惠子多方，其書五車。」可見是個博學的人。漢書藝文志著錄了惠子一篇，今已亡佚。不過從莊子天下篇及荀子、韓非子、呂氏春秋的引述，仍可得到一個大概輪廓。

他的名理思想，大致是從「合同異」的角度出發。他說：「大到極點沒有外圍，叫做『大一』；小到極點沒有內核，叫做『小一』。」「大一」是就宇宙整體來看，「小一」是從普遍萬物而言。「大一」、「小一」都是自然形上學的概念。

他說：「無厚的東西，不可以累積。然而它的廣大，在空間上可以推展到千里。」這是指「面」的物理性質。又說：「天與地一樣卑下，山和澤一般齊平。」又說：「太陽剛到正午時，就偏斜了；生物剛生下來，就走上死亡。」又說：「南方沒有窮盡，然卻有窮盡。今日剛到越地而其實是老早就來的。」又說：「連環是可以解開的。我知道天的中央；無論在燕國的北方，或者越國南方都是。」可以看出惠施刻意要人突破一般的感官經驗，而從一個絕對的、超越的角度去作判斷。

有兩段話最能彰顯出惠施思想的特色，他說：「大同和小同相差異，這叫做『小同異』；萬物完全相同，也完全相異，這叫做『大同異』。」又說：「要普遍地愛萬物！因為天地是一體呀！」這種氾愛萬物的態度是一個智性的探討，而不是生命的感通。「天地一體」也和「萬物異同」一樣，是一個形上學的假定。

3 公孫龍

與惠施相對的是公孫龍，惠施宣揚「合同異」，公孫龍則主張「別同異、離堅白」。公孫龍，字子秉，戰國時代趙國人。大約生於西元前三二五年至三一五年間，卒於西元前二五〇年。曾經是趙平原君的門客，很善於辯論，他厭惡事物的名稱和實體之間的混雜錯亂，就憑著自身的天賦和才智所長，提出「堅白同異」之論，成為名家最有名的辯者。他的著作，據漢書藝文志，原有十四篇，現存六篇：跡府是後人對公孫龍言行、事跡的記載，其餘五篇：白馬論、指物論、通變論、堅白論、名實論都是公孫龍自己的手筆。

「白馬非馬」是公孫龍的重要主張之一，他認為「白」是指謂顏色的概念，「馬」是指謂形象的概念。顏色的概念異於形象的概念，所以說：「白馬」不是「馬」。這當然是一種詭辯，但是使人注意到概念的類別以及概念的內涵與外延之問題。

同樣，有人問他：「堅硬、白色、石頭合稱為三，可以嗎？」他答：「不可以。」再問他：「稱為二可以嗎？」他答：「可以。」原因是：對一塊白色的石頭，我們看不出它的「堅硬」，只能看出它是「白色」的「石頭」，因此只能舉出「白」與「石」兩點。用手來摸，不能摸出它的「白色」，只能感覺它是「堅硬」的「石頭」，因此也只能舉出「堅」和「石」這兩點。就事物的性質來說，公孫龍認為「堅」「白」是可以相離的。

此外他主張「物莫非指，而指非指」。意思是說：「一般人都認為：天地萬物無非是指謂它的概念，但是事實上被概念指謂的天地萬物，並不等於概念。」都在指陳「概念」與「物自身」是有分別的。

綜合來看惠施、公孫龍的名理思想，惠施喜歡從絕對超越的觀物角度去強調事物的「同」，公孫龍則愛從絕對超越的角度強調事物的「異」，他們雖然都使用詭辯的方法提示學說要旨，卻能使人跳出常識的觀點，對事物的性質作抽象的思考。名家的思想或有令人難以苟同的地方，但對知識層面的開拓、邏輯學的形成有很重要的貢獻。

㈥陰陽家

1 命名由來與代表人物

陰陽二字，皆見於說文阜部，陰的本義是「闇」，陽的本義是「高明」。以後引申為「南與北」、「表與裡」等相反相對的觀念。儒家和道家均曾以陰陽作為形上學名詞，如易經繫辭傳說：「一陰一陽之謂道。」老子四十一章說：「萬物負陰而抱陽，沖氣以為和。」但是先秦時代陰陽家命名的取義，與此不同。

根據漢書藝文志的記載，陰陽家源出於古代「羲和之官」，以天文曆象作為主要的職掌。他們觀察天象，制定曆法，並對於天道人事作種種的猜測。為了審察物勢的順逆生剋，判斷人事的吉凶禍福，於是運用上古即有陰陽、五行觀念，構成一套神祕的陰陽術數之學，這便是「陰陽家」命名的由來。

藝文志著錄了宋司星子韋、鄒衍等陰陽家著作二十一家，都已經亡佚。而鄒衍的學說較具有獨創性，後世便推尊為陰陽家之代表人物。

2 鄒　衍

鄒子名衍，齊國人。生活年代大致在戰國齊宣王之世，比孟子稍晚。鄒衍曾經仕於燕國，其後赴齊國，成為稷下名士之一。齊國有三位鄒子，分別是鄒忌、鄒衍、鄒奭。鄒忌曾任齊相，而鄒奭則完全接受鄒衍的思想。因為鄒衍好言「五德終始，天地廣大」之說，有迂遠而超越現實的傾向，因此當時的人稱之為「談天衍」；而騶奭推演騶衍的文章，有若雕鏤龍文，因此當時的人稱之為「雕龍奭」。騶衍有騶子四十九篇及終始五十六篇兩種著作，可惜都已經亡佚。從史記孟子荀卿列傳的記載，以及清人馬國翰的輯佚，仍然可以獲知騶衍學說的大要。

騶衍有感於「有國者之淫侈，不能尚德」，於是作「迂怪之變，終始之篇，十餘萬言」。史記說他的學說「閎大不經，必先驗小物，推而大之，至於無垠。」也就是說，他由及身個別事物之觀察，類比推演，至於廣大無邊的境地。基本上，這是一種主觀的方法，而不是客觀的推理，含有很多想像的成分在內。

他認為自有天地以來，「五德轉移，治各有宜」。所謂「五德」，就是土木金火水。「土德之後，木德繼之，金德次之，火德次之，水德次之。」每一時代，各主一德，循環往復，周而復始。這是他對朝代更易，治亂盛衰提出的解釋。

此外，他又有「大小九州」之說。他認為中國名叫赤縣神州，乃天下八十一分居其一而已。赤縣神州之內自有九州，此為「小九州」。中國之外，如赤縣神州者九，此為「大九州」。此種地理觀念，雖不盡符合事實，可是能夠恢廓我們的地理觀念，此為前所未有的想法。

值得注意的是：騶衍創立的「五德終始」，本為迂怪之學，沒有什麼哲學價值，但到了漢代，董仲舒春秋繁露提出「五行相生相勝」之說，班固白虎通進一步說明五德相生相勝之原理，劉向父子更將先秦時代本來各為系統的「八卦」與「五行」合而為一，最後又混入讖緯之學。陰陽五行遂成為漢代最有影響力的學說。至今，卜筮星相，仍流行於民間，可見陰陽五行學說的影響至今未泯。

㈦其他各家

1 縱橫家

縱橫家雖被班固列入九流十家，實為戰國時代兩種外交策略。韓非子五蠹篇說：

縱橫之黨……借力於國也。從者，合眾弱以攻一強也。衡者，事一強以攻弱也。

當時蘇秦倡導韓、趙、魏、楚、燕、齊六國聯合抗秦，是為「合縱」；張儀倡導六國共事秦國，是為「連橫」。蘇秦、張儀皆非思想家，他們遊說各國的事跡，全載於戰國策，被作為歷史資料來看待。相傳蘇秦、張儀同事於鬼谷先生，學習縱橫之術。鬼谷先生，是周代時期的高士，不知其鄉里姓氏，以所居住的地名鬼谷為號，有鬼谷子一書，因此，論及縱橫家之思想，應以鬼谷子為代表。

鬼谷子現有十二篇，分為三卷，以捭闔、鉤箝、揣摩、權謀等術為主要內容。縱橫之學目的在貫徹自己意志，制服他人。因此對於人性的弱點、思慮的性質、揣情的技術、制敵的謀略都有精深的設計與掌握。是書實為帝王之學，所謂權術謀略、縱橫捭闔，在今天的國際外交、國家戰略的設計運用上，有很高的價值。

2 雜家

雜家之所以名為「雜」，是因為他們雜揉諸子的思想，自身並無一貫的宗旨。先秦雜家之作，流傳至今者，有尸子與呂氏春秋二書。

尸子名佼，晉國人。相傳商鞅曾經奉之為師，可知尸子是戰國末期的人。漢書藝文志著錄了尸子二十篇，大部分亡佚，現在流傳的尸子二卷，是清人汪繼培的輯本。從尸子的內容來看，部分言論與儒家相通，但也有非議先王之法、不循孔子之說的地方，因此劉勰文心雕龍批評尸子說：「尸佼兼總於雜術，術通而文鈍。」

呂不韋，是陽翟的大商人。以往來各地、買賤賣貴為職業，因此累積巨大的財富，並藉此取得祿位，曾任秦莊襄王之丞相。秦始皇十二年，飲酖而死。呂不韋好客，門下曾有食客三千人。當時諸侯，大多豢養門客，著書傳布天下，呂不韋也令門客各著所聞，聚成八覽、六論、十二紀一共十餘萬言的學術著作，命名為呂氏春秋。相傳曾將此書陳示於咸陽市集，懸賞千金，給那些能對此書內容增損一字者。這本書大體以儒家為主，而參以各家之說。它採取儒家修齊治平的理論，參以道家清靜無為的學說；對於墨家，只取其節儉好義，不贊成其非樂非攻之說；對於法家，只取其信賞必罰的守法精神，而反對其嚴刑峻法；對於名家，贊同其正名觀念，而反對其詭辯混淆是非；此外，對於陰陽家的五德終始，農家的重農主張，都有所取。此書瑰瑋宏博，各家學說粲然兼備，是了解先秦兩漢之際學術大勢的重要著作。

3 農　家

農家以「播百穀，勤耕桑，以足衣食」作為訴求的內容，農家的興起，與戰國時期諸侯力政、相互攻伐、怠忽農業以致民不聊生的背景有關。農家的學說，託始於神農，而神農是三皇之一，始創耒耜，教民稼穡，實為農業的始祖。神農氏的時代尚無文字，所以漢書藝文志中著錄了九種農家著作，其中神農二十篇顯然是後人所偽託。

農家著作已全部亡佚。目前僅能從孟子及少數輯佚的書籍中了解一個大概。在孟子滕文公記錄了農家許行、陳相的言行。可知許行主張君民並耕而食，反對「治於人者食人，治人者食於人」，在經濟上主張劃一市價，以量為準。由於許行昧於分工原則以及經濟原理，曾遭孟子駁斥。

4 兵　家

兵家以行陣仗列、集體爭戰作為主要目的。我國自古便把「祭祀」與「兵戎」視為國家最重要的兩件大事，因為兵戎之事，直接關係到國家的興亡盛衰。戰國時代，戰爭頻繁，所以成為兵家之學最為興盛的時期。

老子曾說：「以正治國，以奇用兵。」又說：「夫唯兵者，不祥之器。」孫子兵勢篇也說：「凡戰者，以正合，以奇勝。」既已開啟戰端，必然竭盡韜略智謀，以求勝利。兵器戰便不是解決衝突的唯一手段，舉凡政治戰、心理戰、謀略戰、情報戰都是可用的戰法。兵家之學，內涵十分繁複。

班固漢書藝文志兵書略將兵家之學分成「兵權謀」、「兵形勢」、「兵陰陽」、「兵技巧」共五十三家，七百九十篇，圖四十三卷。或因偽託，或因亡佚，今人提及先秦兵家之學，以春秋時代孫武的孫子兵法及戰國時代吳起的吳子兵法為代表。此外周初姜太公的六韜、三略、司馬兵法、戰國時代的尉繚子兵法、孫臏兵法、蜀漢諸葛亮的孔明兵法、唐初的李靖兵法都是兵家的名作。

孫子名武，齊國人。史記有傳，記其生平。相傳孫武曾以兵法見吳王闔閭，吳王為考驗孫子的兵法，令宮中美女百八十人，由孫武號令操演，曾斬隊長二人以殉，於是約束嚴明，行陣皆中繩墨規矩。吳王知孫武能用兵，任命為將，曾經大破楚國，直入郢都。史記之外，還有荀子、國語、韓非子、吳越春秋、越絕書等提及孫武的軼事。今傳孫子十三篇，全書約僅六千字，涵蓋了現代戰爭中各種類目，如：國防計畫、動員計畫、國家戰略、軍事戰略、戰爭藝術、機動作戰、作戰目標、統帥、用兵、地形、地略、火力戰、情報戰，可謂思想深邃、體系嚴明。孫子在兵家中的地位，猶如儒家的論語、道家的老子。

吳子名起，衛國人。事跡見史記孫子吳起列傳。吳起初期投效魯國，娶齊國女子為妻，齊魯交戰之時，曾殺妻以明志，遂為魯將。後因魯國人批評吳起為人猜忌殘忍，魯君辭退吳起。吳起乃投效魏文侯，官至西河守。魏武侯之後，又投奔楚國，死於楚國。吳起為人雖邪僻，但是持論不詭於正。論制國治軍，主張「教之以禮，勵之以義」，論為將之道則曰：「所慎者五：一曰理、二曰備、三曰果、四曰戒、五曰約」，大抵能夠尚禮義，明教訓。以孫子、吳子相較，孫子用兵偏於奇，吳子用兵持於正。今存吳子一卷。

三、兩漢以後子學概述

漢代以後，諸子之學有兩種主要的發展類型，一為對先秦諸子所作的注解與詮釋，一為承繼先秦諸子立說精神繼續作思想的創造。前者可謂狹義的諸子學，後者則為廣義的諸子學。但是，狹義的諸子學並非全無創造，以儒家為例，漢武帝時董仲舒作春秋繁露，在儒家經典中摻雜入陰陽家學說，構成天人感應思想。宋代周敦頤、張載、程顥、程頤、朱熹、陸九淵，明代王陽明對儒家經典重新闡釋，形成了一套心性的學問——宋明理學。再以道家為例，魏代王弼對老子的注解，晉代郭象對莊子的注解，形成魏晉玄學的重要內容，都有相當大的創新性。

反觀廣義的諸子，最明顯的特徵是九流十家的學說內容彼此混雜，思想內涵雖然擴大了，彼此的學說立場則不若先秦時代壁壘分明。雜家成為最普遍的形態。以下即就此二種類型，略述諸子在兩漢以後的發展。

(一)先秦諸子重要注本舉隅

1. **儒家：**荀子有唐楊倞荀子注，清王先謙荀子集解，近人王忠林新譯荀子讀本最便誦習。

2. **道家：**老子之注本甚多，主要有漢河上公注及晉王弼注兩種系統。前者有今人鄭成海老子河上公注疏證，後者有近人樓宇烈老子王弼注校釋。他如蔣錫昌老子校詁、朱謙之老子校釋、余培林新譯老子讀本皆便於誦習。莊子之注本亦多，最重要有晉郭象莊子注、唐成玄英南華真經疏、清郭慶藩莊子集釋。今人黃錦鋐新譯莊子讀本最便誦習。

3. **墨家：**墨子之注本以清畢沅墨子注、清孫詒讓墨子閒詁、今人張純一墨子集解最著，今人李漁叔墨子今註今譯最便誦習。

4. **法家**：慎子有明慎懋賞注，今人徐漢昌慎子校注及學說研究可參。申子有清馬國翰玉函山房輯佚書申子一卷。商子有清趙萬里商君書箋正，今人朱師轍商君書解詁。韓非子有清王先慎韓非子集解，今人陳奇猷韓非子集釋可參考。管子有唐尹知章管子注、清戴望管子校正，今人婁良樂管子評議可參考。

5. **名家**：公孫龍子有宋謝希深公孫龍子注，今人陳柱公孫龍子集解、何啟民公孫龍子集校最稱詳審，今人陳癸淼公孫龍子今註今譯最便誦習。

6. **其他各家**：鬼谷子有梁陶弘景注。尸子有清汪繼培輯注。呂氏春秋有漢高誘注、清畢沅呂氏春秋新校，今人許維遹呂氏春秋集釋，最稱詳審。孫子、吳子有宋施子美武經七書講義、明劉寅武經七書直解。孫子另有清孫星衍孫子十家注，詳審可觀。

(二)兩漢以後子學的發展

先秦諸子的思想，到了戰國末期，僅有儒家、道家、法家，墨家已經斷絕不傳。秦代行法家之治，到了漢初，盡廢秦之苛法，改行黃老之術。所謂黃老之術，是法家與道家融合在一起的治術。使漢代初期獲得六十年太平盛世。

漢武帝採行董仲舒的建議，罷黜百家，獨尊儒術，於是混雜讖緯與陰陽五行的天人感應學說成為主流，而董仲舒的春秋繁露正是這樣的一本書。此外，另有一批人起來反對，如揚雄仿論語作法言、仿易經作太玄，桓譚作新論，王充作論衡，都是著名的例子。尤其論衡，以「疾虛妄」作為思想宗旨，具有極高的批判精神。

此外，淮南王劉安賓客共著的淮南子，雖雜取各家言論，但其中所談之「道」即道家之道，論及權謀之處，又為老子思想之運用，代表了雜家化的道家。另有賈誼新書、桓寬鹽鐵論、王符潛夫論都能針對時代課題，議論得失，可視為雜家化的儒家。

魏晉之際，政治紊亂，知識分子飽受摧殘，動輒得咎，故而此時的學術，以玄學為主。玄學當時可以分成三派：「名理派」以辨別性情、分析才能、論說人物為重心，劉劭的人物志可為代表。「玄論派」以推論「有」「無」、剖明體用、談論易經老子莊子為主（號稱易、老、莊為「三玄」），何晏、王弼可為代表。何晏有論語集解，企圖以道家思想解釋論語。王弼有老子注，闡發老子以「無」為本體的精義。最後是「曠達派」，以順任情性、擺脫約束、追求自我為本色，阮籍、嵇康可為代表。阮籍有達莊論、通老論，嵇康有養生論、聲無哀樂論。除了玄學之外，另有一些道教徒，擷取古代神仙思想及莊子養生學說，形成一套以丹鼎符籙為內容的神仙之學。漢魏伯陽周易參同契及晉葛洪抱朴子是其中最有名的著作。

隋唐時期最重要的學術是佛學。佛教的傳入，最早的紀錄是東漢明帝永平十年（西元六七年）自漢朝末期至中唐，一方面翻譯佛典，一方面西行求法。佛教日漸壯大。佛祖釋迦的教義，是一種解脫哲學。它主張：「諸行無常」、「諸法無我」、「因愛生苦」、「無我無苦」；生存既為苦惱，因而佛法的目的，在力求解脫痛苦，以達到永寂不動、解脫輪迴的涅槃境界。魏晉時代，僧徒為了傳教的需要，往往使用易經、老莊的思想和術語來解釋佛理，於是產生了「格義之學」。格義之學，促成了佛學的中國化。其中僧肇的肇論以及竺道生的妙法蓮華經疏，可以說是佛學中國化最重要的著作。從魏晉到隋唐，共有十三個宗派，分別是：成實宗、三論宗、涅槃宗、律宗、地論宗、淨土宗、禪宗、俱舍宗、攝論宗、天台宗、華嚴宗、法相宗、真言宗。其中天台、華嚴、禪宗是中國佛教徒自創的宗派。前兩者雖依印度佛教經籍，但自造經論，自成系統。禪宗則不依一定經論，且不重宗教傳統，稱為「教外別傳」。

宋元明三代，產生一種以儒學為本體，吸收道家、佛教學說所建立起來的新學說，古人稱之為「理學」或「道學」，也有當代的學者稱之為「新儒學」。經學盛行於兩漢，所以經學又被稱為「漢學」；理學是兩宋興起的學問，所以又被稱為「宋學」。理學的開山始祖是周敦頤，他著有太極圖說與通書。太極圖說在說明宇宙產生、萬物創化之道。通書則以易傳與中庸的思想為基礎，提出「誠」作為易經的道體與修養的工夫。宋明理學向有濂、洛、關、閩四派之稱。周敦頤，世稱濂溪先生，為「濂學」之始祖。

周敦頤之後，有居關中講學的張載。張載字子厚，號橫渠，世稱橫渠先生。著有正蒙、易說、經學理窟。他有民胞物與的胸懷，氣一分殊的宇宙理論，以及變化氣質的修養工夫。張載所開之宗派，稱為「關學」。周敦頤之後，又有程顥、程頤兄弟光大周子的學問。程顥字伯淳，學者稱為明道先生。著有識仁篇、定性書，主張「體貼天理，敬義夾持」。程頤字正叔，學者稱為伊川先生。著有易傳、經解，主張「性即理」。二人因居洛陽，所開之宗派為「洛學」。

南宋朱熹生於周張二程之後，是宋代理學集大成之人物。因為在福建講學，稱為「閩學」。南宋時除了朱熹，尚有陸九淵、葉適、陳亮等著名的理學家。陸九淵，字子靜，號象山，強調「吾心即宇宙」，與朱熹的思想方向不同，朱陸二人曾有「鵝湖之會」，辯論自己的學說，是我國哲學史上的一段美談。到了明代王陽明，承繼陸九淵之學說，提出「心即理」以及「知行合一」之說，使心性之學推展到登峰造極的境地。

清代的學術十分發達，義理、詞章、考據之學都有長足進展。其中又以考據之學最具特色，是清代學術的中堅。考據之學又稱為「樸學」。這種學問的興起，是遠承漢朝班固白虎通義的精神而來的。自漢至清，有不少考證名物、制度、經史、諸子之書，如漢應劭風俗通義、晉崔豹古今注，宋沈括夢溪筆談、宋洪邁容齋隨筆、宋王應麟困學紀聞、明楊慎丹鉛總錄，都是子部雜家重要的著作，但是已經漸漸脫離思想的創造性，而接近歷史實證的性質。

自清初顧炎武日知錄以來，清代考據之作不勝枚舉，大都可以派入經學、史學、文字、聲韻、辨偽、校勘、目錄等學術領域之中，由王念孫讀書雜志、崔述考信錄、陳澧東塾讀書記、俞樾諸子平議可以考見一斑。

陸　文學常識

一、概　說

我國歷代的典籍很多，前人以四部的分類，來包羅全體，即經、史、子、集四部，集部的圖書，多半屬於文學類的典籍，今依現代人的習慣用語，取「文學」一詞，代替前人「集部」。

在這一章中，我們要探討「文學的內涵」和「文體的分類」，然後依文學的分類，分別介紹歷代重要的文學，分「韻文」、「散文」、「駢文」、「小說」等項來說明，從此可略知中國文學的概貌，以及各體文學重要的作家和作品。

㈠文學的內涵

什麼是「文學」？這是一個很不容易回答的問題，因為文學一詞是抽象的概念；同時，由於古今時代的不同，涵義也不一樣。

在春秋時代，孔子（西元前五五一－前四七九年）教弟子，在論語先進篇說：

子曰：「從我於陳蔡者，皆不及門也。」德行：顏淵、閔子騫、冉伯牛、仲弓。言語：宰我、子貢。

> 政事：冉有、季路。文學：子游、子夏。

這裡所說的「言語」，也就是說辭，類似後世所謂的辭章。皇侃疏引范甯說：「言語，謂賓主相對之辭也。」這便是實用文學的開始。其中所說的「文學」，跟現在的文學涵義不同。范甯說：「文學，謂善先王典文。」邢昺說：「文學，謂文章博學。」因此文學一詞，是指古代的文獻、典章制度而言，也包括了文章，屬於學術，而不是現代人所說的文學。其他論語中所提到的「文」、「文章」，也都是一切文章、學術的總稱。這種稱謂，一直沿用於周秦時代。

漢以來，「文學」和「文章」的涵義，便有不同。像史記儒林傳云：「夫齊魯之間於文學，自古以來，其天性也。」這裡所謂「文學」仍然是學術。漢書公孫弘傳贊：「文章，則司馬遷、相如。」這裡的「文章」，便跟今日的文學較為相近。所以早期的文學，以實用為主，往往跟學術混為一談；至於純文學，在古代只有詩、詞、歌、賦，但囿於文字的雕飾，不以實用為主，難怪揚雄要說：「雕蟲小技，壯夫之所不為」了。

文學和學術最大的分野，一種是藝術，一種是學問；藝術要求美，學問要求實用。前者憑直接的感受，後者靠客觀的分析，道路不同，效果兩樣。我國古代把文學、學術混為一談，是文學附屬在學術之中，未曾分割獨立出來。

今人對「文學」的看法，已跟古代不同，章太炎在國學略說一書中，提到「文學略說」，對文學的界說是：

> 以為有文字著於竹帛者謂之文；論其方式，謂之文學。

又在國故論衡「文學總略」上云：

> 言文學者，不得以興會神旨為上，應以表譜簿錄為始；非但經史諸子之為文學，即鑄銅雕木之類，所以濟文字之窮者，亦文學之屬也。

這種論點，是廣義的文學定義，只要文字記錄於竹簡或布帛、紙張之上，而具有法式的文章，都可統稱為文學，因此表奏箋記是文學，經史諸子也是文學。

如果以狹義的文學定義而言，章太炎的說法就太寬了。張其昀在民國五十三年六月五日中國文化學院文學會成立之初，對華岡學生作一次演講，提到文學的定義：

文學是真的事實，透過善的思想，運用美的文辭，而達到最偉大的教育效果。

真的事實，與歷史有關；善的思想，與哲學有關；美的文詞，與美學、修辭學有關。因此文學與史學、哲學、美學、修辭學等都有直接的關聯。

其實，文學具有思想、情感、想像和技巧等特質，猶如筆者在散文結構一書中，對文學的界說：

文學是作家運用語言文字，表現人類的思想、情感，創造出完美的想像和新技巧的作品。

今人對文學的涵義，較偏向於狹義的說法，指具有感性，且較屬於抒情性的美文，是為文學。

(二)文體的分類

文學的發展，由於文學的形式結構不同，而造成各種不同的類別，我們稱它為文體。文體是泛指一切文章的體式和風格而言，在文學中，文體是特指詩文的類別。文學和文體的關係，要了解中國文學，必先了解中國文體的分類，文學是作家透過語言文字，表達人類的生活、感情和思想的藝術作品，而文體是一切文章的體裁，比文學的範圍要大。

我國文體的分類，最早始見於魏曹丕的典論論文，它將文章分為四大類：

蓋奏議宜雅，書論宜理，銘誄尚實，詩賦欲麗，此四科不同，故能之者偏也。

其後晉陸機文賦中，將文體分十類，即：

詩緣情而綺靡，賦體物而瀏亮，碑披文以相質，誄纏綿而悽愴，銘博約而溫潤，箴頓挫而清壯，頌優游以彬蔚，論精微而朗暢，奏平徹以閑雅，說煒曄而譎誑。

從此文體的分類越來越細，然就大體而言，有韻的謂之韻文，無韻的謂之散文。因此六朝人有文、筆之分，文指韻文，筆指散筆。

梁劉勰的文心雕龍，是一部文學批評的鉅著，書中對文體的分類，在韻文中又析為辨騷、明詩、樂府、詮賦、頌贊、祝盟、銘箴、誄碑、哀弔等九類，在散筆中，又析為史傳、諸子、論說、詔策、檄移、封禪、章表、奏啟、議對、書記等十類。加上介於文、筆之間的，還有雜文、諧讔兩類。

梁蕭統編昭明文選，選文的標準，在於「事出於沉思，義歸乎翰藻」的小篇文章，而不選經、史、子的文章，所選的大半為集部的文章，將文體分為三十七類，即賦、詩、騷、七、詔、冊、令、教、策文、表、上書、啟、彈事、牋、奏記、書、檄、對問、設論、辭、序、頌、贊、符命、史論、史述贊、論、連珠、箴、銘、誄、哀文、碑文、墓誌、行狀、弔文、祭文。

其後，清人就古文的分類，也不同於前朝。清姚鼐編古文辭類纂，分古文為十三類，曾國藩編經史百家雜鈔，分文體為三門十一類，其中不但摒棄了駢文，而且也不列詩、詞、曲、小說、戲劇等類別。今將姚鼐和曾國藩對文體分類，列表比較如下：

	姚鼐十三類	曾國藩三門十一類	
1	論辨	論著	著述
2	詞賦	詞賦	著述
11	頌贊	詞賦	著述
12	箴銘	詞賦	著述
3	序跋	序跋	著述
10	贈序	序跋	著述
4	詔令	詔令	告語
5	奏議	奏議	告語
6	書說	書牘	告語
7	哀祭	哀祭	告語
8	傳狀	傳誌	記載
13	碑誌	傳誌	記載
9	雜記	雜記	記載
9	雜記	敘記	記載
9	雜記	典志	記載

以上各家文體的分類，大抵以文章的標題作為分類的標準，就以近代文學的觀念來衡量，似嫌過於繁瑣，而且未盡周延，有關俗文學部分，如小說、戲曲之類，尚未列入。今以近人對文學的觀點，就古典文學的分類，分韻文、散文、駢文、小說四大項，而戲曲一項，歸入韻文的「曲」中。而對現代文學的分類，則包括散文、詩歌、小說、戲劇四大類，增列其他一類，包括兒童文學、報導文學、電影電視腳本等應用文學。

今撰國學常識，僅就古典文學的分類，分述於後。

二、韻　文

所謂韻文，是指有韻律的文章。有韻的文章，是在句子的末字上，造成諧韻的效果，一般稱之為用韻或押韻，在一定的句末上用韻，有前呼後應的諧韻作用，同時也有喚起記憶的效果，讀起來和諧，容易背誦。有律的文章，是在句子上有一定的節奏，如每句字數的多寡有一定的規定，甚至每字的平仄也有一定的限制，使讀起來音節和諧，具有一定的節奏和旋律。

韻文，大抵是詩歌類的文體，其文體的由來，最早是文字與音樂、舞蹈結合的綜合藝術，由於文字與樂、舞結合，因此構成了「韻」、「律」的變化，這些具有韻律的詩歌，大致是音樂文學。今介紹韻文，大略分詩經、辭賦、詩、詞、曲等項來介紹，且韻文多半是純文學的作品。

(一)詩　經

詩經是我國最早的一部詩歌的總集，凡三百零五篇，加上小雅有目無詞的笙詩六篇，共三百十一篇。

詩經產生的年代，自西周初葉（西元前一一二二年）至東周定王八年（西元前五九九年），約五百年。其產生的區域，如從十五國國風來看，其分布的區域，以我國北方黃河流域的歌謠為主，但也收錄了少部分南方長江流域的歌謠，所以說詩經是我國北方文學的代表。

詩大序云：「詩有六義焉：一曰風，二曰賦，三曰比，四曰興，五曰雅，六曰頌。」詩經的「六義」，其實是包括詩經的分類：風、雅、頌；詩經的作法：賦、比、興。禮記經解篇：「溫柔敦厚，詩教也。」從此，溫柔敦厚便成我國詩歌的傳統詩教。

詩經依分類而排列，分風、雅、頌三部分。風分十五國國風，包括：周南、召南、邶、鄘、衛、王、鄭、齊、魏、唐、秦、陳、檜、曹、豳等十五地區的歌謠，共一百六十篇。雅分小雅和大雅，小雅八十篇，其中有六篇南陔、白華、華黍、由庚、崇丘、由儀，是有篇目而無歌詞的笙詩，大雅共三十一篇。頌分周頌、魯頌、商頌三部分。周頌三十一篇，魯頌四篇，商頌五篇，共四十篇。詩經共三百十一篇，簡稱「三百篇」。

國風就是各國的民歌，鄭風就是鄭國的民歌，秦風就是秦國的民歌，餘可類推。十五國國風，是包涵了周代各諸侯之國的民歌，反映了當時一般人民的生活現象。例如寫農家生活的詩，有七月、十畝之間；寫賦稅徭役的詩，有碩鼠、鴇羽、君子于役；寫征戰的詩，有擊鼓、載馳、東山、無衣；寫民生艱困、離亂避禍的詩，有北風、北門、杕杜；寫田獵的詩，有還、盧令、大叔于田；寫思家懷人的詩，有伯兮、陟岵、綠衣、蒹葭；寫民俗的詩，有桃夭、溱洧、黃鳥；寫讚美的詩，有碩人、羔裘、椒聊；寫男女的情歌，有關雎、野有死麕、野有蔓草、木瓜、子衿、江有汜等。今舉桃夭、木瓜為例：

桃夭　周南

桃之夭夭，灼灼其華；之子于歸，宜其室家。
桃之夭夭，有蕡其實；之子于歸，宜其家室。
桃之夭夭，其葉蓁蓁；之子于歸，宜其家人。

桃夭，是女子出嫁時所唱的詩歌，用桃花的鮮紅暗示新娘的美貌，出嫁後，又能適宜婆家。西洋的愛情花是玫瑰，中國的愛情花是桃花。

木瓜　衛

投我以木瓜，報之以瓊琚。匪報也，永以為好也。
投我以木桃，報之以瓊瑤。匪報也，永以為好也。
投我以木李，報之以瓊玖。匪報也，永以為好也。

木瓜，是男女的情歌，有人投給我以木瓜，我報他以佩玉，並不是報答，而是希望永結恩情。

其次為雅，雅指中夏的正聲，不屬於地方的樂歌，而為中原雅正的詩樂。也是周代王畿一帶的詩，大抵為朝廷官吏的作品。小雅多為君臣宴饗的樂歌，大雅為朝會之樂及歌功頌德、諷諭朝政之辭。其中有兩類較為凸出的詩：一是詠頌周宣王討伐玁狁、荊蠻、淮夷、徐戎的詩，如大雅的常武，小雅的六月、采芑、采薇。一是歌頌周代的開國史詩，如大雅的生民、公劉、綿、皇矣、大明等詩。大體而言，國風大半為抒情詩，大雅大半為敘事詩，而小雅的詩，二者兼而有之，且多怨悱之作。

其次為頌，頌是美盛德的頌歌，讚美有盛德的人和事物，其中大半為讚美祖先的祭歌。

詩經是周代的歌謠，開創了我國詩歌絢麗的首頁，無論是抒情、敘事、詠物、寫景、說理，都有佳篇。這些詩都是真摯之情的流露，保存民歌拙樸率真的趣味，它們在音韻上的自然和諧，在情感上的誠摯活潑，處處表現了藝術上的最高成就。詩經不僅代表了古代河濟之間的北音，而其諷詠遺篇，也影響了荊楚之間南音的發生，直接促使漢賦的形成。詩經與後代的樂府，同為鄉土文學，且為六朝、唐人詩歌的宗祖。

(二)辭　賦

辭賦是包括楚辭和漢賦前後各種賦體的總稱。漢人將楚辭和漢賦視為一種文體，合稱為「辭賦」，而且辭賦通用。

東漢末葉，王逸注楚辭，才將辭和賦分開，視為兩種不同形式的文體，於是在昭明文選和文心雕龍中，便將辭、賦分開，昭明文選選文分三十七類，「賦」和「騷」不同類，「騷」便是屈原離騷的簡稱，後演為楚辭的代稱，也稱為騷體，故詩人也稱「騷人」。文心雕龍共五十篇，其中論文體的篇目，賦有詮賦篇，騷有辨騷篇，也是將辭、賦分開。從此辭、賦二體，辭是楚辭，賦有各種賦體，各自獨立成體，各成文采。

今分楚辭、短賦、古賦、俳賦、律賦、散賦、股賦等項，分別加以介紹如下：

1 楚辭

「楚辭」是文體名，也是書名。楚辭作文體名，是指戰國時代楚地所產生的詩歌，它所用的語辭如「兮」、「些」、「只」等楚語，配合楚地的南音和巫覡祭歌，記載楚地的地名和名物，以入歌謠，故名為楚辭。宋代黃伯思的翼騷序中云：

> 屈、宋諸騷，皆書楚語，作楚聲，紀楚地，名楚物，故謂之「楚辭」。若些、只、羌、誶、蹇、紛、侘傺者，楚語也；悲壯頓挫，或韻或否者，楚聲也；沅、湘、江、澧、修門、夏首者，楚地也；蘭、茝、荃、藥、蕙、若、芷、蘅者，楚物也。

楚辭，是書名。最早是西漢末葉劉向所編。劉向將屈原和屈原的弟子宋玉、景差、唐勒的作品，以及漢人摹仿屈原的作品，合編成書，名為楚辭。四庫全書總目提要云：

> 裒屈、宋諸賦，定名楚辭，自劉向始也。初向裒集屈原離騷、九歌、天問、九章、遠游、卜居、漁父。宋玉九辯、招魂。景差大招，而以賈誼惜誓，淮南小山招隱士，東方朔七諫，嚴忌哀時命，王褒九懷，

及向所作九歎，共為楚辭十六篇，是為總集之祖。

楚辭有專書，從劉向（西元前七七－前六年）開始，但劉向編的楚辭本今已亡佚，今所傳本，是東漢末葉王逸所編注的楚辭章句。宋代有兩種楚辭的注本，一種是洪興祖的楚辭補注十七卷。洪興祖（西元一〇九〇－一一五五年），字慶善，丹陽（今江蘇丹陽）人。本書以王逸的楚辭章句為基礎，對王逸舊說加以闡發引申，在名物訓詁上加以考證，是對王逸的楚辭章句多所補充，故名為「補注」。另一種是朱熹的楚辭集注八卷，附辯證二卷、後語六卷。朱熹（西元一一三〇－一二〇〇年），字元晦，徽州婺源（今屬江西）人。本書所錄楚辭篇目，據王逸舊本加以更訂，增列賈誼弔屈原賦、鵩鳥賦二篇，並刪除七諫、九懷、九歎、九思四篇，指其辭意平緩，意不深切，在辯證中，加以批駁。又據宋晁補之的續楚辭和變離騷，作了增刪，選錄荀卿至呂大臨的辭賦共五十二篇為後語。

楚辭是繼詩經之後的第二部總集。它與詩經不同，詩經大抵為黃河流域的歌謠，以四言詩為主，其內容與作法，有風、雅、頌、賦、比、興「六義」，建立了「溫柔敦厚」、「興、觀、群、怨」的詩教，成為我國詩歌的傳統。然而楚辭是以楚國屈原的作品為主體，且大都是文人所寫的作品，除九歌外，與詩經出於無名氏之手大不相同。楚辭的句法，以六言七言的參差句為最多，錯雜以四言、五言、八言等句子，篇幅也比詩經為長。在內容上，詩經是取材於社會生活的寫實文學，而楚辭是淵源於楚文化的巫覡文學，屈原繼承了詩經的四言詩，同時又吸收了楚文化，對楚地民歌加以革新，開展了句法參差錯落的新體詩——楚辭。這種新體詩，具有濃厚的楚地色彩，又以描寫個人的情懷與幻想，構成了詞藻華麗，對稱工巧，具有象徵、神祕、浪漫的南方文學。

楚辭中最重要的作家是屈原。屈原（西元前三四三－前二七七年），戰國楚人，名平，字原；又名正則，字靈均。曾任左徒、三閭大夫，他主張彰明法度，任用賢才，輔佐懷王內修政治，外抗強秦。後因遭譖，前後兩次流放，一次放於漢北，一次放於湘南。終因不忍見國家淪亡，遂投汨羅江以屍諫。屈原的辭賦，以豐富的情感和想像力，用象徵的手法，表現了含忠履潔的精神，在作品中廣泛採用神話、寓言和巫覡故事，創造出雄偉壯麗的詩篇，成為我國文學史上第一個偉大的愛國詩人。漢書藝文志載錄他的賦有二十五篇。重要的篇目為：離騷、九章、九歌、遠游、天問、卜居、漁父等。

2 短　賦

楚辭之外，還有荀子的短賦。荀子（西元前三一五－前二三六年），姓荀，名況，戰國時趙人，著有荀子三十二篇。今三十二篇中有賦篇及成相篇兩篇，與詩歌有關。

賦篇便是由五篇短賦構成，包括禮賦、知賦、雲賦、蠶賦、箴賦。由於每篇不超過五百字，篇幅極短，故稱「短賦」。荀子短賦，皆為詠物的賦，內容是在說理，借詠物以闡明儒家的學術思想，開展了賦體詠物說理的途徑。而成相篇被推為最早的鼓詞形態，荀子用民間的鼓詞來宣揚儒家思想，使儒學能深入於民間。荀子短賦的影響，直接促使漢賦的發生。

3 古　賦

賦體是從詩經中賦、比、興的賦，演變成一種韻文的文體。因此漢班固在兩都賦序上說：「賦，古詩之流也。」文心雕龍詮賦篇對賦的定義：「賦者，鋪采摛文，體物寫志。」大意是說：賦是繼詩經之後所產生的韻文，它用華麗的辭藻來鋪陳其事。賦是詠物的文學，屬於載道言志的文學。

自漢武帝後，辭賦日愈發達，其風格與楚辭有別，諷諭、象徵的少，而歌功頌德的多。賦的句法，多用四六排比的句子，又多堆砌冷僻的字，表現作者有炫赫的才學，以歌頌漢朝帝王的功業。於是漢賦便成漢代文學的主流。後人稱「漢賦」，又稱之為「古賦」，是因為漢賦距今時代久遠的緣故。同時，也用以別於六朝的俳賦、唐宋的律賦和散賦、明清的股賦。

兩漢的賦家，有賈誼、枚乘、司馬相如、東方朔、枚皋、王褒、揚雄、班固、傅毅、張衡、馬融、王逸、禰衡、王延壽、趙壹等人。作品如賈誼的弔屈原賦、鵩鳥賦等。枚乘的七發。司馬相如的子虛賦、上林賦、大人賦、美人賦、長門賦等。東方朔的非有先生論。王褒的洞簫賦。揚雄的長楊賦、羽獵賦、甘泉賦等。班固的兩都賦、幽通賦、典引、答賓戲等。張衡的西京賦、東京賦、思玄賦、歸田賦等。禰衡的鸚鵡賦、王延壽的魯靈光殿賦、趙壹的刺世疾邪賦等。其中以西漢的司馬相如（西元前？—前一一八年）、揚雄（西元前五三—西元一八年），東漢的班固（西元三二—九二年）、張衡（西元七八—一三九年），並稱為漢賦四大家。

4　俳　賦

俳賦又稱駢賦，也是指流行於魏晉六朝的賦。它與漢賦不同之處，在於篇幅短小，用於抒情，因講究聲律諧和，用典對仗，使用俳句，故稱俳賦或駢賦。重要的作家和作品，如魏朝的曹植（西元一九二—二三二年）的洛神賦，王粲（西元一七七—二一七年）的登樓賦，都是抒情性很強而感人的小篇。

西晉的賦家，有陸機（西元二六一—三〇三年）的文賦，用賦體作文學批評，潘岳（西元二四七—三〇〇年）的秋興賦、閑居賦等，左思（西元二五〇？—三〇五年？）的三都賦，類似漢人的京都賦，當時三都賦成，洛陽為之紙貴，可見三都賦受當時人所喜愛而傳抄一時的盛況。東晉的賦家有孫綽的天台山賦，借天台山的山水來談玄理。又有陶潛（西元三七二—四二七年，據梁啟超考證）的閑情賦、歸去來辭、感世不遇賦。其中以歸去來辭，寫罷官歸隱的快樂，為千古傑作，甚至宋歐陽脩云：「晉無文章，惟陶淵明歸去來辭而已。」

六朝包括東吳、東晉、宋、齊、梁、陳，均建都於金陵，世稱「六朝」。六朝文學，崇尚華麗唯美，又重巧構形似之言的技巧，於是在小篇的賦上，達到成熟完美的境界。其中以南朝的作家，最足以為代表。如謝靈運、鮑照、謝莊、江淹、徐陵、庾信、何遜等，佳構如林。今舉鮑照（西元四一二？－四六六年）、江淹（西元四四四－五〇五年）、庾信（西元五一三－五八一年）三人為代表。

鮑照的蕪城賦，寫廣陵（今江蘇揚州）的繁華與離亂後的荒涼，造成對比。江淹的恨賦、別賦，庾信的春賦、燈賦、小園賦、哀江南賦，均是駢賦的佳作，無論寫景抒情、詠物說理、登臨懷古、悼亡傷別，均能驚心動魄、扣人心弦。

5 律賦和散賦

律賦是唐宋時因應科舉考試所形成的賦體，又名試賦。其形式不僅要求對仗、用韻，甚至要求平仄和諧，用詞和句法都有一定的限制，要求合乎規律，故稱律賦。因此律賦近乎文字遊戲，要受排偶和限韻的拘束，如王勃的春思賦，杜甫的郊大禮賦，李程的日五色賦，王起的庭燎賦等。

由於律賦在形式結構上嚴格的規定，已無文學的性靈可言，甚至為文士所排斥。到了宋代歐陽脩和蘇軾，他們擺脫賦體的拘束，而寫散文筆調的賦，無需對偶，也不限韻，甚至不押韻也可，這種形式極自由的散文賦，稱為「文賦」或「散賦」。宋代文賦的作家，有司馬光、歐陽脩、邵雍、蘇軾、蔡確、楊萬里等。其中以歐陽脩和蘇軾為代表。

歐陽脩（西元一〇〇七－一〇七二年）有秋聲賦、鳴蟬賦等；蘇軾（西元一〇三六－一一〇一年）有前赤壁賦、後赤壁賦等，都是膾炙人口的散文賦，如同屈原的卜居、漁父一樣，不受形式格律的束縛，文隨意運，自然流利。

6 股　賦

股賦是明清科舉應試所寫的八股賦體，它的結構規律，比律賦更嚴，甚至要將賦題嵌入文中，有破題、承題、起講、提比、虛比、中比、後比、大結八大段，故名為「股賦」。這類賦體，已無文學價值可言，故不予舉例。

(三) 詩

我國詩歌，淵遠流長，從詩經、楚辭之後，作品繁富，詩人輩起，使我國成為詩的民族。如從形式來區分，我國古典詩歌，大別可分三大類，即古體詩、樂府詩、近體詩。

1 古體詩

古體詩，又稱古詩，與近體詩相對待。「古詩」一詞，始見於梁劉勰的文心雕龍和蕭統所編的昭明文選，文心雕龍明詩篇云：「古詩佳麗，或曰枚叔。」文中所說的「古詩」，便是指「古詩十九首」而言，如語譯此句，是古詩十九首美好如同佳麗，或許有人說是枚叔的作品。枚叔，即枚乘，叔是枚乘的字，漢武帝時，與司馬相如同事於梁孝王，梁孝王卒，離開菟園，他的兒子枚皋，也是詩人辭賦家，與司馬相如同事漢武帝。其次，昭明文選選文三十七類，其中「詩」一類，「雜詩」上錄有「古詩十九首」，古詩之名，始於此也。

古詩大多為五言或七言，五言古詩稱「五古」，七言古詩稱「七古」，當然古詩有四言和雜言的，但「四古」和「雜古」之名，少人使用。古詩的作法，有別於近體詩，正是古體詩和近體詩的分別：形式結構上的不同。古詩不受句子多寡的限制，近體詩分絕句和律詩，絕句僅四句，律詩分今律八句和八句以上的排律。古詩的長短依內容而決定，句子的多寡沒有一定的約束。古詩每個字不受平仄的約束，但近體詩每字平仄的用法，有一定的格律，例如五言仄起格的絕句，它的格律是：「仄仄平平仄，平平仄仄平。平平平仄仄，仄仄仄平平。」所以古詩字句不受平仄的限制，可以自由抒寫，近體詩平仄的使用有嚴格的規定，造成定式。其次，古詩有對稱句，但不嚴格限制，近體詩中的律詩，其中二三兩聯，一定要對仗，除了內容的對偶外，上下聯的平仄也都要相反。古詩的用韻寬，可以通押，可以換韻，近體詩用韻嚴，不能通押，也不能換韻。

同時，古體詩和樂府詩是同時發生的，樂府詩之名，起源於漢代，漢惠帝時命夏侯寬任「樂府令」，漢武帝時設立「樂府」，由李延年任協律都尉，因此樂府是音樂官府的簡稱。樂府是漢朝廷的一個行政機構，它的職掌是採集民間歌謠以配合朝廷的典禮或祭祀，因此樂府便成民歌的代稱。

古詩和樂府詩的區別，古詩大半是文人所寫的詩，它只能「徒誦」而不能歌，樂府詩是合樂的詩，可以歌。例如古詩十九首中的青青河畔草、行行重行行是古詩，不是樂府；而飲馬長城窟行、放歌行、白頭吟等是樂府，不是古詩。後人往往將古詩和樂府詩混淆，難以區分。其實合樂的詩是樂府，不合樂的詩是古詩，但後代也有少部分的樂府詩不能合樂，如唐人的「新樂府」，也已不能歌了。但從「標題」上，可以區分古詩或樂府詩；樂府詩的標題仍留有合樂入樂的痕跡，都會有「歌」、「行」、「吟」、「弄」、「曲」、「調」、「章」、「引」等名稱。

一般人往往會把白居易的長恨歌、琵琶行視為古詩，其實長恨歌和琵琶行是樂府詩，因為它是屬於歌行體。所以樂府和古詩的區別，往往從標題上便可以辨認出來。如果把長恨歌、琵琶行誤作古詩，可能受唐詩三百首的影響，該書將這兩首詩列入「古詩」中。

漢魏南北朝的古詩，以五言詩為主。我國五言詩的起源，說法紛紜，大致五言出於漢人樂府，如李延年的北方有佳人歌，見漢書李夫人傳：

北方有佳人，絕世而獨立。一顧傾人城，再顧傾人國。寧不知、傾城與傾國，佳人難再得。

又漢書五行志有漢成帝時民謠：

邪徑敗良田，讒口亂善人。桂樹華不實，黃爵巢其顛。故為人所羨，今為人所憐。

因此西漢時便有五言詩，當可成立。至於文選中的古詩十九首創作年代，李陵、蘇武詩的真偽，都引起爭論過，難以有結論。要之：五言詩醞釀於西漢，成立於東漢初葉，而成熟於東漢末葉。

東漢末葉，建安時代（西元一九六—二二〇年）成熟的五言詩大量出現，如曹氏父子：曹操、曹丕、曹植，建安七子：孔融、陳琳、王粲、徐幹、阮瑀、應瑒和劉楨。他們的作品多而且富麗，被文心雕龍譽為「慷慨以任氣，磊落以使才」的「建安體」。

魏朝詩人，有「竹林七賢」之稱，即阮籍、嵇康、山濤、向秀、劉伶、阮咸、王戎，他們崇尚老莊虛無之學，輕禮法，常集於竹林之下，飲酒賦詩，故稱竹林七賢。他們所處的時代在魏正始年間（西元二四〇—二四九年），又稱「正始詩人」。其中以阮籍的詠懷詩、嵇康的四言詩為代表，文心雕龍評他們的詩為：「嵇志清峻，阮旨遙深。」

晉代的古詩，有三張二陸兩潘一左，他們在太康年間，故稱太康詩人。三張是張載、張協、張亢兄弟，但張亢不列詩品，應以張華為是。二陸是陸機、陸雲兄弟，兩潘是潘岳、潘尼叔侄，一左是左思。他們主張「詩緣情而綺靡」（陸機文賦句），認為詩以吟詠性情為主，用華麗的辭藻來寫詩。並且倡「巧構形似之言」，重視巧妙的構思，曲寫其狀的描寫，使詩的創作走上排偶對稱，重視綺靡豔麗的詩風。西晉末葉，永嘉離亂，有劉琨感念家國之思的詩，郭璞有遊仙詩，即借遊仙以寫隱逸山林的詩。

東晉義熙年間，陶潛以田園詩稱著，他的歸園田居五首及飲酒詩二十首，堪稱絕唱。飲酒詩中的「採菊東籬下，悠然見南山」，已成為他的代表句。梁鍾嶸詩品稱其詩「篤意真古，辭興婉愜」，而推為「古今隱逸詩人之宗」。

南朝詩風，愈加華靡，從山水到宮體，同是詠物，只是物的大小有別而已。其間宋謝靈運開拓了摹山狀水的山水詩，繼而有齊謝朓清麗小篇的山水詩，是為「大小謝」的山水詩。齊梁之間，詩風輕豔，如蕭衍、蕭綱、蕭繹父子，以寫宮廷女子的體態、閨閣女子的怨思，成為宮體詩的代表。宮體詩內容輕豔，格調卑下，徐陵、庾信亦時有所作，時傷輕豔，近於浮靡。及陳後主時，更以豔麗為美，極於輕薄，如玉樹後庭花之作便是。

其次，七言詩起於漢武帝柏梁臺君臣聯句，文人之作，以曹丕的燕歌行為首篇。其後七言詩很少出現，直到南朝宋鮑照，梁蕭衍、蕭綱等才有少量七言詩，且多為樂府之作。故七言古詩，要到唐代才普遍流行，至盛唐才臻於成熟。

2 樂府詩

「樂府」的名義，本指官府的名稱，即「音樂的官府」。由於它的職掌，在採集各地的民歌，或取文士所寫的詩加以配樂，作為朝廷典禮，宗廟祭祀，以及君臣宴飲時所用的詩歌，因此後代人稱民歌為樂府。樂府是合樂的詩歌，是音樂和詩各占一半的「音樂文學」。

樂府是音樂的官府，引申為民歌的代稱。其後，凡是合樂的詩，都稱為樂府，於是宋人長短句的詞，元人的散曲小令，也可稱為樂府。例如宋蘇軾的詞集稱為東坡樂府，元張可久的散曲集子稱為小山樂府。而樂府的名義，還擴大到詞、曲的範圍。

樂府的設立，始於漢惠帝，惠帝命夏侯寬為「樂府令」，漢武帝時，更成立「樂府」官署。漢書禮樂志云：

至武帝定郊祀之禮，祠太一於甘泉，祭后土於汾陰，乃立樂府。采詩夜誦，有趙、代、秦、楚之謳，以李延年為協律都尉，多舉司馬相如等數十人造為詩賦，略論律呂，以合八音之調，作十九章之歌。

漢武帝為了要祭天──「東皇太一」，祭地──「后土」，才成立樂府官署來製作天地的詩樂，並任李延年為協律都尉，司馬相如、鄒子樂等作郊祀的歌詞，今漢書禮樂志尚記錄有十九章的歌詞。樂府官署在文學上最大的貢獻，是在採集趙、代、秦、楚等地的民歌，這些地方相當於今日的：

趙──河北南部、山西東部、河南黃河以北的地區。

代──河北蔚縣北。

秦──陝西、甘肅一帶。

楚──湖北、湖南、安徽、浙江、四川巫山以東、廣東蒼梧以北等地方。

漢樂府採集民歌的範圍，遍及黃河、長江流域一帶。是繼周代太師採集詩經之後，第二次大量採集民間歌謠的工作，漢樂府保存了漢代民歌的真面目，成為後人研究漢代文學不可或缺的原始資料。

兩漢樂府的內容和特色：兩漢樂府民歌，大抵為清商曲、相和曲和鼓吹曲、鐃歌，以寫實為主，且極富詩趣，又具有諷諭勸化的作用，故發展為敘事詩的形態，足以反映漢代的風俗民情。誠如漢書禮樂志所說的漢樂府的特色，在於「感於哀樂，緣事而發」。緣事而發，便形成敘事詩。例如：飲馬長城窟行寫征夫傜役思家的詩。羽林郎、陌上桑寫羽林軍調笑酒家胡姬、太守意圖占有民女羅敷的故事，表現了漢代女子的貞亮。最長的敘事詩如孔雀東南飛，描寫焦仲卿和劉蘭芝夫婦，由於婆婆不喜歡媳婦，在環境、性格、命運等因素下，造成孔雀東南飛中焦、劉兩家的倫理悲劇，這些多少帶有教化勸勉的力量，也反映了漢人的生活和思想。

今舉江南和長歌行為例：

江南可採蓮，蓮葉何田田。魚戲蓮葉間，魚戲蓮葉東，魚戲蓮葉西，魚戲蓮葉南，魚戲蓮葉北。（漢無

名氏・江南)

青青園中葵，朝露待日晞。陽春布德澤，萬物生光輝。常恐秋節至，焜黃華葉衰。百川東到海，何時復西歸？少壯不努力，老大徒傷悲。(漢無名氏・長歌行)

東漢末葉，曹氏父子和建安七子發現樂府的流行性和親和力，於是大量摹仿民歌而作樂府詩，於是有「文人樂府」的出現，如曹操的短歌行，曹丕的燕歌行，曹植的白馬篇、七哀詩，王粲的七哀詩，陳琳的飲馬長城窟行，都是著名的文人樂府，從此開展文人吸取民間歌謠養分的途徑，使詩歌更富生命力。

魏晉南北朝的樂府詩，是繼承漢樂府的道路，而發展出來的新體詩。從三世紀到六世紀之間，由於國家社會的動盪，促使佛道的流行，隱逸思想的擡頭，使樂府詩由長篇的敘事詩，演變為小篇的抒情詩，由北方的樸質詩風趨向南方的輕綺靡麗詩風。

魏晉南北朝樂府，以六朝的清商曲為主，清商曲固然是漢代的舊曲，但新添了長江流域新興的民歌，便成六朝時代詩歌的主流。其中又可分為吳歌、西曲、神弦曲。而北朝的民歌，以梁樂工所收集的梁鼓角橫吹曲為主。就內容而言，六朝樂府多半為戀歌、志怪、山水、宮體之作，描寫江南採桑採菱的農耕生活。北朝樂府多半為戀歌、苦寒、征戰、思鄉、尚武之作，描寫草原縱馬放牧的游牧生活。但它們共同的特色，在於帶有浪漫、神祕，以及唯情唯美的色彩，大半為五言四句的小詩情歌，有時用男女對口的方式來表達，大量使用諧音雙關語，以增詩趣和絃外之音，也大量使用和送聲，以增歌唱時的熱鬧場面和節奏感。

六朝主要的樂府詩，如吳歌中的子夜歌、子夜四時歌、華山畿、讀曲歌；西曲中的襄陽樂、莫愁樂、三洲歌；神弦曲中的白石郎曲、青溪小姑曲。北朝主要的樂府詩，如木蘭詩、敕勒歌、折楊柳歌、紫騮馬歌。今舉子夜四時歌、青溪小姑曲、敕勒歌為例：

春林花多媚，春鳥意多哀。春風復多情，吹我羅裳開。(晉宋無名氏・子夜四時歌・春歌)

開門白水，側近橋梁。小姑所居，獨處無郎。（神弦曲・無名氏・青溪小姑曲）

敕勒川，陰山下。天似穹廬，籠罩四野。天蒼蒼，野茫茫，風吹草低見牛羊。（北歌・無名氏・敕勒歌）

隋唐以後的樂府，波瀾壯闊，尤其唐代文人樂府詩，更啟開詩歌活潑的天地。隋代由七部樂擴充為九部樂，加入大量的胡樂，唐代亦承襲隋樂，增為十部樂，因此胡樂夷歌，為唐詩增加了詩聲之美。隋唐五代的民間歌謠見於全唐詩或敦煌曲子詞中，數量約千餘首，成為敦煌出土的唐人寫卷中最珍貴的資料。其次，文人仿製的樂府詩，在盛唐以前，標題沿用漢魏或六朝樂府舊題，中唐以後，則多為「即事名篇」的新題樂府，也稱「新樂府」。樂府至此，已脫離音樂而不能合樂。

然而宋以後樂府，或不用樂府一詞，或稱詞、稱曲、稱時調，且走上長短句的道路，但民間歌謠的本色不變，仍然保有音樂文學的風格。

3 近體詩

近體詩，是與古體詩相對的，也是唐人所開創的新體詩，包括了絕句和律詩。絕句共四句，每句五個字的稱為五言絕句，簡稱五絕；每句七個字的稱為七言絕句，簡稱七絕。律詩分今律和排律兩種，今人所謂律詩，多指八句的今律而言，八句以上的為排律，今人已不流行。

探討近體詩的由來，是先有絕句，後有律詩。漢代稱四句的短詩為「斷句」、「截句」，後來又有「短句」、「絕句」等名稱。然而短詩的作法，字數雖少，或二十字，或二十八字，便能將情意包涵其中，以達「言有盡而意無窮」的境界。南北朝時小詩興盛，流行對稱的詩句，齊永明間，「聲律說」流行，使詩的聲調愈趨律化，經初唐上官儀、上官婉兒的倡「上官六對」，使唐詩律化的技巧近於完備。因此初唐四傑，五律已漸次完成。沈佺期、宋之問的「沈宋體」，使七律也告成立。因此近體詩的格律，在初唐的「上官體」、「沈宋體」的倡導，得以建立。絕句的由來得久，從詩歌的發展來看，是先有絕句，後有律詩。

近體詩和古體詩最大的不同，在於近體詩有句子多寡的限制，絕句四句，律詩八句（排律八句以上）；古體詩便不受句子多少的限制，可以自由抒寫。其次，近體詩有平仄的限制，用韻只限一韻，不得通押或換韻；古體詩不受平仄的限制，用韻也寬，有通押和換韻的現象。同時，律詩在二、三兩聯還要求對仗。因此近體詩在我國詩歌中，無論在形式上、內容上，均臻於最完美的境地。

今舉唐人的絕句和律詩為例：

絕句

五絕　秋浦歌　李白

白髮三千丈，	仄仄平平仄，	
離愁似箇長。	平平仄仄平。	韻
不知明鏡裡，	平平平仄仄，	
何處得秋霜。	仄仄仄平平。	韻

七絕　絕句　杜甫

兩箇黃鸝鳴翠柳，	仄仄平平平仄仄，	
一行白鷺上青天。	平平仄仄仄平平。	韻
窗含西嶺千秋雪，	平平仄仄平平仄，	
門泊東吳萬里船。	仄仄平平仄仄平。	韻

律詩

五律　野望　王績

東皋薄暮望，	平平平仄仄，		首聯
徙倚欲何依。	仄仄仄平平。	韻	
樹樹皆秋色，	仄仄平平仄，		頷聯（對仗）
山山惟落暉。	平平仄仄平。	韻	

七律　無題　李商隱

相見時難別亦難，	仄仄平平仄仄平，	韻	首聯
東風無力百花殘。	平平仄仄仄平平。	韻	
春蠶到死絲方盡，	平平仄仄平平仄，		頷聯（對仗）
蠟炬成灰淚始乾。	仄仄平平仄仄平。	韻	

牧人驅犢返，	平平平仄仄，	頸聯（對仗）
獵馬帶禽歸。	仄仄仄平平。韻	
相顧無相識，	仄仄平平仄，	末聯
長歌懷采薇。	平平仄仄平。韻	

曉鏡但愁雲鬢改，	仄仄平平平仄仄，	頸聯（對仗）
夜吟應覺月光寒。	平平仄仄仄平平。韻	
蓬萊此去無多路，	平平仄仄平平仄，	末聯
青鳥殷勤為探看。	仄仄平平仄仄平。韻	

近體詩的作法，有「一三五不論，二四六分明」的說法，其實每句的一三五等字的平仄，可以具有彈性，在不造成二四六的孤平，是允許可平可仄的。其次，詩中的入聲字，也得視為仄聲，如「白」、「髮」、「不」、「得」、「雪」、「泊」、「薄」、「欲」、「色」、「落」、「犢」、「識」、「別」、「亦」、「力」、「百」、「蠟」、「覺」、「月」等，都宜作仄聲看待。

唐人不但開創近體詩，同時也發展古體詩和樂府詩，使唐詩得以兼備各體而同時發展，造成唐詩的博大和鼎盛，使唐詩成為唐代文學的主流。

唐詩繁盛，前人對唐詩的分期，始於南宋嚴羽的滄浪詩話，將唐詩分為五期：初唐、盛唐、大曆、元和、晚唐。今多依明高棅的唐詩品彙，將唐詩分成四期，即初唐、盛唐、中唐、晚唐。

初唐（西元六一八—七一二年）的詩，豔麗而高華，有六朝詩的遺風。初唐四傑：王勃、楊炯、盧照鄰、駱賓王及張若虛等，代表了初唐詩的高華之美，王績、王梵志等的隱逸詩，陳子昂的倡建安風骨，擴展了初唐詩的蓬勃生機。

盛唐（西元七一三—七六二年）在開元、天寶之際，詩人輩出，無論寫山水、田園，寫邊塞、遊仙，寫宮體、閒情，都能曲盡其妙；詩佛王維當時影響力最大，詩仙李白、詩聖杜甫，享譽後世最久。高適、岑參、王昌齡、王之渙等邊塞詩，綻放大唐氣象，流露年輕一代詩人的熱力和豪情。

中唐（西元七六三－八二六年）經安史之亂後，人民在戰亂的洗禮下，變得沉思而內斂，大曆元和年間，有中興氣象，中唐詩由大曆貞元間多寫個人情懷，到元和年間元稹、白居易的新樂府運動，啟開了平易近人的詩風，使唐詩再現高潮。同時，韓愈詩的散文化，也開啟宋詩重理的蹊徑。

晚唐（西元八二七－九〇六年）因黨爭及進士浮華之風，詩重冷豔而多感傷。如杜牧、李商隱綺靡的小詩，冷豔圓熟，到達小詩登峰造極的境地。其他如皮日休、陸龜蒙等詩人沿新樂府的道路，開展正樂府描寫民間疾苦的寫實詩，替離亂的晚唐，留下一些真實的紀錄。

唐人有養伎之風，詩聲不絕；青樓管絃，酒酣而歌，於是長短句大量興起，形成唐代另一種新體詩的產生，稱之為「曲子」、「曲子詞」，就是「長短句」，或稱之為「詞」。

(四) 詞

詞，又名曲子、曲子詞、長短句。又有詩餘、樂府、琴趣、樂章等別稱，在宋人的詞集中，有蘇軾的東坡樂府，范仲淹的范文正公詩餘，歐陽脩的醉翁琴趣外編，柳永的樂章集。詞是配合音樂的歌詞，是詩與音樂結合的音樂文學。

詞的起源，與音樂的關係至為密切，今列其興起的原因如下：一、淵源於樂府歌辭，由於唐人的近體詩可以配合歌唱，將整齊的詩句攤破或加以和送聲的變化，演變成活潑的長短句，因此從詩衍化為詞，成為唐人的一種新體詩，名為「詩餘」。二、由於聲詩的流行，於是長短句的詞崛起。唐人的聲詩，便是合樂的詩，尤其與民歌的興盛，有直接的關係，有些民歌，傳唱一時，如今已成詞牌，文人往往倚聲填詞，便是曲子、曲子詞，簡稱為「詞」。三、唐人有養伎之風，青樓傳唱的酒令，便是詞中的小令。因此早期的詞，是傳唱於青樓茶肆杯觥之間的豔歌。

1 曲子詞

清光緒二十五年（西元一八九九年），在敦煌莫高窟所出土的唐人寫本敦煌卷，其中有「敦煌曲子詞」，便是唐人的民歌，也是唐詞的開端。例如：

珠淚紛紛濕綺羅，少年公子負恩多。當初姊姊分明道，莫把真心過與他。仔細思量著，淡薄知聞解好麼。（唐．佚名．拋毬樂）

枕前發盡千般願，要休且待青山爛。水面上秤錘浮，直待黃河澈底枯。白日參辰現，北斗迴南面。休即未能休，且待三更見日頭。（唐．佚名．菩薩蠻）

這些拙樸率真的敦煌曲子詞，已開展唐詞的新頁。而敦煌中的菩薩蠻，可與崔令欽教坊記中的菩薩蠻相互照映。

傳統的說法，最早的詞家，始於李白，因此「詞中有三李」，即李白、李煜（即李後主）、李清照。李白的菩薩蠻、憶秦娥、清平調、秋風詞等，自有它獨特的風貌。前人懷疑菩薩蠻、憶秦娥為後人託名之作，但敦煌曲子詞的出土，證明盛唐時已流行菩薩蠻的曲調，李白能作此調之說已可成立。

中唐期間，詞家漸多，如韋應物的調笑令，張志和的漁歌子，王建的宮中調笑，白居易的花非花、憶江南、長相思，劉禹錫的憶江南、楊柳枝等詞，說明了文人大量摹仿民歌的詞，已蔚為風氣。

2 小　令

詞的發展，始於民間的曲子、曲子詞，然後發展為歌樓茶肆傳唱的伶工之詞。這些在五十八字以內的詞，稱為小令，小令便是從酒令演變而來的小曲、小調。五十九字至九十字的詞，稱為中調；九十一字以上的詞，稱為長調。中調和長調，又稱為慢詞。

晚唐五代的詞，便是小令。由於當時的社會風氣，流於浮華，於是豔風大扇，其間五代西蜀趙崇祚所編的花間集，收有晚唐五代詞人十八家，包括溫庭筠、韋莊、顧敻、孫光憲等。另外無名氏所編的尊前集，收有晚唐五代詞人三十八家，包括唐明皇、李白、白居易、溫庭筠、歐陽炯、馮延巳等。在風格上、內容上，已演變成杯觥之間的豔情小調，於是「詩莊詞媚」的分野，也越來越為顯著。

五代詞家，大致分布兩個地區，一是西蜀，以花間詞人為主，以溫庭筠為「花間鼻祖」的代表；一是南唐，南唐詞人有別集而無總集，其中有南唐中主李璟、後主李煜、馮延巳等詞人，仍然是歌者之詞的風格，是小令的詞；而李煜的詞，寫去國之痛，境界始大，已變伶工的詞為士大夫的詞。在南唐詞中，李煜不僅足為代表，在晚唐五代詞中，也堪稱第一。近人王國維的人間詞話，曾將溫庭筠、韋莊和李煜三家詞做比較，評溫庭筠的詞是「句秀」，韋莊的詞是「骨秀」，而李煜的詞是「神秀」。今傳李煜的詞共四十七首。今舉其詞兩首如下：

林花謝了春紅，太匆匆，無奈朝來寒雨晚來風。　胭脂淚，相留醉，幾時重。自是人生長恨水長東。

（李煜．相見歡）

春花秋月何時了，往事知多少？小樓昨夜又東風，故國不堪回首月明中。　雕欄玉砌應猶在，只是朱顏改。問君能有幾多愁，恰似一江春水向東流。（李煜．虞美人）

北宋前期的詞，沿花間、尊前集的遺風，仍是小令之類的歌者之詞。北宋晏氏父子晏殊、晏幾道，首開風氣，珠玉集、小山集，從詞集名也可知為小令豔詞。其後范仲淹、歐陽脩的詞崛起，范仲淹的詞傳世的不多，全宋詞錄有他的詞五首，他的蘇幕遮和漁家傲，卻有幾分邊塞的風貌；歐陽脩雖是古文大家，但寫起詞來，依然纖巧嫵媚，他的一闋生查子，依然妙韻無窮：

去年元夜時，花市燈如晝。月上柳梢頭，人約黃昏後。　今年元夜時，月與燈依舊。不見去年人，淚濕春衫袖。

一般的小令，多半為女性化的詞，也是青樓的豔歌，保有歌者之詞婉約豔麗的本色。

3 慢　詞

詞發展到張先、柳永時代，由小令演變為慢詞，張先有「張三影」之稱，他的佳句：「雲破月來花弄影」，「柳徑無人，墜輕絮無影」，「嬌柔嬾起，簾幙捲花影」，傳誦一時；柳永的詞，更是膾炙人口，時人曾謂：「有井水飲處，即能歌柳詞。」他的八聲甘州和雨霖鈴，堪稱代表作，均是長調慢詞的極品。

蘇軾的詞，也多慢詞，他的詞題材擴大，由歌者之詞變為文人之詞。他在詞中，寫自己的遭遇，無論記遊懷舊、詠史說理，都能入詞，是詞詩化的第一人，也是給予詞作子題的第一人，如他的念奴嬌，子題作「赤壁懷古」，也是開豪邁詞風的第一人。其他北宋詞家尚有秦觀、賀鑄、周邦彥等人。

南宋詞的發展，可分樂府詞派和白話詞派兩大類：樂府詞派，是繼承周邦彥重音律的詞家，有姜夔、史達祖、吳文英、張炎、周密、蔣捷、王沂孫等家，他們不但能填詞，也能作曲創調。白話詞派，是從李清照開始，他如朱敦儒、張元幹、張孝祥、陸游、辛棄疾、劉克莊等詞家，都能將白話入詞，用白描手法，寫真摯的情感，反映大眾的心聲，開創了詞的另一境界。

(五) 曲

曲是元代新興的文體，又稱「詞餘」。在我國韻文的發展中，唐詩、宋詞、元曲，一脈相承，自有它相繼相承的淵源存在。然而唐詩的典雅，宋詞的豔麗，元曲的俚俗，自有它風格上的特色，也反映出時代文學的道路。

元曲發生的原因，乃由於金元入主中原，摧殘漢人文化，廢科舉，蒙古人統一中國，又分江南人為十等，九儒十丐，文人受鄙視。於是元代的戲曲作家，大多數是布衣平民，甚至潦倒的文人和倡優，他們所寫的曲，供一般民間來歌唱、來欣賞。元曲的發生，也與音樂有關係，金元入主中國，胡樂盛行，嘈雜緩急，詞不能配合，於是更為新聲。大江以北，漸染胡語，曲調急促慷慨，是為北曲；大江以南，曲調婉轉而流麗，是為南曲。

1 散曲

就曲的形式結構而言，有散曲和戲曲之分。散曲是從詞衍化而來的，是合樂可唱的小調，有一定的曲牌。散曲有小令和套數的分別，小令如同詞的小令，單獨一闋，自成格局；套數則是集合同一宮調的小令，在內容上可以連貫，鋪敘一段故事或情節，如同詩詞中的聯章。如西江月、四塊玉、天淨沙等是小令，如馬致遠的秋思、關漢卿的侍香金童等是套數。元代散曲的作家，可分前後兩期，前期有關漢卿、白樸、王實甫、盧摯、馬致遠等作家，後期有張養浩、貫雲石、喬吉、張可久、徐再思、周德清等作家。其中小令創作最多的作家，可算張可久，在任訥所輯的小山樂府，共有小令七百五十一首，套數七套。

元代前期的散曲，充分表現北方民歌中率直爽朗的精神與質樸自然的通俗文學之美。後期的散曲，漸漸失去了民間文學的通俗精神，在修辭上和內容上，步上典麗重雕琢的道路。今舉元人散曲為例：

枯藤老樹昏鴉，小橋流水人家，古道西風瘦馬。夕陽西下，斷腸人在天涯。（馬致遠．天淨沙）

萋萋芳草春雲亂，愁在夕陽中。短亭別酒，平湖畫舫，垂柳驕驄。一聲啼鳥，一番夜雨，一陣東風。桃花吹盡，佳人何在？門掩殘紅。（張可久．人月圓）

明代散曲，承元代餘緒，散曲作家如康海、王九思、馮惟敏等，是北方人，所作多為北曲，亦兼寫南曲；至於梁辰魚、沈璟、施紹莘等，則是南方人，所作卻是南曲。元明散曲的流行，多為漁樵生活的寫照，與民間的市井小唱，同一機杼。

2 戲曲

戲曲包括了元人的雜劇和明清的傳奇。元人雜劇是北曲配上科、白，成為舞臺上可演出的戲劇。科是演員所表演的動作，白是說詞賓白，也就是臺詞。戲曲是由歌唱、賓白、角色組合而成的表演藝術，唱詞和賓白除了為劇中角色代言，還具有補充布景的不足，顯明動作的意義。

元人雜劇，每齣包括四個套曲，每一套曲，稱為一折，因此元人雜劇的基本架構，每本為四折。每折一韻到底，由一人獨唱，也有全劇四折，由一人獨唱到底，如馬致遠的漢宮秋、白樸的梧桐雨等便是。雜劇的前面可以加一個「楔子」作為序幕，後面可以加題目正名作為結束。如關漢卿的竇娥冤，結束時所述的題目、正名：

題目：秉鑑持衡廉訪法

正名：感天動地竇娥冤

每本雜劇最後列題目和正名，是作者把劇本寫成後，將劇本的內容，用提要方式將總結說出來，以便劇場招貼，具有廣告的效果。

元代雜劇作品很多，著名的有關漢卿的竇娥冤、救風塵，王實甫的西廂記，白樸的梧桐雨、牆頭馬上，馬致遠的漢宮秋、青衫淚，紀君祥的趙氏孤兒，鄭光祖的王粲登樓、倩女離魂等。在元人雜劇中，對各種典型人物的描寫，把一些思想內容，深刻又真實地表現在舞臺上。

明清的戲曲稱為傳奇，主要的故事題材，取材自唐人的傳奇小說，戲曲的結構，也與元代雜劇有些不同。雜劇每本四折，傳奇則擴大為三十齣，甚至於四、五十齣，每齣不限一個套數，一韻到底，不限宮調，可以換韻。傳奇不限獨唱，可以對唱、輪唱、合唱。傳奇的開端，類似雜劇的楔子，而用「家門」、「開場」、「開場始末」，其實是相當於開場白或序幕，只是在名稱上古今有所不同。

最早的傳奇作品，有五大傳奇，即殺狗記、白兔記、拜月亭、琵琶記、荊釵記。殺狗記，清朱彝尊以為是徐畛所作，是根據元蕭德祥的雜劇楊氏女殺狗勸夫而來。白兔記，是元明之間的民間作品，寫五代劉知遠窮困從軍，因功立業，而他的妻子李三娘磨房產子，終於夫妻團圓的故事。拜月亭，作者不可考，寫蔣世隆和王瑞蘭亭前拜月、才子佳人的故事。琵琶記，明高明作，寫趙五娘尋夫的故事。荊釵記，王國維考定為明朱權所作，寫王十朋和錢玉蓮離合的愛情故事。

明代傳奇，在琵琶記出現後，曾消沉一段時期，中明魏良輔改良崑腔，於是傳奇再度興盛，如梁辰魚的浣紗記，盛行江南各省。晚明有沈璟的義俠記，敘武松故事。最著稱的，要算湯顯祖的臨川四夢。湯顯祖，江西臨川人，他的代表作四夢，即還魂記（又名牡丹亭）、紫釵記、南柯記、邯鄲記，都是寫夢的故事，有愛情的夢和人生的夢，故稱臨川四夢，又名玉茗堂四夢。

清代的傳奇作家與作品，有洪昇的長生殿，孔尚任的桃花扇，李漁的蜃中樓、比目魚等笠翁十種曲，蔣士銓的四絃秋、臨川夢。

三、散文

在一切文章中，只要是不押韻的文章，都是散文。而散文的內容和寫法都很自由，無論是寫景的遊記，寫人的傳記，寫情的抒情小品，寫事的敘事散文，寫物的詠物小品，寫理的議論或說理散文，都在散文的範圍之內，因此散文是最自由、最活潑的文體，它幾乎是無所不「散」，不拘格套。

我國歷代散文，極為發達，早期的散文，多為著述文，為論述其學說所寫的文章，因而早期的散文，是實用的、學術的文章，而非唯美唯情的文章。在前人的分類中，往往採經、史、子、集的分類法，而經、史、子三部的文章，在我國散文中，也占了重要的地位，在集部的作品中，與今人的文學較為接近，於是經、史、子部的散文，是知性為主的散文，集部的散文，是感性較強的散文。

今就我國散文的發展，分周秦兩漢散文、魏晉南北朝散文、唐宋至清代的古文三部分，加以說明：

(一)周秦兩漢散文

我國散文的發生極早，從殷墟出土的甲骨文開始，便是商代的卜筮文字，商代約在西元前十六世紀到西元前十一世紀，其中只是片言隻字的卜辭，還夠不上成篇的文章。商周以後，文字的運用日廣，人們用來記言記事，於是文籍繁生，而到周代，各種文體均已完備。

今就周秦兩漢的散文，分經學散文、子學散文、史學散文、文學散文，分析如下：

1　經學散文

在本書經學常識中，已提到重要的經學要目及內容，在此以文學的眼光，來說明經書中散文的發展。今人能閱讀到最早的散文，要推尚書和周易了，尚書是上古的書，包括虞、夏、商、周四代的文獻政書，周易是周代易理的書，由卜筮的運用，衍化為人生處世哲學的書。

春秋時，孔子開私人講學的風氣，整理六經以教弟子，後人尊孔，將他所整理的書籍，稱為「經」書。

其實孔子是整理虞、夏、商、周歷代先賢生活經驗的累積，構成了文化的傳統，建立了儒家的學說思想，他們的言論，便記錄在經書之中。

像孔子的言行，便記載在論語之中，由樸質的記言發展為複雜的論辯，由簡樸的散文，衍變為橫縱批駁的散文。由論語到孟子，發覺春秋時代的散文是一章一節，到繁複的戰國時代，散文已可成篇。論語中的論「仁」和孟子中的取「義」思想，便成儒家思想的主要精粹所在。

其他如三禮：周禮、儀禮、禮記；三傳：春秋左氏傳、春秋公羊傳、春秋穀梁傳。是禮的行使和理論的闡明，在於明人倫、辨親疏，以定人與人的關係。而史官所記的春秋，有三傳的闡述，其中左傳尤富文采，成為古文家敬奉的古文典範。

2 子學散文

在先秦諸子和兩漢諸子中，要籍繁多，在本書子學常識中，也已述及。今就文學的觀點來看散文的發展，周秦兩漢諸子的散文，各能表現一家之言。

從春秋時代老子五千言，發展到莊子的寓言，也是由簡樸的散文，演為複雜華采的散文。莊子的寓言擴及自然界的各種事物；但韓非子的寓言，則多落實在人事上，寫人間發生的小故事；荀子的散文，便喜歡引據資料，例舉事類以證明他的理論。

兩漢諸子，如陸賈的新語、賈誼的新書、劉向的新序，都以「新」論為號召，其實都是儒生的主張。他如董仲舒主張恢復儒家思想，而有春秋繁露；桓寬主張富國之道，而有鹽鐵論；劉安主張虛無之道，而有淮南子；王充為破除漢人拘泥於陰陽五行迷信的風氣，而有論衡，這些論述的散文，均重於說理議論，被後世視為哲理性的散文。

3 史學散文

在周秦兩漢時代所編著的史書，大半出於史官。孔子運用魯國的史料，表彰春秋大義而有春秋，其後三傳的闡述，已在經學中述及。其他如國語、戰國策等國別史，多記縱橫家之言，也是後世古文家所崇奉的對象。

兩漢史學散文，當稱史記和漢書兩部鉅著。司馬遷的史記，是二十五史的第一部，他開創了傳記體的史書，也開創了傳記文學，是唐宋以來古文家奉為圭臬的作品，他也因而被推崇為古文之祖。班固著漢書，大致淵源於史記的體例，不同的是：史記屬通史，漢書屬斷代史，而漢書論贊、敘事詳贍，也是史書中的翹楚。班固又長於辭賦，於是被後世尊為駢文之祖。

4 文學散文

周秦兩漢的散文，多以實用為主，成部的著述，多被歸入經、子、史部的領域，只有一些單篇小作，才會被收入文學或集部之中。今從昭明文選中，可看到一些篇什的作品，也多半是應用的文章。如秦李斯的諫逐客書，以及一些碑文。漢賈誼的過秦論、司馬遷的報任少卿書、司馬相如的喻巴蜀檄、孔安國的尚書序、鄒陽的上書吳王，以及班固的封燕然山銘，這些大致為駢散互用的散文，和東漢以來，漸趨於行駢的文章不同，仍存有樸質的古風。

(二)魏晉南北朝散文

魏晉南北朝由於綺靡文風所扇，重巧構形似之言，因此詩文的創作，重形式、講技巧、尚華藻駢辭。所謂「巧構形似之言」，見梁鍾嶸的詩品及劉勰的文心雕龍；意指巧妙的構思，而能曲寫其狀。流風所扇，用辭華麗，走上對稱行駢的句法，於是駢文大行。但在魏晉南北朝間，仍有人繼續在創作優美的散文，而不受駢文流行的影響，也有不少的作品，傳誦一時，為後世所激賞。

此間膾炙人口的散文，如三國魏曹丕的典論論文、曹植的與楊德祖書、三國蜀諸葛亮的出師表、晉王羲之的蘭亭集序、李密的陳情表，以及陶淵明的五柳先生傳、桃花源記，都是雋永的佳構、千古不朽的小品。其次成書的散文，如北魏酈道元沿用漢桑欽的水經，演為我國第一部山水小品散文的水經注；北魏楊衒之記宮室廟宇的洛陽伽藍記；北齊顏之推述立身治家的顏氏家訓；南朝梁劉義慶寫人物軼事的世說新語，同時，他也寫志怪筆記，如幽明錄等鬼故事，當時志怪筆記流行，如晉陶淵明有搜神後記、梁吳均有續齊諧記等。在駢文盛行的年代裡，有這些清新雋永的散文出現，在當時文壇中，可以算是一股清流。

(三)唐宋至清代的古文

所謂古文，顧名思義便是古代的文章。但在唐以後古文家所說的古文，是有別於駢文的散文。在內容上，強調文以載道的精神，具有寫實諷諭的功能；在形式上，強調行奇（寫參差句）的散文。誠如唐韓愈在題歐陽生哀辭後所說的：

> 愈之為古文，豈獨取其句讀不類於今者邪？思古人而不得見，學古道則欲兼通其辭，通其辭者本志乎古道者也。

六朝文章，駢儷盛行，文辭華麗，並重排偶用典，至唐代格律更嚴，於是離實用文學愈遠，內容華而不實。於是有北魏蘇綽仿尚書的大誥，隋李諤、王通倡貫道濟義的樸質文章，唐陳子昂倡言復古的書論，李華、蕭穎士、柳冕、獨孤及、元結等排斥駢儷浮華的風氣，崇尚樸質復古的文章，這些人士，都是唐代古文運動的先驅。

到中唐韓愈（西元七六八—八二四年）、柳宗元（西元七七三—八一九年）時，提倡文以載道的古文，使文學與儒學合而為一。於是文風轉變，文人洗去江左綺靡的習氣，轉而效韓柳的古文，蔚成風氣，使韓柳成為當時文壇的盟主，而散文再度躍居文壇的主流。在韓門的弟子中，有李漢、李翺、孫樵、皇甫湜、沈亞之等，但柳宗元的弟子卻很少，這是因為柳宗元遭受長期的貶謫，且謫居在永州、柳州等偏遠的區域。今觀唐代的古文家，全部是北方人士。

試觀唐代到清代的古文運動，共有四波，而且波瀾壯闊，第一波是唐代韓柳的古文運動，第二波是宋代歐陽脩及其門生曾鞏、王安石、蘇軾、蘇轍的古文運動，第三波是明代前後七子，以及反對前後七子的公安派的古文運動，第四波是清代方苞、劉大櫆、姚鼐等桐城派的古文運動。

宋代古文運動，由於晚唐、五代綺靡文風又盛，駢文又興，古文又銷聲匿跡，北宋初期西崑體的盛行，使綺靡文風變本加厲，這時也有柳開、穆修、孫復、尹洙等人提倡實用的古文，到歐陽脩（西元一〇〇七—一〇七二年）出而領導文壇，主張師經明道，尊韓愈文，於是宋代的古文運動波瀾又起，歐陽脩任參知政事時，樂於獎掖後進，曾鞏、王安石、蘇洵、蘇軾、蘇轍父子，都是經由歐陽脩的拔識而立身成名的。他們在北宋文壇上，開展平易近人的古文，使宋代古文更趨於普遍化。明人茅坤曾編選八大先生文鈔，包括唐代韓愈、柳宗元和宋代歐陽脩、曾鞏、王安石、蘇洵、蘇軾、蘇轍八人的文章，後世因稱「唐宋八大家」。今舉精悍的短文為例：

雜說四篇之一的說馬　韓愈

世有伯樂，然後有千里馬。千里馬常有，而伯樂不常有，故雖有名馬，祇辱於奴隸人之手，駢死於槽櫪之間，不以千里稱也。馬之千里者，一食或盡粟一石，食馬者不知其能千里而食也；是馬也，雖有千里之能，食不飽，力不足，才美不外見，且欲與常馬等不可得，安求其能千里也？策之不以其道，食之不能盡其材，鳴之而不能通其意，執策而臨之曰：「天下無馬。」嗚呼，其真無馬耶？其真不知馬也。

讀孟嘗君傳　王安石

世皆稱孟嘗君能得士，士以故歸之，而卒賴其力，以脫於虎豹之秦。嗟夫！孟嘗君特雞鳴狗盜之雄耳，豈足以言得士？不然，擅齊之強，得一士焉，宜可以南面而制秦，尚何取雞鳴狗盜之力哉！夫雞鳴狗盜之出其門，此士之所以不至也。

記承天寺夜遊　蘇軾

元豐六年十月十二日夜，解衣欲睡，月色入戶，欣然起行。念無與樂，遂至承天寺，尋張懷民，亦未寢，相與步於中庭。庭中如積水空明，水中藻荇（ㄒㄧㄥˋ）交橫，蓋竹柏影也。何夜無月？何處無竹柏？但少閑人如吾兩人耳！

明代古文運動，是第三波的古文運動，從中明以後，擬古古文家崛起，有前七子李夢陽、何景明等，以及後七子李攀龍、王世貞等所倡導的「文必秦漢，詩必盛唐」的摹擬派古文。同時，有唐順之、王慎中倡文章本色論，茅坤編八大先生文鈔，推崇唐宋八大家古文以抗衡。其後又有袁宗道、袁宏道、袁中道三兄弟倡「性靈說」，認為寫文章可以「獨抒性靈，不拘格套」來書寫，而且「直攄胸臆，如寫家書」，以反對前後七子摹擬之俗。由於三袁是湖北公安人，世稱公安派。公安派的古文家，給晚明帶來清真幽峭的晚明小品，除三袁外，尚有張岱、徐渭、歸有光等散文家。

清代古文運動，是第四波的古文運動，清初，性靈派的古文仍在，但流於空疏，甚至雜以小說，不夠雅潔。於是康熙年間，方苞（西元一六六八－一七四九年）編古文義法約選，倡古文義法，主張「言之有物，言之有序」，有物是指古文要有內容，有序是指古文要有條理、有方法。並把古文家的文統找回來，推崇經史的書，並崇尚唐宋古文家及歸有光的古文。古文要「雅潔」，後經劉大櫆、姚鼐的擴大，於是建立了桐域派的古文。方、劉、姚三人都是安徽桐城人，世稱桐城派。姚鼐的弟子多，如梅曾亮、劉開、管同、方東樹、姚瑩等，均有文名。其後又有桐城派的別支陽湖惲敬、張惠言，主張駢散互用的古文，稱陽湖派；湘鄉曾國藩及其弟子薛福成、黎庶昌等擴大桐城派的門戶，稱為湘鄉派。

四、駢文

駢文，又稱四六文。由於我國文字，可奇可偶，在先秦時代的文章，駢散不分，自然互用，自東漢以來，文風崇尚對稱，以增加對比聯想和美感，於是有麗辭駢語之作，如易經的「雲從龍，風從虎」，書經的「罪疑惟輕，功疑惟重」，以及班固兩都賦中的「風毛雨血，灑野蔽天」，口語所云：「向天索價，就地還錢。」都是很好的對稱句。

駢文和散文的不同，駢文的基本句法，是以四字、六字為基本句，故又稱四六文，散文便不受句法的限制，可以自由書寫，因此駢文行偶，散文行奇。其次，駢文辭語尚綺靡華采，散文尚自然樸質；駢文要隸事用典，散文要直接鋪敘、白描直寫。因此駢文的特色：行偶，四六句法，宜用典，重氣勢，有輕倩之風。駢文發生於東漢，極盛於六朝，故又稱六朝文。今舉庾信謝滕王賚馬啟和韓愈謝許受王用男人事物狀兩文，同樣是別人送馬給他，他們的謝啟，寫法不同，一是駢文，一是散文。

謝滕王賚馬啟　　庾信

某啟：奉教垂賚烏騮馬一匹。柳谷未開，翻逢紫燕；陵源猶遠，忽見桃花。流電爭光，浮雲連影。張敞畫眉之暇，直走章臺；王濟飲酒之歡，長驅金埒。謹啟。

滕王送一匹馬給庾信，庾信寫一篇謝啟，其中用一大堆典故，如柳谷、陵源，都是產馬的地方。紫燕、桃花、流電、浮雲，都是馬名。章臺是東漢張敞任長安京兆尹上班的地方，當然是騎馬去上班。王濟是晉朝人，愛馬成癖，用金錢貼在馬廄上，人稱金埒。全文大意是說：您給我的那匹馬，我很喜歡，從此可以騎著牠，到處去觀光了。

謝許受王用男人事物狀　　韓愈

右今日品官唐國珍到臣宅，奉宣進止，緣臣與王用撰神道碑文，令臣領受用男沼所與臣馬一匹，並鞍銜及白玉腰帶一條者。臣才識淺薄，詞藝荒蕪，所撰碑文不能備盡事迹，聖恩弘獎，特令中使宣諭，並令臣受領人事物等。承命震悚，再欣再躍，無任榮擢之至。謹附狀陳謝以聞。謹狀。

王用死後，韓愈替王用寫一篇神道碑文，王用的兒子王沼送馬一匹以酬謝韓愈，韓愈不敢受領，皇上特派中使（太監）唐國珍到韓愈家，宣旨准許韓愈接受王沼送給他的馬，因此韓愈寫了這篇謝狀。散文可以把事情交代清楚，駢文華采雖美，但滕王為何送馬給庾信，便沒有說清楚。總之，駢文散文各有優劣，各有其存在的價值。

(一)魏晉南北朝駢文

駢文受辭賦的影響，發生於東漢。辭賦用韻，排比成采，將韻腳去除，便成駢文。駢文極盛於六朝，即東吳、東晉、宋、齊、梁、陳等六朝，均建都於金陵，文風尚華靡。魏晉時的駢文家，大半也是辭賦家，如曹丕的典論論文、王粲的登樓賦、曹植的洛神賦、張載的劍閣銘、陸機的文賦，都是稱著的駢文。

在清人孫德謙的六朝麗指中，將六朝文分為四體，即永明體、宮體、吳均體、徐庾體。永明體是指南朝齊永明年間，沈約、謝朓、王融等，用聲律說以寫詩文，稱「永明體」，因此重聲律的駢文，屬於此體。宮體的駢文，是指梁武帝跟任昉、蕭琛等意陵八友所寫的駢文，由於辭藻豔發，傷於輕靡，時號「宮體」。「吳均體」是走山水清音的駢文，如吳均的與宋元思書，丘遲的與陳伯之書。「徐庾體」，便是徐陵、庾信所寫的駢文，也是新宮體，將描寫宮廷女子的輕豔，擴大為一般詠物抒懷的內容，如徐陵的玉臺新詠序，庾信的春賦、哀江南賦，江淹的恨賦、別賦，可為代表。

㈡唐以後的駢文

唐以後的駢文，承六朝文的遺風，初唐四傑駢文，大率措辭綺麗，屬對工整，平仄協調，如王勃的滕王閣序，駱賓王的為徐敬業討武曌檄，為天下至文。他如唐燕國公張說、許國公蘇頲，也是駢文的能手。中唐陸贄的奏議，柳宗元的謝表，晚唐李商隱的樊南四六甲乙稿，堪稱唐代駢文的代表。

宋代西崑體盛行，藻麗辭贍，但風格不高，反而歐陽脩、蘇東坡散文化的駢文，被人激賞。如歐陽脩的秋聲賦，蘇軾的前、後赤壁賦，傳誦千古。

元明的律賦和八股文，使駢文的精神消失殆盡，清代駢文復起，如陳維崧、毛奇齡、汪中、王闓運、李慈銘等，堪稱一代之大家。

五、小　說

「小說」一詞，最早見於莊子外物篇：「飾小說以干縣令。」其意是指瑣碎的話，與後代小說的意義不同。東漢桓譚的新論：「小說家合殘叢小語，近取譬喻，以作短書，治身理家，有可觀之辭。」班固漢書藝文志在「諸子略」中有九流十家，最末一家便是小說家，他說：

> 小說家者流，蓋出於稗官，街談巷語，道聽塗說者之所造也。孔子曰：「雖小道，必有可觀者焉，致遠恐泥，是以君子弗為也。」

因此「小說」是說「小道」的，與「大說」說「大道」不同，小說家是殘叢小語，道聽塗說的傳導者，代表民間芻蕘狂夫的意見，與士大夫說仁義大道理的議論不同。

小說本也屬於散文的範疇，後來小說一體作品愈來愈多，於是脫離散文而自立門戶。今將我國古代小說分筆記小說、傳奇小說、短篇小說、章回小說加以介紹。

㈠筆記小說

漢書藝文志「諸子略」所錄十五家小說，今僅存書目，書已亡佚。隋書經籍志所錄二十五部小說，以燕丹子為最古，不著作者，所述與史記荊軻刺秦王中燕太子丹的故事相近。漢魏以來，多道述神仙鬼怪的筆記小說，這些由神話傳說所發展出來的趣味性短篇小品，隨巫風佛道的盛行，產生鬼世界的故事，流傳民間。如託名漢東方朔作的神異經、十洲記，託名班固作的漢武帝故事、漢武帝內傳，託名劉歆所作的西京雜記，大都是魏晉人所作。

晉代干寶的搜神記，王嘉的拾遺記，張華的博物志，陶淵明的搜神後記，也是記載志怪的故事。南北朝時，王琰的冥祥記，顏之推的冤魂志，還加入佛教輪迴報應的觀念，來傳說神鬼故事。他如吳均的續齊諧記，寫非理性的鬼世界，堪稱志怪的聖品。其中最可貴的是南朝宋劉義慶的世說新語，寫後漢至東晉的名士言行、士族生活、軼言軼事與六朝人的風流倜儻，逸趣橫生，是漢魏南北朝中筆記小說的珍品。

(二)傳奇小說

繼魏晉南北朝筆記小說之後，唐人有傳奇小說的興起，傳奇小說不寫鬼故事而寫人事，可稱為我國短篇小說的開始。明胡應麟少室山房筆叢云：

變異之談，盛於六朝，然多是傳錄舛訛，未必盡幻設語，至唐人乃作意好奇，假小說以寄筆端。

六朝志怪的鬼世界筆記，是非理性的「幻設語」，而唐人傳奇，已是理性的寫人間事的「作意」小說。唐人小說中的人物，也是多方面的，有書生，有官吏，有名門閨秀，也有妓女歌伎。寫虛幻人生的，有沈既濟的枕中記、李公佐的南柯太守傳。寫愛情故事的，有元稹的鶯鶯傳、白行簡的李娃傳、陳元祐的離魂記、蔣防的霍小玉傳。寫歷史故事的，有陳鴻的長恨歌傳、郭湜的高力士外傳。寫俠義故事的，有袁郊的紅線傳、杜光庭的虬髯客傳。今多收集於宋李昉輯的太平廣記中。

宋人的傳奇，大抵依唐人的傳奇小說舊道路而發展，較稱著的，如樂史的綠珠傳、太真外傳，秦醇的驪山記、趙飛燕別傳。

(三)短篇小說

宋人小說最出色的不是發展志怪或傳奇，而是發展白話短篇小說，世稱為「話本」，也是市井小說，即說書人所用的話本。話本早在唐代已有，敦煌出土的敦煌卷中，便有少量的話本，如韓擒虎話、廬山遠公話等。今人所傳宋人白話短篇小說，以京本通俗小說為代表，其中如碾玉觀音、錯斬崔寧、拗相公、馮玉梅團圓等八種，便代表了宋人短篇小說的面貌。

明代白話短篇小說流行，有馮夢龍所採輯的三言：包括警世通言、喻世明言、醒世恆言，以及淩濛初所採輯的拍案驚奇初刻本、二刻本兩部，以上五種，每種均收錄四十篇短篇小說，共兩百篇。後有個抱甕老人從兩百篇中選出四十篇，命名為今古奇觀，尤為膾炙人口。

(四)章回小說

明清以來，流行長篇小說，其中以卷、回分隔，世人稱之為章回小說。長篇小說在宋代已有，如新編五代史平話、大宋宣和遺事便是。

在明清章回小說中，最為人所樂道的有四大部：明羅貫中的三國演義、施耐庵的水滸傳、吳承恩的西遊記和清曹雪芹的紅樓夢。其他如清人文康的兒女英雄傳，石玉崑的三俠五義，蒲松齡的聊齋誌異，吳敬梓的儒林外史，也為世所喜愛。晚清因政治紊亂，外強環伺，於是譴責小說大興，如劉鶚的老殘遊記，李伯元的官場現形記，吳沃堯的二十年目睹之怪現狀，曾樸的孽海花等，都把對時代的不滿，反映在作品中。

因此文學是時代的反映，也是人們生活的一面鏡子。從文學中，我們窺見各時代的盛衰與人們的悲喜，以及詩人文士的生活經驗和智慧，而這些歷代名著，也將因而流傳後世，永垂不朽。

柒　語文、文法與修辭常識

第一部分：語文

一、中國語言

㈠導　言

1 中國語言的特性

中國語言有下列幾個特性：

⑴單音詞佔優勢

中國文字是一字一音的，也就是單音節的。在語言的運用上，能獨立表示最小意義單位的是詞，由一字構成詞的叫單音詞，如「牛、羊」等；由兩字以上構成詞的叫複音詞，如「葡萄、語言」等。上古的中國語中，複音詞只佔少數，越是接近現代，複音詞越多，但全面性來說，仍是單音詞較佔優勢。

⑵較富於孤立性

中國語中的詞，大部分能包含一個完整的觀念，把許多的詞放在一個句子裡，在不同的位置可以產生不同的意義，而不必有形態變化，所以孤立性較強。像「好人」、「人子」、「人其人」、「豕人立而啼」諸語中，「人」的語法功能意義並不相同，但都是同形。可是中國語言中，也不是所有的詞都具備孤立性，像虛詞多半用作語法結構的工具詞，它們就不具備完整獨立的詞彙意義，所以雖較世界其他語言具備孤立性，卻不是百分之百的孤立。

⑶頗富於分析性

分析是和綜合相對的概念。英語 I sing 是「我唱」的意思，I sang 是「我已唱」的意思，時間觀念包含在動詞裡，這種叫語言的綜合性。中國語言表示過去時，必須說「我已唱」；表示將來時，必須說「我將唱」、「我要唱」或「我就要唱」等等，不把時間觀念包含在動詞裡，這叫語言的分析性。中國語是最富於分析性的語言。

⑷聲調具有辨義作用

北平話中，「買」和「賣」的聲母和韻母相同，只有聲調不同，「買」是上聲字，「賣」是去聲字，由於上去聲的不同，產生了詞義的不同，這就是聲調產生了辨義作用。

中國文字是單音節的，加上聲調的變化，語音就豐富起來，像「衣、姨、以、意」四字，由於聲調的不同，等於是四個字音，也由於有聲調，中國語言才能產生抑揚頓挫。像英語的詞彙不是單音節的，所以就不具備聲調辨義的作用。

⑸元音特佔優勢

在西洋各語族裡，每一個音段可包含兩個以上的輔音，例如英語 blind 字裡有四個輔音，splint 字裡有五個輔音。中國語裡就沒有這種情形。現代漢語中，沒有複聲母，輔音在漢語中，只用作字音最前面的聲母，或字音收音時的韻尾。聲母如「搭」，音ㄉㄚ，ㄉ是 t，是輔音當聲母；韻尾如「安」，音ㄢ，ㄢ是 an，n 在元音之後是韻尾。所以中國語的每個音節，最多只能在最前面及最後面各出現一個輔音，如「丹」，音ㄉㄢ，國際音標注成 tan，t 和 n 是輔音，那是字音中輔音最多的現象。至於像「乖」，音ㄍㄨㄞ，標成 kuai，有三個元音當韻母，而且每個字音不能沒有元音，所以中國語言中，元音特佔優勢。

2 國語與方言

中國語言在世界語言中，屬於漢藏語族的漢語族。在漢語族中，又分為許多方言音系，較重要的方言音系包括：

(1) 北方官話（又稱北平音系）
(2) 西南官話
(3) 下江官話
(4) 吳語音系
(5) 湘語音系
(6) 贛語音系
(7) 客家音系
(8) 粵語音系
(9) 閩北音系
(10) 閩南音系
(11) 徽州音系

所謂官話，原指官場通用的語言，我國歷代建都處所不一，所以就有北方、西南、下江等官話系統，其實這些官話，原也是方言音系之一，因為政治因素才被稱為官話。

我國幅員廣大，方言紛歧，民國以前，官場用官話；民國以後，為語言溝通等需要，選定北平音系作為國語。

(二)國語音系

1 國語的聲母

北平音系被選定為國語，所以又可稱為國語音系。

國語的聲母，包括零聲母在內，一共有二十二個，其中零聲母不造符號，其他二十一個都造了聲母符號，以便標音，現在說明如下：

注音符號	國際音標	例字
ㄅ	p	八班拜
ㄆ	pʻ	葩攀派
ㄇ	m	媽慢賣
ㄈ	f	發番飛
ㄉ	t	搭丹刀
ㄊ	tʻ	塌坍滔
ㄋ	n	那難撓
ㄌ	l	拉蘭撈
ㄍ	k	哥干高
ㄎ	kʻ	坷堪考
ㄏ	x	喝酣好

注音符號	國際音標	例字
ㄐ	tɕ	雞金交
ㄑ	tɕʻ	七親橇
ㄒ	ɕ	西心消
ㄓ	tʂ	之招專
ㄔ	tʂʻ	吃超川
ㄕ	ʂ	師燒拴
ㄖ	ʐ	日繞軟
ㄗ	ts	資糟作
ㄘ	tʂʻ	雌糙錯
ㄙ	s	思騷所
零聲母		衣哀偎

2 國語的韻母

國語的韻母，包含了單韻母、複韻母、聲隨韻母、結合韻母及捲舌韻母五大類，現在分別說明如下：

⑴單韻母

注音符號	國際音標	例字
ㄧ	i	衣雞滴
ㄨ	u	屋姑枯
ㄩ	y	魚居須
ㄚ	a	阿八拉

注音符號	國際音標	例字
ㄛ	o	喔哦呵
ㄜ	ɤ	俄哥德
ㄝ	e	誒
ㄭ	ï	資知師

注：「ㄭ」是空韻，是「資雌私知吃師日」等字的韻母，標寫注音符號時，如「資」本應標作「ㄗㄭ」，現在注音時，把韻母省略不標，而成為「ㄗ」，其實「ㄗ」只是聲母的符號，雖然韻母「ㄭ」沒有標出，讀「資」時仍會把韻母讀出，所以就把這省略不標的韻母叫空韻。

⑵複韻母

注音符號	國際音標	例字
ㄞ	ai	哀該待
ㄟ	ei	欸給雷
ㄠ	au	凹高刀
ㄡ	ou	嘔溝兜

⑶聲隨韻母

注音符號	國際音標	例字
ㄢ	an	安干丹
ㄣ	ən	恩跟針
ㄤ	aŋ	腌岡張
ㄥ	əŋ	庚登蒸

(4)結合韻母

注音符號	國際音標	例字
ㄧㄚ	ia	鴉家瞎
ㄧㄛ	io	唷
ㄧㄝ	ie	噎接貼
ㄧㄞ	iai	崖厓睚
ㄧㄠ	iau	夭交雕
ㄧㄡ	iou	憂秋休
ㄧㄢ	ian	煙煎先
ㄨㄢ	uan	彎端關
ㄨㄣ	uən	溫吞春
ㄨㄤ	uaŋ	汪裝光
ㄨㄥ	uŋ	翁公東

注音符號	國際音標	例字
ㄧㄣ	in	因今您
ㄧㄤ	iaŋ	央江香
ㄧㄥ	iŋ	英經丁
ㄨㄚ	ua	蛙瓜抓
ㄨㄛ	uo	窩鍋多
ㄨㄞ	uai	歪乖摔
ㄨㄟ	uei	威雖追
ㄩㄝ	ye	約缺決
ㄩㄢ	yan	冤捐宣
ㄩㄣ	yn	暈君薰
ㄩㄥ	yuŋ	雍炯窮

(5)捲舌韻母

注音符號	國際音標	例字
ㄦ	ï	兒耳二

國語字音中，凡韻母是「ㄧ」起頭的叫「齊齒呼」，「ㄨ」起頭的叫「合口呼」，「ㄩ」起頭的叫「撮口呼」，不是這三呼的叫「開口呼」。

3 國語的聲調

(1)本　調

聲調是一個字音長中音高變化的類型。國語中單字音高變化的類型有四種，叫做四聲，四聲的名稱是「陰平」、「陽平」、「上」和「去」聲，也俗稱作「第一」、「第二」、「第三」、「第四」聲。

陰平聲是高平調，調號是「ˉ」，如「當」就是陰平調字，注音時標成「ㄉㄤˉ」，現在習慣上陰平調號不標出，其他三個聲調則要標出。

陽平聲是上升調，調號是「ˊ」，如「堂」就是陽平調字，注音時標成「ㄊㄤˊ」。

上聲是降升調，調號是「ˇ」，如「老」就是上聲調字，注音時標成「ㄌㄠˇ」。

去聲是降調，調號是「ˋ」，如「父」就是去聲調字，注音時標成「ㄈㄨˋ」。

調號標寫的位置在最後一個符號的右上角，如「表」作「ㄅㄧㄠˇ」。如果一個字的字音只用一個符號，調號就標在那個符號的右上角，如「以」作「ㄧˇ」。現在舉本調四聲的例字如下：

三（ㄙㄢ）民（ㄇㄧㄣˊ）主（ㄓㄨˇ）義（ㄧˋ）　英（ㄧㄥ）雄（ㄒㄩㄥˊ）好（ㄏㄠˇ）漢（ㄏㄢˋ）

(2)變　調

上聲字的調型是先降後升，和其他三調，或平、或升、或降的單純形態不同，它較為曲折複雜，所以發音時需要較長的時間，把降升的調型念出來，就叫做「全上」。

上聲字和其他聲調的字，或上聲字和上聲字連起來唸時，因為它上面或下面有文字的關係，就沒有辦法念足全上，於是就產生「半上」的現象。「半上」分為「前半上」和「後半上」兩類。

①「上」+「上」→變為「後半上」+「全上」。如：

總統、可以、虎膽、主旨、頂好。

②「上」+「上」+「上」→變為「後半上」+「後半半上」+「全上」。如：

李總統、很可以、好勇敢、頂好找。

這一類的例子，如第一字下可以略作停頓，就念成「前半上」+「後半上」+「全上」。

③「上」+上聲外其他聲調的字（包含輕聲字）→變成「前半上」+其他聲調。如：

好花、好人、好看、好的。

(3)輕聲調

說話中，有些字的音長要唸得短些，聲音要輕些的叫輕聲字，輕聲字的調號是「·」，標在每字字音第一個符號的正上方，如「了」作「·ㄌㄜ」。

輕聲調音長較短，聲音較輕，往往在詞尾或語尾的地方出現，譬如「這桌子擦乾淨了嗎？」這句話中，「子」、「了」、「嗎」都要讀成輕聲，其中「子」是詞尾，而「了」、「嗎」都是助詞；「乾淨」一詞，「淨」可讀輕聲，也可不讀輕聲。

有些字讀成輕聲或不讀成輕聲，會產生不同的意義，如「東西」唸成「ㄉㄨㄥ ㄒㄧ」時，指的是「東和西」，唸成「ㄉㄨㄥ ·ㄒㄧ」時，是指「物品」。又如「石頭」唸成「ㄕˊ ·ㄊㄡ」時，指的是「石子」，唸成「ㄕˊ ㄊㄡˊ」

時，指的是「用石子雕成的頭」。又如「陳設」唸成「ㄔㄣˊ ㄕㄜˋ」時，指「布置排列」，是動詞；唸成「ㄔㄣˊ ˙ㄕㄜ」時，指「布置排列的東西」。這種讀成輕聲與否會產生不同意義的叫「輕聲辨義」。

二、中國文字

㈠導　言

1 中國文字的特性

中國文字是世界上最具特性的文字，歸納它的特性，大略有六：

⑴完整性

中國文字最具完整的特性，每個字都包含了字形、字音、字義三個要素，而且每字有每字的個性，每字的結構組織，都像一個小小的建築物：有平衡，有對稱，有和諧。字與字的辨識，因此就非常有標準，特別不容易模糊。這種完整的方塊字，學習起來，要比平均七八個字母構成的西方文字便利。

⑵全備性

中國文字是用象形原則創造的，卻利用注音的方式來配合，所以象形、指事、會意的字可以即形見義，而形聲字則一見可知其類義，又可知其字音，是世界上文字要素「形音義」結合得最緊密的一種文字。

試看中國字「日、月」，一看即知它象形，而英文"sun、moon"，無論怎麼看，它們的形體與日月絕無關聯。再看「一、二」兩字，一看便知指的是數目，而英文的"one、two"，就沒有這種特性。再看「从人依木」

為「休」、「人言」為「信」，都可以即形見義，英文的"rest、message"就沒有這種功能。再看形聲字如「櫻、桃」二字，一望便知它們是兩種樹木，而其讀音與「嬰、兆」有關，英文的"cherry、peach"就無論如何沒有這些功能。這種形音義合一的全備特性，放眼世界各種文字，只有中國文字具備得最完整。

⑶統覺性

統覺(Apperception)，指學習上利用舊觀念造成新觀念的歷程。中國文字中，獨體的象形、指事將近五百個，這些「初文」都是一個「觀念」的單位，也就是「詞」，可以叫它為「原始的單音詞」。由「初文」合體而成的字，每一個字也是一個「觀念」的單位，還是一個詞，可以叫它為「後起的單音詞」。由兩個或兩個以上的字合起來表示一個「觀念」的，仍然只算一個詞，可以叫它為「複音詞」。學習「複音詞」可以「單音詞」為基礎，並且連帶地獲知構成「複音詞」的每個「單字」的意義；學習「後起的單音詞」，可以「原始的單音詞」為基礎，並且連帶地了解構成「字」的每個「初文」的意義。同樣的，如果先學會了「原始的單音詞」，再學習「後起的單音詞」，或學習了「單音詞」，再去學習「複音詞」，同樣可以收到「類化」的效果。中國文字有這種統覺的特性，所以學習上非常方便。

舉例來說：認得一個「淺」字，知道它是「水少不深」的意思，「水」意由「氵」而得，「少」意由「戔聲」而得。水是形符，連帶可以想到以水為形符的「淹、溺、浮、沉、波、濤、洶、湧、海、洋、浪、潮、清、濁、沾、濡、沐、浴、涕、泗……」等字，都和「水」有關。聲符是「戔」，有「少」或「小」的意思，所謂「戔戔之數」，就是表示數量很少。連帶地我們可以想到從「戔」得聲的「賤、錢、殘、綫、帴、盞……」等字聲音都近於「戔」，而且可能都有「少」「小」的意思。再以「淺」字為基礎，可以推想到許多「複音詞」，如：「淺陋」「淺談」「淺薄」「淺近」「膚淺」「疏淺」等等，它們的意思和「淺」字都有關聯，這種「統覺性」，世界上沒有任何一種文字可以趕得上中國。

⑷穩定性

拼音文字是以字形標音的；中國文字卻是以字形標義的，且其中大部分標義之外也兼標音。這種即形存義的字，不會因時空的影響而不能讀，所以中國文字保存了相當大的穩定性。

歐洲英、法、德、義、西等國家，其語言原是同祖共根的，只因為走上拼音的路線，所以非分裂為不同語言、分裂成許多國家不可，這是拼音文字必須隨語言改變而改變，受空間隔離而發生分歧的現象。

中國使用表意文字，只用注音配合形符，而沒有走上完全拼音的道路，文字統一，所以能夠一脈相傳，造成一偉大的民族。這種文化的持久力、民族的凝聚力，正是中國文字特有「穩定性」的貢獻之一。

⑸藝術性

中國文字依象形原則而造成，是循繪畫直系而發展，所以字字如圖，富有美術上的意味。古文、籀文是最接近繪畫式的字體，富有藝術性固不必說，即後世隸、楷、行、草的書法，也和繪畫取得同等地位。中國人房舍的布置，喜歡掛上幾幅名家的書法，正是中國文字富有藝術性的說明。而且中國繪畫上，也要題上一些文字，畫面上才顯得更美觀而有價值；書畫是兩種藝術品，而書可入畫，正是中國文字的可愛處。

中國文字是方塊字，一字一音，其音高又有平仄的不同，於是文人就把文字排比對仗起來，書法中有單條的，有對聯的，這種對聯就是把文字排比對仗起來的。

中國文字有排比對仗的藝術性，文人就利用它來寫成詩詞或駢文，詩詞中的字數、平仄、對仗、押韻固然有嚴格的規定，而駢文幾乎句句對稱，節奏分明，平仄遞用（即俗稱「馬蹄韻」），更是中國文字藝術特性的高度利用，世界上沒有任何的文字在藝術性上可和中國文字媲美。

⑹哲學性

中國文字包蘊著很高深的哲學道理，現在舉幾個例子來說明：

「男」和「安」是有趣的例子。說文解字說：「男，丈夫也。从田力，言男子力於田也。」又說：「安，竫也。从女在宀中。」男子孔武有力，所以要「力於田」，努力耕作以從事生產，照顧家庭。女子則先天弱於男子，所以安居於宀（房屋）下，相夫教子。從這兩個字，可以體會到我國先民分工合作、男主外女主內的狀況，試問外國那一種文字能夠辦得到？

再如儒家重視人際和諧的關係，所謂五倫——君臣、父子、夫婦、兄弟、朋友，就是五類人際的關係，這種人際關係的和諧就是「理」，君敬臣忠、父慈子孝、夫婦敬愛、兄友弟恭、朋友有信，這些「敬、忠、慈、孝……」等理，統合言之，就是孔子所主張的「仁」德，「仁」就是以「二人」會意的，請問五倫不是人與人（即二人）的關係嗎？只要善加體會，不難想像到「仁」字造字的巧妙和它所包含的哲理。

2 中國文字的創造

文字是人類用來表達意思的工具，相傳中國在黃帝時代已有了文字，這種說法，由於殷墟甲骨文的出現，更得到了支持，因為商朝盤庚遷殷至今約有三千三、四百年，而其廢墟出現的甲骨文，已經發展到相當高的水準，形聲字的數量已經很多，這在古代文明發展速度較慢的情況下，少說也需要一千餘年的演進時間，所以傳說中黃帝時已有文字的說法，應該可以相信，那麼中國文字的創造至少有將近五千年的歷史了（黃帝軒轅氏至今已有四千六、七百年歷史）。

在文字沒有制作之前，人類用來表達情意、幫助記憶的工具，大致有三：一是姿勢，二是結繩，三是語言。但是人類複雜精密的思想，絕非姿勢及結繩所能全部表達，就是語言也受時空的限制，所以制作文字，以濟三者的不足，這是自然的事。

一般人都說初造文字的是倉頡，但造字絕非一時一地一人所能竟事。倉頡以前，各部落已有表意的符號，但不相一致，倉頡是史官，加以統一，因此就把初造文字的功勞加在他頭上。

3 中國文字的演變

中國文字已有五千年歷史，但是早期的文字，已不可得見，今傳最早的文字是商代殷墟出土的甲骨文（簡稱甲文）。所謂甲骨文，就是刻或寫在龜甲及牛骨上的文字。這些文字已有三千多年的歷史。另外在地下出土了很多商周時代的銅器，上面鑄有很多銘文，稱為鐘鼎文（簡稱金文）。這兩種文字，因為是現在所能見到最早的文字，所以又稱為「古文」。

周宣王太史籀曾作籀文（又稱大篆），一部分籀文形體還可以在說文解字中看到。秦始皇一統天下後，李斯奏同文字，於是小篆通行，說文解字一書，就是以說解小篆為根本。漢朝以後，文字漸趨約易，隸書變成漢代通行的文字。魏晉以後，字體變為楷書，楷書書寫容易，通行後就保持了相當大的穩定性，一直延用至今。楷書通行同時，為了書寫的便利，同時有行書及草書，這些都是楷書的變體。現在舉「人刀女甘門隹ㄓㄨㄟ」六個字，各選一個甲文、金文、小篆、隸書、楷書具有代表性的形體，作為認識我國文字演變的參考：

甲文	金文	小篆	隸書	楷書	甲文形體來源	形體說明
				人		象人側立之形
				刀		象刀有柄有刃之形
				女		象婦人端坐斂順之形

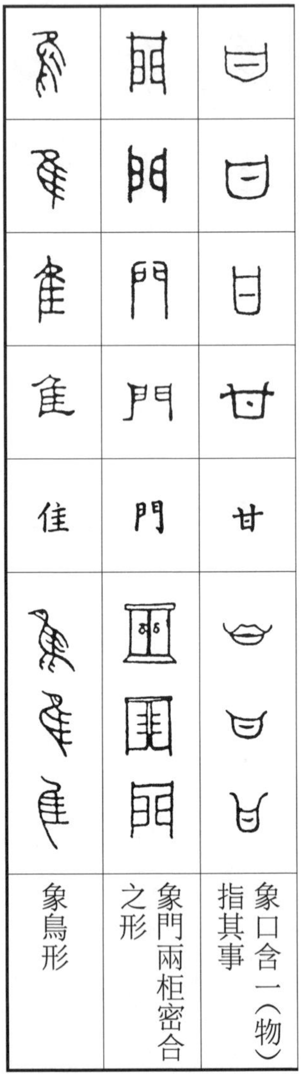

㈡中國文字的構造——六書

1 六書概說

周禮地官保氏曰：「保氏掌諫王惡，而養國子以道。乃教之六藝：一曰五禮，二曰六樂，三曰五射，四曰五馭，五曰六書，六曰九數。」這是「六書」一詞見於經籍的開始。所謂六書，是後人歸納中國文字造字方法所得的類名。換句話說，六書就是六種文字構造的方法。這六種方法的名稱，許慎說文解字敘說是「象形、指事、會意、形聲、轉注、假借」。

六書可分為三組：一組是象形、指事，一組是會意、形聲，另一組是轉注、假借。前二組雖有「文」（獨體為文，如「日」字）與「字」（合體為字，如「信」字）的差異，但都是造字的基本原則，後一組則是造字的輔助原則，清代戴震就曾說六書有「四體二用」，四體就是象形、指事、會意、形聲；二用就是轉注、假借。

現在一般人講六書，多半依照「象形、指事、會意、形聲、轉注、假借」的次序，但並不表示中國文字中所有象形字造完了才造指事字，不是所有指事字造完了才造會意字，也不是所有會意字造完了才造形聲字，它們中間有犬牙交錯、先後而造的現象。

東漢許慎寫了一本說文解字，這是一本根據小篆來說解文字本義及形體的字典，它說解文字的例子如下：

「心，人心，在身之中，象形。」

「丄，高也，此古文上，指事也。」

「休，息止也，从人依木。」

「許，聽言也，从言午聲。」

以上四字（心上休許），說文解字先列出小篆形體，再解釋其本義，然後說明其文字構造，「心」是象形，「上」是指事，「休」是會意，「許」是形聲。今人了解文字的構造，或分析文字的六書，大都以說文解字為依據，因此要研究中國文字學的，不能不研讀說文解字。

2 象　形

(1)象形意義

許慎說文解字敘說：「象形者，畫成其物，隨體詰詘，日月是也。」所謂象形，是隨著物體的輪廓，用屈曲的線條，畫出那件物體的形狀而成的文字，例如「☉」「☽」就是。

能夠「畫成其物，隨體詰詘」而成為一個象形字的，這是象形字的「正例」，我們可稱為「純體象形」。但是今傳有部分的象形字，對於所「畫成」的物形要有所「增省」才能造成字的，叫做象形的「變例」。有所「增」的象形變例如眉毛的眉古作「眉」，「《」象「額理」（即額上皺紋），下從目，而眉毛的象形部分只有「〜」，但如光畫「〜」，即不能知其為何物，所以增加額理及目來表示眉毛，這種「畫成其物」外，再增加部分形體來襯托出它的意義的，我們可稱為「增體象形」。另外部分象形字是由某一象形字再省其一部分形體造成的，如「烏」（烏），是一種鳥，這種烏全身烏黑不見其睛，於是由「烏」省其「・」（眼睛）而成為「烏」字，這種造字法我們可稱為「省體象形」。

⑵象形舉例

甲、象形正例——純體象形

①日說文：「日：實也，大昜之精不虧。从〇一，象形。」案：以實釋日，係推因之訓詁方式，以「實」之音義釋「日」得聲命名之由來。蓋太陽之精不虧常實，不虧即為實，日實為疊韻字。「〇」象太陽輪廓，「一」象太陽中不虧，故「从〇一」造字。

②雨說文：「雨：水从雲下也，一象天，冂象雲，水霝其間也。」案：「⺀」，為水也；霝，猶落也。

③山說文：「山：宣也，謂能宣散气，生萬物也。有石而高，象形。」案：山，甲文作，象三峰連綿之形，小篆是甲文的變形。以宣釋山，亦推因也。山峰連綿不斷，只畫三峰者，三示多也，故「森、淼、磊、轟、鑫、焱」等三合其文之字皆有多意。

④韭說文：「韭：韭菜也。一種而久生者也，故謂之韭。在一之上，一，地也。」案：韭菜今人或寫成韮菜，乃據韭加意符「艸」而成，實則「韭」字為象形，此種菜類待其長成，可割取而留其根於地，不久即再長出。一為地，則象形部分為非，象韭菜之生也。

⑤它說文：「它：虫也，从虫而長，象冤曲垂尾形。上古艸居患它，故相問無它乎。蛇，它或从虫。」案：「它」為「蛇」之初文。後世因借「它」為稱代詞，乃於「它」旁加「虫」以還其原，「它、蛇」遂分化為二字。

乙、象形變例

（甲）增體象形

①雲說文：「雲：山川气也。从雨，云象回轉之形。云，古文省雨。云，亦古文雲。」案：雲字之古文云，乃象形；云乃从二（後作「上」字，指天）云象雲形，已為增體象形。云字後借為云謂之云，且因孳乳而作為偏旁，乃加意符雨而成雲。但雲字不可視為會意或形聲，因「云」為「雲」之初文，加意符「雨」為增體也。

②母說文：「母：牧也。从女好象褱子形，一曰象乳子也。」案：母字乃从女而畫其雙乳之形，以示母意，蓋古時先民已有衣飾，不為母則不易現乳，為母則必現乳以乳子，故以女有乳之形示「母」意也。从女象其形，為增體象形。

③果說文：「果：木實也。从木，象果形在木之上。」案：田象果形，非田地之田，故增木於其下而知為木上所結之果。

(乙) 省體象形

①𠂤說文：「𠂤：小𨸏也，象形。」案：說文：「𨸏：大陸也，山無石者，象形。」𠂤較𨸏為小，故省𨸏而象之，是為省體象形。

②丫說文：「丫：羊角也，象形。」案：「丫」字從「羊」（羊）省去下面的「≡」，表示羊角。

③片說文：「片：判木也，从半木。」案：片是木片之片，是剖開的木頭，所以从木省去左半，表示木片。

3　指　事

(1) 指事意義

說文解字敘曰：「指事者，視而可識，察而見意，二二（上下）是也。」所謂指事，就是憑主觀臆構的虛象來創造文字的，這種主觀臆構的虛象就是「事」，而把這種虛象，用抽象的符號線條表示出來就是「指」，這樣「指」明其「事」所造的文字，使人看見它可以識得它的意象，觀察它可以發現它的意思。例如「丄」（丄為古文，小篆變為𠄞，楷書變為上），是指某一物在另一物的上面；「丅」（丅為古文，小篆變為𠄟，楷書變為下），則是指某一物在另一物的下面。

象形是據目中之象來造字，所以造出的多半是名詞；指事是據意中之象來造字，所以造出的多半是形容詞或動詞，也有少數的名詞。象形是實象依形而製字，所以專象一物；指事是意象，因事而生形，所以多博類萬物。如「日月」象形字只象「太陽、月亮」，「丄丅」指事字可象任何有上下關係的事物。以「丄」來說，可以表示天在地上、人在講臺上、書在桌上、桌子在地上等等。

⑵指事舉例

指事字的分類，可分四類：一、純體指事，二、增體指事，三、省體指事，四、變體指事。其中第一類為指事正例，後三類為指事變例，茲分別舉例如下：

甲、指事正例舉例

純體指事為指事正例，所謂純體就是不增、不省、不變的單純形體，例如：

①一 說文：「一：惟初太極，道立於一，造分天地，化成萬物。」案：一泛指所有個別的事物，亦為數目之始。許慎解為「太極之道」，是受了我國古來以「一」來說明宇宙的起源與形成的影響，如周易繫辭傳云：「易有太極，是生兩儀。」禮記禮運篇云：「禮必本於大一，分而為天地。」老子云：「道生一，一生二，二生三，三生萬物。」等，許慎是經學家，所以以「一」為太極之道，天地之始，而列「一」為說文第一個字。

②八 說文：「八：別也，象分別相背之形。」案：「八」象分別之形，「分」字從之以造字，今假借

用為數目之八。

③丩說文：「丩：相糾繚也；一曰瓜瓠結丩起，象形。」案：以二股搓成之繩，其形如，「丩」乃截取其二節之形，然以所表之意非為繩索，而為糾結之意，故為指事，「糾」字即从丩。

④凶說文：「凶：惡也，象地穿交陷其中也。」案：凶字以臆構之凵象地穿，㐅象交陷其中，示凶惡之義。

⑤叕說文：「叕：綴聯也，象形。」案：叕楷書作叕，為綴之初文，字象綴聯之形。

乙、指事變例舉例

（甲）增體指事

所謂增體指事，即於一有意義之文字外，再加無獨立音義且不成文之虛象符號而構成文字之造字方法。所增符號大致可分為兩類：一表某種事項，如「牟」字，从牛而厶象牛鳴聲氣是也，此類字必非名詞；一表某物部位，如「本」字，从木而一指木下根部是也，此類字必為名詞，今舉數例如下：

①羋說文：「羋：羊鳴也，从羊象气上出，與牟同意。」案：牟為牛鳴，羋為羊鳴，造字方法相同。

②𡿧說文：「𡿧：害也，从一雝川。」案：𡿧為災之本字，从川而以虛象一以示雝阻成災。

③亦說文：「亦：人之臂亦也。从大，象兩亦之形。」案：大為正面人形，亦字从大而以兩點指明臂腋之部位。亦字後借為他義，乃另造腋（从肉夜聲，形聲字）字以代之。

（乙）省體指事

所謂省體指事，即於原已成文之形體，減省部分筆畫，以示某種事象之造字方法，今舉數例如下：

①非說文：「非：韋也，从飛下翄，取其相背也。」案：飛字篆文作飛，非从飛下兩翄，省去上半，象兩翄相背之形。

②卂說文：「卂：疾飛也，从飛而羽不見。」案：卂字从篆文飛而不見羽毛，以示其飛迅速。

③凵說文：「凵：張口也，象形。」案：人張口時，下巴下張，故省上脣以見意。

（丙）變體指事

所謂變體指事即以獨體之文變化其形體，或反或倒，或改易其筆畫而指示心中意象之造字方法，其例如下：

①匕說文：「匕：變也，从到人。」案：段注：「到者，今之倒字，人而倒，變匕之意也。」匕即今變化之化。

②県說文：「県：到首也。賈侍中說：此斷首到縣県字。」案：倒首為県，為懸之初文。

③交說文：「交：交脛也，从大象交形。」案：交字象兩足相交之形，亦為大之變體。

4 會　意

⑴會意意義

說文解字敘云：「會意者，比類合誼，以見指撝，武信是也。」比是排比；類是文字的類，即六書之任何一類；合是會合；誼是意義；指撝就是指揮，指排比配合而成的新字，其所表示的新意。所以許敘的意思翻成白話就是「排比兩類或兩類以上的文字，會合它們的意義，以表現新構成的字的意思。」像「武」就是由「止」「戈」會意，「信」是由「人」「言」會意而成的。

會意字是配合兩個或兩個以上的文字而造成新字的，它的組成成分，可以是六書中四體（象形、指事、會意、形聲）的任何一書。現在分別舉例說明於下：

①會兩象形字以為意者：如會「人木」為「休」，「人」「木」都是象形字。

②會兩指事字以為意者：如會「八厶」為「公」，「八」「厶」都是指事字。

③會一形一事以為意者：如會「八刀」為「分」，「八」是指事字，「刀」是象形字。

④會一象形一會意者：如會「𨸏步」為「陟」，「𨸏」（楷書偏旁作阝）是象形字，「步」是會意字。

⑤會一指事一會意者：如會「束八」為「柬」，「八」是指事字，「束」从「口木」會意。

⑥會一形聲一非形聲者：如會「言寸」為「討」，「寸」為指事字，而「言」為从口䇂聲的形聲字。

⑦會兩形聲字者：「教」从「孝攴」，「孝」「攴」皆形聲字。

⑵會意舉例

甲、會意正例

（甲）異文會意：異文指文字形體不同。

子、順遞見意之異文會意

①雀說文：「雀：依人小鳥也。从小隹。」案：麻「雀」為小鳥，故從小隹會意。

②鳴說文：「鳴：鳥聲也。从鳥口。」案：鳥張口，故為「鳴」。口部「吠：犬鳴，从口犬。」造字之意相同。

③老說文：「老：考也，七十曰老。从人毛匕，言須髮變白也。」案：匕為化之本字，須髮今作鬚髮，人毛化則老，故「老」字從三文會意。

丑、並峙見意之異文會意

①竦說文：「竦：敬也。从立从束，束，自申束也。」案：立而自申束，是敬也，故「竦」从立从束。

②翟說文：「翟：山雉也。尾長，从羽，从隹。」案：山雉鳥類，故从隹，又其尾長多羽，故又

从羽。

③僉說文：「僉：皆也，从亼从吅从从。」案：亼者三合，吅者驚嘷，从者相聽，三字並列，而生皆意。

寅、以位見意之異文會意

①囚說文：「囚：繫也。从人在囗中。」案：人在囗（音ㄨㄟˊ）中，故為「囚」。

②臽說文：「臽：小阱也。从人在臼上。」案：「臽」為陷之初文，謂人陷臼中，故為小阱。

③突說文：「突：犬從穴中暫出也。从犬在穴中。」案：犬從穴中「突」出，故字从犬在穴中，以位見意。「竄」字造字之意亦相似也。

（乙）同文會意：同文指文字形體相同。

子、會同體二文見意者

①玨說文：「玨：二玉相合為一玨。」案：形在義中，故不再言从二玉。

②步說文：「步：行也。从止𣥂相背。」案：止象右足趾，𣥂象左足趾形，左足隨右足，是為一「步」。

③林說文：「林：平土有叢木曰林。从二木。」

丑、會同體三文見意者

①品說文：「品：眾庶也。从三口。」案：一人一口，積三口即有多意，故「品」解釋作眾庶。

②劦說文：「劦：同力也。从三力。」案：協字从「劦」。

③轟說文：「轟：轟轟，群車聲也。从三車。」

寅、會同體四文見意者

①茻說文：「茻：眾艸也。从四屮。」案：三合其文者既多盛，而四合其文者，極言其多盛也。茻

為眾艸，音ㄇㄤˇ，即今草莽之莽也。

②𣥠說文：「𣥠：不滑也。从四止。」案：止有停止意，故「从四止」，「不滑」之意乃見。「𣥠」後起俗字為澀。

③㗊說文：「㗊：眾口也。从四口。」

乙、會意變例

（甲）增體會意

①爨說文：「爨：齊謂炊爨。𦥑象持甑，冂為竈口，廾推林內火。」案：「臼廾林火」並有獨立音義之文字，而「𦥑」象甑、「冂」象竈口，並為取象於具體實象而無獨立音義之體，故「爨」乃合四文另增不成文之二體以成字，是為增體會意。

②畫說文：「畫：介也。从聿，象田四介，聿所以畫之。」案：「畫」字从聿从田，而以四筆臆構之體象田四介之虛象合而成字。

（乙）省體會意

①晝說文：「晝：日之出入，與夜為介。从畫省从日。」案：晝為分界之意，「晝」為日出至日入，夜為日入至日出，故晝夜以日之出入為界，故从畫，為避繁重乃省畫之筆畫。

②孝說文：「孝：善事父母者。从老省从子，子承老也。」案：說文：「老，考也。」即父之謂，子承父，是為「孝」。

（丙）兼聲會意

①吏說文：「吏：治人者也。从一从史，史亦聲。」案：「吏」字若止云从一从史，為會意字；若云从一史聲為形聲字，以會意形聲不能廢其一，乃出从一从史史亦聲之例，是會意兼形聲。

②莫說文：「莫：日且冥也。从日在茻中，茻亦聲。」案：「莫」字今作暮。日在茻（眾艸，音ㄇㄤˇ）中，故為暮。茻莫雙聲。

5 形　聲

(1)形聲意義

說文解字敘云：「形聲者，以事為名，取譬相成，江河是也。」簡單地說：形聲字是由「形」和「聲」配合成字的。「以事為名」，指事物的形；「取譬相成」，指事物的聲。例如「江河」二字，都是形聲字，它們从「水」以示事物之名；再取「工」「可」以諭事物之聲。

形聲字的形符，既在表示事物的類別，對整個字的作用而言，它表示的是類義。所以凡從某構造的字，多為某類或與某類有關的字。例如從「鳥」為形符的形聲字，多為鳥類或與鳥類有關的字，又如從「木」為形符的形聲字，多為木類或與木類有關的字，其餘可以類推。

形聲字的聲符對整個字的作用，固在表示該形聲字的聲音，同時也表示其個別之義，例如「鳩鴿鴨鵝」等形聲字，其形符皆為「鳥」，都屬鳥類，而四者的聲音及其為某種鳥類，則要靠「九合甲我」的聲符來區別，所以形聲的聲符兼有表聲表義雙重作用。由於古今有音變的關係，形聲字的讀音和聲符的讀音，現在讀來，有的相同，有的相近，不能全部相同。

形聲字以一形一聲之配合為正體，其形符聲符配合之位置，可以析為七種：

①左形右聲：如「江、河」之類。

②右形左聲：如「鳩、鴿」之類。

③上形下聲：如「草、藻」之類。

④下形上聲：如「婆、娑」之類。

⑤外形內聲：如「囹、圄」之類。

⑥內形外聲：如「問、聞」之類。

⑦形聲穿合：如「彥、橐」之類——彥，从彣厂聲；橐，从束圂聲。

⑵形聲舉例

甲、正體形聲：為一形一聲之形聲字，為數最多，說文多作「从某，某聲」。如：

①曉　②銅　③楊（以上左形右聲之例）

④邯　⑤雌　⑥劍（以上右形左聲之例）

⑦崇　⑧芬　⑨室（以上上形下聲之例）

⑩煮　⑪堂　⑫拳（以上下形上聲之例）

⑬園　⑭闈　⑮闃（以上外形內聲之例）

⑯悶　⑰輿　⑱聞（以上內形外聲之例）

⑲哀　⑳裹　㉑衙（以上形聲穿合之例）

乙、繁體形聲：又可分為多形形聲及多聲形聲兩類：

（甲）多形形聲：由兩個以上的形符和一個聲符構成的形聲字。

①碧說文：「碧：石之青美者。从玉石，白聲。」案：玉石青美的叫碧，以白為聲，為二形一聲之例。

②寶說文：「寶：珍也。从宀玉貝，缶聲。」案：古以貝為貨，字从玉貝在宀下，缶聲，是三形一聲之例。

(乙)多聲形聲：有兩個以上聲符的形聲字。

①竊說文：「竊：盜自中出曰竊。从宀米，禼廿皆聲也。廿，古文疾；禼，偰字也。」案：此字楷書作竊。禼，蟲也，盜竊非人所當為，故字从禼聲，必迅速其行動，故字从廿聲。故竊字合二形二聲以為字，列為多聲之例。

丙、省體形聲

(甲)省形形聲：說文多作「从某省，某聲。」

①弒說文：「弒：臣殺君也。从殺省，式聲。」案：形符「殺」省去「殳」。

②考說文：「考：老也。从老省，丂聲。」案：考老轉注同義，故字从老。

(乙)省聲形聲：說文多作「从某，某省聲。」

①犖說文：「犖：駁牛也。从牛，勞省聲。」案：馬色不純曰駁。

②棨說文：「棨：傳信也。从木，啟省聲。」

丁、增體形聲：一個形聲字益以無獨立音義的形體的字。

①牽說文：「牽：引而前也。从牛，冖象引牛之縻也，玄聲。」案：牽字从牛玄聲，已為形聲，復增「冖」體，以象牛縻之形，冖不成文，故為增體形聲。

②禽說文：「禽：走獸總名。从厹，象形，今聲。」案：禽字从厹今聲，已為形聲，復增「凶」體，以象其頭，「凶」為頭之實象，非吉凶之凶，故不成文。象形，即指凶象頭形也。

戊、損體形聲：形符不成文的形聲字。

①齒說文：「齒：口齗骨也。象口齒之形，止聲。」案：齒字形符「𠚕」為从口象齒之形，不成文，从止為聲，故為損體形聲。

②禸 說文：「禸：獸足蹂地也。象形，九聲。」案：禸字為蹂之初文，以不成文之「厶」為形符，以象獸足蹂地之形，而从九為聲符。

6 轉注

⑴轉注意義

說文解字敘云：「轉注者，建類一首，同意相受，考老是也。」章太炎先生以為類是聲類，首是語言根源，同意相受是兩字意義相同。照章氏的說法，轉注就是一個意義造出不同的兩個字，這兩個字的語言根源相同，所以不是音同就是音近，因此可以互相注釋。如「老」和「考」字義相同，兩個字也有疊韻的關係，所以構成轉注。文字不是一時一地一人所造，所以語音根源相同的一個意思，如果由兩個人個別造出字來，這兩個字就構成了轉注。

戴震主張六書有四體二用，「轉注」和「假借」是二用，說文解釋「考」為「从老省，丂聲」，是個形聲字；「老」為「从人毛匕」，是個會意字，轉注是四體中的某兩個字相互注釋構成的。

⑵轉注舉例

甲、同音轉注

①諆 說文：「諆，欺也。从言，其聲。」

欺 說文：「欺，詐也。从欠，其聲。」

案：兩字皆為形聲字，但同音同義，構成轉注。

②探 說文：「探，遠取之也。从手，罙聲。」

撢 說文：「撢，探也。从手，覃聲。」

案：兩字皆為形聲字，但同音同義，構成轉注。

乙、近音轉注

①依　說文：「依，倚也。从人，衣聲。」

倚　說文：「倚，依也。从人，奇聲。」

案：兩字雙聲，但古音兩字不疊韻，所以是雙聲轉注，今音兩字已變得相同。

②芋　說文：「芋，大葉實根，駭人，故謂之芋也。从艸，弓聲。」

莒　說文：「莒，齊謂芋作莒。从艸，呂聲。」

案：兩字疊韻，但不雙聲。

7 假借

⑴假借意義

說文解字敘云：「假借者，本無其字，依聲託事，令長是也。」人類是先有語言，才有文字的，文字初造的時候，字數較少，不足以記錄所有語言，於是先民遇到尚未造出的文字，就用同音的字去替代，就成了假借字。譬如「令」本是「發號」的意思，但假借作為「縣令」的令；「長」本是「久遠」的意思，但假借作為「縣長」的長。

本無其字一定要假借其他文字來記錄語言，但如果使用文字的人，沒有學到已造出的文字，或者臨時忘記了本字，也會發生假借的現象，在外人看，這是本有其字的假借，但就使用文字本人而言，仍舊是本無其字。

語言與文字都是約定俗成的，有人先用了假借字，後來大家承襲使用，被假借來用的字就產生了假借義。

但本有其字的假借，如果別人不這麼假借，那就變成寫別字了。

⑵假借舉例

①西　說文：「西，鳥在巢上也，象形。日在西方而鳥西，故因以為東西之西。」西，小篆作「[小篆]」，就像鳥棲息在巢上的樣子。「西」是楷書變形，日落，在西方，日落時鳥也棲息，所以就借鳥西的「西」為東西之「西」。鳥西的西，就是「棲」的意思，是動詞；東西的西是名詞。

②韋　說文：「韋，相背也，从舛，口（音ㄨㄟˊ）聲。獸皮之韋，可以束物，枉戾相韋背，故借以為皮韋。」韋，小篆作「[小篆]」，上下象兩腳相反相背的形狀，中間是口（即圍字）聲。「韋」是「違」的本字，因為獸類皮韋捆綁東西時，可以纏繞，正反相違，所以就假借韋背的「韋」，作為皮韋的「韋」。韋背的韋，現在寫成「違」字，是動詞；皮韋的韋是名詞。

㈢標準國字

1　制定標準國字的必要性

我國文字，由甲文、金文、籀文、篆文、隸書，一路演變到晉代楷書後，就保持相當大的穩定性沿用到今日，但是寫字的人往往任意增減筆畫，變更字形，而產生一字有許多異體，這些混亂的異體字，就造成使用及教學上的困難。

我國文字的筆畫，如橫、撇、鉤、捺等，都會產生辨義作用，如：「千」和「干」的不同，就在頭一筆的撇跟橫；「干」和「于」的不同，就在末筆的豎跟豎鉤。但也不是所有的撇和橫都會產生辨義作用，如「呑」和「吞」就不會被認為是意義不同的兩個字，而且兩種寫法都通行。在教學上，一個字有兩種寫法，頗為不便，如果以筆畫定電腦字碼，這兩個字到底要依據那個筆畫定呢？所以為了日常使用、教學，以及中文資訊的發展，都應該把一個字如果有兩種以上寫法的，規定一個「標準字體」來，譬如「吞」，說文解為「从口天聲」，所以第一筆應該是一橫，標準字就定為一橫。

中共在大陸推行簡體字，有些字的形體被減省得不符六書的結構，把漢字優美的特性破壞無遺。日本使用漢字，卻自行改變許多字體，於是也造成國際間及國內漢字使用上的紛擾。為了漢字的推廣應用，也有制定標準國字的必要。

教育部於民國六十二年，正式委託國立臺灣師範大學國文研究所研訂常用國字標準字體，並於七十一年公告「常用國字標準字體表」，正式使用標準國字。而目前中文資訊上需用的交換碼，都是根據標準國字編訂的。

2 標準國字舉例

⑴偏旁之例

① 「肉、冃、月」分別作「月、冃、月」。如：「肝、冒、期」。

② 「𡈼、壬、王」分別。如「呈、任、汪」。「𡈼」音ㄊㄧㄥˇ，上作「丿」，下作「土」，从「𡈼」的字尚有「廷、聖、聽、徵」等。「壬」音ㄖㄣˊ，上下二橫等長，中橫較長，从「壬」的字尚有「任、妊、飪」等。

③ 「卝、廿」分別。如「夢、草」。「卝」音ㄍㄨㄢˇ，从「卝」的字，還有「獲、寬、觀、敬、舊」等字。

④ 「舌、𠯑」分別。如「活、舔」。「𠯑」音ㄍㄨㄚ，首筆作撇，从「𠯑」的字尚有「括、刮」等。「舌」音ㄕㄜˊ，上作橫。

⑤「市、市」分別。如「柿、沛」。「市」音ㄕˋ，上作點。「市」音ㄈㄨˊ，中筆直連，从「市」的字尚有「肺、芾」等。

⑥「夾、陝」分別。如「俠、陝」。「夾」从二人，音ㄕㄢˇ。

⑦「攴、夊」分別。如「改、致」。「攴」音ㄆㄨ，偏旁作「攵」。「夊」音ㄙㄨㄟ，从「夊」的字尚有「愛、夏」等。

⑧「丸、丸、卂」分別。如「紈、執、訊」。「丸」音ㄨㄢˊ。「丸」音ㄐㄧˇ。「卂」音ㄒㄧㄣˋ。

⑵單字之例

①「步」不作「步」

②「者」不作「者」

③「次」不作「次」

④「負」不作「負」——上是「人」的變體

⑤「色」不作「色」——上是「人」的變體

⑥「絕」不作「絶」——右上从刀

⑦「溫」不作「温」

⑧「丟」不作「丢」

⑨「刼」不作「刼、刧、刦、刼」

⑩「片」不作「片」

⑪「朵」不作「朶」

⑫「囪」不作「囱」

以上僅就部首與單字，各舉出一些例子而已。

第二部分：文法

一、導　言

(一)何謂文法

人類可以使用一套有系統的語言來表達情意，這套語言系統，包含了語音及語法兩大部分。語言是人類所同具的，人類要經由學習，才會使用語言。語言的形成經由約定俗成，不同語言的語音，所代表的意義不相同，其表情達意的構句法當然也不相同。

人類是用語句來表意的，語句的結構法則，就叫文法。文法又名語法，現在大部分的人，都把二者當作同義詞。

文法基本的研究範圍包含：

1. 詞的種類、結構及詞類類別
2. 語的結構
3. 句型種類、結構

廣義的文法，包含了文章作法。在今日科學發達，分工精細的情況下，文章作法已被劃歸為「文章學」的部分了。

(二)字、詞、語、句的區別

「字」是漢語說寫的印象單位，也是記錄語言的書寫單位。它是文字學上的名詞，在語法學上，它只是記錄詞的形體單位。

「詞」是漢語說寫中能表示單一意義概念的語法單位。「牛」、「寫」、「美」各是一個詞；「美麗」、「葡萄」也各是一個詞。前者一字成詞，後者二字成詞，我們叫一字成詞的為「單詞」，二字以上成詞的為「複詞」。

「語」是大於詞、小於句的語法單位。兩個以上的詞組合在一起，不能成為句的語法單位都叫做語。如「牛羊」、「高大的房子」等等，都是「語」的結構。

「句」是完整而獨立的語言單位。所謂完整，是它具備了主語（被表述的主題）及謂語（對主題的表述）兩個基本成分。例如：「貓捕鼠」就是句子，主語——貓，謂語——捕鼠。「房子高大」也是句子，主語——房子，謂語——高大。但是句子在特定的語法環境中，往往可以省略其成分，我們依然得視它為句子。譬如我們在黑板上寫上「臺北車站」，它不是句子，因為它不具備完整性，但是如果它寫在「臺北車站」，那就是句子，它代表了「這裡是臺北車站」的意義。又如甲問：「誰打破了玻璃？」乙答：「張三。」雖然乙只說了「張三」兩個字，但依然是個句子，因為它承上省略了謂語「打破了玻璃」。我們把主、謂語都具備的叫「完整句」，把在特定語法環境中有所省略的句子，不能主、謂語兩個成分具備的叫「畸零句」。

所謂「句」的獨立性，指完整句的前後，必須有完全的停頓。譬如「牛吃草」，如無前後文，它是完整句。但是在「牛吃草是天經地義的事」一句中，「牛吃草」的前面可以有完全停頓，後面不能有完全停頓，如要停頓，只能做不完全停頓，所以它失去了獨立性，就不能再看它為句子，只能看它為一種「語」的結構，在句中擔任主語。

二、詞

(一)詞的結構

能表示單一意義概念的語法單位叫做詞。詞就其構成的音節數來說，有一個音節構成一個詞的，也有兩個音節以上構成詞的。我國文字具有單音節的特性，所以有一個字構成一個詞的，也有兩個字以上構成詞的，前者稱為「單音詞」，簡稱「單詞」；後者稱為「複音詞」，簡稱「複詞」。

複詞可分為五大類：「衍聲」、「重疊」、「附加」、「合義」和「翻譯」複詞。

1 衍聲複詞

衍聲複詞是純粹由於聲音關係構成的複詞。又可分為下列兩種：

(1)雙音節衍聲複詞

這類複詞古人稱為「聯緜詞」，合兩個字以成一詞，如「葡萄」、「玻璃」都是這類複詞，「葡萄」拆開了，個別的「葡」和「萄」都沒有意義，必須把兩字合起來才代表一個意義。這類複詞根據兩字間的聲韻關係，又可分為：

①雙聲雙音節衍聲複詞：所謂雙聲是兩字的聲母相同。如：「崎嶇」，聲母都是「ㄑ」；「坎坷」，聲母都是「ㄎ」。其他的例子如：「藍縷」、「參差」、「吩咐」、「慷慨」、「叮噹」、「玲瓏」、「彷彿」等。

②疊韻雙音節衍聲複詞：所謂疊韻是兩字的韻母收音相同。如：「糊塗」，韻母都是「ㄨ」；「顢頇」，

韻母都是「ㄢ」。其他的例子如：「徜徉」、「窈窕」、「須臾」、「蹣跚」、「荒唐」、「婆娑」、「伶仃」等。

③非雙聲疊韻雙音節衍聲複詞：構成衍聲複詞的兩字，既非雙聲，也非疊韻。如：「薔薇」、「芙蓉」、「衚衕」、「蚯蚓」、「蝴蝶」、「茉莉」等。

④雙聲疊韻雙音節衍聲複詞：廣義的疊韻，只要韻母的收音相同，不必韻母全同，所以衍聲複詞的兩字，可以具有既雙聲又疊韻，但不是同音的現象。如：「繾綣」（ㄑㄧㄢˇ ㄑㄩㄢˇ），兩字聲母都是「ㄑ」，雙聲；韻母「ㄧㄢ」與「ㄩㄢ」，收音為「ㄢ」，可以算是廣義的疊韻，所以兩字是既雙聲又疊韻。又如：「燕婉」（ㄧㄢˋ ㄨㄢˇ），聲母都是零聲母，所以是雙聲；韻母的收音都是「ㄢ」，所以也是這一類複詞。

⑵多音節衍聲複詞

三個音節以上依聲音的關係構成複詞的，歸入此類。如：「嘰哩咕嚕」、「唏哩呼嚕」、「劈哩叭喇」、「叮呤噹啷」等。

2 重疊複詞

一個字重疊起來變成複詞的，就叫重疊複詞，古人稱為「重言」。這類複詞可以分為兩類：

⑴衍聲的重疊複詞

這類複詞拆開來，單獨一個字不能表達該複詞的意義。如：詩經蓼莪中的「蓼蓼」、「烈烈」、「發發」、「律律」、「弗弗」；木蘭辭中的「唧唧」、「濺濺」、「啾啾」。此外又有「悠悠」、「蒼蒼」、「翩翩」、「滔滔」、「洋洋」、「惺惺」等。

⑵重義的重疊複詞

這類複詞所構成的字，原來都可以代表一個意義，但重疊以後，構成複詞，其意義與原來的單詞意義相同或相近。如：「爸爸」等於「爸」，「爸爸」是重疊複詞，而「爸」是單詞。有關人倫上的稱謂，大都屬於這類。如：「媽媽」、「公公」、「婆婆」、「爺爺」、「奶奶」、「舅舅」、「伯伯」、「叔叔」、「嬸嬸」、「哥哥」、「姊姊」、「弟弟」、「妹妹」等。

屬於形容詞的重疊，如「輕輕」、「漸漸」等，它們的意義，分別和單詞的「輕」、「漸」意義相近而不完全相等。例如「漸」只表示單一時間內的情況，而「漸漸」則表示一段時間內連續的現象。

(3)複雜的重疊複詞

這種複詞都是三個以上的音節構成的，但其中有兩個音節以上屬於重疊形式。這種複詞，包含下列幾種形式：

①XYXY型：叮噹叮噹、溜達溜達。
②XYXY型：乾乾淨淨、零零碎碎。
③XXY型：崩崩脆。
④XYY型：黑漆漆。
⑤X裡XY型：糊裡糊塗、囉哩囉嗦（「裡」、「哩」只代表聲音，可以通用，但習慣上寫法有分別）。
⑥X不YY型：酸不溜溜、花不棱登。

第⑤的兩個例子，「糊塗」和「囉嗦」都是衍聲複詞，而頭一個字的「糊」、「囉」都是語音的重疊，「裡」字純粹是衍聲，構詞的方法和前舉「多音節衍聲複詞」相同。「傻裡傻氣」的「傻氣」則是合義複詞，其中有「傻」字重疊，所以另列入重疊複詞中。

3 附加複詞

漢語複詞有一類是「詞根」和「詞綴」複合而成的。「詞根」是複詞意義的中心，而「詞綴」則是沒有實際意義，卻有構詞能力的附加成分，這附加成分，有的加在詞頭，稱為「前加成分」、「前綴」或「詞頭」，如「老鼠」的「老」；有的加在詞尾，稱為「後加成分」、「後綴」或「詞尾」，如「桌子」的「子」。

⑴前加附加複詞

常見的「前綴」有：

①老：老鼠、老虎、老么、老表、老幾等。
②阿：阿姐、阿兄、阿伯等。
③第：第一、第二、第一百零一等。
④初：初一、……初十等。

⑵後加附加複詞

常見的「後綴」有：

①兒：花兒、鳥兒等（兒不自成音節，ㄦ化與上面一字連讀成一個音節）。
②子：桌子、椅子等。
③頭：石頭、木頭等。
④巴：尾巴、泥巴等。
⑤然：忽然、沛然等。
⑥其：尤其、與其等。

⑦爾：莞爾、率爾等。
⑧地：霍地、特地等。
⑨們：我們、你們等。

4 合義複詞

合義複詞是由意義關係合成的詞。複詞的詞素雖然原都有意義，但相合後，已凝固成一個詞，通常不拆開使用。譬如「美麗」是合義複詞，我們使用時只能說「她很美麗」，卻不能說「她很美又很麗」，可見「美麗」已凝固成一個詞。又有很多合義複詞所產生的新意義，往往和詞素意義的總合不同，如「龍頭」指的是「領袖」，卻不是「龍的頭」，這種現象稱為外中心意義。凡合義的複詞，一定是凝固成一個詞彙，而且凡具有外中心意義的，一定是個複詞。

合義複詞又可分為：並列式、偏正式、主謂式、述賓式、主賓式、節錄式和簡縮式七種。

⑴並列式合義複詞

兩字以並列等立的關係表示一個意義就叫並列式合義複詞。依照兩字間，其意義的關係，又可分為同義、反義、相關義三類：

①同義類：如「語言」、「巨大」等。
②反義類：如「得失」、「開關」等。
③相關義類：如「山水」、「身體」等。

第②③兩類，往往可以構成外中心意義，即複詞的意義，不是兩字意義的總合，產生「偏義」的現象。如出師表中「不宜異同」的「異同」，只有「異」的意思，沒有「同」的意思。又如「乾淨」一詞中，只有「淨」

的意思，沒有「乾」的意思。

⑵偏正式合義複詞

兩個語法成分以修飾關係構成的複詞，叫做偏正式合義複詞。這類複詞以中心成分原屬詞性而分，大致可分為三類：

①以名詞為中心成分的偏正複詞。如：火車、冬天、良心、虛心、觀眾、學生、請帖、渡船、三角、五金、布匹、車輛、信封、書本等。

②以動詞為中心成分的偏正複詞。如：步行、槍斃、公立、先生、相信、自由等。

③以形容詞為中心成分的偏正複詞如：膚淺、神勇、鵝黃、蛋白、滾熱、透明、自私等。

三個音節以上構成的偏正複詞，如：教育部、三角架、馬後炮、門外漢等，是上二下一的偏正組合；曾祖父、老頑童、髮夾子等，則是上一下二的偏正組合；有限公司、中華民國等，則是上二下二的偏正組合，其餘類推。

⑶主謂式合義複詞

句子是由「主語——謂語」構成的，如果複詞的兩個基本成分（詞素）是由造句關係構成的，就叫做主謂式偏正結構。如：地震、春分、海嘯、霜降、聲張、神往、肉麻、年輕、譬如等。

三個音節以上的主謂式合義複詞，如：腦出血、三娘教子、火燒紅蓮寺（後兩個複詞都是戲劇名）等。

⑷述賓式合義複詞

兩個成分，前一個表示動作，後一個是動作所及的對象，而結合成為複詞的就叫述賓式合義複詞。如：出差、註冊、辭職、歎氣、告辭、值日、注意、留心、催眠、行政、衛生、討厭、混帳、照例等。

⑸主賓式合義複詞

敘述句的基本成分是「主語──述語──賓語」，如果「述語」為「使」的意義卻省略不說，只留下「主語」、「賓語」兩個成分，這兩個成分結合成一個複詞的就叫做主賓式合義複詞。如「革新」是「革──使──新」的意思，「使」省略後，結合成「革新」。其他如：改良、說明、拒絕、減輕、加重、修正、打死等。

(6)**節錄式合義複詞**

節錄式合義複詞是從古文上節錄出來的詞彙，譬如詩經上有「之子于歸」的句子，後人節錄「于歸」二字，成為「出嫁」意義的複詞。其他的例子像「式微」、「友于」等都是。

(7)**簡縮式合義複詞**

簡縮式合義複詞是將原本為合義複詞的，各從它的成分中簡縮成一個簡單式的複詞的，叫簡縮式合義複詞。如「立法委員」簡縮成「立委」，「臺灣大學」簡縮成「臺大」。其他的例子如「經貿」（經濟貿易）、「國教」（國民教育）、「彩視」（彩色電視）等。

5 翻譯複詞

漢語中，有些複詞是翻譯外國語言而產生的。以翻譯的方法分，大致可分為下列四類：

(1)**音譯翻譯複詞**

這類複詞，照外語的聲音用我國音同音近的字翻譯出來的。如：咖啡（譯 coffee）、可口可樂（譯 coca cola）。其他如：巴士、坦克、愛因斯坦、吐司、威士忌、巧克力等。

(2)**義譯翻譯複詞**

這類複詞按照外國語詞彙的意義翻成中文。如：馬力（譯 horse power）、熱狗（譯 hot dog）。其他如：白宮、遠東等。

⑶半音半義合譯翻譯複詞

這類複詞按外國語詞彙一半譯其音，一半譯其義拼合而成。如：冰淇淋（譯 ice cream，ice 義譯為冰，cream 音譯為淇淋）、美利堅合眾國（譯 United States of America，America 音譯為美利堅，United States 義譯為合眾國）等。

⑷加類名翻譯複詞

這類複詞先音譯或義譯外國詞彙，然後再加上類名成為複詞。如：橋牌（橋是義譯 bridge，牌是加上去的類名）、吉普車（吉普是音譯 jeep，車是加上去的類名）等。

㈡詞類區分

詞在句中有一定的文法功能，將文法功能加以區分，就可以分別出詞類來。譬如常用在主語、賓語或常受形容詞修飾的詞類就是名詞。名詞就是詞類的一種。

詞類的區分，我們可以依照意義的具體與否，先分成實詞和虛詞兩大類，每大類下再區分為若干詞類，先列簡表如下：

- 實詞
  - 名詞
  - 動詞
  - 形容詞
  - 數詞
  - 量詞
  - 副詞
  - 稱代詞
- 虛詞
  - 介詞
  - 連詞
  - 助詞
  - 歎詞

1 實詞

(1)名詞

凡人、事、物、時、地及各種學科所使用的名稱等稱為名詞。名詞的文法特性是：可以受數量詞和形容詞的修飾，不受副詞的修飾；在句中，可作主語、賓語。如：孔丘、論語、臺北、狗、筆、稅單、考試、數學、明天等。

(2)動詞

凡表示動作、事件、發展、存在、類屬等現象的詞叫做動詞。動詞的文法特性是：多半可以受副詞的修飾，大多數可以重疊，常在句中作述語，有些動詞可以帶賓語，也可以用肯定、否定相疊的形式表示疑問。動詞的受事者為他物的叫「及物動詞」。及物動詞可以帶賓語。例如：吃、看、做、想、研究、尋找等，就是及物動詞。一般用作繫語的動詞，如：是、非、為、猶、如、等於等，也可以把它們劃入及物動詞中。動詞的受事者如果是跟施事者相同的叫「不及物動詞」。不及物動詞多半不帶賓語。例如：睡、坐、哭、走等就是不及物動詞。

比較特殊的動詞有：致使動詞、意謂動詞、能願動詞、趨向動詞。致使動詞和意謂動詞構成的句型相似，它們作句中的述語時，後面常有兼語等文法成分。致使動詞如：使、令、遣、派、教、讓等；意謂動詞如：謂、以、以為、認為、當等。能願動詞常用在動詞前，幫助動詞產生可能、應該、願意等意義。如：能、能夠、可、可以、會、應、應該、要、肯、情願等。趨向動詞常用在動詞的後面，表示動作的趨向。如：來、去、上、下、進、出、上來、下去、進來、出去、回來、過去等。

(3)形容詞

凡用來區別人、事、物的形態、性質的詞叫做形容詞。它的文法特性是可以受程度副詞「很」和否定副詞「不」的修飾。單音節形容詞可以重疊，但後面多半要加「的」，雙音節重疊時和動詞不同，動詞是「XYXY」式，如「打掃打掃」；形容詞是「XXYY」式，如「老老實實」。形容詞也能用肯定否定相疊的形式表示疑問。形容詞常擔任句中的表語、偏正結構中的定語等。常見的形容詞如：新、美、好、高、深、紅、糊塗、可愛、乾淨、低級等。

⑷數　詞

表示數目多少或次序先後的詞叫做數詞。它的文法特性是常和量詞連用，如「一個」。數詞有一、二……九、十、滿、全、整、半、幾、多、多少、好些、少等。數詞只表示數量的是基數詞，如表示數目次序的是序數詞，如「三斤肉」的「三」是基數詞，「三哥」的「三」是序數詞。

⑸量　詞

凡表示人、事、物及動作行為的單位的詞叫做量詞。使用量詞是漢語語法中很特殊的語法現象，量詞的前面，多半有數詞，後面多半會跟著名詞，如「一斤肉」的「斤」就是量詞。量詞共有八種：

①單位詞或個體量詞。如：個、位、件、架、匹等。

②群體量詞。如：對、打、百、排、組、桌、種、流等。

③部分量詞。如：堆、捲、頁、股、筆等。

④容器量詞。如：盒、箱、筐、包、罐、桶等。

⑤暫時量詞。如：身、頭、嘴、桌子等。

⑥標準量詞。如：尺、分、里、寸、公分、畝、秒等。

⑦準量詞。如：國、省、鄉、筆、科、系等。

⑧動詞用量詞。如：遍、趟、步、闋、拳等。

檢查這些量詞的使用法，只要在它的上面加「一」字，就可以明瞭了，如：容器量詞的「盒」加「一」成為「一盒」，就可以做「一盒珠子」、「一盒飯」等用途了，其餘類推。量詞重疊時，常帶有「每」的意思，如「個個」就是「每一個每一個」的意思。

(6)副 詞

凡對動詞所表示的動作或形容詞所表示的性狀，從程度、狀態、範圍、時間、頻率、語氣、是否等方面加以修飾、限制、補充的詞，叫做副詞。表示程度的如：很、非常、太、最、稍微等。表示狀態的如：快、慢、懇切、安詳等。表示範圍的如：都、總、竟、且、一律、全部等。表示時間的如：剛才、適、方、一會兒、一剎那、先、後等。表示頻率的如：偶爾、屢次、又、再、還、也等。表示語氣的如：豈、竟然、倒、偏、索性、居然、究竟等。表示是否的如：必、必然、一定、絕對、不、沒、莫、非、未、也許、大概等。

副詞多半只用為修飾形容詞或動詞的詞，但偶爾也修飾副詞等其他詞類，但它不能修飾名詞。成套而相互呼應的副詞，如「越……越……」、「且……且……」、「既……且……」，也具有連接詞的作用，所以有人又稱這類副詞為「關係副詞」或「關聯詞」。

(7)稱代詞

凡能指稱代替名詞、動詞、形容詞、副詞或詞語及句子的詞就稱為稱代詞。常見的稱代詞有：

①人稱稱代詞。如：我、你、他、她、咱們、別人、自己、人家、吾、汝、伊、其、自等。

②疑問稱代詞。如：誰、何、什麼、胡、怎麼、孰等。

③指示稱代詞。如：這、那、這裡、這麼、那裡、那麼、此、斯等。

2 虛　詞

虛詞缺乏具體的詞彙意義，但它跟其他實詞配合起來，具有組成語句的功能，而產生了語法功能意義。虛詞可分為介詞、連詞、助詞和歎詞。

(1)介　詞

介詞是介紹名詞、稱代詞或名性詞語給動詞或形容詞，以作為修飾性用的詞。如：「我在教室裡讀書」、「他死於車禍」的「在」、「於」都是介詞。它和及物動詞一樣，後面可以帶賓語，成為介賓結構，這個介賓結構通常要擺在動詞、形容詞的前面或後面，不能作謂語的中心成分。常見的介詞有：於、在、跟、到、望、向、從、對於、因為、依照、用、以、除了、連等。「美麗之島」的「之」也是介詞，它和一般介詞用法稍有不同。

(2)連　詞

凡是連繫詞與詞、詞語與詞語，使它們成為並列結構的詞；或連接句子與句子，使它們成為複句關係的詞叫做連詞。常見的連接詞有：和、與、同、跟、及、或、而、且（以上多用為連接並列結構）、不但、而且、雖然、如果、假如、縱使、縱然、只要、因為、所以、但是、然而（以上多用為連接複句）等。

(3)助　詞

沒有獨立的詞彙意義，而附著在實詞、詞語、句子的前面或後面，產生輔助作用，使被輔助的成分，能成為語法單位而表示為某種結構、時態或語氣的詞，稱為助詞。分為：

①結構助詞：

・前附。如：「所能」的「所」等。

・中附。如：「比得上」的「得」等。

・後附。如：「美好的」的「的」等。

②時態助詞。如：矣、了、著、過等。

③語氣助詞。如：啊、呀、啦、呢、嗎、罷、乎、哩、焉、耶、也、哉、耳等。

(4)歎詞

歎詞是永遠獨用的詞類，它不和別的詞語連結，獨立在句子外，表示感歎的語氣。歎詞通常獨立在句首或句末，偶爾也可用在句子中間，但在中間時，歎詞前後都要有停頓，必須有標點隔開。常見的歎詞有：喂、欸、嗯、嗄、啊、喔、哼、哎、哎呀、哎喲、呸、嘖嘖、哈、吔等。

三、語

(一)語的結構

兩個或兩個以上的詞或語組合起來，能表達比一個詞複雜的意思，而不能獨立成句的叫做「語」，詞（或語）與詞（或語）的配合，有各種不同的方式，說明這些不同方式的配合關係就是「語的結構」。文法上，「語」是大於詞、小於句的語法單位，通常作為構句、構語的成分。依照語的結構方式，可分為下列七種：

1 並列結構

兩個或兩個以上同性質的詞或語，以並列等立的方式配合起來的語法形式，就叫做並列結構。並列結構的兩個（以上）語素，詞類應該相同，下列分項舉例說明：

(1)名詞（語）與名詞（語）並列：兄弟姊妹；牛和羊；花呀、草呀；賣報的、寫書的。

(2)動詞（語）與動詞（語）並列：跑跳；又說又笑；且戰且走；不想吃、不想睡；能彈、能唱。

(3)形容詞（語）與形容詞（語）並列：長寬；美麗善良；細又長；美而廉。

(4)稱代詞與稱代詞並列：你我他；這個那個。

並列結構的成分之間，可以使用連詞連繫，如上舉的「兄弟姊妹」可以說成「兄弟跟姊妹」。常用的連詞，連繫名詞、稱代詞的有：和、跟、及、與、同等；連繫動詞、形容詞的有：而、且、又……又、既……且、且……且等。

2 偏正結構

凡相連的兩個語法成分（或是詞，或是語），如果它們的關係是上一個成分對下一個成分產生修飾或限制的，就叫偏正結構。

偏正結構又可以分為「定心結構」與「狀心結構」兩類：

(1)定心結構→定語＋中心語。中心語是名詞（語）或稱代詞。如：高樓；高大的他。

(2)狀心結構→狀語＋中心語。中心語為動詞（語）或形容詞（語）。如：一定來；很美麗。

作為定語的詞語，對於中心語，不是形容性，就是領屬性。形容性的如：「一枝」筆；「長遠」計畫；「好」書。領屬性的如：「我的」父親；「張三的」錢；「汝」之詩文。

「我的父親」與「汝之詩文」兩例中的「的」是結構助詞，與「我」合成一個語法單位；「之」則是介詞。

在文言中，可以將主謂結構（見下述）轉換成偏正結構，只要在主語和謂語之間加上介詞「之」就可以了，這種結構叫做「主謂式偏正結構」。主謂式偏正結構和一般偏正結構語法功能相同，它不再是獨立的句子，而且能做一般偏正結構可以擔任的成分。例如韓愈師說：「師道之不傳也久矣！」句中，「師道之不傳」是主語，它是「師道不傳」（主謂結構）加「之」而成的，加「之」以後，成為偏正結構，不能獨立成句，而它是由主謂結構變來的，所以稱它為主謂式偏正結構。其他例子如：蘭亭集序：「後之視今，亦猶今之視昔」中，「後之視今」、「今之視昔」就是這類結構。鈷鉧潭西小丘記：「其衝然角列而上者，若熊羆之登于山」中，「熊羆之登于山」也是這類結構。

3 主謂結構

兩個語法成分，上一個成分如果作為下一個成分所表述的主題，而下一個成分作為這個主題的表述，就構成主謂結構。主謂結構如前後都可停頓，就可成為一個句子；它也不獨立成句，而作為句子或語的結構成分。如「牛吃草」是「主語——牛」和「謂語——吃草」構成的主謂結構，是個獨立的句子。如果在「牛吃草是本性」中，「牛吃草」是以主謂結構充當主語；「我喜歡他誠實用功」中的「他誠實用功」是以主謂結構充當賓語。

4 述賓結構

兩個語法成分，以述語和賓語構成的結構。述語多半由動詞擔任，表示動作，賓語則是這個動作所涉及的對象。如：「吃飯」、「打籃球」都是。又如「吃三碗飯」中，「吃」是述語，「三碗飯」是以偏正結構充當賓語。

5 後補結構

一個動詞（語）為主要成分，後面帶著一個動詞（語）、形容詞（語）或副詞（語），以補充說明上面動詞動作產生的結果、德性或性狀的結構，叫做後補結構。這種結構在意義上大致可分為兩類：一為「動詞」與「補語」之間，可加「使」以了解它的意義。如：「殺死」是「殺使死」的意思，「拿起來」是「拿使起來」的意思。二為「補語」，只是補充說明動詞動作的時量、動量、時間、處所等等。如：「睡三天」、「打三下」、「坐得正」、「睡在床上」、「死於安樂」等等。

6 附助結構

有些助詞與實詞組合起來成為一個語的，就叫做附助結構。又分前助、後助二類。前助附助結構如：「所愛」、「所以傳道」等。後助附助結構如：「可愛的」、「愉快地」、「打得（好）」、「喜歡嗎」、「痛死了」等等。

7 兼語結構

一個動詞作述語，後面所帶的賓語如果兼作它下面所跟謂語的主語，這種語就叫兼語結構。如：「我叫他買東西去了」句中，「他」是第一個述語「叫」的賓語，又是其下謂語「買東西去了」的主語，「叫他買東西」就叫兼語結構，「他」就叫兼語。這個句子和「我看到他買東西」不一樣，「他買東西」是主謂結構作「看到」的賓語，因為「他買東西」是自己買，不是我使他買的。其他例子如：「太守即遣人隨之往」（桃花源記）句中的「人」是兼語。「以叢草為林」句中的「叢草」也是兼語。兼語結構中也有連環兼語的，如：「我請你叫他找人寄信」，句中「你」、「他」、「人」就是連環兼語。

(二)語的成分

語是兩個或兩個以上的詞或語組合起來的，分析語的結構，基本上要先分出兩個直接的成分——語素，如果語素還是個語，再加分析，分析到詞為止。

在並列結構裡，兩個成分的並列最容易分析，三個成分以上，則有直接成分和間接成分的區別。如：

他　我　你

「你我」和「他」是直接成分的並列關係。

「你我」則為間接成分的並列關係。

又如：

妹　姊　弟　兄

「兄弟」和「姊妹」是直接成分的並列關係。

「兄」和「弟」、「姊」和「妹」是間接成分的並列關係。

在偏正結構裡，中心語是主要成分，定語或狀語是次要成分，如果中心語是名詞性，那麼整個的偏正結構就可稱為名詞性的語，簡稱名語。如：「花」是名詞，「美麗的花」就是名語。如果中心語是動詞，那麼整個的偏正結構就可稱為動詞性的語，簡稱動語。如：「跑」是動詞，「快快地跑」就是動語。依此類推，就可以有形容語、副語等詞類了。名詞和名語在使用上功能相同。譬如：「花謝了」，「花」是名詞作主語；而「美麗的花謝了」，則是名語——「美麗的花」當主語，它本身是個偏正結構。

在主謂結構中，主謂語間是被說明與說明的關係。主語多半是名詞或名語，而謂語的結構往往要比主語複雜，它可以是主謂、並列、偏正、述賓、後補、兼語等各種結構。譬如：

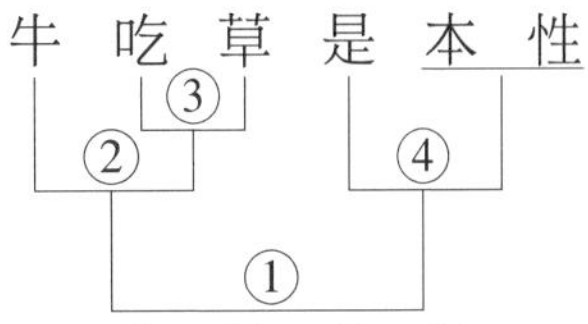

①是主謂結構，直接成分，獨立成句。

②是主謂結構，間接成分，作全句之主語。

③是述賓結構，次間接成分，作主語之謂語。

④是述賓結構，間接成分，作全句之謂語。

在述賓結構中，述語與賓語的關係是支配和被支配的關係。這種結構的重點在支配部分，所以構成動語。

在後補結構中，也以前面的動詞為中心成分，所以整個的結構也屬於動詞性的語。

在附助結構中，助詞雖是虛詞，但它也是文法上不可缺少的成分。譬如：「你喜歡。」和「你喜歡嗎？」兩句，就由於「嗎」這個助詞而產生疑問的意義。

至於兼語結構的成分分析，要配合述賓、主謂結構的分析法來分析。

四、句

句就是句子，是獨立而完整的語言單位。所謂獨立，是指它前後都可以有完全停頓，如：「牛吃草」，如果沒有上下文，那麼它前後都可以有完全停頓，是句子。如果改成「牛吃草是本性」，那麼「草」後不能作完全停頓，「牛吃草」就失去作句子的條件，而降為主謂結構。所謂完整，是指句子要有「主語」作為被表述的主題，要有「謂語」作為對主題的表述。所以「主語」和「謂語」便成為句子的基本成分，凡具備這兩種成分的，就叫完整。但是人類在說話寫文章時，往往因為有特定的環境，可以省略主語或謂語，或是主語謂語中的某些成分，在形式上雖然不完整，但是在意義上還是完整的，因此也要看作句子，試看下面的對話：

甲：誰打破了玻璃？

乙：張三。

乙回答時只說「張三」，但是它是承上省略了「打破了玻璃」，所以「張三」也要算是句子。

(一)句型分類

句子是傳達人類情意的，所以依照所傳達的情意分類，可以分為陳述、疑問、命令、感歎四種句型。

陳述句是對主語有所陳述、表態、說明的句子。如：「狗咬人。」「房子很大。」「張三是中國人。」等都是。這種句子的末尾多半要加句號。

疑問句是對主語有所懷疑或詢問的句子。如：「狗咬人嗎？」「房子多大？」「張三是不是中國人？」等都是。這種句子的末尾多半要加問號。

命令句是對主語有所命令、祈使、差遣、建議、請求等的句子。如：「給我滾出去！」「快去做事！」「替我買份報紙。」等都是。說這種話的結果，對方不是順從，就是拒絕。這種句子的末尾多半要加驚歎號，有時也可用句號。

感歎句是對主語發抒某種強烈感情的句子。這種句子末尾常用驚歎號外，也常配合獨用的歎詞一起出現。如：「哎呀！他真棒啊！」

(二)單　句

句子依照結構來分，可以分為單句和複句。

單句是只含一個主語和一個調語（省略的除外）的句子。單句又可分為普通句、兼語句、倒裝句、被動句和獨語句五類。分述如下：

1 普通句

普通句是指基本成分由主調語構成的句子，而且主語在前，調語在後。主語多半由名詞或名語來擔任，調語的變化較多。

普通句的主語和調語兩個成分都具備的話，叫做完整句；如果因特殊語言環境而省略其中一個成分的句子，就叫畸零句。先介紹完整句：

⑴完整句

完整句必有主語和調語，依照調語的類型，大致又可分為三類：

①調語是敘事的，以動詞作述語為中心，也稱為敘述句。

敘述句的結構是：主語＋調語（述語＋賓語）

如：李密陳情表：「舅奪母志」一句，「舅」是主語，「奪母志」是調語，調語由述語「奪」和賓語「母志」組成。又如：韓愈師說：「余嘉其能行古道」一句，「余」是主語，「嘉其能行古道」是調語，述語是「嘉」，賓語是「其能行古道」。作為述語的動詞，如果是不及物的，那麼調語就只有述語，而沒有賓語。如：「鳥飛」，「鳥」是主語，「飛」是調語，這個調語只有述語的成分。

以「有」、「無」、「沒有」等動詞作述語的，也屬於這一類句子。如：韓愈師說：「古之學者必有師」一句，主語是「古之學者」，調語是「必有師」，「必有」是偏正結構當述語，「師」是賓語。以「有」、「無」等動詞為述語的句子，如：連橫臺灣通史序：「臺灣固無史也」句中的主語「臺灣」是時地性主語。蘇軾赤壁賦：「客有吹洞簫者」句中的主語「客」是分母性的主語。曹丕典論論文：「徐幹有齊氣」句中的主語「徐幹」是領屬性的主語。

②謂語是表態的，以形容詞作表語為中心，也稱為表態句。表態句的結構是：主語＋謂語（表語）

如：文天祥正氣歌序：「單扉低小」一句，「單扉」是主語，「低小」是謂語，表態句的謂語也可以稱作表語。表語的結構變化較大，如：

• 以單詞作表語。如山高、花紅等。

• 以複詞作表語。如：白間短窄、南山烈烈等。

• 以語的結構作表語。如：

雨潦四集（文天祥正氣歌序）：「四集」是偏正結構。

將軍向寵，性行淑均，曉暢軍事（諸葛亮出師表）：「性行淑均」是主謂結構，「曉暢軍事」是述賓結構。

今之眾人，其下聖人也亦遠矣（韓愈師說）：「其下聖人也亦遠矣」是主謂結構。

③謂語是判斷的，以名詞作斷語為中心，也稱為判斷句。判斷句的結構是：主語＋謂語（繫語＋斷語）

如：黃宗羲原君：「孟子之言，聖人之言也」一句，主語是「孟子之言」，其餘是謂語。謂語中，「聖人之言」是斷語，「也」是句末助詞，表肯定語氣。這句判斷句不帶繫語，如帶繫語可以說成：「孟子之言為聖人之言」。

文言文中，判斷句的繫語可帶可不帶，如上例。白話文中，判斷句要帶繫語，如：徐志摩志摩日記：「數大便是美」句中的「是」便是繫語。

判斷句的繫語，文言文用「為」、「是」、「非」等，白話文則用「是」或「不是」。這種句子的功能是在解釋事物的涵義與屬性或判斷事物的是非與異同。屬於異同的判斷是判斷句，如果是相似的判斷就成為準判斷句了。

準判斷句和判斷句的句子結構相同，唯一的區別在繫語和準繫語的不同。常用的準繫語有：為、成為、化為、謂、曰、猶、如、像……等。如：荀況勸學：「問一而告二謂之囋」句中的「謂」是準繫語，陶淵明桃花源記：「捕魚為業」句中的「為」是準繫語。「為」如果解釋為「叫做」、「作為」等等意義時是準繫語，解釋為「是」的意思時是繫語，如：「我為長公主也」句中的「為」是繫語。

⑵畸零句

畸零句是在特定的語法環境中，可以只具有主語或謂語的一個成分的句子，不具備的成分是省略的結果。這種句子，多半出現在對話或文章中，因為在這種環境中，會產生可以省略的條件。

對話中的畸零句如：

①甲：「這本書賣多少錢？」乙：「三百元。」乙所回答的，是全句的謂語中的賓語，全句應該是「這本書賣三百元。」「這本書賣」四個字省略了，「三百元」仍要看成句子。

②媽媽：「誰打破了茶杯？」姊姊：「弟弟。」姊姊的回答只說出主語，如果用完整句回答，應該是「弟弟打破了茶杯。」姊姊省去了全句的謂語，只用主語回答，這個回答「弟弟」，仍應看成句子，因為句子的結構有所省略而不完整，所以叫畸零句。

文章中的畸零句如：

①陶淵明桃花源記：「晉太元中，武陵人，捕魚為業，緣溪行，忘路之遠近。」「緣溪行」以下兩句的主語「武陵人」都承上省略了，雖然不能個個具備「主語」、「謂語」完整結構，每句只有「謂語」成分，仍然要看成句子，所以叫畸零句。

②潘希珍母親的書：「我就知道媽媽今兒晚上心裡高興，要在書房裡陪伴我，就著一盞菜油燈光，給爸爸繡拖鞋面了。」這一段中有四句，除第一句有主語，為完整句外，第二句以下，都承上省略了主語「媽媽」，而成為畸零句。

2 兼語句

凡是句中的謂語由述賓結構和主謂結構套在一起而組成的就叫兼語句。前面述賓結構的賓語同時又充當後面主謂結構的主語。如：「我請你幫忙」句中，「我」是主語，「請你幫忙」是謂語。謂語中的「你」既作「請」的賓語，又作「幫忙」的主語。兼語句可以有連環兼語現象，如：「我請你叫他找人寄這封信。」「他託人請張先生教徒弟們做菜。」

兼語句中，第一個述語如果是致使動詞，就可以使兼語有所動作或有所變化，這樣的句子，可以稱為致使句。如：老子第十二章：「五色令人目盲。」常用的致使動詞像：叫、教、讓、差、派、使、令、遣等。

兼語句中，第一個述語如果是意謂動詞，主語對兼語就可以產生某種認定。如：史記魏公子列傳：「市人皆以嬴為小人。」兼語「以」是意謂動詞，所以構成意謂句。常用的意謂動詞有：以、以為、謂等。

3 倒裝句

漢語文法，從古至今，在句型結構上，它的語序相當穩定。譬如一般的句子是主語在前，謂語在後；在述賓結構上是述語在前，賓語在後。但是有時為了需要，改變了原有的語序，就叫倒裝句。我們所稱的倒裝句，是指句中的語序和通行的常見語序相異，它們是語意表達的另一種形式而已，並不是錯誤的句子。

常見的倒裝句有下列兩種現象：

⑴**謂語——主語**

句子結構通常是「主語——謂語」的語序，如果為了強調謂語，把它提到主語前，就成倒裝句。如：

論語述而：「甚矣，吾衰也；久矣，吾不復夢見周公。」

列子湯問愚公移山：「甚矣，汝之不惠！」

徐志摩我所知道的康橋：「靜極了，這朝來水溶溶的大道。」

「有信嗎？我。」

「來吧！你十二級的颱風！」

「都是我的好朋友，你們。」

⑵**賓語——述語**

在正常結構中，述語多半居於賓語前，但是述賓結構在特殊情況下，也有改變語序的現象。不過我們要說明的是，這種倒裝是從邏輯的「動作——受動者」的關係理解的，文法學上，也有人主張提前的賓語當主語，而由被動性動詞擔任述語。如：

論語子罕：「吾誰欺？欺天乎？」——「誰」是賓語，「欺」是述語。文言文中，凡疑問詞當受動者，多半要提到動詞前面。

曹植與楊德祖書：「過此而言不病者，吾未之見也。」——「之」是稱代詞當賓語，「見」是述語。文言文中，凡句中有否定詞，而稱代詞為受動者，多半要提到動詞的前面。

陶淵明歸去來辭：「門雖設而常關。」——「門」是動詞「設」和「關」的受動者，提到前面，完全是由於強調作用。

如果提賓後的詞語，在中間加介詞「之」或「是」，就形成主謂式偏正結構，它就失去獨立成句的功能，而和偏正結構的文法功能相同。如：

論語為政：「父母唯其疾之憂。」——「憂」是動詞，「其疾」是受動者，提到「憂」前，和「門雖設而常關」形式相同，但加「之」後，它不能獨立成句，所以只作全句的謂語。

韓愈祭十二郎文：「及長，不省所怙，唯兄嫂是依。」「兄嫂是依」和「其疾之憂」句法相同。

至於受動者提到主位，其下跟著主謂結構，像「家裡的事，你不用管」這句話，「家裡的事」實際上是「管」的受動者，這種情況，我們不認為是倒裝，而認為說話者要以「家裡的事」為主題來表述，那麼它就是主語，而「你不用管」就變成謂語了。其他的例子如：孟子梁惠王上：「齊桓、晉文之事，可得聞乎？」袁枚祭妹文：「汝之詩，吾已付梓；汝之女，吾已代嫁。」論語子罕：「苗而不秀者有矣夫！」夐虹鄉愁：「綿綿的孤獨，我的鄉愁謂之。」

4 被動句

漢語的句法很靈活，只要將要加以表述的主題提出來，給予表述，就可以成句子。而這個主題，可以是施動者，也可以是受動者。主語是施動者，如：「勞心者治人。」主語是受動者，如：「勞力者治於人。」前者一般人稱為主動句，後者稱為被動句。

被動句的認定，完全從邏輯觀點出發，也就是邏輯上的受動者居於主位者，就成為被動句。如：「您請坐」一句，「您」實際上是「請」的受動者，全句的意思等於「您被請坐」。又如「老馬之智可用也」一句，

「老馬之智」也是「用」的受動者提到主位，等於「老馬之智可被用」的意思。所以兩句的述語「請」和「用」都是被動性動詞，兩句也就被認為是被動句。

被動句的形式有多種，分別介紹如下：

(1)受動者居主位，動詞為被動性，不說出施動者。如：

①連橫臺灣通史序：「荷人鄭氏之事，闕而弗錄。」

②荀況勸學：「鍥而舍之，朽木不折。」「朽木不折」等於「不折朽木」。

(2)受動者居主位，動詞為被動性，用介詞「於」說出施動者。如：

①孟子滕文公上：「勞心者治人，勞力者治於人。」第二句是被動式。

②漢書賈山傳：「兵破於陳涉，地奪於劉氏。」「破」、「奪」都是被動性動詞。

(3)受動者居主位，下接使動性動詞「見」，再接被動性動詞。其下也可接介詞「於」和施動者，成為：

主語＋見＋述語＋（於＋施動補語）

例如：

①莊子秋水：「吾長見笑於大方之家。」這句話的謂語是「長使被笑於大方之家（之事）見」的意思，白話可以翻譯成「長被大方之家笑」。

②孟子盡心下：「盆成括見殺。」這句話的「於＋施動者」沒有說出。

(4)受動者居主位，下接「受」、「被」、「遭」等有接受意義的動詞，再接動詞，下接介詞「於」和施動者，成為：

主語＋（遭、被、受）＋述語＋於＋施動補語。例如：

①王生受欺於其友。

②史記魯仲連鄒陽列傳：「燕以萬乘之國，被圍於趙。」「燕被圍於趙」就是這種被動句式。

(5)受動者＋為＋施動者＋所＋動詞。成為：

主語＋為（繫語）＋偏正結構（斷語）。例如：

①鄭燮與弟墨書：「好人為壞人所累。」

②沈復浮生六記閒情記趣：「舌一吐而二蟲盡為所吞。」

這種句式，有時「所」字可以省略，例如：

③史記屈原賈生列傳：「身客死於秦，為天下笑。」「為天下笑」等於「為天下所笑」。

以上多半見於文言文句式，白話文的被動式，除第(1)式外，尚有：

(6)受動者＋（叫、被、讓、給）＋施動者＋動詞。這種句式，可以理解成：主語（受動者）＋述語（被——有遭受義）＋賓語（主謂結構——主語為施動者，謂語為述語）。例如：

①「他被他哥哥罵了。」這句話中，「他哥哥罵」是主謂結構當「被」（等於「遭受」的意思）的賓語，「了」是助詞。

②佚名孤雁：「孤雁自然又得被啄了。」「啄」上施動者「大家」，承上省略了。

從以上的分析，漢語的被動句，實際都是屬邏輯形式的被動，只要受動者居於主位，句中有被動性動詞，或有「遭受」類意義的動詞擔任述語，就成為被動句。

5 獨語句

在實際語文環境中，會有一個詞或語構成句子，這個句子就叫獨語句。例如臺北火車站的大樓上鏤著「臺北車站」，這四個字就是獨語句。又如一本書上印著「國文」，這個詞也是句子，意思等於說：「這一本書是

『國文』。」其他如看蛇叫「蛇！」或發出「唉呀！」一聲；招呼人用：「喂！」「嗨！」「來！」「先生！」「哥哥！」等；回答別人時說：「有！」「到！」「是！」「好的！」「不！」等；賣東西的叫「便當！」「冰淇淋！」等；啦啦隊喊「加油！加油！」等；馬致遠天淨沙秋思的「枯藤、老樹、昏鴉。小橋、流水、平沙。古道、西風、瘦馬。」等等，都是獨語句。

(三) 複　句

複句是有兩個或兩個以上單句形式，彼此不作句子成分的結構。複句裡的單句形式都叫分句，分句是一個複句內彼此分立的半獨立的結構單位。

複句的聯繫，常常使用連接詞，如：「他因為生病，所以不能來上課」，「因為」、「所以」都是連接詞。也常常使用副詞，如：「我認識這個人，他也認識這個人。」「也」字就是副詞。但也有不用連接詞或副詞的，如：「你不來，我不去。」但是如果說成「你不來。我不去。」中間是完全停頓，那是指兩件不相關的事，就是兩個單句，而不是複句。

複句依照兩個以上分句之間的意念關係，可以分為聯合複句和偏正複句兩大類：

1 聯合複句

聯合複句之間的關係是平等的，沒有主從正副之分，常用或可能用表示聯合關係的連詞。又可以分為五小類：

(1) 並列關係

兩個或兩個以上分句是以平行並列關係構成，常用連詞、副詞或關聯詞為：「又……又」、「既……且」、

「既……又」、「也……也」等。下列例句，凡是屬於聯合複句的分句用（　）括出。

①左傳襄公二十三年：「既（有利權），又（執民柄），將何懼焉？」
②李密陳情表：「既（無叔伯），終（鮮兄弟）。」
③范仲淹岳陽樓記：「（陰風怒號），（濁浪排空）。」
④論語子張：「（仕而優則學），（學而優則仕）。」
⑤孟子盡心上：「（仰不愧於天），（俯不怍於人）。」
⑥徐志摩我所知道的康橋：「（有村舍處有佳蔭），（有佳蔭處有村舍）。」

(2)承接關係

兩個或兩個以上分句按時間先後或事情發生的順序依次相承。常用或可能加上「而」、「乃」、「則」、「然後」、「於是」、「接著」、「一……就」、「便」、「就」、「亦」、「也」等連接詞或副詞。如：

①方苞左忠毅公軼事：「（公閱畢），即（解貂覆生）。」
②三俠五義第五回：「（急忙放下盒子），（搭了竹杖），（開了鎖兒），（拿了竹杖），（拾起盒兒），（進得屋來），（將門頂好）。」
③劉鶚明湖居聽書：「（這曲彈罷），就（歇了手）。」
④歸有光項脊軒志：「（余既為此志），（後五年，吾妻來歸）。」
⑤忙什麼呢？才（來）就（去）。
⑥蘇軾赤壁賦：「於是（飲酒樂甚），（扣舷而歌之）。」
⑦論語子罕：「（歲寒）然後（知松柏之後凋也）。」

(3)遞進關係

兩個分句在語意上有輕重之別，後面的分句比前面的更進一層。常用或可能用「不但（不僅）……而且（並且）」、「何況」、「甚至」、「尚且……何況」、「不但……反而」、「而」、「且」、「連……都」、「非徒……又」等連詞或副詞。如：

①孟子公孫丑上：「非徒（無益），而又（害之）。」

②劉義慶世說新語言語：「服五石散，非唯（治病），亦（覺神明清朗）。」

③司馬光訓儉示康：「（汝非徒身當服行），（當以訓汝子孫，使知前輩之風俗云）。」

④白居易與微之書：「（此句他人尚不可聞），況（僕心哉）！」

⑤蔣夢麟故都的回憶：「中國的名畫，不僅（力求外貌的近似），而且（要表現態、聲音、色澤和特徵）。」

⑥（他不但聰明），而且（很用功）。

⑷選擇關係

兩個或兩個以上分句所表示的事物不能同時並存，不是任選其一，就是必居其一。常用「或」、「或者」、「還是……還是」、「要麼……要麼」、「不是……就是」等連詞或副詞。如：

①（你是繼續升學呢）？還是（就業去）？

②孟子梁惠王上：「兵刃既接，棄甲曳兵而走。或（百步而後止），或（五十步而後止）。」

③這一向不是（下雨），就是（颳風），簡直沒遇到好天。

④孟子公孫丑下：「（前日之不受是），則（今日之受非也）；（今日之受是），則（前日之不受非也）。」

以上四例中，前二例是相商的，是任選其一的；後二例是相消的，是必居其一的。

⑸解說關係

兩個或兩個以上分句，一個總括地提出了一種現象，另一個或幾個對它解釋說明。又分為：

①解證式：一個分句解釋另一分句，可能用「如」、「似」、「例如」、「即」等連詞或副詞。如：「(我有一個哥哥)，(他在臺北讀書)。」李煜虞美人：「(問君能有幾多愁)？恰似（一江春水向東流)。」

②分說式：兩個或兩個以上分句分別說明另一分句，或者一個分句總括說明兩個或兩個以上分句。如：「(歷史上的戰爭分為兩類)：(一類是正義的，一類是非正義的)。」孟子滕文公下：「(富貴不能淫，貧賤不能移，威武不能屈)。(此之謂大丈夫)。」

2 偏正複句

偏正複句之間的關係是不平等的，有主從正副之分，常用或可能用表示偏正關係的連詞。又可以分為四小類：

(1)因果關係

兩個分句中，有一個表示原因，是偏句，常用或可能用「因為」、「由於」、「既然」等連詞或副詞；另一個表示結果，是正句，常用或可能用「所以」、「因此」、「從而」、「以致」等連詞或副詞。原因分句前置的，如：

①因為（你沒有來)，所以（大家的興致都差了)。

②諸葛亮出師表：「(先帝知臣謹慎)，故（臨崩寄臣以大事也)。」

③李密陳情表：「(臣以供養無主)，(辭不赴命)。」

④陶淵明桃花源記：「(先世避秦時亂)，(率妻子邑人來此絕境)。」

後果分句前置的，如：

①孟子離婁上：「(舜不告而娶)，為（無後也)。」

②王禹偁黃岡竹樓記：「(竹工破之，刳去其節，用代陶瓦，比屋皆然)，以(其價廉而工省也)。」

③蘇軾題西林壁：「(不識廬山真面目)，(只緣身在此山中)。」

⑵條件關係

兩個分句有條件和結果的關係。偏句表示條件，正句表示結果。有些假設性的條件，也屬於這一類複句。表示條件的分句常用或可能用「如果」、「假如」、「倘若」、「若是」、「除非」、「除了」、「只有」、「不管」、「無論」、「誠」、「令」、「苟」等連詞或副詞。表示結果的分句常用或可能用「那麼」、「那就」、「才」、「都」、「則」、「將」等連詞或副詞。如：

①蘇軾赤壁賦：「苟(非吾之所有)，(雖一毫而莫取)。」

②蘇軾教戰守策：「(天下果未能去兵)，則(其一旦將以不教之民而驅之戰)。」

③王昌齡出塞：「(但使龍城飛將在，不教胡馬度陰山)。」

④梁啟超最苦與最樂：「(處處盡責任)，便(處處快樂)。」

⑤韓愈祭十二郎文：「(吾力能改葬)，(終葬汝於先人之兆)。」

⑥(除了不能唱歌以外)，(別的都可以奉陪)。

⑶轉折關係

兩個分句所敘述的事不諧和，或是句意相背戾，多半是後句違反前句或否定前句。常用或可能用「然」、「而」、「乃」、「然而」、「但是」、「可是」、「只是」、「不過」、「顧」、「反」、「卻」等連詞或介詞。如：

①曹丕典論論文：「(孔融體氣高妙，有過人者)；然(不能持論，理不勝辭)。」

②諸葛亮出師表：「(先帝創業未半)，而(中道崩殂)。」

③徐志摩我所知道的康橋：「(英國人是不輕易笑人的)，但是(小心他們不出聲的皺眉)。」

④歸有光先妣事略：「（孺人不憂米鹽），乃（勞苦若不謀夕）。」

⑷擒縱關係

兩個分句處於對立地位，先承認或容許一個分句所表示的事實或理由的存在，然後用另一分句表示正意，又稱讓步關係。表示讓步的分句是偏句，表示轉折的分句是正句。讓步分句常用或可能用「雖」（文言）、「雖然」（白話）、「縱」（文言）、「縱然」（白話）、「儘管」、「即使」、「哪怕」等連詞或副詞；轉折分句常用或可能用「但是」、「然而」、「而」、「卻」、「不過」、「可是」等連詞或副詞。又可分兩種：

①容認關係：承認偏句為事實，但容許正句成立。如：

・歸有光先妣事略：「雖（至箠楚），（皆不忍有後言）。」

・司馬遷史記李將軍列傳：「（此言雖小），（可以喻大也）。」

・別看（他年紀輕），倒是（事事精通）。

・陳之藩哲學家皇帝：「雖然（眼前景色這樣靜、這樣美），但（在我腦筋中依然是日間同事們的緊張面孔和急促步伐的影子）。」

②縱予關係：偏句承認假設的事實，不像容認關係所承認的是事實。如：

・左傳定公元年：「縱（子忘之），（山川鬼神其忘諸乎）？」

・袁枚祭妹文：「然而汝已不在人間，則雖（年光倒流，兒時可再），而亦（無與為證印者矣）。」

・即使（明天下雨），（我也要去郊遊）。

・哪怕（你殺了我），（我也不幹）。

擒縱關係複句和轉折關係複句很接近，但轉折關係的偏句不表示正句將有轉折，擒縱關係的偏句已預作勢，表示正句將有轉折。

第三部分：修辭

一、導　言

(一)修辭學的定義

修辭學是修飾語辭、文辭的學問。也就是研究如何調整語辭、文辭的表達方法，設計優美形式，使它們精確而生動地表達說者、作者的意象，以引起聽者、讀者共鳴的一種藝術。

語辭和文辭是人類表意的符號，也是修辭的媒介，簡單地說，修辭就是要使話說得漂亮，文章寫得優美。

(二)修辭學的種類

人類的語文，含有內容與形式兩方面：語文所包含的意義，即說話和寫作的人心中的意象，就是內容；將此內容用音象形象表達出來，便是形式。這種語文形式的表達，便有多種方法，有的直接平實，有的間接委婉。平實有平實的好處，委婉也有委婉的妙處，修辭主要的內容，就是偏重在這些語文形式表現的方法上。同一種意象，是要用記述的方法表達，或是用表現的方法表達。用記述的方法表達的，就是消極的修辭。它只消極的求文字的通達明順，記述得明白，文詞中沒有閑雜事物，沒有不必要的語句。所用的文辭都是平實清明，概念清晰，意義明白。如果用表現的方法表達的，就是積極的修辭。這種修辭主要在讓人感動，引發共鳴，所以要利用語言文字的特性，用美化渲染的藝術手法，使詞語美妙，意境高遠。

(三)修辭學的功用

消極的修辭，有下列功用：

(1)正確表意

老子說：「道可道，非常道。」可見一個人要把心中的意念，正確的表達出來，而使意念與語文無任何乖違距離，並不是很容易的事，修辭的最基本功能，就是訓練正確的表達意念，周易說：「修辭立其誠。」正是正確表意的前提。

(2)闡明真理

比較高深的道理，要藉由邏輯的推論才能獲得，而真理的闡明，正是修辭的功能。邏輯推論所得的真理，不經由意念的正確表出，真理終無令人理解之時，人類意念的溝通，事理的共識，都有賴修辭。

積極的修辭，也有下列功用：

(1)美化生命

人類生命的意義在於有美醜、善惡等「價值觀念」，進而有追求「理想世界」的意念，由平凡的小我到達完美的大我，正是價值觀念中理想世界的提昇與實踐。文學的創作，正是這種實踐的手段，而修辭更是文學創作的手段。但是文學創作繫乎個人才智，也就是不一定人人都能創作文學，但是大部分人都有欣賞的能力，欣賞文學，進而鍛鍊自己語文的修飾能力，使世界變得更亮麗、人生更美化，這是修辭的積極功能之一。

(2)引發共鳴

左傳襄公二十五年：「仲尼曰：『志有之：「言以足志，文以足言。」不言，誰知其志？言之無文，行而不遠。』」凡是流傳千古而不朽的作品，都是「言之有文」的，「言之有文」就是善於修辭。為什麼善於修辭可以流傳不朽，正因為它能引發共鳴，能使人樂意閱讀，沉醉其中。設想「言之無物」，枯燥乏味，怎能引起讀者共鳴，而流傳不朽呢？

二、修辭的方法

(一)消極修辭

消極修辭是說話行文的最基本條件，它的重點在記述明確、剖析分明，毫無含混分歧、模糊不清之處。人類的話語文章，大致可以分為內容和形式兩方面。內容指的是說寫者所要表出的意思，形式則是表出這意思的語言文字。在內容上，修辭最起碼的要求是意義明確，說理通順；在形式上，則要求詞句平勻，安排穩密。分述如下：

(1)意義明確

使用詞語，意義要明確。譬如學校的行事曆上，如果在六月十八日下寫著「上課停止」，那麼到底上課到六月十八日為止，十九日開始不上課，或者十八日就不上課呢？這樣意義就不明確。如果改成「本日起停課」，或「本學期上課最後一日」，都不會產生歧義。又如：「熊貓這種稀有動物，是產量很少的極為難得的動物。」這句話便嫌用詞重複累贅，如果改成「熊貓是一種產量很少的動物。」或「熊貓這種動物，是產量很少，極為難得的動物。」都是意義較為明確而不累贅的句子。又如：「牧童騎在牛背上，邊走邊吃草。」乍看起來，這兩句話沒問題，但仔細推敲，第二句的主語是「那隻牛」，如果不補出「那隻牛」，好像吃草的是牧童，就犯了意義不明確的毛病。

(2)說理通順

說話或寫作，如果詰屈聱牙，不求平易通順，或不照一般語法習慣，顛倒或錯亂語序，都會造成說理不通順的毛病。譬如漢語多半是述語在前，賓語在後，如果把「此處禁止停車」說成「此處停車禁止」，就犯了不通順的毛病。資治通鑑載苻堅喜王猛誅諸豪強，云：「吾始今知天下之有法。」照一般語法習慣，通常說成「吾今始知天下之有法。」通鑑「今始」倒為「始今」，反而拗口不通順了。

(3)詞句平勻

寫作或說話時，選詞造句要注意平勻，譬如諸葛亮的出師表有一段：「宮中府中，俱為一體，陟罰臧否，不宜異同。」皆四字為讀，但「不宜異同」的「異同」，只有「異」的意思，如果最後一讀寫成「不宜異」，文詞就失去平勻。又如文言的用詞和白話有極大不同之處，「之乎者也」多半用在文言，白話則多用「的嗎了吧」，如果文言中使用了「的嗎了吧」，也會構成不平勻的毛病。

(4)安排穩密

詞句的安排，要求穩密，契合內容的需要。史記樗里子甘茂列傳：「甘茂者下蔡人也。事下蔡史舉，學百家之說。」蘇轍寫古史時，把「事」字刪掉，作「下蔡史舉學百家之說。」於是黃震黃氏日鈔卷五十一說：「似史舉自學百家矣，然則『事』之一字其可省乎？」去了一個「事」字，意思全不同了，那是沒有依照內容的需要來安排詞語。

(二)積極修辭

所謂積極修辭，就是寫作或說話時，在表意方法上作精巧的調整，在形式安排上作優美的設計。這調整與設計，多半屬於方法的層次。其實修辭要高明，除講究方法外，最重要的還是語文的素養與功力，那就非從多讀多想入手不可，不是本文所要介紹的範疇。

積極修辭的方法，可以歸納分類，每一類就算一種修辭格，譬如用譬喻的方法來修辭的，就是譬喻格；用雙關的方法來修辭的，就叫雙關格。下面分別就「表意方法精巧的調整」與「形式安排優美的設計」兩方面介紹比較重要的修辭格。

1 表意方法精巧的調整

(1) 譬　喻

譬喻是「借此喻彼」的修辭法。完整的譬喻格由「喻體」、「喻依」、「喻詞」三個部分配合而成。譬如：詩經邶風燕燕：「泣涕如雨」一句中，「泣涕」是喻體，是被譬喻的主體；「如」是喻詞；「雨」是喻依。喻體與喻依之間必然要有類似點，才能構成譬喻。譬喻格又可分為下列四類：

①明喻：必須喻體、喻詞、喻依三者具備。例句中，用（　）標出的，在上為喻體，在下為喻依。如：

・論語為政：「(為政以德)，譬如（北辰)。」

・張曉風地毯的那一端：「(我的心）像（一座噴泉)，在陽光下湧溢著七彩的水珠兒。」

②隱喻：具備喻體、喻依，而喻詞由繫語——「是」、「為」代替。如：

・徐志摩再別康橋：「(那河畔的金柳)，是（夕陽中的新娘)。」

・吳延玫火鷓鴣鳥：「(牠們）是（天上落下來的一朵一朵的祥雲)。」

③略喻：省略喻詞，只有喻體、喻依。如：

・方苞左忠毅公軼事：「(吾師肺肝)，(皆鐵石所鑄造也)。」

・周敦頤愛蓮說：「(菊)，(花之隱逸者也)。」

・(人急造反)，(狗急跳牆)。

④借喻：只有喻依，而省略喻體、喻詞。如：

・論語子罕：「歲寒，然後知松柏之後凋也。」

・羊毛出在羊身上。

・張秀亞書：「也許在讀一些書的時候，你雖盡力誦記，末了卻是忘掉了。但是不必以為無所獲得，(入過寶山的人，絕不會空回的)。」( )中句子，借喻讀書必有得。

使用譬喻時，應避免喻依太類似於喻體，喻依也不可太粗鄙、太離奇、太晦澀難懂、太牽強附會。要注意使用的喻依是熟悉的、具體的、容易產生聯想而切合情境的，尤其要注意喻體與喻依在本質上必須不同，為了譬喻新鮮生動，應使用新穎譬喻，避免陳腔濫調。

(2)借　代

借代是「借此代彼」的修辭法。它和譬喻格很接近，其區別在一個用譬喻，如「心靜如水」是譬喻；一個是代替，如「沙鷗翔集，錦鱗游泳」是代替，用「鱗」代「魚」，用來代替父母。借代所使用的新詞語，容易產生刺激，引起注意，在表意的方法上，是一種精巧的調整。借代範圍大致有八類，凡借代的詞語用△標出：

①以事物的特徵或標幟代替事物：

・鄭玄戒子益恩書：「而黃巾為害，萍浮南北。」──「黃巾」代「黃巾賊」。

・林懷民兩個男生在車上：「眼鏡聽著想，彎不住將心裡一串翻滾的笑抖了出來，惹得那群清湯掛麵直往他瞪。」

②以事物的所在或所屬代替事物：

・論語顏淵：「四海之內，皆兄弟也。」——「四海之內」代「四海之內的人」。

・語驚四座。

③以事物的作者或產地代替事物：

・曹操短歌行：「何以解憂，惟有杜康。」——「杜康」，人名，代「酒」。

・連橫臺灣通史序：「私家收拾，半付祝融。」——「祝融」，是火神。代「火」。

④以事物的質料或工具代替事物：

・劉禹錫陋室銘：「無絲竹之亂耳，無案牘之勞形。」——「絲竹」代「音樂」。

・方苞左忠毅公軼事：「公閱畢，即解貂覆生。」——「貂」代「貂皮大衣」。

⑤部分和全體相代：

・蘇軾赤壁賦：「舳艫千里，旌旗蔽空。」——「舳艫」是船的一部分，代替「船」。

・紀弦存在主義：「我為了明天的麵包及昨日的債務辛勞地工作。」

⑥特定和普通相代：

・白居易慈烏夜啼：「慈烏復慈烏，烏中之曾參。」——「曾參」代「孝子」。

・於梨華又見棕櫚：「對方用百分之一秒的時間將滿臉的不耐煩收起，然後用同樣迅速的時間，堆下一臉笑來。」

⑦具體和抽象相代：

・陸游黃鶴樓詩：「平生最喜聽長笛，裂石穿雲何處吹。」——「笛」代「笛聲」。

・邵僩雪之舞：「窗外就是銀白，皚皚的銀白，心寒的銀白。」

⑧原因和結果相代：

・白居易長恨歌：「漢皇重色思傾國，御宇多年求不得。」——「傾國」代「美人」，「美人」是因，「傾國」是果。

・陳之藩謝天：「他們明明知道要滴下眉毛上的汗珠，才能撿起田中的麥穗。」

運用借代修辭格時要注意貼切、具體、新穎，以求推陳出新，別有情趣。有時也要注意含蓄，以增加聯想的空間，避開忌諱，譬如避免用通俗的「廁所」，而用「盥洗室」或「化妝室」，都是借代格的妙用。

⑶轉　化

轉化是轉變某事物的本質，化成另一種本質不同的事物而加以描述的修辭法。它的方式有三種：

①人性化——將物擬人：

・李商隱無題：「春蠶到死絲方盡，蠟炬成灰淚始乾。」——用「淚」字使蠟炬人性化。

・徐志摩車眺：「月亮在昏黃裡上粧，太陽心慌地向天邊跑。」

②物性化——將人擬物：

・白居易長恨歌：「在天願作比翼鳥，在地願為連理枝。」——用「比翼鳥」、「連理枝」使人物性化。

・李喬桃花眼：「她，那銀白色水潭泛濫了；串串銀色水珠，簌簌滾落地上。」

③形象化——將虛擬實：

・李白贈汪倫：「桃花潭水深千尺，不及汪倫送我情。」——離「情」很抽象，用「桃花潭水深千尺」來比較，使它形象化。

・季季屬於十七歲的：「像某些短命的花屍會每天飄落一樣，黃昏也飄落了。」

轉化和譬喻都是由兩件不同事物之間產生的修辭格，譬喻重在二者的相似處，轉化重在二者的可變處，兩種修辭格應注意的原則可以相通。

人性化的轉化原則，是將無生命無生氣的外物變得像人一樣有生命有生氣，這生命與生氣必須是親切生動，活潑可愛。

物性化的轉化原則，是把人理用物理表現出來，物理純粹自然，永恆真實，使用物性化，使人物合一，心物合一，產生高雅的人生境界。

形象化的轉化原則，是將虛浮抽象的化成真實具體，這種真實具體必須能表現美醜善惡的鮮明意象，這種轉化的修辭才有意義。

(4)映　襯

映襯是利用兩種不同或相反的觀念或事實相映相襯起來，使文氣增強、文意鮮明的修辭法。它的方式有兩種：

①反襯：一個主題用兩個相反的觀點來映襯。如：

・李陵與蘇武詩：「嘉會難再遇，三載為千秋。」——「三載」短暫反襯「千秋」久長。

・李默樂之提昇：「所以說，無是真正的有，失落是最崇高的獲得。」

・天涯咫尺。

②對襯：兩個主題用兩個不同或相反的觀點來映襯。如：

・歐陽脩縱囚論：「信義行於君子，而刑戮施於小人。」

・何仲英享福與吃苦：「得意莫歡欣，失意莫苦惱。」

・只許州官放火，不許百姓點燈。

使用映襯法修辭，要注意對比強烈，才能產生鮮明印象，對比的強弱和印象明暗，成為正比。敘述事實不妨誇大，但是言詞要求含蓄，以便讀者、聽者揣摩，而收會心妙悟的效果。

⑸誇　飾

誇飾是用超過客觀事實的語詞來修飾的修辭法。它主要目的在出語驚人，以滿足讀者、聽者的好奇心理。

誇飾的對象很多，凡是說話或作文用來描述的對象，幾乎都可以用這種手法，如時間、空間、人物、感情、形象等等皆可，例如：

①詩經大雅假樂：「千祿百福，子孫千億。」——「千億」是數量上的誇飾。

②孟子告子上：「有人於此，力不勝一匹雛。」——「不勝一匹雛」是反誇手法，極言其力之小。

③李白蜀道難：「蜀道之難，難於上青天。」——這是物象的誇飾，言蜀道難行。

④杜甫聞官軍收河南河北：「劍外忽傳收薊北，初聞涕淚滿衣裳。」——這是人情的誇飾，言喜極而泣，且淚落滿衣裳。

⑤李白秋浦歌：「白髮三千丈，緣愁似箇長。」——這是空間的誇飾，極言髮長，以映襯愁長。

使用誇張修辭法要注意：在主觀方面須出於情意之自然的流露，不能作矯情的鋪排；在客觀方面須不致誤為事實，如「白髮三千丈」說成「三尺」，便容易被人誤認為事實。那不是誇飾，反而是實際上的說謊。

⑹雙　關

雙關是一個詞語同時關顧兩種不同事物的修辭法。包括字音相諧、字義兼指或語意暗示等。

①諧音雙關：

・劉禹錫夔州竹枝詞：「楊柳青青江水平，聞郎江上唱歌聲。東邊日出西邊雨，道是無晴卻有晴。」

——「晴」與「情」諧音雙關。

・學生多四眼，勤讀成進士。——「進士」與「近視」諧音雙關。

②詞義雙關：

・子夜夏歌：「春傾桑葉盡，夏開蠶務畢；晝夜理機縛，知欲早成匹。」——「匹」相關布匹和匹偶。

・讀曲歌：「音信闊弦朔，方悟千里遙；朝霜語白日，知我為歡消。」——「消」雙關霜的消融和我的消瘦。

③句義相關：

・王之渙登鸛雀樓：「欲窮千里目，更上一層樓。」——兩句句義雙關望遠需登高和進學待努力。

・王維相思：「紅豆生南國，春來發幾枝；願君多採擷，此物最相思。」——紅豆相思雙關採擷紅豆和毋忘友人。

使用雙關修辭法宜蘊藉、風趣和鮮活。「相關義」要隱在字面或語句中，不可太露，要有思考回想的空間，再加上風趣、鮮活的巧妙雙關，才能收到這種修辭格的效果。

⑺示　現

示現是將過去或預想的不見不聞的事物，說得如見如聞的修辭法。它大致可分為追述的、預想的兩類：

①追述的示現：把過去的事跡說得如在眼前。如：

・全祖望梅花嶺記：「二十五日，城陷，忠烈拔刀自裁；諸將果爭前抱持之。忠烈大呼德威；德威流涕，不能執刃，遂為諸將所擁而行。至小東門，大兵如林而立。馬副使鳴騄、任太守民育，及諸將劉都督肇基等皆死。忠烈乃瞠目曰：『我史閣部也！』被執至南門，和碩豫親王以先生呼之，勸之降，忠烈大罵而死。」

．蘇軾赤壁賦：「於是飲酒樂甚，扣舷而歌之。……客有吹洞簫者，倚歌而和之，其聲嗚嗚然，如怨、如慕、如泣、如訴。」

②預想的示現：包括預想中可能實現或不可能實現的事物，說得寫得如出現在眼前一般。如：

．趙煜吳越春秋：「子胥曰：『今王棄忠信之言，以順敵人之欲，臣必見越之破吳。豸鹿游於姑胥之臺，荊榛蔓於宮闕。』」

．李白長干行：「早晚下三巴，預將書報家。相迎不道遠，直至長風沙。」

使用示現修辭法時，要注意順應讀者、聽者的感官與想像，使能引起鮮明的印象和激起共鳴的情緒，並且注意示現的情境要與現實的情境產生強烈對比，但又不流於虛妄而不能成立。譬如陶淵明之桃花源，雖屬懸想的虛構境界，但卻是人類理想中所能認定的世界，雖然這境界可能永遠不能在真實世界中出現或存在，但還是被接受了，成為不朽的名著。

⑻設　問

設問是採用詢問的語氣，以引起對方注意的修辭法。它的方式有三種：一是疑問，二是激問，三是提問。前二種問句下無答案，但疑問是答案不知道，激問的答案已設想於心中，用反問使答案呈現在問題的反面；後一種則問句下有答案。

①疑問：答案不知道。

．梁啟超為學與做人：「諸君啊！你現在懷疑嗎？沉悶嗎？悲哀痛苦嗎？覺得外邊的壓迫你不能抵抗嗎？」

．全祖望梅花嶺記：「先生在兵間，審知故揚州閣部史公果死耶？抑未死耶？」

②激問：答案在問題的反面。

- 史可法復多爾袞書：「若乃乘我蒙難，棄好崇讎，規此幅員，為德不卒，是以義始而以利終，為賊人所竊笑也。貴國豈其然乎？」
- 王安石祭歐陽文忠公文：「惟公生有聞於當時，死有傳於後世。苟能如此足矣，而亦又何悲？」

③提問：答案在問題的後面。

- 白居易琵琶行：「座中泣下誰最多？江州司馬青衫溼。」
- 連橫臺灣通史序：「顧修史固難，修臺之史更難，以今日而修之尤難，何也？斷簡殘編，蒐羅匪易；郭公夏五，疑信相參，則徵文難。老成凋謝，莫可諮詢；巷議街譚，事多不實，則考獻難。……」

設問的功用，在加強文氣語勢，所以可以用在篇首，以引出全篇主旨；也可以用在篇尾，以製造餘味回響；也可以首尾並用，而收前呼後應的效果。在文章中間，也可以適度利用設問以加強氣勢，有時連續設問，也可收跌宕起伏的功效。

(9)呼　告

呼告是在說話行文中，呼喊人物名稱的修辭法。它可以改變平敘的口氣，而收警醒的效果。

呼告面前的人，叫「普通呼告」；把不在面前的人當作在面前的人呼告，叫「示現呼告」；把物比擬作人來呼告是「人化呼告」。

①普通呼告：

- 論語為政：「子曰：『由！誨汝知之乎。知之為知之，不知為不知。』」
- 梁啟超為學與做人：「諸君啊！醒醒罷！」
- 潘希珍母親的書：「小春呀！去把媽的書拿來。」

②示現呼告：

•李陵答蘇武書：「嗟呼子卿！陵獨何心，能不悲哉！」

•白居易與元微之書：「微之！微之！此夕此心，君知之乎？」

•季季屬於十七歲的：「兒離開你已有十八年了呀！十八年了呀！父親啊！父親！」

③人化呼告：

•石頭記第四十九回：「老天！老天！你有多少精華靈秀，生出這些人上之人來。」

•詩經衛風碩鼠：「碩鼠，碩鼠，無食我黍。」

•謝冰瑩愛晚亭：「愛晚亭啊，十餘年來你已受過不知多少次劇烈的砲火洗禮，受過無盡的創傷……」

人在激情時會呼天，會喊媽，呼告正是這種心理的展現，所以應用呼告時，要以真實的情緒為基礎，如果情感虛假，左呼右喚，婆婆媽媽，令人討厭。呼告多半在情緒激動時使用，所以陪伴呼告的言詞要精簡濃縮，才能與呼告的情緒相應。至於示現、人化呼告，除了要合乎上列原則外，還要分別合於示現及擬人的原則。

⑽引　用

引用是援用別人話語、成語、俗語、典故等的修辭法。分為「明引」、「暗用」兩類：

①明引：明白指出所引語文的出處。如：

•文天祥正氣歌序：「孟子曰：『吾善養吾浩然之氣。』彼氣有七，吾氣有一，以一敵七，吾何患焉！」

•諸葛亮出師表：「試用於昔日，先帝稱之曰『能』。」

•梁實秋早起：「曾文正公說：『作人從早起起。』因為這是每人每日所做的第一件。」

②暗用：不指出所引語文的出處。如：

•劉鶚明湖居聽書：「夢湘先生論得透徹極了，『於我心有戚戚焉』。」——『　』中語見孟子梁惠王上。

•曾國藩致諸弟書：「六弟天分較諸弟更高，今年受黜，未免憤怨；然及此正可困心衡慮，大加臥薪嘗膽之功，切不可因憤廢學。」——「困心衡慮」，語出孟子告子下。「臥薪嘗膽」為春秋越王句踐本事。

•司馬中原洪荒：「整個人類的希望或許在『食色性也』四個字中變成了泡沫了。」——『　』中語為告子語，見孟子告子上。

使用「引用」修辭法時，首要注意正確了解原文意義，才不會使用錯引或曲解原意。引用時當據原文，避免輾轉抄襲。引用的目的，在滿足立論的需要或行文的美化，所以所引用的要權威合理，避免艱深冷僻，如能引用後變得委婉含蓄，脫胎換骨，最為上上。引用時，要將引文化入原文中，使語調統一，不可硬接死塞。批駁別人意見時，也宜先引其文，再加案語，表示自己意見，指出謬誤之所在。

⑾感　歎

感歎是用感歎的呼聲或語調來表達深沉思想和猛烈感情的修辭法。人有七情六慾，當情慾轉化為深沉的思想或猛烈的感情時，就用感歎法來表達。

感歎語句中，感歎的呼聲用歎詞外，感歎的語調也常用語氣助詞表達。凡使用感歎修辭法時，一定得用驚歎號「！」。感歎句中，依照利用歎詞、助詞的情況分類，可分為三類：

①利用歎詞：

•袁枚祭妹文：「嗚呼！使汝不識詩書，或未必艱貞若是。」

‧范仲淹岳陽樓記：「噫！微斯人，吾誰與歸？」

‧陳慧劍弘一大師傳：「噯唷！李先生，您這兒擺設得像個和尚的禪房。」

②利用助詞：

‧論語雍也：「子曰：『賢哉回也！一簞食，一瓢飲，在陋巷，人不堪其憂，回也不改其樂。賢哉回也！』」

‧韓愈張中丞傳後敘：「小人之好議論，不樂成人之美，如是哉！」

‧謝家孝張大千的世界：「對囉，對囉！土匪們居然也欣賞我寫的字了。」

③兼用歎詞和助詞：

‧蘇軾留侯論：「嗚呼！此其所以為子房歟？」

‧司馬光訓儉示康：「今人乃以儉相詬病，嘻，異哉！」

‧張愛玲傾城之戀：「喲！我就是香港總督、香港的城隍爺，管這一方的百姓，我也管不到你頭上呀！」

使用感歎修辭法時要注意情感與呼聲、語調相配合，不必感歎而感歎，一如無病呻吟；需要感歎而表達不貼切，也難收其效。

⑿倒　反

倒反是所用文辭與意思相反的修辭法。可以分為「倒辭」與「反語」兩類。這兩類的區別在倒辭沒有諷刺成分，反語有諷刺的成分。

①倒辭：沒有諷刺成分的倒反語。

‧死鬼，你高興了。——「死鬼」是暱稱。

• 論語陽貨：「子之武城，聞弦歌之聲。夫子莞爾笑曰：『割雞焉用牛刀。』子游對曰：『昔者偃也聞諸夫子曰：「君子學道則愛人，小人學道則易使也。」』子曰：『二三子，偃之言是也，前言戲之耳。』」——「割雞焉用牛刀」是倒辭。

• 讀者文摘：「新婚的賴小姐向她的朋友說：『我燒的菜相當成功，我先生已決定要請女傭了。』」——賴小姐菜燒不好，先生才會去請傭人。

②反語：含有諷刺成分的倒反語。

• 三俠五義第三十七回：「日前掐死了一個丫鬟，尚未結案，今日又殺了一個家人。所有這些喜慶事情，全出在尊府。」——「喜慶」是反語，含有諷刺。

• 史記滑稽列傳：「楚莊王之時，有所愛馬，衣以文繡，置之華屋之下，席以露牀，啗以棗脯，馬病肥死。使群臣喪之，欲以棺槨大夫禮葬之。左右爭之，以為不可。王下令曰：『有敢以馬諫者，罪至死。』優孟聞之，入殿門，仰天大哭。王驚而問其故。優孟曰：『馬者王之所愛也。以楚國堂堂之大，何求不得？而以大夫禮葬之，薄！請以人君禮葬之！』」——末三句是反語，有諷刺意。

• 梁實秋雅舍小品：「不知是受了哪一位大人的恩典，這一條臭水溝被改為地下水道，上面鋪了柏油路，從此這條水溝不復發生承受垃圾的作用，使得附近居民多麼不便。」——「水溝」不是倒「垃圾」的地方，諷刺居民在水溝倒垃圾。

使用倒反修辭法時，應該避免尖酸刻薄和錯誤的煽動，在悲歡苦樂正反對比並陳之下，展現幽默感，以收反諫規過之效。

2 形式安排優美的設計

⑴複　疊

複疊是同一個詞素、詞彙、語句重複使用的修辭法。這種重複的方式，如果是連接複疊，就叫做「重疊」，如果是隔離複疊，就叫做「類疊」。茲分別說明如下：

甲、重疊

①詞素重疊：重疊後構成一個複詞。

- 詩經小雅伐木：「伐木丁丁，鳥鳴嚶嚶。」
- 木蘭辭：「唧唧復唧唧，木蘭當戶織。」
- 蘇軾赤壁賦：「客有吹洞簫者，……其聲嗚嗚然。」

②詞彙重疊：單詞與單詞、複詞與複詞重疊，重疊後成為語或句。

- 白居易與元微之書：「微之，微之，如何！如何！」
- 論語顏淵：「君君，臣臣，父父，子子。」

③語句重疊：語與語、句與句的重疊。

- 論語雍也：「亡之！命矣夫？斯人也而有斯疾也！斯人也而有斯疾也！」
- 朱自清春：「盼望著！盼望著！東風來了，春天的腳步近了。」

④語架重疊：語句的骨架重疊。

- 孟子梁惠王上：「老吾老以及人之老，幼吾幼以及人之幼。」
- 王沂孫醉蓬萊：「一室秋燈，一庭秋雨，更一聲秋雁。」

乙、類疊

①詞彙類疊：

・韓愈師說：「是故無貴、無賤、無長、無少，道之所存，師之所存也。」

・徐志摩我所知道的康橋：「關心石上的苔痕，關心敗草裡的鮮花，關心這水流的緩急，關心水草的滋長，關心天上的雲霞，關心新來的鳥語。」

②語句類疊：

・詩經小雅蓼莪：「蓼蓼者莪，匪莪伊蒿；哀哀父母，生我劬勞！蓼蓼者莪，匪莪伊蔚，哀哀父母，生我勞瘁！」——△與△間隔重疊，△△與△△間隔重疊。

・王聿均人生寄語：「大地，向我親切的招喚。田園，向我親切的招喚。人間，向我親切的招喚。」

使用複疊法修辭，應避免格式單調，在整齊中，有適當的變化，聲音同一，語調和諧，要疊得有意義，很自然。

⑵鑲　嵌

鑲嵌是詞語中插入數詞、虛詞、同義詞、反義詞或其他特定詞，以拉長音節、疏緩語調的修辭法。它的種類有：

①鑲字：用虛詞、數詞鑲在詞語中。如：

・論語雍也：「子曰：『賢哉回也！一簞食，一瓢飲，居陋巷，人不堪其憂，回也不改其樂。賢哉回也！』」

・四平八穩。低三下四。亂七八糟。

・論語鄉黨：「孔子於鄉黨，恂恂如也。……與下大夫言，侃侃如也。與上大夫言，誾誾如也。君在，踧踖如也，與與如也。」

②嵌字：用特定的詞嵌入語句中。如：

．木蘭詩：「東市買駿馬，西市買鞍韉，南市買轡頭，北市買長鞭。」

．陸游遊山西村詩：「山重水複疑無路，柳暗花明又一村。」

．水滸傳第六十回：「蘆花灘上有扁舟，俊傑黃昏獨自遊；義到盡頭原是命，反躬逃難必無憂。」

——嵌「盧俊義反」四字，蘆、盧同音借用。

③增字：重複同義詞，除虛詞外，後世這些重複的同義詞多變成並列複詞。

．諸葛亮出師表：「先帝創業未半，而中道崩殂。」

．郭璞遊仙詩：「借問此何誰？云是鬼谷子。」

④配字：單音節的詞，為了引文說話時需要變成兩個音節，就用一個反義的詞相配，而意義仍不變。

．諸葛亮出師表：「宮中府中，俱為一體，陟罰臧否，不宜異同。」

．史記倉公列傳：「緩急無可使者。」

．紅樓夢第四十三回：「你往那裡去了，這早晚才來？」

使用鑲嵌法修辭，目的在舒緩文氣，而有趣味，整齊是美，有變化也是美，這種修辭，除掉形式可以變得整齊外，另外音節上也可以產生節奏，譬如上引出師表的例子，用「中道崩」或「中道殂」，節奏掛單，不如「中道崩殂」來得諧和；「不宜異同」，如說成「不宜異也」、「不宜相異」、「不宜有異」，都不如原句的好，因為上文「體」是仄聲，「同」是平聲，仄平相間。如用「也」或「異」，都是仄聲，聲調就不諧了。

⑶對　偶

對偶是上下兩句字數相等、句法相稱，有時重要節奏點的平仄要相對的修辭法。從形式上可分為：

①句中對：

．范仲淹岳陽樓記：「岸芷汀蘭，郁郁青青。」——「岸芷」對「汀蘭」，「郁郁」對「青青」。

・吳宏一故園心：「此時風平浪靜，天和海是同樣的顏色。」

②單句對：

・書經大禹謨：「滿遭損，謙受益。」

・陳之藩童子操刀：「為輕舟激水的人生找一駐腳，為西風落葉的時代找一歸宿。」

③雙句對：

・宋玉神女賦：「毛嬙鄣袂，不足程式；西施掩面，比之無色。」

・吳宏一笛聲：「曲闌迴干，流轉暮風聲；玉階碧池，流瀉著月光。」

④長對：

・連橫臺灣通史序：「斷簡殘編，蒐羅匪易；郭公夏五，疑信相參，則徵文難。老成凋謝，莫可諮詢；巷議街譚，事多不實，則考獻難。」

・梁實秋客：「茶，泡茶，泡好茶；坐，請坐，請上坐。」

中國文字是方塊字、單音節，可以對偶是它獨特的性質，使用這種修辭法，要注意對仗工整、取意高遠、對比自然，刻意的堆砌成對或艱澀生硬，都不合對偶的法則。

(4)排　比

排比是用結構相似的句法，作兩層以上排列表達某類思想的修辭法。對偶只限兩層，排比是兩層或兩層以上。兩層的對偶和排比的不同在：對偶字數相等，通常要注意平仄，並力避字同義同；排比則不必字數完全相等，平仄也不必那麼講究，亦不避字同義同。排比例句如下：

①孟子公孫丑上：「無惻隱之心，非人也；無羞惡之心，非人也；無辭讓之心，非人也；無是非之心，非人也。」

②文天祥正氣歌：「為嚴將軍頭，為嵇侍中血，為張睢陽齒，為顏常山舌。或為遼東帽，清操厲冰雪；或為出師表，鬼神泣壯烈；或為渡江楫，慷慨吞胡羯；或為擊賊笏，逆豎頭破裂。」

③林海音書桌：「他仰仗它，得心養家活口；他仰仗它，達到寫讀之樂。」

使用排比修辭法時，要注意形式與內容相配合，藉著排比的韻律，達到修辭的效果。排比每個層次的意義要單一而鮮明，層次的排比又要表現出統一貫串，如果各層各意，沒有統一的範圍，就失去排比的作用。

(5)層　遞

層遞是說話行文時，對於有大小輕重的兩個以上的事物，依序層層遞進的修辭法。其例如下：

①大學：「古之欲明明德於天下者，先治其國；欲治其國者，先齊其家；欲齊其家者，先修其身；欲修其身者，先正其心；欲正其心者，先誠其意；欲誠其意者，先致其知；致知在格物。」

②孟子公孫丑下：「天時不如地利，地利不如人和。」

③林語堂來臺後二十四快事：「讀書為考試，考試為升學，升學為留美。」

使用層遞修辭法要注意秩序的一貫，也要注意符合邏輯規則。

(6)頂　針

頂針是用前一句的結尾作下一句的起頭的修辭法。包括「聯珠」、「連環」兩體：

①聯珠體：是句與句之間的頂針。

- 李白白雲歌：「楚山秦山皆白雲，白雲處處長隨君，長隨君；君入楚山裡，雲亦隨君渡湘水，湘水上，女羅衣，白雲堪臥君早歸。」
- 列子愚公移山：「雖我之死，有子存焉；子又生孫，孫又生子；子又有子，子又有孫。」
- 林語堂來臺後二十四快事：「宅中有園，園中有屋，屋中有院，院中有樹，樹上見天，天中有月，不亦快哉！」

②連環體：是段與段之間的頂針。

・詩經大雅既醉：「既醉以酒，既飽以德。君子萬年，介爾景福。既醉以酒，爾殽既將。君子萬年，介爾昭明。昭明有融，高朗令終。令終有俶，公尸嘉告。其告維何？籩豆靜嘉。朋友攸攝，攝以威儀。威儀孔時，君子有孝子。孝子不匱，永錫爾類。其類維何？室家之壼。君子萬年，永錫祚胤。其胤維何？天被爾祿。君子萬年，景命有僕。其僕維何？釐爾女士。釐爾女士，從以孫子。」

・王蓉芷只要我們有根：「那挺立的樹身，仍舊，我們擁有最真實的存在，——只要我們有根。只要我們有根，縱然沒有一片葉子遮身，仍舊是一株頂天立地的樹。」

使用頂針修辭法時，頂針的部分應是引起讀者集中注意的題材，也算一種過渡，從由此到彼的過渡中，要注意和諧、緊湊和趣味，如果使用得好，頂針會產生複疊、層遞等修辭法的效用。

(7)回　文

回文是語文上下兩句詞彙大致相同，而詞序恰好相反的修辭法。舉例如下：

①老子第八十章：「善者不辯，辯者不善。」

②徐志摩我所知道的康橋：「有村舍處有佳蔭，有佳蔭處有村舍。」

③論語為政：「學而不思則罔，思而不學則殆。」

④吳宏一故園心：「漁火就像星光，星光就像漁火。」

使用回文的修辭法，因為它有反覆回旋的作用，涵義容易包容圓滿，只要文句簡潔，容易成為警句。回文的詞彙有全相同的，也有只是多數相同的，所以回文時也要有變化，保留天趣。

(8)錯　綜

錯綜是把複疊、對偶、排比等整齊的形式，以抽換詞面、交錯語次、伸縮文句、變化句式的手段，使形式參差、詞彙別異的修辭法。

①抽換詞面：改變詞語來表達相同的意義。

- 禮記禮運小康章：「故謀用是作，而兵由此起。」
- 高大鵬賦別：「因為我總是在挑剔，總是在選擇。」

②交錯語次：上下兩句語序交錯不齊。

- 韓愈師說：「句讀之不知，惑之不解，或師焉，或不焉。」
- 梁實秋實秋雜文：「飛揚的時代，有飛揚的文學；頹廢的文學，有頹廢的時代。」

③伸縮文句：可以字數整齊的句子，故意使字數不相等。

- 韓愈送孟東野序：「草木之無聲，風撓之鳴；水之無聲，風蕩之鳴，其躍也或激之，其趨也或梗之，其沸也或炙之；金石之無聲，或擊之鳴。」——「草木之無聲」、「水之無聲」、「金石之無聲」為三層排比，但字數不等，三排之中排，句法特長。
- 張秀亞遷居：「愛天邊那朵雲，那朵飄去的雲，但她又怕看那朵雲，那朵飄去的雲。」

④變化句式：各種句型變化使用。

- 孟子梁惠王上：「孟子見梁惠王。王立於沼上，顧鴻雁麋鹿。曰：『賢者亦樂此乎？』孟子對曰：『賢者而後樂此，不賢者雖有此不樂也。』」——孟子所答兩句是肯定句和否定句錯綜。
- 子敏和諧人生：「你可以說擦皮鞋沒用，天天擦天天髒。我為什麼不可以說擦皮鞋有用，天天擦天天亮？」

使用錯綜修辭法時，要注意配合內容作適當的調整，務使文氣舒暢，整齊中有奇特的變化，更需避免散亂蕪雜，弄巧成拙。

(9)跳　脫

跳脫是由於心意急轉，事象突出，使語路中斷或跳脫的修辭法。它的情況有四種：

①突接：從甲突然跳到乙。

②岔斷：甲被乙打斷。

③插語：把乙插入甲中。

④脫略：只說甲，省略乙。

前三種是跳動，後一種是脫略，所以合稱跳脫。

①突接：

•史記項羽本紀：「項王曰：『壯士能復飲乎？』樊噲曰：『臣死且不避，卮酒安足辭！夫秦王有虎狼之心，殺人如不能舉，刑人如恐不勝，天下皆叛之。……』」——樊噲「卮酒安足辭」下一段議論秦王，與項王問能復飲否本無關聯，樊噲心情急切，形成突接。

•白先勇遊園驚夢：「就在那一刻，就在那一刻，啞掉了。天！天！天！」

②岔斷：

•荀子堯問：「魏武侯謀事而當，群臣莫能逮，退朝而有喜色。吳起進曰：『亦嘗有以楚莊王之語，聞於左右者乎？楚莊王謀事而當，群臣莫逮，退朝而有憂色。楚莊王以憂，而君以喜——』武侯逡巡再拜曰：『天使夫子振寡人之過也。』」——吳起的話未說完，被武侯岔斷。

•水晶沒有臉的人：「發瘋似地在背街小巷裡瞎走。觸目皆是傷心的顏色。忘不了貓咪的影子，就是忘不了，走了以後才發覺。設法遺忘是一件痛苦的事。——羅兄，原來在這裡，校長要我來找你。」

③插語：

•史記項羽本紀：「項王留沛公飲。項王、項伯東嚮坐，亞父南嚮坐——亞父者，范增也——沛公北嚮坐，張良西嚮侍。」

•張曉風行道樹：「我們唯一的裝飾，正如你所見的，是一身抖不落的灰塵。」

④脫略：

•朱西甯狼：「我二叔常跟我說，二嬸就是性情暴躁，過去那一陣兒，就……。」

•何曉鐘活埋：「小少爺，想通了？那就趕快讓他們走，不然……。」

使用跳脫修辭法，旨在不以平敘的句法，引起別人注意。當心意急轉，事象突出需要表達時，最適合使用跳脫法。文句跳脫後，要注意語意不能晦澀不明，含蓄中，讓聽者、讀者更有回旋思考的空間。

捌 重要學者與文學家傳略軼事

一、經學家

(一)孔丘

孔子名丘，字仲尼。春秋時代魯國昌平鄉陬邑（今山東曲阜）人。生於周靈王二十一年（西元前五五一年），卒於周敬王四十一年（西元前四七九年）。他的先祖本為宋國人，父親孔紇（叔梁紇）是個力士，晚年娶顏氏為妻，相傳曾經禱於尼丘而得孔子。

孔子十五歲便有志於學，對於古代禮制最有興趣，曾經在祭祀周公的太廟擔任禮儀方面的職務。三十五歲時，魯大夫孟釐子病故，臨死前要他的兒子孟懿子向孔子學禮，可知當時孔子已經學禮有成。

孔子年輕時家境很貧窮，曾做過魯大夫季氏的家臣，後來並由此而做到司空。因為魯國發生三桓之亂，乃赴齊國，做高昭子的家臣。在齊國的時候，孔子曾和齊太師論音樂，齊景公也向他請教政治，本打算把尼谿田封給孔子，但被晏嬰阻止，孔子於是又回到魯國。這個時候的魯國，不論上下，都僭離了正道，孔子退官不仕，返家設帳授徒，以詩、書、禮、樂教弟子，各地好學之士都前來受業，這也是我國私人講學的濫觴。

後來魯定公任命孔子為中都宰，一年後，各地都以他為法則。由中都宰而司空，由司空再做到大司寇。定公十年，孔子五十二歲，齊魯兩國修好，會盟於夾谷，孔子隨行，在會盟之間，孔子折衝樽俎，表現極為優異，為魯國奪回許多失土。定公十四年，孔子以大司寇攝行相事，曾經誅魯大夫之亂政者少正卯，參與國政三個月，便能做到路不拾遺，四方來歸。

齊國知道消息很著急，認為孔子為政必能使魯國強大，打算施用美人計，軟化魯國上下。於是精選了齊國國內能歌善舞的美女八十人，良馬三十駟（一百二十匹）送給魯君。季桓子先是微服前往觀看，然後勸定公接受，並舉辦遊行。君臣終日觀看，怠於政事，孔子一怒之下，離開魯國，周遊列國。

自此孔子遊歷了衛國、陳國、曹國、宋國、鄭國、蔡國、楚國。後由楚國返衛國，這時候是魯哀公六年，孔子已經六十三歲。孔子又在衛國居住多年，至魯哀公十一年，才由季康子迎回魯國。孔子在周遊列國的十四年當中，一邊教學，一邊遊說各國國君，景況最壞的時候，曾經在陳國絕糧，在宋、匡等地還曾經險遭殺身之禍。

回到魯國之後，魯哀公、季康子雖然都曾向他請教政治，終究還是不能重用孔子，孔子也不打算求官。他全力從事詩、書、禮、樂的整理工作，並贊明易道，申說義理。同時也全心投注於教育事業。他以詩、書、禮、樂教學，弟子有三千人之多，而身通六藝者有七十二人。

孔子首創私人講學之風，後世尊稱為「至聖先師」。他長期從事禮樂的研究，對於周朝歷史文化的傳承、更新有極大的貢獻。在思想上，他由「禮」的研究，推出「仁」的觀念，作為一切德性的根源，並由此展開了一套道德的、心性的學問，長期影響中國政治、社會、教育、文化各層面。他的人格完美，思想深刻，是人格世界的典範，更是思想世界的巨人。

(二)孟　軻

孟子名軻，字子輿，鄒人。鄒本是春秋邾國，到了孟子的時代，改稱鄒。鄰近魯國，為魯國所併吞，便是今天的山東鄒縣。他的生存年代大約在西元前三七二年至西元前二八九年之間，也就是戰國中期的時候。據說孟子是魯國公族孟孫的後代，三桓子孫衰落之後，分居他國，所以，到了孟子，已經家道中落，非常清苦。

孟子幼年喪父，但是資賦優異，由母親教養成人。孟母是一位了不起的女性，為了使孟子能有一個良好的生活環境，曾經多次遷徙住所，此即有名的「孟母三遷」。以後曾經受業於子思的門人，得到完整的儒學教育。

他成年之後的事跡不詳，孟子書中曾經記載他在齊國為卿，又記他出遊之時，「後車數十乘，從者數百人」。可是也記載孟子適齊，遊說齊宣王，宣王不能採行他的意見；適梁，梁惠王也不能重用他。此外他還與滕文公、鄒穆公一起交談過，諸侯們一致覺得孟子的思想過於迂遠，不能立刻產生富國強兵的作用。當時秦國重用商鞅，楚、魏等國重用吳起，齊威王、宣王重用孫子、田忌之流，天下各國，正互結盟友，相互攻伐，並且以長於合縱連橫、能夠提出富國強兵方略的人為賢者，孟子見到事不可為，退而與徒弟萬章等人，闡揚孔子的學說，作孟子七篇。

他幼年受到良好的母教，成年以後學習孔門的儒術，於是成為一個純粹的儒者，處在戰國中期，雖然流行各種異端邪說，孟子本其滔滔辯才，舌戰群雄，因此被認為是孔子以後，最重要的儒者。

他在世時某些遭遇與孔子類似，但是學術處境大不相同。孔子在世，提出儒學的主張，並無與他相抗衡的人。孟子時代就不同了，當時天下不歸楊則歸於墨，楊朱、墨翟之學十分興盛；甚至於慎到、宋鈃、蘇秦、張儀之流，都在宣揚自己的學說，孟子說：「予豈好辯哉？予不得已也！」的確是實情。

史記儒林列傳說：「孟子、荀卿之列，咸遵夫子之業而潤色之，以學顯於當世。」東漢趙岐也說：孟子通五經，尤長於詩、書。孟子春秋之學也十分精通，可惜不傳。以孟子、荀子相比，荀子在經書之傳承方面固然功勞甚大，而孟子在儒學思想的開展上，也有不可磨滅的貢獻。他在心性論方面有「性善」與「四端之說」、「義利之辨」與「養氣成德工夫」；在政治思想方面「民貴君輕」、「仁政王道」以及「德治」的論見都有很高的價值與深刻的理論意義。如果說孔子是儒家思想的創始者，那麼孟子便是建立儒家思想完整體系的哲人，在我國經學史上的地位，非常重要。

㈢鄭 玄

鄭玄，字康成，北海高密（今山東高密）人。生於東漢順帝永建二年（西元一二七年），卒於東漢獻帝建安五年（西元二〇〇年）。年輕時曾任鄉嗇夫，所謂「鄉嗇夫」是一種職掌訴訟、收取賦稅的小官。但是，他並不喜歡這個工作，他的父親雖然生氣，也莫可奈何。於是鄭玄進太學，向第五元先學易，向張恭祖學周官、禮記、左傳、韓詩，以及古文尚書。後來覺得山東地區已經沒有值得請教的人，乃由盧植引介，向當時的大儒馬融拜師求教。馬融有門徒四百人，能夠升堂進見的不過五十人。馬融又素來驕貴，所以鄭玄在門下三年仍見不到馬融，只是由資深的弟子傳授學問給他。

鄭玄在馬融門下，日夜誦讀，未曾一日怠忽。有一天馬融聚集門生，研討河圖緯書，聽說鄭玄計算能力很好，便召見他。鄭玄趁此機會向馬融請教多年累積的疑問，然後向馬融辭別，馬融讚歎地說：「鄭生這次離開，我的學問一定能在東部發揚光大。」

鄭玄在外遊學十餘年，回到自己的故鄉，在東萊講學耕讀，徒弟門生不計其數。到了「黨錮之禍」發生，鄭玄與同郡孫嵩等四十餘人都被禁錮。於是在事後杜門讀書，隱修經業。曾與何休論學，何休是當時著名的經今文學者，精研六經，善長曆算，對於公羊傳最有心得。據說何休作了公羊墨守、左氏膏肓、穀梁廢疾，鄭玄便作發墨守、鍼膏肓、起廢疾加以反駁。何休讚歎地說：「鄭康成簡直是進了我的屋子，拿著我的戈矛來討伐我嘛！」

靈帝以後，黨錮解禁，大將軍何進曾經辟徵他出來做官，對他十分禮遇，可是鄭玄不受朝服，以幅巾相見，過了一夜，便逃走他方。將軍袁隗向皇帝奏請鄭玄為侍中，鄭玄因父喪未就職。國相孔融因尊敬他的為人，要高密縣設立一個特別的行政區，就叫做「鄭公鄉」。就連黃巾賊作亂期間，鄭玄自徐州返高密，遇到賊兵數萬，見到他都非常尊敬，相約不去寇擾高密。後來大將軍袁紹，在冀州大會賓客，邀請鄭玄上坐。賓客知道他是儒者，紛紛詰問經學，鄭玄一一辯答，聽者歎服。其中有一位叫做應劭的名士自我介紹說：「我是前太山太守應中遠，願意北向做你的弟子，如何？」鄭玄笑答：「仲尼之門，有四科之名目，就算顏回、子貢這樣的高徒也都不敢稱呼自己的官銜。」應劭非常慚愧。

由上述的故事，可知鄭玄在當時非常受到朝野人士的敬重，袁紹後來曾薦舉為茂才，表奏皇帝以中郎將任用他，鄭玄皆未接受。於是給予大司農的禮遇，贈他一輛馬車，所到之處，地方官吏都要迎送。建安五年春，夢見孔子，六月病逝。

我國自漢代以來，經學鼎盛，各自名家。每一經書都有數家解說，章句多者，甚至高達百餘萬言。大致說來，西漢的經學家重視師法，大多專攻一經；東漢的經學家重視家法，往往兼通數經。以鄭玄來說，他是東漢最重要的經學家，所注釋過的經書有周易、尚書、毛詩、周禮、儀禮、禮記、論語、孝經、尚書大傳，其注釋內容，今古文兼採，可以說是集古今之大成。在經典的訓詁注疏之功勞，除了宋代的朱熹外，沒有人能與他相比。除了注釋經書之外，還著有天文七政論、魯禮禘祫義、六藝論、毛詩譜、駁許慎五經異義，都流傳於世。

(四)陸德明

陸元朗字德明，以字行，蘇州吳（今江蘇吳縣）人。生於梁敬帝太平元年（西元五五六年），卒於唐太宗貞觀元年（西元六二七年）。起初受學於當時的大學者周弘正，善言玄理。陳後主太建年間，後主曾經邀集名儒在承光殿講論學術，德明年方二十，側居下坐。國子祭酒徐孝克主講，仗恃著地位崇高，恣意逞辯，聽眾都不敢反駁，只有德明起來申覆論難，每每折服其說，舉座都十分歎服。於是入仕為始興國常侍。陳朝滅亡以後，歸返故鄉。

隋煬帝即位以後，擢任祕書學士，遷國子助教，曾經入越王殿中授經。後來王世充僭號為王，冊封自己的兒子王玄恕為漢王，欲以德明為師。王氏親赴德明家中致贈束脩，德明故意吞服巴豆，僵臥在家中，王玄恕入拜床前，德明故意當眾下痢，不開金口，以表示他的輕藐。

王世充僭稱為王不久，即被平定。唐太宗辟徵德明為文學館學士，以後又補太學博士。高祖退位以後，曾經邀集博士徐文遠、高僧慧乘、道士劉進喜，各講自己的經典，德明都能順著三教的理路，掌握內容，全面析論其要旨。高祖非常高興，說：「三人已經講得很好，然而德明一舉，完全涵蓋了他們，實在高明！」賜了五十匹帛，並且正式任命為國子博士。

陸德明經學的涵養很深，最大的貢獻是寫了經典釋文三十卷。據德明的自序，這本書始作於癸卯之歲，也就是陳後主至德元年（西元五八三年），當時還是一個二十幾歲的青年，可謂草創甚早。這本書包括：周易音義、尚書音義、毛詩音義、周禮音義、儀禮音義、禮記音義、春秋左氏音義、春秋公羊音義、春秋穀梁音義、孝經音義、論語音義、老子道德經音義、莊子音義、爾雅音義。使用摘字注音、訓解字義的方式，但因孝經是童蒙始學之書，老子又版本互異，所以摘錄全句來作注音、訓解。本書所採取的漢、魏、六朝的音切一共有二百三十餘家，又兼載諸儒之詁訓，辨證各種版本異同，很多古代的資料，原書都已失傳，後人若想略作察考，惟有依賴經典釋文。除了此書，還有老子疏、易疏，都流傳於世。

(五)孔穎達

孔穎達字仲達，冀州衡水（今河北衡水）人。生於北周武帝建德三年（西元五七四年），卒於唐太宗貞觀二十二年（西元六四八年）。據說孔穎達八歲就學，便能日誦古書千餘言，默記三禮義宗。成年以後，對於服虔的春秋左氏傳解、鄭玄所注釋的尚書、詩經、禮記，王弼的周易注十分精通。隋煬帝大業初，應試明經科，獲得高第，授官河內郡博士。

隋煬帝曾經號召各地儒官，會集東都，講論學術，孔穎達也參加了，他的年齡最小，表現卻最佳。據說曾經引起一些老師宿儒的不滿，暗地派人刺殺他，險遭不測。

唐太宗平定洛陽以後，授以文學館學士，遷官國子博士。穎達多次進諫忠言。有一次太宗問：「孔子說：『以能問於不能，以多問於寡，有若無，實若虛。』這是什麼意思？」穎達回答：「這是聖人教人謙虛。自己雖有才能，仍向才能不高的人請教自己不知的事；自己雖有學問，仍向學問不多的人請教，使自己更充實。內在有道，外表似無；胸中充實，卻仍虛心。非但普通人該這樣，就是國君也當有此修養。」唐太宗非常同意他的說法。後來又敕令穎達與魏徵合撰隋史，累官至國子祭酒。

孔穎達在我國經學史上最大的貢獻是奉詔與諸儒撰定五經義訓。據新唐書藝文志之記載，一起編撰的人還有顏師古、司馬才章、王恭、馬嘉運、趙乾叶、王琰、于志寧等學者，四門博士蘇德融、趙弘智複審，並且由太宗詔令定名為五經正義。後來太學博士馬嘉運又指出若干缺失，高宗永徽二年又詔令中書、門下與國子三館博士加以考正，然後頒布天下。

五經正義一共有周易正義十卷，取用魏王弼、晉韓康伯的注；尚書正義二十卷，取用偽孔安國傳；毛詩正義七十卷，取漢毛亨傳、鄭玄箋；禮記正義六十三卷，取用鄭玄注；春秋左傳正義六十卷，取用晉杜預集解。自唐至宋，明經取士，都以此為標準，因此，成為影響唐宋經學發展十分深遠的著作。

(六)顧炎武

顧炎武，本名絳，字寧人，學者稱為亭林先生，江蘇崑山人，生於明神宗萬曆四十一年（西元一六一三年），卒於清康熙二十一年（西元一六八二年）。自幼過繼給未婚即守寡的叔母為子。六歲已經開始讀大學，九歲讀周易，十一歲讀資治通鑑，十四歲已通過縣試，成為諸生。二十七歲以前也曾用心於科舉，明思宗崇禎十二年（西元一六三九年）應試不第，自此退而讀書，遍覽二十一史及天下郡縣志書，全力鑽研經世之學。

明朝滅亡之後，顧炎武參與「復社」的活動，三十三歲時，曾與歸莊、吳其沆等人起兵於吳江，不幸失敗，吳其沆犧牲了生命，歸莊與顧炎武幸能逃脫。母親王氏絕食而死，臨終前告訴顧炎武：「我雖為婦人，身受國恩，理應與國俱亡，你絕對不可以做異國的臣民，不可背負國恩，遺忘先祖的遺訓，這樣我死了才能瞑目。」次年，明宗室唐王在福建即位，打算任命他為職方員外郎，可惜因為母喪未葬，不能成行。

三十八歲那一年，受到仇家陷害，於是化裝成商人，赴南京，四度拜謁孝陵，更不幸的是在顧家服務已歷三代的僕人陸恩叛投里中豪家，顧炎武急著把他捉回，因為陸恩透露了他私通唐王的消息。顧炎武將他投入水中溺死，陸恩的女婿告進官府，以千金行賄，請殺炎武。於是顧炎武求助於錢謙益，未果，乃離家北上遊歷。

此行他先後遊歷了江蘇、浙江、河南、河北、山東、陝西各地。至清康熙十六年，卜居在陝西華陰。此時，他已經六十五歲。康熙十七年開博學鴻詞科，許多人都要他出來，他堅持不肯。十八年詔修明史，又有人要他出來，他寫信給學士葉方藹，誓言以死相殉，才能免除。康熙十九年，他再度出遊伊洛，登臨五嶽，曾自言：「五嶽遊其四矣。」他每到一處，必定結交當地賢豪長者，考察山川風俗，民生疾苦，直到康熙二十一年逝世。

他是一個綜貫百家的通儒，學問非常淵博。他參閱了歷代史書、各地山經圖志，並且實地考察，撰成天下郡國利病書。他鑽研古代音韻學資料，撰成音學五書，他訪察各地碑誌，蒐集金石史料，完成金石文字記，這些書都有極高的學術價值。

顧炎武晚年潛心於六經，認為「經學即理學」，又以為：捨經學而言理學，就是墮入禪學而不自知。他反對空疏的陸、王心學，比較傾心於朱子。此外，他開啟了清初強調實證的學風。除了以上的著作之外，還有左傳杜解補正、二十一史年表、亭林詩文集、日知錄等著作。

(七)戴　震

戴震字慎修，一字東原，安徽休寧人。生於清世宗雍正元年（西元一七二三年），卒於清高宗乾隆四十二年（西元一七七七年）。他十歲才會說話，可是天資很好，有過目不忘的本事。小時候，進私塾讀書，剛讀大學章句不久，就問塾師：「怎麼知道這是孔子的話，而由曾子傳述呢？」塾師回答：「是朱文公（熹）說的。」又問：「朱文公是那個朝代的人？」塾師回答：「宋朝人。」又問：「孔子、曾子是那個朝代的人？」塾師回答：「周朝人。」又問：「周朝和宋朝相隔多久？」又答：「大約兩千年。」於是戴震說：「這麼長的一段時間，朱文公又是怎麼知道的？」塾師被逼問得答不出話來。

從此，他讀書一定嚴格考究字句涵義。稍長，讀許慎說文解字，喜歡得不得了。就這樣，他讀通整部十三經注疏，不只了解內容，還能舉述任何一段文辭。當時婺源地區的經學家，以江永最有名氣，戴震以二十歲的年紀和他討論經書，連江永都對他精湛的經學修養很吃驚。

二十九歲時到京師，當時著名的學者紀昀、王鳴盛、錢大昕、朱筠、王昶都是甲戌年的進士，在學問上也是一時之選，他們見了戴震，皆擊節歎服。這個時候，戴震已經在學術方面小有名氣。秦蕙田在編五禮通考時，就曾收錄戴震的文章。王安國要他的兒子王念孫拜戴震為師，山西布政使朱珪還要戴震修撰汾州府志及汾陽縣志。

乾隆三十八年，戴震在于敏中的推薦下，擔任四庫全書館修纂官。他曾校勘水經注，把「經」和「注」分開，糾正唐朝以來，水經注「經」、「注」混淆不清的缺失。乾隆皇帝相當褒揚戴震的成就，特別作了一首詩放在書前，由此可知他是如何受到器重。乾隆四十年，參加會試，未能登第，乾隆帝命他參與殿試，賜同進士出身。最後做到翰林院庶吉士。

戴震出身孤寒，一生貧困，沒有其他嗜好，只是專力於讀書。他的學問，長於考辨，對小學、曆算、地理最為專精。小學之作，有聲韻考、聲類表、方言疏證、六書論等書。曆算方面，有古曆考、續天文略、句股割圜記等書。地理方面有校水經注、水地記、直隸河渠書。但是他一生最得意的著作是孟子字義疏證。他以為宋儒論「性」、論「理」、言「道」、言「誠」，都不是六經、孔孟的原義，所以拿孟子字義疏證來開示學者。這本書其實不只是一本考證字義的書，裡面已經有戴震自己的一套哲學理念涵蘊其中。他的著作充滿實事求是之精神，除上述之書外，還有很多著作，由孔繼涵蒐羅成戴氏遺書，全都流傳於世。

(八)阮　元

阮元字伯元，江蘇儀徵人。生於清高宗乾隆二十九年（西元一七六四年），卒於清宣宗道光二十九年（西元一八四九年）。他二十二歲舉鄉試，和邵晉涵、王念孫、任大椿等人為友，此時即有考工記車制圖解之作。乾隆五十四年，阮元二十五歲，舉進士及第，被選入翰林院為庶吉士，三年後，授編修之職。起先在太子府任詹事，後來先後做過內閣學士、兵部侍郎、戶部侍郎、浙江巡撫、河南巡撫、湖廣總督、兩廣總督等職務。

在他長期仕宦生涯裡，非常重視人才的培育，如仁宗嘉慶六年時，阮元擔任浙江巡撫，曾經設立詁經精舍，奉祀漢朝的經學家許慎、鄭玄，並且延聘當時著名的學者王昶、孫星衍擔任講席，選了一些高材生在精舍中讀書，教以經史、小學、天文、地理、曆算，並且選擇優良的文章刊印成書，稱為詁經精舍集。不出十年，曾在精舍中受教的人，在官場顯達或學問上能成一家之言者，不可勝數，東南地區之所以人才輩出，與此大有關聯。嘉慶八年，他又成立了海寧安瀾書院，造就了很多人才。

嘉慶十五年，他遷官侍講兼國史館總纂，曾經創立儒林傳、文苑傳，又集清朝天文律算諸家作疇人傳。嘉慶二十一年，在廣東，曾經修撰廣東通志，並且以古學考課當地的士子，一如在浙江擔任巡撫的情形。

阮元持身清廉敬慎，為官尊崇大體。督導學政時，凡是有一藝之長的讀書人，無不獎勵；凡是能夠在經學或詩文方面有造就的人，一定提拔到自己的身邊，所以很多學者，都出身於此。他在學術方面，倡導實事求是的學風，自經學、史學、小學，至金石詩文，無不精通。著有揅經室集，對於各經之精義，無不深入闡析，考察精詳。在經學方面，他編撰的經籍纂詁及十三經注疏校勘記，傳布海內，最為研究經學的人所取資。此外，他的疇人傳、積古齋鐘鼎彝器款識、兩浙金石志、山左金石志都受到學者推崇。另外他刊刻的大部頭叢書：皇清經解、江蘇詩徵、淮海英靈集都流傳於世。

(九)王念孫（含王引之）

王念孫字懷祖，江蘇高郵人。生於清高宗乾隆九年（西元一七四四年），卒於清宣宗道光十二年（西元一八三二年)。父親王安國,曾任吏部尚書。念孫幼年隨父入京,出生數年,即能讀尚書,口授諸經,都能成誦,八歲所寫的文章中,已有史論之作;對歷史的論斷,非常有見解。十歲已經讀畢十三經,他的父親以忠恕正直的立身處世之道教導他,並且延聘戴震做他的老師。

乾隆三十年,高宗到江南巡視,王念孫以大臣之子迎駕,並獻上文冊,受賜為舉人。乾隆四十年,登進士第,並被選為翰林院庶吉士。以後在官十數年,歷任工部主事、御史、給事中,非常廉直。嘉慶十四年以後,大都從事水利工作,先後巡視淮安漕運、濟寧漕運,後來調任永定河道、山東運河道。在任期間,節省公帑,不受請託。

王念孫個性廉直,喜怒形於色,畢生以著述自娛,學者稱為石臞先生。最初從戴震受聲韻、文字之學,精通爾雅、說文。後來見到邵晉涵寫了爾雅疏、段玉裁撰成說文解字注,便不再寫爾雅、說文的著作,而針對廣雅及漢代前後的經書作箋注,撰成廣雅疏證一書。論者都評論此書,疏證部分比原書寫得更好。另外,他精於校讎之學,著有讀書雜志,是清代經學重要的著作。

王念孫有長子名引之,字伯申,生於清高宗乾隆三十一年(西元一七六六年),卒於清宣宗道光十四年(西元一八三四年)。嘉慶四年,賜進士及第。曾任編修、侍講、日講起居注官。嘉慶十八年,由太僕寺卿轉大理寺卿,次年視學山東,適逢教匪作亂,在教匪捕誅之後,作闡訓化愚論、見利思害說,感化士民。以後又做過禮部侍郎,曾主持仁宗實錄之修纂工作。道光元年以後,任經筵講官、工部尚書、禮部尚書。他為官不苟同、不阿諛、不虛矯、不偏激,頗有古代大臣之高風。曾經主持鄉試四次、會試兩次,提拔了很多才俊之士。

王引之幼承家學,對爾雅、說文解字及聲韻、訓詁之學最有研究。他曾經表示:自己在學問方面,並不擴及百家之學,獨好研治經學;而經學方面,目標不在經書中的大道,而在小學這一方面。他治經學的大原則是「用小學說經,用小學校經」而已。他曾以父親王念孫廣雅疏證所詮釋以及平日研究所得,撰成經義述聞一書，採取摘錄經句解說的方式來作訓釋。又覺得前人對於經書中的「語詞」（虛字）略而不究，往往使文意不明，又撰經傳釋詞一書，自九經、三傳及周秦西漢之古籍，凡語助之辭，莫不搜討，分字編次，成為訓詁學極重要的著作。

王氏父子繼承戴震「由聲音文字以求訓詁，由訓詁以尋義理」的理想，畢生從事字義、名物、制度之考證，他們雖在經學理論上開展較少，可是在經書訓詁方面，堪稱權威，嘉惠後學不淺。

二、史學家

㈠左丘明

左丘明是魯國人，曾任魯國太史，其生卒年不詳。孔子在論語公冶長篇曾經提到：「巧言、令色、足恭，左丘明恥之，丘亦恥之。匿怨而友其人，左丘明恥之，丘亦恥之。」有人說左丘明是孔子的學生，可是從孔子說這段話時，引左丘明以自重的口氣來看，可能是一個與孔子同時代的高士。

相傳孔子在修魯國的國史春秋之前，曾與左丘明同赴周之王畿，訪查史料，觀摩史官之制，歸國以後，孔子將人物褒貶，微言大義，口述傳授弟子。左丘明擔心孔門弟子日後各有說法，各安其意，失去歷史真象，於是根據春秋，詳述本末，完成春秋左氏傳。此書經過多次傳承，傳到荀況，荀況傳漢朝之張蒼及賈誼，後來劉歆上書哀帝，左傳始能立於學官。

左傳之外，相傳左丘明也曾採錄周穆王至韓趙魏滅智伯這一段時期之言論與史事，撰成國語。此書一共二十一卷，包含了周、魯、齊、晉、鄭、楚、吳、越八國之史實。漢朝的學者稱左傳為「內傳」，國語為「外傳」。其實兩書雖有一些內容大同小異，可是記載史實的詳略、輕重並不相同。左傳古來被視為「經書」，而國語則被視為「雜史」。若以書籍的性質和撰作體例來看，左傳同時也是一部「編年史」，國語則為我國最早的「國別史」，它們都載錄了豐富的史料，在考察我國上古史方面，相當重要。

(二)司馬遷

司馬遷字子長，西漢左馮翊夏陽（今陝西韓城）人。生於漢景帝中元五年（西元前一四五年），卒年不詳。是太史令司馬談之子，也是我國最偉大的史學家。

司馬談是一位博學多識，很有理想的學者，很早便對司馬遷實施嚴格的教育，相傳司馬遷十歲誦讀古文，二十歲起，便展開壯遊天下的活動。據太史公自序記載，曾經「南遊江淮」、「北涉汶泗」，又曾「奉使西征巴、蜀以南，南略邛、笮、昆明」等地，又說他曾「西至空桐，北過涿鹿，東漸於海」（史記五帝本紀），這樣看來，遊蹤幾乎遍及全國各地。

這段漫長的遊歷，對他的著述事業有很大的影響，使他有機會親臨各地山川名勝，訪查人物耆宿，蒐集史料掌故，了解民間疾苦及社會風貌。最重要的是培養了通觀古今的眼光以及成一家之言的氣度。

司馬談在漢武帝元封元年（西元前一一〇年）病故，臨死前執手叮嚀司馬遷：一定要繼承父志，撰寫一部體系完整的史書。司馬遷在三年後，繼任太史令，著手籌備資料，從武帝太初元年（西元前一〇四年）開始動手寫作。

不幸，漢武帝天漢二年（西元前九九年），發生了影響司馬遷很重大的「李陵案」。李陵是名將李廣的孫子，天漢二年，貳師將軍李廣利出征匈奴，李陵率領五千步卒做先鋒，不幸遭遇匈奴十萬大軍，雖然斬將搴旗，視死如歸，但因後援不繼，不幸戰敗而投降匈奴。單于很欣賞李陵的勇氣，將女兒嫁給他，並封他為右校王。

李陵敗降之後，誤傳代匈奴練兵之消息，武帝大怒，盡誅其家族，就連李陵高齡老母也未能倖免。司馬遷與李陵雖非往來頻繁，但了解其為人，遂上書營救，不意觸怒武帝，使他連帶受到宮刑。這段期間，司馬遷不論精神和肉體都承受極大的痛苦，本欲自殺，幾度徘徊於生死關頭，終因想到：古來多少前賢，都是在極端困頓的環境下，完成不朽的著作，因此隱忍苟活，繼續史記的寫作。

從司馬遷繼任太史令至遭遇李陵案之災禍，已歷九年，自此發憤著述，又經八年。綜計史記之寫作，前後耗費十七、八年始告完成。此時司馬遷大約五十三、四歲，以後司馬遷之事跡便記載欠詳，甚至卒年都無法查考。

史記一書，上起黃帝，下迄天漢末，記錄了二千六百年的史事。他運用十二「本紀」來敘帝王，十「表」以繫時事，八「書」以詳制度，三十「世家」以記諸侯，七十「列傳」以誌人物，形成紀傳體的通史。這種體例一經確立，後代的正史都不能超出其範圍。此外，史記的紀傳體裁，凸顯了人物在歷史發展中的作用。而他對歷史人物的記錄，又不限於帝王將相，凡是與政治、經濟、文化、軍事、科學或社會各階層有貢獻的人，都為他們立傳。因此我們可以看到各色各樣活躍在歷史舞臺的人物，這些人物都有歷史與文學的「典範」意義。因此，司馬遷創作的史記，不但有史學價值還有高度的文學價值，是一部歷史與文學高度融合的傑作。

㈢班　固

班固字孟堅，扶風安陵（今陝西咸陽）人。生於東漢光武帝建武八年（西元三十二年），卒於東漢和帝永元四年（西元九十二年）。他是漢代著名學者班彪之子，投筆從戎的班超是他的弟弟。

班固自幼穎異，九歲已能文章，成年以後，博通百家之學。班彪有感於史記自漢武帝太初以後，史事闕而不錄，遂續作後傳十篇。班固認為父親所續之前史不夠精詳，於是潛心蒐集史料，希望完成父親未竟之事業。不料有人上書明帝，誣指班固私改國史，明帝逮捕班固下獄論罪。幸而班超求見明帝，具說原委，而明帝亦披閱班固所著，於是任命班固為蘭臺令史。

先是班固與陳宗、尹敏、孟異同撰光武本紀，其後班固又自撰列傳載記二十八篇，明帝始准他繼修國史。自和帝永平初迄章帝建初年間，歷時二十餘載，完成漢書。

和帝永元三年（西元八十九年），大將軍竇憲出征匈奴，班固為其中護軍。永元四年，竇憲以專横而伏誅，班固受牽連，亦死於洛陽。班固死後，著作散亂，因「表」、「天文志」尚待續成，乃由妹班昭續作。因此漢書是歷經班彪、班固、班昭三人，歷時三、四十年才完成的巨著。

漢書起自高祖，迄於孝平帝、王莽之誅，共計十二世二百三十年之史事。全書分成十二帝紀、八表、十志、七十列傳，合計八十餘萬言。全書之體例，完全模倣史記，為我國「斷代史」之祖。而班固除漢書之外，尚有兩都賦、幽通賦、答賓戲等辭賦作品，另有白虎通義、典引等書，在史學、文學兩方面都有極高之成就。

(四)范　曄

范曄字蔚宗，順陽（今河南淅川）人。生於東晉安帝隆安二年（西元三九八年），卒於南朝宋文帝元嘉二十二年（西元四四五年）。是車騎將軍范泰幼子。母親如廁而產子，使范曄之額頭為塼所傷，遂以塼為小字。范曄自幼好學，博涉經史，襲封武興縣五等侯，十七歲即任祕書丞，此後做過尚書吏部郎。元嘉元年彭城王劉義康太妃故世，將返葬祖塋，僚屬親友聚集東府治喪，不料范曄竟與僚友王深、弟范廣深夜酣飲，聽輓歌為樂。彭城王大怒，將范曄貶為宣城太守。范曄因個性輕躁而不得志，遂將當時多本後漢書刪為一家之作。

另外一則故事亦顯現范曄恃才傲物，不守禮法。那是他母親隨范曄兄長范暠住在宜都，病故，范曄未能及時奔喪，及其將行，又攜妓妾同往。御史中丞劉損奏請文帝懲處，文帝愛其才，並未議處。

范曄身不滿七尺，髮禿軀體黑胖，善彈琵琶，能作新曲，文帝欲聞，屢屢暗示，范曄皆故作不知，未予理會。某日，文帝大宴群臣，當席對范曄說：「我欲歌，卿可彈。」范曄不得不奉旨，文帝歌畢，范曄亦即停止彈奏。

范曄一生最重大的事跡，是捲入彭城王劉義康之謀反行動，因此而下獄伏誅。其四子及一弟皆受牽連，一併棄市。後世頗有人替范曄鳴不平，謂范曄實未參與叛逆之事。但因他平日恃才傲物，又受文帝榮寵，忌恨者甚多，性格之缺陷或為范曄致命之因素。

范曄之後漢書僅成「紀傳」部分，今天流傳的版本，乃梁朝劉昭合范氏之紀傳與司馬彪三十卷「志」而成。此書人物取捨允當，敘事繁簡得宜，詞采燦然可觀，後世之評價甚高。

(五) 陳　壽

陳壽字承祚，巴西安漢（今四川南充）人。生於蜀漢後主建興十一年（西元二三三年），卒於晉惠帝元康七年（西元二九七年）。他自幼好學，拜同郡學者譙周為師，以後仕於蜀漢，任觀閣令史。蜀漢末期，宦官黃皓當政弄權，大臣都曲意奉承，依附黃皓，只有陳壽不肯如此，因而屢被罷黜。

蜀漢被滅，因張華之舉薦，任著作郎，以後又做過陽平令、長廣太守、御史治書、太子中庶子等官職。譙周曾預測陳壽：「必以才學成名，但是也會被打擊；遭受打擊，不是不幸，千萬要謹慎。」陳壽以後的遭遇，果如譙周所言。

陳壽在史學方面最大的貢獻是撰寫三國志，這部史書一共六十五卷，是會合三國國史而成，分為魏書、蜀書、吳書三部分。撰作時間大致始於晉武帝平吳之後，也就是晉武帝太康年間（西元二八〇—二八九年）。

至於成書年代，史無明文。

這一部史書，奉魏為正統，這是因為陳壽身為晉朝的大臣，晉朝是繼魏而立的朝代，如果不以魏為正統，無異否定晉朝之正統性，這部史書必不能流傳。事實上，三國志在稱謂人物姓名或爵銜時，十分謹慎，蜀志篇幅雖僅魏志之半，而記蜀事特別詳盡，可見陳壽的用心是很深的。

三國志也是二十五史中最簡潔的一部史書，宋文帝曾令裴松之作注。裴松之的注，篇幅較原書多出三倍，徵引六朝時代的著述一百四十餘種，凡是陳壽不載的史事，無不收入；凡不能判定是非曲直的事跡，必備其異說，就史書的注疏而言，可謂開創新例。

(六)劉知幾

劉知幾字子玄，彭城（今江蘇銅山）人。避唐玄宗之諱，故以字行。生於唐高宗龍朔元年（西元六六一年），卒於唐玄宗開元九年（西元七二一年）。十二歲時其父劉藏器授以古文尚書，每苦於文辭艱瑣，學業不進，以致常遭鞭打。後來知道父親正為幾位兄長講授春秋左氏傳，也跑去聽，感歎道：「假如書都是這樣，我怎麼會怠惰不讀呢？」他的父親感到很意外，於是也教他左傳，接著又讀史記、漢書、三國志，十七歲已經泛覽群史，二十歲就進士及第。後調任獲嘉主簿，自此又恣意讀書，一代之史籍與雜記小書，無不披覽。

武后臨朝，他曾上書直言，並未獲得重用，唐中宗時，命他為太子率更令，以後又兼領史官職務。玄宗開元初，遷左散騎常侍。他長期擔任國史之職，三十年間著作甚多，武后長安初年（西元七〇一年），曾與朱敬則、徐堅、吳兢奉詔撰唐書八十卷。唐中宗神龍年間，又與徐堅、吳兢同修則天實錄三十卷。纂修則天實錄時，知幾對某些史事擬作改正，但是武三思等人堅持不允，於是退而著史通，大約在唐中宗景龍四年（西元七一〇年）完成。

史通一書分為二十卷，內篇對我國史籍作了全面而深入的探討；外篇多是讀史札記，但又系統地敘述古代史官之建置和史書之編撰。這本書完成後，徐堅非常重視，認為：「居史職者，宜置此書於座右。」除了史通，劉知幾還參與編撰了三教珠英、文館詞林、姓族系譜，又撰有劉氏家史、譜考等流傳於世。

(七)杜　佑

杜佑字君卿，京兆萬年（今陝西西安）人。生於唐玄宗開元二十三年（西元七三五年），卒於唐憲宗元和七年（西元八一二年）。他的父親曾任鴻臚卿、恆州刺史、西河太守，杜佑因為父親的餘蔭，補濟南郡參軍、剡縣丞。以後被浙西觀察使韋元甫辟為從事，元甫對他非常信任。以後他入朝擔任工部郎中、江淮青苗使，又轉為撫州刺史。

楊炎擔任宰相時，請杜佑擔任金部郎中、水陸轉運使、度支郎中。盧杞當國時，杜佑出任蘇州刺史、嶺南節度使。德宗貞元三年（西元七八七年）拜尚書右丞、淮南節度使，以後又任尚書省左僕射、同中書門下平章事。憲宗元和元年（西元八〇六年）被封為岐國公，宦途達到高峰。

杜佑在史學上最大的貢獻是撰寫通典。通典是唐代宗大曆元年（西元七六六年）開始編撰，唐德宗貞元十七年（西元八〇一年）完成。全書共有兩百卷，記載歷代典章制度的沿革。時代始自唐虞，迄於唐朝肅宗代宗之世。雖然它是綜述各代，其實以唐代最詳。內容採用了當時的詔令、文書、群臣奏議、行政法規，以及私人著述，大都是具有高度價值的第一手資料。

通典據說是杜佑不滿意開元末劉秩所著的政典，才廣泛蒐集資料，擴展規模，花費三十六年的時光寫成的。成為我國第一部專門論述典章制度的史書，從此也確立了史書中與「紀傳體」、「編年體」並立的「政書體」。以後，宋朝鄭樵作通志、元朝馬端臨作文獻通考都以此書為藍本。除了通典以外，杜佑還著有理道要訣，並傳於世。

(八)鄭樵

鄭樵字漁仲，興化軍莆田（今福建莆田）人。生於北宋徽宗崇寧三年（西元一一〇四年），卒於南宋高宗紹興三十二年（西元一一六二年）。生平好著書，自認為才能不下於漢代劉向、揚雄等學者。曾經築草堂於夾漈山，刻苦讀書三十年，學者稱為夾漈先生。

他的學問很淵博，經學、禮樂、文字、天文、地理、蟲魚、草木之學，都曾深入研究，而且有論著問世。高宗紹興十九年（西元一一四九年），曾攜所著書十八種、一百四十卷赴臨安，呈獻給朝廷，高宗詔藏於祕府。鄭樵受到極大鼓舞，返回故里，更加黽勉於學，弟子有二百多人。

數年後，由於侍講王綸、賀允中推薦，獲得高宗召見，鄭樵藉機發表他對歷代史書的看法，高宗說：「聽到你的名聲已很久，知道你論述古學，自成一家，我們相見恨晚啊！」於是授他右迪功郎、禮兵部架閣之職。後來被御史葉義問彈劾，改監潭州南嶽廟。又曾抄錄自己所著的通志進獻，很受重視，而調入樞密院擔任編修官。

鄭樵一生著述不輟，有八十餘種著作，大多散佚，今存夾漈遺稿、爾雅注、詩辨妄、通志。通志一共二百卷，是紀傳體通史。其中略的部分共分二十部門，為鄭樵最為精心編撰的部分，除部分採錄自杜佑的通典外，餘皆為獨出心裁的設計，開拓了許多歷史新項目，比其他各史書更富創意。

由於鄭樵採摭的著作太過於繁博，以致純駁互見，病疵不免。然而瑕不掩瑜，終究不是其他游談無根之作所能及，至今仍是考察古代歷史的要籍，與杜佑的通典、馬端臨的文獻通考合稱「三通」，盛傳於世。

㈨司馬光

司馬光字君實，陜州夏縣（今山西夏縣）人。生於宋真宗天禧三年（西元一〇一九年），卒於宋哲宗元祐元年（西元一〇八六年）。他是個早熟的孩子，七歲就凜然如成人，聽人講左氏春秋，以後便手不釋卷。曾經和許多孩子在庭院中嬉戲，有一個小孩不小心掉到水缸裡去，孩子們皆驚慌而逃，唯有司馬光冷靜想出持石擊破大甕的辦法，救出掉落甕中的友伴。

仁宗寶元元年中進士，此時司馬光年僅二十歲。天子賜宴，獨不戴花，同列之人告訴他：「這是皇上所賜，不可違背。」於是勉強簪了一枝花。英宗時，出任龍圖閣學士，曾撰通志八卷，頗得英宗重視。治平三年（西元一〇六六年）受詔繼續編寫，於神宗元豐七年（西元一〇八四年）成書，神宗以其「鑑於往事，有資於治道」，命名為資治通鑑。

當時王安石推行新政，司馬光多次上疏反對，神宗雖欲重用司馬光，皆為王安石所阻止。他曾擔任外地官職，先是以端明殿學士知永興軍（陝西西安），次年往洛陽。至哲宗即位，才召為門下侍郎，進尚書左僕射，擔任丞相八月餘，盡罷王安石新法，卒謚文正。

司馬光學問非常淵博，但不喜佛老之學。除了資治通鑑外，尚有歷年圖、通歷、稽古錄等著作，皆有關於史學。又有易說、繫辭注、古文孝經注、太玄經注、大學中庸義、揚子注、老子道德經論注、潛虛、家範及文集八十卷，並傳於世。

司馬光的資治通鑑有二百九十四卷，另有目錄、考異各三十卷。這部書始自周威烈王二十三年（西元前四〇三年），迄於後周世宗顯德六年（西元九五九年），記載一千三百六十二年間的史事，是我國著名的「編年體」通史。注釋本書的有南宋史炤的通鑑釋文、王應麟通鑑地理通釋、宋末元初胡三省資治通鑑音注。明末清初嚴衍著資治通鑑補正，對通鑑及胡三省注都有訂正。

(十)趙　翼

趙翼字耘松，一字甌壯，江蘇陽湖人。生於清世宗雍正五年（西元一七二七年），卒於清仁宗嘉慶十九年（西元一八一四年）。他自幼天資穎異，六歲就能日識文字數十，十二歲學作文，乾隆十五年舉順天鄉試，乾隆二十六年進士，授翰林院編修，參與通鑑輯覽之編撰。歷官廣西鎮安知府、貴西道兵備。六十二歲辭官，主講安定書院，以著述自娛。

趙翼工於詩文，日與朋友故舊賦詩為樂，其詩與袁枚、蔣士銓齊名。袁枚讚美他的詩：「忽奇忽正，忽莊忽俳，稗史方言，皆可闌入。」士銓評論他的詩：「奇恣雄麗，不可逼視。」可謂推崇甚高。在文學方面有甌北詩集、唐宋十家詩話、檐曝雜記。不過他在史學上的造就更高，長於歷史考據，與錢大昕、王鳴盛齊名。

在當時，王鳴盛著十七史商榷（書成於西元一七八七年）、錢大昕著二十二史考異（書成於西元一七八二年）都是著名的歷史考證著作。趙翼撰有廿二史箚記，成書於乾隆六十年（西元一七九五年），初刊於嘉慶三年（西元一七九八年），時間稍後。全書名雖為「廿二史」，實有二十四史，因為包括了當時尚未定為正史的舊唐書、新唐書。書依二十四史之次序分卷，每部史書除了校勘文字、史事之訛誤外，並對其編纂體例、沿革、方法及史料來源加以探討，評論其高下得失。尤為可貴的是對於古今風會之遞變、治亂之盛衰，都歸納專題，羅列史料，全面性地加以論述。對於史學與史學方法之啟示，較錢氏考異、王氏商榷更為深遠，價值更高。

除了廿二史箚記之外，尚有陔餘叢考四十三卷，為趙翼的讀書筆記。全書依類相從，對經義、史學、掌故、藝文、紀年、官制、科舉、風俗、喪禮、器物、術數、神佛等都有考證，頗能綜貫眾說，考辨源流，對文史研究極有參考價值。

(二)章學誠

章學誠字實齋，浙江會稽人。生於清高宗乾隆三年（西元一七三八年），卒於清仁宗嘉慶六年（西元一八〇一年）。幼年身體孱弱，然而耽於讀書，尤其喜好史學。在私塾讀書的時候，便已採錄左傳、國語諸書，分紀、表、志、傳之體例作東周書。稍長，又從劉量鈺研習明代劉宗周、清初黃宗羲的理學。乾隆二十五年（西元一七六〇年）應順天府試，可惜未能上榜。後隨朱筠問學，且住在朱府，因此有機會遍覽群書，結交當代名流，而他的名聲也漸漸為人所知。

朱筠後來督導安徽學政，章學誠與邵晉涵、洪亮吉、黃景仁同被羅致。學誠常與晉涵討論史學。乾隆四十二年（西元一七七七年），鄉試中式，次年，進士及第，歷官國子監典籍。不久即絕意仕進，以著述為業。先後講學於定州定武書院、保定蓮池書院、歸德文正書院。又曾經被畢沅延聘，協修續資治通鑑、主編湖北通志，但是他最重要的著作是文史通義八卷及校讎通義三卷。他的遺稿被輯為章氏遺書，流傳於世。

他的文史通義從三十五歲開始撰寫，歷經三十餘年至逝世尚未完稿。這部書雖是文史並論，但是側重於史。書中闡揚「六經皆史」的主張，提出史家應有「史德」，文章家應有「文德」，對史體之發展、學術之源流、當時學風之流弊、文章之得失，都有精闢的論述，尤其是總結其纂修方志之經驗提出一套修志義例和理論，為論述史學和方志學重要的著作。他的校讎通義三卷，作於乾隆四十四年（西元一七七九年）。這本書是有感於南宋鄭樵通志校讎略對劉向的校讎微旨不能平氣以求，議論過於駿利，因此提出「宗奉劉向、補正鄭樵、糾正俗說」的主張，是我國校讎學集大成之作。其中有不少論述可與文史通義互相發明。

㈢梁啟超

梁啟超字卓如，號任公，廣東新會人。生於清穆宗同治十二年（西元一八七三年），卒於民國十八年（西元一九二九年）。幼受私塾教育，八歲能文，十二歲應試學士院，補博士弟子員。光緒十五年（西元一八八九年），舉鄉試，主考為尚書李瑞棻，賞識他的才能，把妹妹嫁給他，時啟超年僅十七歲。

光緒十六年，啟超與陳千秋拜康有為為師，有為的講堂稱為萬木草堂，藏書甚多，啟超恣意涉獵，治周秦子學，旁及清儒經世之學和譯本西籍。光緒二十一年助康有為上書陳述時局，次年，任時務報主筆，鼓吹「維新變法」。

光緒二十四年，入京參加「維新變法」運動，失敗後，流亡日本，先後創辦清議報、新民叢報、新小說，介紹西洋學說思想，影響很大。辛亥革命後第二年返國，任袁世凱政府司法總長，以後反對袁氏之復辟。民國六年擔任段祺瑞政府之財政總長，旋又辭職。

民國九年赴歐洲，民國十四年起在清華學校研究院擔任教授，民國十五年兼任北平圖書館館長。他是我國新思想的啟蒙者，學問非常淵博，自稱「新史氏」，提倡「新史學」，撰有史學著作多種，計有：清代學術概論、墨子學案、中國歷史研究法、孔子學案、國學小史稿、中國佛教史稿、歷史統計學、先秦政治思想史、中國近三百年學術史，單篇著述多收入飲冰室全集之中。

他有編撰中國通史及多部專史的宏願，雖然接受舊式教育，頗能接受新思想。他對於國史之分期、新史學之客觀性、思想史方法論、傳記與歷史、歷史統計學都有深入探索，而所論「新史」，實可視為我國新舊史學之分界，對於中國史學影響極大。

三、思想家

㈠管　仲

管仲是春秋時代著名的賢相，以小小的齊國為基礎，運用經濟、外交、軍事的手段，幫助齊桓公完成一匡天下的霸業，使齊桓公成為「春秋五霸」之一。然而這一切的成就，必須歸功於鮑叔牙的識人與謙遜。

齊襄公的時候，宮廷發生變亂，諸公子出亡在外，鮑叔牙擁護公子小白，管仲擁護公子糾，最後小白取得王位，是為桓公。在小白回國途中，曾遭管仲暗箭伏襲，按理管仲毫無執政機會，幸而鮑叔牙向齊桓公進言：「如果您將治齊，有高傒和我鮑叔牙就夠了；如果您將稱霸天下，非管仲不可！」桓公才不計前仇，重用管仲。

管仲自己都說：「在我貧困的時期，曾經和鮑叔牙合夥做生意，分紅的時候，我常多分一些給自己，鮑叔牙不認為我貪婪，他知道我窮。我曾替鮑叔牙出主意，反而使他更困窘，鮑叔牙不認為我低能，他知道我還未遇到表現機會。我曾經三度應戰，三次敗走，鮑叔牙卻不認為我怯懦，他知道我有老母在堂。當年公子糾爭位失敗，召忽自殺相殉，我被囚禁受辱，鮑叔牙卻不認為我無恥，反倒認為我不以小節為羞，而在乎的是功名不能顯揚於天下。生養我的是父母，而最了解我的要算是鮑子了！」

由此一段自供，使我們了解到管仲的事業，是經過多麼曲折的歷程，才獲實現。而鮑叔牙識人的眼光，何等睿智；容人的胸襟，何等開闊。管鮑之交，也因而成為傳頌千古的友誼典型。

(二)李　耳

老子是道家的開山祖師，可是我們對於他的生平事跡，卻了解有限。相傳他做過周代的守藏史，孔子曾經向他問禮。據說老子曾經向孔子說了這樣一番話：「你所談論的，那些人都屍骨已朽，只剩言論尚存而已。作為一個君子，若能得到明主的重用，那就駕車服冕，勉力從事；若不遇時機，就該像個蓬草，隨風轉徙，可止則止。我以為：善做買賣的人，常深藏寶貨，不令人見；而盛德君子，仍應像個愚魯的人。去除你的驕氣和多欲吧！恣縱的容色和淫佚的志向，都是對你無益的！我能告訴你的，就是這些了。」

孔子離去以後，對弟子發表感想說：「鳥，我知道牠善飛；魚，我知道牠善游；獸，我知道牠善跑。善跑的可以用獸網，善游的可以用釣線，善飛的可以用矰矢，對於龍，我卻不知道該用什麼工具，因為牠能乘風雲而登天。我今天見了老子，感覺他就像一條龍！」

老子在周住久了，見到周之局勢日趨衰微，就離開了。到函谷關時，有個關令叫做尹喜的，對老子說：「您即將隱居，請您務必替我寫一點東西。」於是老子勉強著書，分成上下篇，闡述道德之精義，一共五千餘言，寫完就走了，此後便不知去向。

有人說老子活了一百六十幾歲，有人誇張成二百餘歲。由於老子像龍一般神祕，後世把他附會成神仙而成為列仙傳裡的仙人。其實老子只是一個冷靜睿智的哲學家，他說：「大道廢有仁義」，又說：「知慧出有大偽」，又說：「我無為而民自化，我無事而民自富」，這是因為他目睹了周王室日漸衰微，諸侯間的戰爭不斷，所以主張清靜無為，打算以靜制動、以柔克剛。其救世之心，其實是昭然若揭的。

(三)孫　武

被稱為兵聖的孫武，是齊國人，曾以兵法謁見吳王闔廬。闔廬對他說：「你的十三篇著作，我全看了，能否就統御軍隊試驗一下？」孫武答可。闔廬又問：「能用婦女來試試嗎？」孫武也答可。於是吳王派出宮中美女約一百八十人，孫武把她們分成兩隊，以吳王的寵姬擔任兩隊隊長，都讓她們持戟，下令道：「妳們都知道心、左手、右手、背的位置嗎？」宮女們皆答是。孫武說：「那麼，聽到『前』就看著心，聽到『左』就看左手，聽到『右』就看右手，聽到『後』就看背後。」宮女們皆答是。孫武下達了規定，便陳設斧鉞刑具，並三令五申，擊鼓命隊伍向右，宮女們哈哈大笑。孫武說：「規定不明確，申令不熟習，這是我的過錯。」再三令五申，擊鼓命令向左，宮女們又大笑。孫武說：「規定不明確，申令不熟習，這是我的過錯。既已明確規定，卻不能如令遵行，便是吏士的罪過。」便要斬左右兩隊長。吳王從臺上看到愛姬要被斬首，大吃一驚，急忙派人求情說：「寡人已經很了解將軍會用兵了，寡人若無兩位愛姬，會感到食不知味的，盼望能夠饒恕不殺。」孫武說：「為臣既然受命為將，將在軍中，君命有所不受。」便斬了隊長兩人抵罪，派次一人繼任隊長，再度擊鼓，這回宮女們不論左右前後，或跪或起，都能依令行事，符合規矩，沒人敢出聲。於是孫武派人報告吳王，說：「兵士已經訓練整齊，您可以下來校閱。您怎麼驅遣都行，就算赴湯蹈火也可以。」吳王說：「將軍停止操演，讓她們回房，寡人不想校閱。」孫武說：「看來您只是喜好兵法的理論，卻沒興趣去實踐。」

吳王真的了解孫武是個能用兵的人，便任命他為將軍，向西擊破強大的楚國，直搗郢都；向北威迫齊國、晉國，使吳王的聲名，顯揚於諸侯間，這一切都得力於孫武。孫武的兵法，也就成為談兵者的始祖。

(四)列禦寇

列禦寇是鄭國人，大約生於春秋末年，死於戰國初年（西元前五世紀末至西元前四世紀初）。在道家的人物之中，莊子與列子常以莊列並稱。正史上並無列子的傳記資料，列子事跡見之於莊子、戰國策、呂氏春秋、尸子、韓非子諸書，可是從這些書來看，我們只能獲得模糊的形象。

莊子逍遙遊說：「列子御風而行。」似乎將列子神仙化了。莊子達生篇記載列子曾經和關尹有過一段對話。莊子讓王篇記載列子困窮，面有飢色，鄭國的宰相鄭子陽送來米粟，列子拒收之事。莊子外篇、雜篇的記載，大多是寓言，不能當作真正的史料，可是莊子徵引列子事跡的資料多達七章，可以推斷列子的生活年代比莊子早。

戰國策韓策記載了史疾出使楚國，楚王問他：「您遵循那一種方術？」史疾回答：「治列子圉（通「禦」）寇之言。」由此可知戰國時代韓國使者史疾也在研究列子的學說。那麼列子以什麼學說聞名呢？呂氏春秋不二篇說：「老聃貴柔、孔子貴仁、墨翟貴廉（兼）、關尹貴清、子列子貴虛、陳駢貴齊、陽生（楊朱）貴己、孫臏貴勢、王廖貴先、兒良（倪良）貴後，此十人者，皆天下之豪士也。」

漢書藝文志著錄了列子八篇，漢人所見的列子早已亡佚，今人流傳的列子八篇，是晉張湛的注本，據前賢的研究，可能是魏晉人據列子殘卷，秦漢以前的一些古書及魏晉資料加以編選或改寫的，已非列禦寇本來的思想面貌，而是代表某些魏晉人（或張湛的祖父張嶷）的思想。（詳參：莊萬壽新譯列子讀本）

列子一書，內容駁雜，既強調虛靜，又主張縱欲；文章多寓言，略近於莊子。唐玄宗天寶元年，封列禦寇為沖虛真人，詔號其書為沖虛真經；宋真宗景德四年又敕加至德，號沖虛至德真經，或許是這個緣故，使列子成為後世崇仰的著作。

㈤墨　翟

先秦諸子中，提倡以吃苦耐勞、克勤克儉來達成救世行義的思想家，便是墨翟。由於他的學說著重實用，應用到人事上易收到效果，於是成為當代的「顯學」。儘管孟子極力詆毀墨家，指責他的思想不合人性，然而孟子仍不能否認：墨翟是「摩頂放踵，利天下為之」的人。

墨子姓墨名翟。史記孟子荀卿列傳說：墨翟是宋國的大夫，善守禦、為節用。與孔子同時，或稍後於孔子。至於他的事跡，則無記載，後人對於他的生平，所知不詳。雖然如此，他的學說，卻留在墨子一書之中。從墨子一書來看，兼愛是他的中心思想。他認為世間的亂源來自於自私自利，如果人人能推愛他人，與利於天下，就不會有強凌弱、眾暴寡的現象產生。基於兼愛的原則，他反對戰爭，不但反對，還用一切的手段制止戰爭。

相傳公輸般替楚國造雲梯，將要攻宋國，墨翟聞訊立刻趕到楚國郢都，去勸阻楚王不要攻打宋國。他說：「楚國方圓五千里，雲夢澤中犀牛麋鹿遍地，長江漢水盛產魚鱉，還有各種高大的樹木；而宋國方圓不過五百里，連兔子小魚都沒有，也沒有什麼高大的樹木。楚國和宋國相比，一如樑（通粱）肉和糟糠，錦衫和粗布衣，若楚國攻宋國，豈不是捨棄樑肉錦衫而去偷竊布衫和糟糠嗎？」

楚王說：「你說得不錯，可是公輸般已經替我造了雲梯，我還是不想放棄攻打宋國的計畫。」於是墨子又去見公輸般。他解開衣帶當作城牆，用筷子當作守城器械，公輸般設計了多種攻城器械，都被墨子一一破解。公輸般技窮，威脅著說：「我已有擊敗你的辦法，但是我不說。」墨子也說：「我知道你想拿什麼方法對付我，我也不說。」楚王問公輸般的話是什麼意思。墨子說：「他的意思不過是想殺掉我，殺掉我就無人幫宋國守城，楚國便能輕易攻破宋國。但是他不知道：我的弟子禽滑釐等三百人，早已拿著我的發明，在宋國城牆上等著楚國的進攻哩！就算殺了我，也攻打不下宋國。」楚王於是說：「那好吧！我就放棄攻打宋國。」

這只是一個小故事，可是頗能反映墨子熱心救世的精神。他一生刻苦，省吃儉用。他的朋友勸他：「今人都不肯慷慨行義，你何必如此自苦呢？」墨子說：「譬如有一戶人家，有十個孩子，九個好吃懶做，一個勤苦耕田，那麼那一個耕田的孩子，便得格外勤勞，才能維持一家人的生活。你應該勸我格外行義才好，怎麼反而勸我苟同世人的缺點呢？」他的朋友反而啞口無言。由此可知，墨子的人格高潔，他的刻苦行義和利他精神，確能作為我們為人處世的楷模。

㈥楊　朱

對於楊朱的生平，我們知道得很少，只知他曾與墨翟的弟子禽滑釐辯論過，那麼，楊朱應該是比墨子稍後的人。相傳他曾遊於魯國，又曾遊於梁國，見了梁王，表示：治天下有如運轉掌上。

梁王說：「先生家一妻一妾，都不能料理得好；三畝園地，都耕耘不了，竟誇口治天下有如運轉掌上，這是什麼道理？」楊朱回答：「您見過牧羊人嗎？為數百隻的羊群，差遣一個五尺小童，帶根鞭子緊跟著，要牠們向東，牠們便向東；要牠們向西，牠們便向西。讓堯牽一隻羊，舜帶根鞭子緊跟著，則要羊走動一下都不可能。我以為：吞舟的大魚不會游於支流；鴻鵠高飛，不會棲息於汙池。為什麼？因為牠們的目標遠大。黃鐘大呂，不能搭配身手細膩的舞蹈，為什麼？因為它的音符疏緩。有心治大國的人不會措意於細節末務，企圖成就大功的人也不會自滿於小成，就是這個道理。」

楊朱的學說主張貴己，企圖不拔一毛以治天下，所以當時君王大都不能採用。他說：「太古時代的事跡已經消失，誰還能記得？三皇時代的事跡若存若亡，五帝時代的事跡似真似幻，三王的事跡或顯或隱，一億件事也記不得一件。眼前的事情或存或廢，一千件也記不住一件。從太古到今天，年數根本無從計數，但是從伏羲以來，三十餘萬年，世間的人，不論賢、愚、美、醜；世間的事，不管成、敗、是、非，沒有不消滅的，只是消滅的速度有快慢之別而已。如果計較一時的毀譽，勞苦其身，焦慮其心，企求死後數百年的虛名，那能潤澤枯乾的屍骨？使有生之年得到快樂呢？」

楊朱的思想本於道家，他覺得人死就一切都毀滅了，不再知曉任何事情，所以生前不必利人，但求利己；一根毫毛固然是身體的萬分之一，也不可輕易付出。這種揚生貴己的觀點，是我國古代個人主義的濫觴。從這一個角度來看，楊朱與老子的思想趨向還是有所不同。今天要考察楊朱思想，除了參看孟子、莊子、韓非子之記載外，列子楊朱篇是唯一的資料。

(七)莊　周

莊周是宋國蒙縣人，曾經擔任蒙縣的漆園吏，與梁惠王、齊宣王同時，所以和孟子是同時人。相傳楚威王派人帶了厚禮延聘莊周，許以相位。莊周笑著對楚國使者說：「千金，算是重利了；卿相，算是尊位了。你就沒見到郊祭時的犧牛嗎？飼養幾年，披上彩衣，供進太廟。面臨宰殺之時，即使盼望自己是隻小豬，能夠如願嗎？你快走，不要汙損我，我寧願快樂地嬉游於汙瀆之中，也不要被擁有權位的君主所羈留。但願終身不做官，以便實現我的志向。」從這個故事，不難了解莊周不慕榮利的性格。

莊子擁有很強的理性能力，因此能夠「上與造物者游，下與外死生無終始者為友。」他的思想雖歸本於老子，卻有更深的闡發。相傳莊子死了妻子，惠施前往弔唁，見莊子正蹲坐在那兒敲著瓦盆唱歌。惠施說：「和妻子共同生活，她替你扶養子女，年老死了，不哭也罷，反而敲盆唱歌，不會太過分嗎？」莊子說：「不然！當她剛死的時候，我怎麼會不哀傷？但是觀察起初，她本無生命；不但沒有生命，而且本無形體；非但沒形體，連氣息也無。以後摻雜在恍恍惚惚之間，繼而有氣息；氣息變化而有形體，形體變化而有生命，現在又由生命變成死亡，這種狀況好比春夏秋冬四季循環。現在她安然甜睡在大地的巨屋中，而我若在旁邊哇哇大哭，我以為是不通達性命演變的道理，所以我才不哭啊！」可知莊子並非無情的人，而是能夠以理化情，因此能夠洞達人世的奧祕。

惠施是莊子的好友，也同時是思想上的論敵。有一次他們在濠水的橋上遊玩。莊子說：「鯈魚悠閒的游來游去，這是魚的快樂啊！」惠施說：「你不是魚，怎知魚快樂？」莊子反駁說：「你又不是我，怎能斷定我不知道魚的快樂？」惠施說：「我不是你，固然不知道你；但是你也不是魚，你不知道魚的快樂，是完全可以確定的了。」莊子說：「咱們話說從頭，當你講『你怎知魚快樂』時，你是已經知道了我知道魚的快樂才問我的，(不過是問怎樣知道的罷了！現在我告訴你！) 我是在濠水邊知道的啊！」

又有一次惠施對莊子說：「人是無情的嗎？」莊子答是。惠施說：「沒有情感的人，怎可稱為人？」莊子說：「道給了人的容貌，天給了人的形體，怎麼不稱為人呢？」惠施說：「既然叫做人，怎麼會沒情感？」莊子說：「你所說的情，不是我所說的情。我所說的無情，是說人不因為好惡損傷自己的天性，經常順任自然的變化，不用人為增益自然的本性。」莊子主張「齊一萬物」，是一種生命的感通；惠施主張「合同異」卻只是一種形上學的假定，因此他們站在不同層次上，不斷地擡槓。思想雖然分歧，言談間卻噴迸出智慧的火花，留待後人咀嚼不盡。

(八) 公孫龍

公孫龍字子秉，趙國人。曾經與門徒毛公、綦母子等人同遊於平原君，成為平原君的門客。當時秦國趙國邯鄲之戰剛結束，魏信陵君救趙有功，而信陵君之救趙，又係應平原君之苦苦請求而來的。趙國的上卿虞卿因此打算建議陵王封地給平原君。

公孫龍知道這個消息，連夜晉見平原君說：「我聽到虞卿打算以信陵君救趙有功為名義，請趙王封土給您，有這事嗎？」平原君答是。公孫龍說：「這事絕對不可以。何況趙王任命您為相，並非因為您的智能趙國沒人能比，割東武城封給您，也非您有什麼功勞，而是國人不必有動，而您是親戚，狀況就不同了。而您沒推辭就接受相印，不謙稱無功就承受封土，大概也是自認為親戚的緣故吧！今天為了信陵君解救邯鄲城而請趙王封地給您，那是國人建功而親戚受封了，這樣做實在很不當。何況虞卿操持兩端，事成之後可以就取封之事要求報答；事情不成，他也已經加了虛名給您，所以，您一定不要聽他的！」平原君果然沒接受虞卿的主意。

另外有個故事，也頗能反映公孫龍的機智和堅定。那是有一回，公孫龍和孔穿在平原君家中相會。孔穿說：「我常聽聞先生的高行，老早希望做您的弟子，只是不同意先生『白馬非馬』的學說。請您放棄這種學說，我孔穿願意立即拜師。」公孫龍回答：「先生的話錯了！我之所以聞名，正是因為主張『白馬非馬』的學說。今天你要我放棄，我就沒有什麼能教你的了。況且要拜師，是因為智識與學問不如人。今天你要我放棄原有的學說，這是先來教導一個人然後再來拜他為師，先教人再拜人為師，實在很荒謬。而且，白馬非馬也是孔子所贊同的。我聽說楚王曾拉開繁弱之弓，搭上忘歸之矢，在雲夢圃中射獵蛟兕，不慎丟了弓，隨從們願意去找回來，楚王制止道：『不必了！楚王丟了弓，楚人會撿到，何必去找呢？』孔子聽了說：『楚王是個仁義的君主，只是不夠徹底。就說人丟了弓，人撿到就好，何必一定是楚人。』假若如此，孔子是把楚人和所謂人分開。假使贊同孔子區別楚人和一般人的說法，卻反對我把白馬和馬分開來，那就太荒謬了。先生研究儒家之術，卻非議孔子所贊同的學說；打算從我學習，卻要我拋棄我能教的，這樣，即便是一百個公孫龍也不能在你面前發生作用。」孔穿無話可答。

公孫龍之善於辯論，由此可知。公孫龍疾惡「名實之散亂」，因此公孫龍之好辯，全出於正名的動機。此點與孟子說：「予豈好辯哉？予不得已也。」的用意其實相同。

(九)荀況

荀況是趙國人，當時的人以「卿」為號，表示尊敬。因此，又稱為荀卿，也作「孫卿」。他曾經遊歷齊國、趙國、秦國、楚國，齊宣王喜歡文士，所以像鄒衍、淳于髡、田駢、接子、慎到、環淵之流，都曾賜與上大夫之銜。荀況赴齊國的時候，已是齊襄王在位，曾經三度以荀況為祭酒。在齊國時，有人進讒言，毀謗荀況，於是轉赴楚國，春申君非常欣賞他，任命為蘭陵令。春申君死後，荀況也廢了官，便定居蘭陵，設帳講學，當時韓非、李斯都受業為弟子。

荀況鑑於戰國晚期政治混亂，昏君敗國，隨時可見，都不能遵行大道，只是信任巫祝禨祥。當時的知識分子又滑稽亂俗，不能莊語，於是論列儒、墨、道家之學說興廢，洋洋數萬言，此即荀子三十二篇。自從孔子及弟子相繼去世，微言大義，已經不存。戰國時代，傳經衛道，孟子以外要算荀況的功勞最大。因此司馬遷在史記之中，以孟、荀並稱，並且同列一傳，可以說是相當了解荀況的重要。

一般人總認為荀子提出性惡說，目的在反對孟子的性善說，其實荀子的性惡說是針對下愚者，從不同的認知角度提出心性的看法，意在制惡以全善，而孟子的性善說則是針對上智者，從「四端」之心說明「性善」為人人所本有，意在顯現人之道德主體。又荀況對於諸經無所不通，尤其善長於易經、詩經、禮經，而毛詩及左氏春秋也是他所傳的。漢武帝罷黜百家，獨尊儒學，設立了五經博士，也是沿襲荀況的思想系統，因此，漢以後雖言昌明孔學，其實所傳僅荀子一支派而已。

(十)韓非

韓非是韓國的公子，有口吃的毛病，不善言辭，而善於著書，與李斯一起拜荀況為師。李斯常常自覺不如韓非。韓非見到韓國積弱不振，多次上書勸諫韓王，可惜韓王並不重視他的意見。

韓非對於當時的君王不想修明法制，只是運用權勢來駕馭群臣很不滿，他們很想富國強兵，卻不肯任用賢能，反而擢舉輕浮不實的人。於是韓非發憤著書，寫下了孤憤、五蠹、內外儲、說林、說難等篇共十餘萬言。

有人把他的著作傳到秦國，秦王讀了孤憤、五蠹等篇後歎道：「要是能見一見這個人，和他來往，死而無憾！」李斯說：「這是韓非所寫的著作。」到了韓王安五年（西元前二三四年）的時候，秦國攻打韓國，韓王大急，便派了韓非出使秦國，秦王自然很高興。韓非的使命未完成，就被秦王留下，但是秦王也並不信任韓非。

當時秦國的上卿李斯、姚賈有意陷害韓非，毀謗他說：「韓非是韓國的諸公子，今天吾王想併吞諸侯，韓非最後一定心向韓國，絕對不會心向秦國，這是人之常情。現在，吾王既不任用他，使他久留秦國；以後他回韓國，會為秦國帶來後患，不如找個罪名把他殺了。」秦王也認為有道理，於是召來官吏，治韓非之罪。李斯派人送去毒藥，讓他自殺。韓非想為自己辯護，卻毫無門路，見不到任何人。後來秦王後悔這麼做，使人赦免韓非，而韓非卻已經死了，時為秦始皇十四年（西元前二三三年）。

韓非喜歡刑名法術之學，曾批評申不害不擅用「法」，商鞅無「術」以知姦。韓非認為：僅用權術，不能產生治國的功能；全靠法律，法律卻不能自行運作。必須以法律來約束，而以權術作手段，這樣，法律既能發揮作用，而權術也不會落空。在韓非之前的管仲、申不害、商鞅、慎到之流，不過是各執一端的法理家，到了韓非，才樹立了匯集「法」、「術」、「勢」於一爐的法治主義。韓非深知遊說之難，曾經寫下說難篇，最後仍不免成為一個悲劇人物。他批判了先秦以來的所有思想家，除了法家傳統之外，一概否定。他的思想在秦始皇時代，得到實現，然而其思想的殘刻寡恩，也使秦代成為我國最短命的王朝。

㈡李斯

李斯原為楚國上蔡人，年輕時擔任郡中小吏，掌管文書。李斯見到廁中老鼠，吃不潔的東西，一有人犬接近，就會驚嚇不已。又在糧倉中見到一些老鼠，吃的是倉中的積粟，住的是大屋，毫不畏懼人犬。李斯於是感歎道：「一個人要成為賢人還是不肖之人，好比老鼠，就看他如何自處！」於是跟從荀況學習帝王之術。學成之後，認為楚王不會有什麼作為，六國又都衰弱，便投效秦國。

李斯在秦國，先是擔任呂不韋的舍人，呂不韋很賞識他，李斯因而有機會遊說秦王。他勸秦王統一六國。秦王於是拜李斯為長史，聽其計議，一邊暗中派遣謀士，收買諸侯名士，離間各國之君臣關係；一邊派遣良將攻伐各國，二十餘年，竟然併吞天下，尊秦王為帝，而李斯也擔任秦始皇的丞相。李斯建議始皇夷平郡縣城牆，銷毀諸侯兵刃，對於秦之子弟，不加分封，使秦無戰爭之患。始皇三十四年，又上書建議禁止私學，去除詩書百家之作，僅留醫藥、卜筮、種樹之書，想求學的人，必須以吏為師。

始皇採行了李斯的建議，實施愚民政策，使天下人不能借古諷今。又明訂法令，統一文字，廣置離宮別館，並巡遊天下。始皇三十七年，出遊會稽，北抵琅琊，病得很重，本欲立長子扶蘇為皇帝。李斯誤信趙高之言，假造詔書，擁立庶子胡亥為二世皇帝。

胡亥立為皇帝之後，變更律令，大殺群臣，賦斂愈重，徭役不斷，於是陳勝、吳廣揭竿而起。趙高以李斯長子李由與陳勝有涉，建議二世治李斯罪。於是李斯宗族賓客皆被捕下獄。李斯獄中上書皆被趙高截留。秦二世二年七月，李斯被腰斬於咸陽市集。臨刑時，李斯對兒子說：「我多麼想和你再牽著黃狗，到上蔡東城門外獵捕狡兔，但是，可能嗎?!」父子抱頭痛哭，三族都被牽連受刑。

李斯應該是一個了解儒學理想的人，但是，卻為了功名利祿，作出投合主上的主張。他的學說，以儒為表，以法為裡，是法家嚴刑峻法的執行者。他曾著有蒼頡七章，所收文字大多採自史籀篇，是文字學的名著。後來，和趙高的爰歷六章，胡母敬的博學七章，以六十字斷為一章，凡五十五章，合併成蒼頡篇流傳後世。

(三)王　充

王充字仲任，會稽上虞（今浙江上虞）人，生於東漢光武帝三年（西元二十七年），卒於東漢和帝永元八年（西元九十六年），自幼即以孝行稱揚於鄉里間。後來在京師，受業於太學，曾師事當時著名的學者班彪。王充博覽群籍，不死守章句之學，家貧無書，所以常到洛陽書肆遊逛，閱讀所賣的書。他有稍加瀏覽就過目不忘的本事，於是博通百家之學。其後歸返鄉里，專心教學。曾在郡中擔任功曹，因多次上書諍諫，因不受重視而辭官，刺史董勳曾辟舉他，也自己辭官。他的同郡好友謝夷吾上書給章帝，推薦王充的才學，章帝特別下詔禮聘，可惜因病不能成行。可以說，他的仕途並不順利。

他曾在一篇自述中表示：自己才能雖高，卻不隨便著述；雖口才辯給，卻不妄論是非，不是自己認可的人，寧願終日不言。又說自己耽讀古文，愛聽珍聞異說，對於世間的俗書，常感不滿。由此可知他是有個性而且自許甚高的人。

他的著作，最早有譏俗節義十二篇，其次是政務和養性書十六篇，皆已亡佚。現今流傳的是論衡一書，為其晚年的著作。王充在論衡一書中，繼承了先秦以來的「精氣說」，反對董仲舒的「天人感應說」，認為：人是自然界的一部分，和天地一樣，都是「氣」所構成，因此「天」「人」之間並無創造者和被創造者的關係。此外，他對「形」「神」的問題，持無神論的立場，對於西漢以來，將孔子神化的情況，也提出了強烈的批判。

王充思想也有一些缺點，比如說他反對儒家的「天命觀點」，但是認為人類社會和自然界一樣，也受某種自發的、盲目的必然性所支配，此即「命」。因此，他雖批判當時的迷信風氣，卻仍走入「自然的宿命論」中。雖然如此，他以「疾虛妄」的精神，批判了當時的學術界，實在表現了極大的氣概。他的「氣」論，對後來的范縝、柳宗元、張載、王夫之、戴震等人的學說，都有很大的啟發與影響。

(三)周敦頤

周敦頤字茂叔，號濂溪，道州營道（今湖南道縣）人。生於宋真宗天禧元年（西元一〇一七年），卒於宋神宗熙寧六年（西元一〇七三年）。自幼由舅父鄭向教養長大。二十四歲，由擔任龍圖閣學士的舅父鄭向推薦，出任洪州分寧縣主簿。斷獄非常嚴明，以後又出任南康軍（按：軍為宋代行政單位，不是軍隊）的司理參軍。曾有一位名叫王逵的轉運使，誤判某犯人死刑，大家都不敢直言，只有周敦頤發揮無比的道德勇氣，為這個犯人力爭，他不惜棄官，說：「這樣的官還能做嗎？殺人以博得上司好感的事，我不幹！」王逵總算領悟過來，使得那個被誤判的囚犯保住性命。以後他又陸續做過桂陽令、南昌令、合州判官、虔州通判、廣東轉運判官等職，都以提點刑獄，洗冤澤物為己任。以後又因病回到南康軍，住在廬山蓮花峰下，有溪合流於湓江，以濂溪命名之，這是後人稱他為濂溪先生的由來。

周敦頤一生最為人稱道的是有程顥、程頤這兩位傑出的弟子，那是他三十歲的時候，程珦經過南康軍，看到周敦頤氣貌非凡，和他一席談話，了解了他的學養和志業，從此與他為友，並且命令他的兩個兒子程顥、程頤拜濂溪為師。當時程顥才十五歲，程頤十四歲，周敦頤常常要他們兄弟尋繹孔顏樂處，問他們究竟所樂何事。二程的學問，受到周敦頤極大的啟發。

儒家的學術，自從孔孟以來，漢儒僅僅傳授章句之學，心性論久已絕響。唐代雖有韓愈、李翺倡導在先，宋初也有胡瑗、石介繼起，究竟不夠深入。若論心性論之精微，還是應從周敦頤開始。周氏以後，張載、二程等大儒輩出，儒家的學術，再度振興。因此論者都推許周敦頤為宋代理學的開山祖。周敦頤的思想受到道家以及道教的影響很深，他的著作有太極圖說和通書。太極圖說是將傳自道教的太極圖作一番闡釋，在此書中，周子由宇宙論說到人生論，闡明了天理的根源。通書原名易通，提出「誠」作為貫通道體的工夫。兩書都是言約而義精，對北宋理學有極大的影響。

㈣張　載

張載字子厚，號橫渠，生於宋真宗天禧四年（西元一〇二〇年），卒於宋神宗熙寧十年（西元一〇七七年）。原籍大梁（今河南開封），父親張迪在宋仁宗時擔任殿中丞，知涪州（今四川涪陵）死於任所，未能返葬，一家人遂僑遷陝西鳳翔郿縣橫渠鎮。

張載幼年喪父，獨立成長，氣質不凡，喜歡談論兵學，有心追求功名，曾經想結集志士，從西夏手中奪回洮西的失土。二十一歲的時候，上書謁見范仲淹，范仲淹見他胸懷大志，提醒他：「儒者自有名教可樂，何需專事於兵學？」並勸他讀中庸，張載讀了中庸，仍以為不足，又涉獵佛學、道家之說，經數年研究，又回歸六經。

從思想發展來看，他最早對易經有心得，於是宋仁宗嘉祐年間，便在京師講述易經，聽眾不少。有一次，和二程子會面論易經，第二天起，就向聽眾宣布：「最近遇見程氏兄弟，發覺他們對於易經了解很深，是我所比不上的，你們大家應該向他們請教！」張載是二程兄弟的表叔，比他們年長十二歲以上，竟然能夠如此謙卑。從此不再當眾講授易經，但是張載對於易經更加深信不疑，不再研究其他雜學，成為一個純粹的儒者。

嘉祐二年張載舉進士，也開始了仕宦生涯。曾任祈州司法參軍、雲巖令。據說他施政以培養善良風俗為優先，每月常擇吉日，邀宴縣中年高德劭之父老於縣府，親自勸酒，殷勤招待，目的在讓人民了解敬老尊長之義。同時，也藉以了解民間疾苦。

神宗熙寧年間，呂公著進言張載深研古學，很有成就，神宗召見問治道。他說：「為政若不以夏商周三代的遺法為理想，終究只能是不完備的治道而已！」神宗很高興，立即擢任崇文院校書。他對於王安石的新政，並無很大的不滿，只對王氏的用人問題，提出看法。但因弟弟張戩擔任御史，和王安石對立，他感覺左右為難，便託疾辭官，回鄉講學。

張載著有正蒙、易說、東銘、西銘、經學理窟及語錄，後人合編成張子全書。在正蒙中，他以「太和」代替「太極」，提出「氣」作為靜動循環的因子，說明宇宙間的和諧狀況。在西銘之中，又描繪出仁的境界，鼓勵人們學做聖人。此外，他要人們「變化氣質」以達到仁的境界。張載一生的目標，具現於有名的四句警語：「為天地立心，為生民立命，為往聖繼絕學，為萬世開太平」之中。他的學問，為關中士人所崇仰，他所開啟的學派，後世稱為「關學」。

(五)程　顥

程顥字伯淳，號明道，河南洛陽人。生於宋仁宗明道元年（西元一〇三二年），卒於宋神宗元豐八年（西元一〇八五年）。他生於書香門第，不僅資質過人，且自幼得到母親良好的家教。十五歲時與弟程頤由父親程珦帶去拜識周敦頤，周敦頤給予很好的啟導。後來他們兄弟兩人成為北宋最重要的理學家。

程顥中進士以後，在各地擔任地方官，重視教化，破除迷信，政績卓著。神宗熙寧二年，王安石推行新政，程顥也在丞相呂公著的推薦下來到京師，擔任太子中允以及監察御史裏行。神宗多次召見，大都以「正心」、「窒慾」、「求賢」、「育材」感悟主上，勸神宗不要看輕天下士。程顥對於王安石的新政也有批評，尤對於新政實施以後，「排斥忠良，沮廢公議，由賤陵貴，以邪干正」最為反感。由於王安石當政，程顥只好請求調職，改任鎮寧軍判官。

程顥一生大部分的時光都在做官，官位雖不高，卻有很大的名氣。他的資質過人，存養有道，待人和顏悅色，據說他的門人好友，與他相交數十年，不曾見到他有過忿厲之容。他從容不迫，對於倉促發生的任何事都能不動聲色。他的學問廣博，出入佛老之學數十年，然後回歸儒家，返求六經。

程頤沒有自己的著作，現在流傳的二程全書，是後人根據他的語錄編成的。在程顥的語錄中，他對於「道」、「理」、「心」、「性」反覆闡發義蘊，其識仁篇明顯使用了道家、佛教的思想來詮釋儒家的「仁」。其定性書闡發順天理、合自然的靜定境界，他由「識仁」而往「定性」發展，展現了一套獨特的理路，有很大的創造性。

㈥程　頤

程頤字正叔，號伊川，是程顥之弟。生於宋仁宗明道二年（西元一〇三三年），卒於宋徽宗大觀元年（西元一一〇七年）。十八歲即曾上書仁宗，勸他以「王道」為心。以後遊於太學，胡瑗正主教導，曾以顏子所好何學為題要學生作文，程頤劈頭就寫「學以至聖人之道也」，胡瑗十分驚訝，立即召見，並授以學職。他的同學呂希哲也立刻以師禮相待。以後陸續有王公大臣要推薦他做官，他都辭謝，而以讀書教學為己任，一直未做官。至元豐八年，哲宗即位，當時哲宗年幼，高太后垂簾聽政，始由司馬光、呂公著、韓絳等人合力推薦，擔任崇政殿說書，講學之際，對哲宗皇帝多所啟發。

不久，呂公著為相，凡有疑問，都向程頤請教，而伊川在朝，議論褒貶，無所畏避。在某一次黨爭中，他被貶到四川涪州，在渡漢江時，突然風浪大作，船中的人都嚇得大哭，只有伊川正襟危坐，若無其事。直到船抵彼岸，同行的人問他如何能在性命攸關時，了無懼色。程頤回答：「我只是心存誠敬罷了！」此時他六十五歲，心性修養已達到爐火純青的境界。

徽宗即位之後，程頤再度被召回，但是，朝廷之內黨爭更烈，程頤聚徒講學，被范致虛等誣為邪說惑眾，並大肆逮捕他的學生。程頤知情勢不妙，便勸他的學生說：「你們只要細心觀察，細心體會，照著所學的去身體力行就好了，不一定要到我這兒來求學。」所以他死後，送喪的只有四人，頗為蕭條。

程頤和程顥的學術理想雖然相同，氣質和個性卻不同：明道德性寬宏，氣象萬千，有光風霽月的胸懷；伊川氣質剛毅，精思入神，有峭壁孤峰的嚴峻。他們兄弟所開的學派，被稱為「洛學」。

程頤的著作除了語錄之外，還有易傳、經解等書。他少年時代即受周敦頤之影響，可是為學宗旨不在宇宙論方面，他提出「性即理」的主張，以「致知」與「敬」為成德工夫。主體的存養，在理學之發展上有極高的地位。

㈦朱　熹

朱熹字元晦，號晦翁，徽州婺源（今安徽婺源）人。生於宋高宗建炎四年（西元一一三〇年），卒於宋寧宗慶元六年（西元一二〇〇年）。父親朱松曾任司勳吏部郎，因為不滿秦檜的和議政策，隱居在福建尤溪。

朱熹十四歲遵從父親遺命，拜胡憲、劉勉之、劉子翬為師，三位老師都是二程子的再傳弟子。十九歲中進士，二十二歲任泉州同安縣主簿。二十四歲又拜李侗為師。此後一面留心治績，一面埋首詩書。三十三歲任博士之職。曾上書孝宗，直言和議政策之非。也因朝廷不能採納而辭官，隱居家中十餘年，著書立說，教授生徒。

此時，和他切磋的學者有張栻、呂祖謙等人。呂祖謙和朱熹合編了近思錄，是北宋新儒學最重要的入門書。四十六歲時，和呂祖謙、陸九齡、陸九淵（象山）在信州鵝湖寺（今江西廣信）相會論學，此即著名的「鵝湖之會」。雖然朱子與象山雙方都堅持自己的觀點，但是彼此維持極為良好的風度。此時朱熹的學術聲望已經名高一代了。

以後他又被孝宗延請，出任南康軍首長，他到任之後興利除害，引進士子，講論學術。曾訪白鹿洞書院遺址，重建書院，訂定學規，陸九淵來訪，還延請九淵升席講學。在白鹿洞書院創立次年，發生旱災，朱熹上疏孝宗，批評宰相臺省師傅賓友都有失職之處，因此觸怒孝宗，將他貶官江西常平等地，朝中小人亦視他為眼中釘。後來孝宗禪位給光宗，光宗禪位給寧宗，朱熹的官位或升或貶，始終不得志。

寧宗朝，韓侂胄當道，朱熹受到韓氏讒言陷害，被誣為叛黨，慶元十二年，朱熹被彈劾，因而罷官。此時朱熹已六十九歲，且身體衰弱，罹患眼疾，兩年後謝世。到了宋理宗寶慶三年，才追贈為太師，封信國公，改徽國公。

朱子一生，雖在仕途上，迭遭波折，在學術上，卻有龐大的業績。著作非常多，最重要的有大學章句、中庸章句、論語集注、孟子集注（以上合稱四書集注），另有易本義、詩集傳、儀禮經傳通解、太極圖說解、通書解、西銘解、正蒙解、楚辭集注、韓文考異，由後人編纂的朱文公文集有一百卷之多，又有朱子語類一四〇卷，由此可知朱子學問的淵博。

他的著作以四書集注影響後世最大，在理學上，他繼續二程子的理氣說，進一步說明「太極」和「理」「氣」的關係。他以二程子的思想為經，以濂溪、橫渠的思想為緯，展開了縝密而嚴明的理學系統，在我國思想史上，影響之大，可以直追孔子。

㈥陸九淵

陸九淵字子靜，號象山，撫州金谿（今江西金谿）人。生於宋高宗紹興九年（西元一一三九年），卒於宋光宗紹熙三年（西元一一九二年）。他出身於書香門第。父親陸賀以學行為鄉里所重。弟兄六人，四兄九韶、五兄九齡，也是宋代知名的學者。

陸氏一家，除了二兄九敘之外，都是書生，家境並非十分富裕。幸而九敘善於經商，才能維持生計，使兄弟們安心讀書。象山三歲時母親去世，亦賴二兄二嫂撫養成人。

陸九淵自幼好學深思，舉止異於凡人。初讀論語，即疑有子之言為支離。十三歲時讀書至「宇宙」二字，聞人言：「上下四方曰宇，古往今來曰宙」，恍然大悟說：「原來無窮。」便寫下：「宇宙內事，乃己分內事；己分內事，乃宇宙內事。」以後又補充說：「宇宙即吾心，吾心即宇宙。東海有聖人出焉，此心同，此理同也。西海有聖人出焉，此心同，此理同也。南海北海有聖人出焉，此心同，此理同也。千百世之上與千百世之下有聖人出焉，此心同，此理同也。」這一段話非常重要，因為他把整個宇宙納入心中，又從人類的心，尋繹出普遍性來，可謂已經奠立了「心學」的雛形規模。

陸九淵厭於科場之文，三十四歲始進士及第，名聲振動行都，學者多從之遊。當時呂祖謙任考官，一讀其文，讚賞不已，以後便成為最好的朋友。三十七歲時，應呂祖謙之約，偕季兄九齡與朱子會於鵝湖。他鑑於朱子之窮理有向外求理、忽略本心之病，遂揭示「心學」的旗幟。

四十二歲訪朱子於南康，講「君子喻於義」一章於白鹿洞書院，對義利之辨，有詳盡的發揮。朱子聽了亦讚賞不已。四十九歲登應天山講學，以該山形如巨象，遂易名為象山。在此前後五年，相繼來問學者達數千人。至光宗繼位，又詔知湖北荊門軍（相當於郡守），並囑弟子傅季魯留山講學，在任十七月，卒於任所。

陸九淵一生沒有專著，後人將他的書信、雜說、文集、語錄合為一編，是為象山先生全集。在思想上，他主張「復其本心，先立其大」，又主張「心即理，心同理同」，與朱子的「理氣」二分、「性即理」的思想徑路不同。他的思想，對明代王陽明的心學有很大的影響。

(九)王守仁

王守仁字伯安，自號陽明子，學者稱為陽明先生，浙江餘姚人。生於明憲宗成化八年（西元一四七二年），卒於明世宗嘉靖七年（西元一五二九年）。他自幼聰慧，十一歲，跟隨祖父去北京，便能即席賦詩，慨然有聖賢之志。十七歲，奉父命前往洪都（南昌）成親，結婚當晚，閒遊鐵柱宮，與道士對談養生之道，竟徹夜未歸，次日方由岳家派人找回。婚後一年，偕妻返鄉，路經江西廣信，順道請教當時著名的學者婁諒，婁氏告以宋儒格物致知之法。二十八歲中進士，自此展開長期的仕宦生涯。

三十五歲那年，因劉瑾濫權，許多大臣直言相諫，都被陷害入獄，南京給事中御史戴詵等二十餘人被捕，王守仁上疏營救，觸怒了劉瑾，受廷杖四十，貶逐貴州，任龍場驛丞。在龍場始悟「格物致知」的道理。三十九歲時劉瑾伏誅，此後十年官運較順利，且屢建奇功，官至南京兵部尚書。四十八歲平寧王宸濠之亂，使東南半壁免於塗炭。五十歲，始揭「致良知」之教。五十一歲父親龍山公卒，返鄉服喪。此後五年，是他一生講學最為鼎盛的時期。五十六歲時，奉詔平定思恩、田州之亂，亂平不久，死於江西南安青龍舖。

王陽明一生思想十分曲折多變，自十八至二十七歲，致力於程朱「格物窮理」之工夫，未能有成，於是轉而學習道教神仙之術。然而在神仙之術略有心得時，又領悟到成聖德性之學其實才是最終理想。三十七歲龍場一悟，始悟「格物致知」之旨，三十八歲力倡「知行合一」，此時始悟入心性論的理路。五十歲以後，其致良知之教，規模大定。

王陽明與陸象山的學說，都是「內省的學問」，「心即理」是他們共同認定的命題。所以後世學者往往合稱為「陸王」。大致來說：陸象山頗能認識「心體」之大，而王陽明則能開展其理，使陸氏的心學系統更為豐富與精微。他的著作有王陽明全書，其中最能代表他的思想的是傳習錄與大學問。

四、文學家

(一)屈　原

談到我國最早的文學作品，自然是詩經；但是詩經是從周初到春秋中葉五百餘年間，上自達官貴人，下至販夫走卒的集體創作，作者的姓名都已亡佚，無從考知，所以介紹我國的文學家，只好由屈原開始。

屈原，名平，生於戰國末年，大約相當於西元前四世紀中到西元前三世紀初。他是楚國的貴族，學識淵博，情感真摯。在他年輕的時候，就已經做到左徒的職位。左徒在當時的楚國，是一個很顯要的位置，可以直接參與國政。屈原雖然年輕，但因為才華過人，為人又極精明能幹，所以很獲楚王的信任。也就因為這個緣故，不免遭到一般同僚的嫉妒。當時戰國雖然號稱「七雄」，但實際上只有齊、楚、秦三個強國。每一個強國都想稱雄爭霸，統一天下。楚國為了自己的利益，及維持均衡的局面，時而和齊，時而親秦。屈原是主張和齊的，他覺得秦國是一個虎狼之國，只知道施用強權和暴力，而毫無信義可言，勸楚王不可同這樣的國家交往。但是楚王另外幾個親信的臣子，像令尹子蘭、上官大夫靳尚等，卻是主張親秦的。他們一則嫉妒屈原的才華，一則因為政見不合，便竭力在楚王面前讒陷屈原。楚王聽信了他們的話，便把屈原放逐到荒僻的地方。第一次放逐到漢北，第二次放逐到江南。屈原被放逐之後，終日眷念故國，繫心朝廷，終於不勝憂憤，投汨羅江而死。死時年約六十餘歲。過了不久，楚國也為強秦滅亡了。

屈原遭到放逐的厄運，在政治上雖然失敗，但是在文學上他卻成功了。在他那漫長的流放期間，他以淵博的學識、豐富的想像、忠君愛國的熱情和傑出的創作天才，給中國的文學史上寫下了光輝燦爛的一頁。他最有名的作品是離騷，描寫一個苦悶心靈的追求與幻滅，辭藻之富麗、聲調之鏗鏘、情感之真摯熱烈、想像之豐富博大，令人心折，堪稱我國文學史上的瓌寶。屈原其他比較可靠的作品，還有天問、招魂、哀郢、懷沙、抽思、涉江、思美人等篇。

屈原的作品，實際上就是一種有韻的詩。因為屈原是楚國人，他的作品中又用了許多「楚語」、「楚聲」，所以我們把他的作品，以及後人模倣他的作品，稱作「楚辭」。

他作品成功的地方，是因為他的學養好，有足夠的文學技巧，再加上忠貞純潔的人格和熱烈真摯的情感，更使他的作品有充實的內容。同時他更敢於採用當時的「楚語」、「楚聲」，打破詩經以來所保守的詩歌傳統，用嶄新的形式為文學開創了一條新路。他把描寫社會人事的寫實文學，轉變為發抒個人情感的浪漫文學，下開漢賦魏詩的機運，所以他在文學史上的地位，是不可動搖的。

(二)司馬相如

漢代文學的特色是賦，在賦史上占顯著地位的作家有司馬相如、枚皋、東方朔、王褒等，但最負盛名的便要算司馬相如了。他改變離騷那種抒情託志的風格，而創立漢賦的典型，揚雄以下，如馮衍、杜篤、班固、崔駰諸賦家，都喜歡摹倣他的作品。賦原是詩體的一種，用華麗的辭彙，來敷陳故實。因為這種體裁最適宜述事詠物，後來便成了漢人歌頌帝王功業，描寫京都、宮殿、宴樂、遊獵的宮廷文學。

司馬相如，原名犬子，字長卿，四川成都人。從小好學，因仰慕藺相如的義勇，改名相如。他患了口吃的毛病，使他必須靠文字的表達，來補償這生理上的缺憾。他出生於貧苦的家庭，由於他善於彈琴，寫得一手好文章，得到當時王公諸侯們的賞識，他那篇描寫諸侯田獵的子虛賦，便是在這時寫成的。

司馬相如有個朋友王吉，在臨邛當縣令，有一次，他和王吉到當地的富翁卓王孫家裡玩，大家知道相如琴彈得好，便請他表演。就在這個場合，他認識了卓王孫的女兒文君。文君新寡，住在娘家，也喜愛音樂，聽了相如的琴聲後，便對他產生了好感，不久，他們相愛了。因為相如的家境貧寒，文君怕得不到家長的同意，便與相如私奔。他們離開臨邛到成都去，生活很艱苦，於是文君提議再到臨邛，借些錢來開酒店，以維持生計。結果這計畫實現了，文君親自當爐，相如也當了酒保。後來卓王孫為了顧及自己的面子，也就同情相如的境遇而幫助他。

漢朝的帝王如武帝、淮南王輩，都喜愛賦。有一天，武帝讀了子虛賦後，對該篇的作者大加讚賞，便對侍者說：「寡人恨不能與此人同時。」侍者說：「他嘛，就是我的同鄉司馬相如。」武帝甚為驚喜，召見相如，並賜給官爵。但他不愛做官，仍不斷地寫作，先後完成了著名的上林賦、大人賦，都是勸諭帝王不該過於奢侈的。他在上林賦中諷諫說：

> 若夫終日馳騁，勞神苦形。罷車馬之用，抗士卒之精，費府庫之財，而無德厚之恩。務在獨樂，不顧眾庶。忘國家之政，貪雉兔之獲，則仁者不繇也。

司馬相如不但使漢賦成為一種新興的體制，並且他認為賦是用來諷諫警世的，不像後來的賦家，徒以文字的雕飾，供人消遣。他的諭巴蜀檄和難蜀父老書也是用賦寫成的，使不安的巴蜀民眾，歸順漢朝，避免了一場無謂的流血。又一次，陳皇后失寵於漢武帝，別居長門宮，她知道相如擅於寫賦，便要求他幫助。他寫了一篇長門賦，描寫棄婦的心情，雖哀怨猶不忘舊情，武帝讀罷，深受感動，於是陳后又得到武帝的親幸。從上述的兩件事實，我們可以知道司馬相如在文學上的造詣，以及一篇好的作品，對世人的影響是何等的大啊！

(三) 曹　植

漢代除了文士們所寫的賦以外，還有許多表現民間生活的民歌。這些作品是樂府官署為譜製音樂而收集的，所以後世稱它們為樂府詩。樂府詩在形式上雖然仍採用參差不齊的句法，但大致以五言的句子為多，七言的句子也時常可見，在文學的演進上看來，正是從詩經和楚辭過渡到五言詩和七言詩的重要橋樑。所以到了漢末的建安時代，五言詩便大放光采，七言詩也開始萌芽茁長。

建安時代的著名作家，除了曹氏父子（曹操、曹丕、曹植）之外，還有被後人稱作建安七子的孔融、劉楨、王粲、陳琳、徐幹、阮瑀、應瑒等人。在這許多作家之中，能夠領袖群倫的，自然得數七步成詩的曹植。

曹植（西元一九二—二三二年），字子建，先後封為平原侯、東阿王、陳王，死後謚曰思，故後人又稱他作陳思王。他是曹操的小兒子，因為父親和哥哥都愛好文學，又加上他自己所交往的朋友也無不是文士和詩人，所以他自幼就生活在文學的環境之中，受著文學的薰陶，十二歲的時候，便作了一篇銅雀臺賦，使得曹操大為驚喜。他天資聰明，而且情感豐富，在他這樣小小的年紀，卻愛上了一個比他大得多的女子甄氏。後來甄氏嫁給了他的哥哥曹丕，使得他晝思夜想、廢寢忘餐。甄氏死後，他作了一篇感甄賦來紀念她。曹丕的兒子繼位後，覺得這篇賦的名稱不大好聽，便把它改了一個題目，這就是聞名遐邇的洛神賦。曹植的天資才華既然都超人一等，所以特別贏得曹操的寵愛，曹操很有傳位給曹植的意思。也就因為這個緣故，不免引起哥哥曹丕的嫉妒，在曹操去世，曹丕篡位以後，他無日不生活在威迫和困苦之中，有一次，曹丕命令他在七步之內作一首詩，否則便要殺他，沒想到曹植應聲便道：「煮豆燃豆萁，豆在釜中泣，本是同根生，相煎何太急！」曹丕看了這首詩以後，心中既感動又慚愧，於是寬恕了他；但仍然把他封在邊遠的地方，實同流放。一直到明帝繼位以後，他的生活才稍微好一點。他曾屢次上表求試，想為朝廷做一番事業，可惜未蒙允許。

曹植所處的時代，是一個儒學衰微、老莊盛行的時代，因此在他的作品裡，充滿了放達超逸的思想。除了這個大時代的背景以外，加上他自己坎坷的命運，使他真正體驗到人生的悲痛，所以在他作品裡，也處處流露沉痛的情感和追求自由與解脫的心境。由此我們可以知道，一個作家的環境愈惡劣，他的情感也就愈熱烈，他對人生的了解也就愈深刻，成就也就愈大。屈原如此，曹植亦復如此。曹植的詩，大多是用五言寫成的。五言詩在建安時代，本來已經到了成熟的階段，不過到了曹植，更擴大了內容；無論抒情、說理、繪景、詠物，他都用五言來寫，而且都是足以傳世的佳作。

(四)阮　籍

建安以後，接著是正始體的詩。正始是魏廢帝的年號。當時文壇主要的作者，除竹林七賢外，尚有何晏、王弼諸人。他們都是老莊玄學的提倡者，而寄情於山林酒樂之鄉，他們以清峻、玄思、慷慨、華靡的風格，開創了個人抒寫性情的浪漫文學。所以後人稱這一代的詩為正始體。

在竹林七賢中，文學的造詣以阮籍和嵇康為最高。他們不但代表了正始體的詩，也可說是隱逸文學的先聲，使文學的領域延展到田園、山林的描寫。山濤、王戎、阮咸的作品沒傳下來，向秀、劉伶亦僅存一兩篇罷了，只有阮籍和嵇康的作品，我們還可以讀到一些。

阮籍（西元二一〇－二六三年），字嗣宗，陳留人。他的父親是建安時代知名的阮瑀，阮籍生長在這士大夫的家庭裡，從小就受到文學環境的陶冶，使他在文字的運用上，奠立了基礎。少時，有大志，但魏晉間政治上長期的不安、社會的紊亂，使他感到生命如同秋草、富貴有如朝霞，於是他那種強烈救世的心，遭到幻滅。他開始反對禮教，要求過與世無爭、自然放逸的生活。蔣濟知道他有雋才，薦他做官；曹爽召他為參軍，他都以病謝歸。司馬懿當權時，又命他任郎中，不久遷散騎常侍。他在這違背心志的環境下，痛苦極了，於是常借酒逃避世事。司馬昭曾替自己的兒子司馬炎向他的女兒求親時，他爛醉了六十天，司馬昭不得已只好作罷。後來阮籍聽說步兵營有人善於釀酒，貯酒又多，便要求調職任步兵校尉。他有時埋頭讀書，整月不出戶外，有時登山臨水，終日流連忘返，他那種放浪不羈的性格，也是魏晉文人的通性。總算他得到司馬氏的蔭庇，在亂世裡能享天年，死時五十四歲。

阮籍是魏晉玄學有力的提倡者，他的達莊論、大人先生傳諸文，對當時思想界的影響很大。然而他最有價值的，還是八十二首五言的詠懷詩。這些詩，可說是阮籍心靈痛苦的象徵，由於他處於亂世，親眼看到當時的文士，像孔融、楊修、何晏、嵇康等，一個個受刑而死。因此他懷恨官吏的胡作胡為，他討厭用禮法來束縛生活，常恐自己坦蕩的性格，容易招致禍患，在這些複雜的心情下，表現在詩裡，便是隱避、悲生、出世、譏刺的意識了。他的第一首詠懷詩，便籠罩著一層隱晦的憂傷：

> 夜中不能寐，起坐彈鳴琴。薄帷鑒明月，清風吹我襟，孤鴻號外野，朔鳥鳴北林。徘徊將何見，憂思獨傷心。

魏晉是五言詩的成熟時期，最早的要算「古詩十九首」了，作者名氏已佚，大約是兩漢人寫的。五言詩的特色是音節的和舒自然，在內容上最適於表現沖淡高遠的境界。而阮籍的詩，便是得五言詩的奧妙，像「一身不自保，何況戀妻子！凝霜被野草，歲暮亦云已。」「膏火自煎熬，多財為患害。布衣可終身，寵祿豈足賴？」這些句子，都是很自然的、率真的，毫無雕琢的痕跡。史籍上說他嗜酒能嘯，善於彈琴；從詩句裡，亦可知阮籍擅於音樂，這條件促使他在作品上有更高的成就。我們要想在韻文上有更大的成就，也必須懂得音樂，因歷代文體的演變，新體詩的形成，都與音樂有莫大的關係。

(五) 太康三張

晉太康年間，是一個小康的局面，一般文人多有餘暇從事於詠頌辭章，或臨景抒懷，或贈答唱和，因此文風又蓬勃一時。在承平時代的作家，大都用力於辭藻的雕琢，而缺乏內容豐博的作品。不過他們的作品，感人的力量雖然不夠，但是在文學的技巧上說，卻邁進了一步，使後代的大作家，更有用武的餘地，其功也是不可埋沒的。當時的作家頗多，比較著名的有所謂「三張、二陸、兩潘、一左」。三張指的是張華和張載、張協兩兄弟。

張華（西元二三二—三〇〇年），字茂先，范陽方城人。小時候家境貧窮，以放羊為生。稍有餘暇，就努力讀書寫作，因此頗為鄉里所重。後來他寫的一篇鷦鷯賦被阮籍看見了，阮籍讚歎地說：「此人真是王佐之才啊！」這句褒揚的話使張華聲名大著，不久郡守便薦他做魏的太常博士。晉武帝受禪以後，被封為關內侯。張華博聞強記，武帝曾經問他漢朝的宮室制度，他不加思索，便應對如流。武帝甚覺驚異，認為此人可以大用。武帝崩後，惠帝繼位，以華為右光祿大夫，這時雖當闇主虐后之朝，而四海平安，都是張華的功勞。直到趙王倫之亂，欲迫華從謀，張華堅拒不可，遂被害，死時年六十九，舉國為之悲痛不已。

張華博物洽聞，辭藻溫麗。有張茂先集，並著有博物志。

張載，字孟陽，安平人。他的父親張收做蜀郡的太守，太康初年，他到蜀郡去看望父親，從劍閣經過，他想蜀人常恃劍閣之險作亂，便寫了一篇劍閣銘來警誡他們。後來他又寫了一篇蒙汜賦，被傅玄看見了，大為讚賞，到處為他宣傳，因此張載逐漸知名於世，並且做上了著作郎的官。他因為見天下將要大亂，無意做官，便稱疾告歸，後來死在家中。他的詩注重形式、雕琢辭藻，所以成就不是很高。

張協，字景陽。他是張載的弟弟，和張載齊名。他做過不少官，從公府掾，一直做到河間內史。他和他的哥哥一樣，生性清簡寡欲，看看天下將要大亂，便棄絕人事，避居草澤，終日以吟詠自娛，至死不出。

對於張載和張協的作品，一般批評，認為張協的才華超過張載。在三張之中，也是以張協最好。鍾嶸在詩品中批評張協的詩說：「華淨少病累。」現在我們舉他的雜詩一首，作為一個例子：

秋夜涼風起，清氣蕩喧濁。蜻蜓吟階下，飛蛾拂明燭。君子從遠役，佳人守煢獨。離居幾何時，鑽燧忽改木。房櫳無行跡，庭草萋以綠。青苔依空牆，蜘蛛網四屋。感物多所懷，沉憂結心曲。

從這首詩裡，我們可以看出許多對仗頗工的句子，就形式而言，離後代的律詩已經不遠了。可見凡是一種文學上的形式，都是這樣經過創造、試驗，慢慢演化而成的。

(六)陸機與陸雲

在太康年代知名的文學家中，有所謂「二陸」之稱。「二陸」就是指陸機和陸雲兄弟。

陸機（西元二六一—三〇三年），字士衡，吳郡人。陸家是吳中的世家，陸機的祖父做過吳國的丞相，父親做過吳國的大司馬，陸機自己也做過牙門將軍。吳亡的那一年，陸機才二十歲，他深感國亡家破的慘痛，便閉門讀書，並且研究吳國所以滅亡的原因，作辯亡論二篇，由此文名大著。太康中，他和弟弟陸雲同至洛陽，很受到張華的賞識和提攜，從此也就做起晉朝的官來。八王之亂的時候，陸機跟成都王穎做事，在和長沙王乂的一戰中，吃了一次大敗仗；同時又因得罪了宦官，受到小人的譖害，終於為成都王所誅，死時才四十三歲。

太康詩人的作品，本來就偏重辭藻的雕飾，造成一種浮豔華美的風氣，到了陸機，這種風氣更達到了全盛的階段。不僅詩句對偶工穩，辭藻也極華美，在文學的技巧上來說，自然是進步的；但是有時因為過於雕飾的緣故，不免有損於文學的情感與意境，很難使作品達到一種高度的境地。陸機不但寫詩如此，即使寫議論性的文章，也免不了採用這樣的筆法。他的一篇著名的「文賦」，就是用華麗的辭藻和駢偶對仗的句子寫成的。這篇賦在文學的本身上並沒有多大價值，但是在文學理論上的地位，卻極為重要。在這篇文賦裡，他有三點重要的主張：第一，他主張文學的內容與形式同樣的重要；第二，他強調情感與想像在文學作品中的重要性；第三，他提倡獨創，反對模擬。他的理論，破壞了相沿已久的只重內容不重形式的儒家文學觀，建立起一種嶄新的文學理論，加速促成了南北朝唯美文學的成長。

陸雲（西元二六二—三〇三年），字士龍，陸機的弟弟。據說他在六歲的時候，就已經會寫文章，那時候吳國的尚書閔鴻稱讚他說：「此兒若非龍駒，當是鳳雛。」陸雲有一個愛笑的毛病，而且一旦笑起來，就難以抑止。當他跟他的哥哥到洛陽的時候，陸機獨自去拜謁張華，張華問起陸雲，陸機只好坦白地說：「我弟有愛笑的毛病，所以不敢請見。」想不到過了一會兒，陸雲竟然自己來了。張華平常有一個習慣，喜歡用絲繩把鬍鬚纏起來，陸雲一見，果然大笑不止。不過陸雲做官的時候，卻是一個清正不阿的好官。後來他也跟成都王穎做事，因為陸機的事情，同時被害。

陸雲從小就跟他的哥哥齊名，他的文章雖然趕不上陸機，但是他的見解卻常常超出於陸機之上。

(七)潘岳與潘尼

晉朝太康，是個文盛的時代，與建安時代頗為相似，只是更偏重於辭藻的雕琢罷了。當時潘岳、潘尼叔姪，也以辭采見稱，被稱為「兩潘」，但潘尼的詩文，終趕不上他的叔叔潘岳。

潘岳（西元二四七—三〇〇年），字安仁，滎陽中牟人。從小就以天才縱溢，被鄉人視為奇童，他年輕時，便當上了太尉，舉了秀才。晉泰始中，武帝躬耕籍田，他寫了一篇籍田賦，因此大家對他的才思和文章都感到驚異。可惜終因大才難用，被人妒嫉，使他十年後才被選用，前後做了幾年河陽、懷縣兩地的縣令，這時他大約已到而立之年了。在這幾年中，他做事認真，很有政績，但仍鬱鬱不得志。從他在河陽縣作的兩首詩及在懷縣作的兩首詩中，可以看出他才志未伸的心情，大有做事容易做人難的感覺。他為了楊駿的事，一度被牽連免官，以後他又做了長安令、著作郎，直到散騎侍郎，在他一生中，可說是沒有飛黃騰達過，因此他對宦海的心志也開始淡泊，小時那種急於進取、立功立事的雄心，這時也隨著年華和閱歷的增長而消退了。於是他寫閑居賦來寄託自己的心跡，在這賦的序上，他除了自述身世外，還流露出今後將絕意於寵榮的事，但因他的性情輕躁，疾惡如仇，得罪了手下的小吏孫秀。到趙王倫篡位，孫秀專權，孫秀便尋報舊恨，誣言潘岳和石崇、歐陽建等勾結等，以叛亂的罪名處死。潘岳的母親、兄弟子女，無論長幼，也同時被害。

潘岳少年的詩賦，除了哀豔外，無一可取，而他不朽的作品，卻是他喪偶後所寫的那些追思昔日恩愛、懷念親舊的悼亡詩、懷舊賦和哀永逝文。他用自然細緻的筆調，描寫出親友、夫婦、家庭間的瑣事和遭遇。下面引他的悼亡詩中的幾句，作個例子：

荏苒冬春謝，寒暑忽流易。之子歸窮泉，重壤永幽隔。私懷誰克從，淹留亦何益。僶俛恭朝命，迴心反初役。望廬思其人，入室想所歷。帷屏無髣髴，翰墨有餘迹。流芳未及歇，遺挂猶在壁，悵怳如或存，周遑忡驚惕……

這是他追念亡妻的詩，詩中悽婉深情，甚為感人。

潘尼，字正叔，是潘岳的姪子。小時也是聰明出眾，但他的性格不像潘岳那樣輕躁，而喜歡靜居。有一次，州裡舉他做官，但他因父親年老，拒不赴任，在家養親，後來他的父親去世了，才舉秀才，由太常博士直遷到著作郎。孫秀專權時，他逃回家鄉，聽說齊王冏在許昌，要討伐趙王，便趕到許昌，齊王給他參軍的職位，他積極參與時務，想對國家多盡一分力量，同時也可以洗雪家仇。不久，趙王倫也就被平定了。在晉朝諸王爭權的時代，潘尼始終能居於要職，永嘉末年，洛陽快淪陷時，他才離開洛陽，路上遇到強盜，死在塢壁，年紀約六十餘歲。我們讀他著名的迎大駕詩，可以看出他忠貞愛國的思想，他慨歎當時的世局多故，而豺狼當道，不失為一位愛國詩人。

㈧左　思

晉太康間，文壇興盛，幾乎超越建安、正始之上，傑出的作家，有張華、張載、張協、陸機、陸雲、潘岳、潘尼、左思數人，簡稱為三張、二陸、兩潘、一左。他們都是以寫五言詩著名的，詩史上有「太康體」之稱。他們共同的主張，認為詩歌是由情感而發，注重辭藻的美和音調的和諧。其中，能以辭藻與意境並重的，只有左思一人。

左思，字太沖，山東臨淄人。生卒年月，已無可考。小時天資遲鈍，曾經跟鍾胡學書琴，但成績不好，他的父親左雍便對朋友說：「我這孩子悟解力還不及我小時候。」左思聽了，頓然省悟，從此發憤勤學。後來他在一年內，寫成了齊都賦，自信只要肯勤苦自勵，便可寫出好文章，於是他立志要寫三都賦。

不久，他的妹妹左芬被選入宮，全家也遷到洛陽，使他有機會親歷京都的繁華。為了實現他的志願，他更深入四川，蒐集有關魏、蜀、吳三國京都的史實。這時陸機到洛陽來，也想著手寫三都賦，聽說左思已經在寫，便輕鄙地笑他不自量，在寫給他弟弟陸雲的信上說：「這兒有個鄉下佬，敢寫三都賦，我想寫好了，底稿不過拿來包花生米罷了。」但是左思並不因自己沒名氣而放棄此項計畫，相反地，他更苦思深研，甚至書房廁間都貼滿了草稿，只要想到一句，便隨時寫下修正。

這樣經過十年的工夫，才把長僅萬字的三都賦寫成。皇甫謐讀了歎為觀止，替他作序，張載、劉逵替他作注解，張華讀後也滿口稱讚，只有陸機看了默不作聲，心想改他一兩字，卻無從下筆。於是豪貴人家，競相傳寫，洛陽為之紙貴。

歷史上因一篇文章而能如此轟動的作家並不多，我們姑且不去評論三都賦在文學上的價值如何，但就左思的那種寫作精神而論，已經是值得我們敬佩和倣效的了。

漢賦發展到魏晉，已不再是富麗的、諷諭的風格了。隨著魏晉個人抒寫性情的文風，賦也變得清新而雋穎，所以魏晉多小賦，內容多半是抒情而耐人尋味的。只有左思的三都賦，可算是長篇鉅製了，而大體上也與漢人描寫京都的體制相似。此外，從三都賦的序文上，可以看出駢文已漸露頭角，不過，一直到了六朝，才成為最流行的一種文體。

左思的三都賦固然名噪一時，但亦僅作為文壇的佳話，他最有價值的作品，是一些五言古詩。現在我們所能讀到的，只存於昭明文選中的八首詠史詩，二首招隱詩和一首雜詩。他的詠史詩，或因今懷古，或因古感今，大抵借史實來抒寫心頭的感觸。他抱著「功成不受爵，長揖歸田廬」的精神，正與我國優美的民族性脗合；他指出當時社會上不平等的現象，他用澗松比作才士，山苗比作門第，希望政府能舉用賢能。讀他的招隱詩，知道當時隱逸的思想依然盛行，他由衷地歌頌自然，表現出淡泊歸隱的心境。他的那首雜詩，該是他晚年的作品，其中那種悲壯愴涼的情調，最為感人。

(九) 劉琨

太康以後，在文學史上有所謂永嘉之稱。永嘉正值八王之亂，是晉朝最不安定的一個時期。大凡在戰亂的時候，人們最容易產生兩種心情：一者感傷憤激，一者超脫逃避；因此在文學的表現上，也多半兼具了這兩種作品。永嘉的作家中，代表前一種心情的有劉琨，代表後一種心情的有郭璞。現在我們先來談一談劉琨。

劉琨（西元二七〇—三一七年），字越石，中山魏昌人。他是漢中山靜王的後裔，父親劉蕃，官至光祿大夫，他們一家可以說是世代望族。他在少年的時候就有詩名，後與石崇、歐陽建、陸機、陸雲、潘岳等人，同以文才事賈謐，當時號稱「二十四友」。趙王倫執政時，他因與趙王有戚誼的關係，所以很受信任。及至趙王敗後，齊王輔政，他雖有與趙王同謀之罪，然而因為他的父兄都是當時有名的人物，所以特予赦免。永嘉元年，任并州刺史，不久，為劉聰所敗，父母皆遇害。到了晉室南渡以後，劉琨身遭亡國之痛，頗有一番恢復中原的雄心，晉元帝便命令他和幽州刺史段匹磾同伐石勒。段匹磾是鮮卑人，覺得劉琨是王室大臣，惟恐奪去了自己的權力，心中早存了猜忌之心。這時，恰巧趕上段匹磾想奪取他從叔麟與從弟末波的地盤，麟與末波一面派兵抵抗，一面寫信給劉琨請他做內應，共同擊段。這件事讓段匹磾預先知道了，正好找到一個藉口，便誣劉琨一個圖謀不軌的罪名，把他縊死了，死時才不過四十八歲。

劉琨生遭亂世，素懷大志，眼看著胡人南下，晉室偏安，心中自然免不了有故宮禾黍之悲、國破家亡之痛，因此立誓擁戴晉室，恢復中原。年輕時，曾與祖逖共寢，中夜聞雞鳴而起舞，至今傳為美談。可惜壯年慘遭不幸，真所謂「壯志未酬身先死，長使英雄淚滿襟」了。

他既然一生遭遇著困厄的境遇，未得展其所懷，因此他所寫的詩文，無不充滿了悲涼酸楚的滋味。他的「扶風歌」可以說是他的代表作，現在我們在其中選出一段來看看：

朝發廣莫門，暮宿丹水山。左手彎繁弱，右手揮龍淵。顧瞻望宮闕，俯仰御飛軒。據鞍長歎息，淚下如流泉。繫馬長松下，發鞍高岳頭。烈烈悲風起，冷冷澗水流。揮手長相謝，哽咽不能下。浮雲為我結，歸鳥為我旋。

其中所表現的情感，是多麼的沉痛！多麼的淒涼！然而在沉痛淒涼之中，卻有一股雄渾峻拔之氣。像這樣有情感、有氣度的作品，在魏晉詩人裡是少見的。鍾嶸在詩品裡批評他的詩說：

善為悽戾的辭，自有清拔之氣。既體良才，又罹厄運，故善敘喪亂，多感恨之詞。

這批評可算是最恰當的了。

(十) 郭 璞

亂世裡，人民常以想像來填補心靈的空虛和痛苦，他們常這樣想：但願人間有仙土，充滿著安樂與和平。從正始到永嘉，一直就受著老莊思想的鼓盪，於是在文學上，產生了清峻、玄思的文風，郭璞的詩便是這種文學的代表。

晉史上記載郭璞（西元二七六－三二四年）的一生，是一些神奇古怪的事，現在我們只好把它當傳奇看待而不足取信。然而他的身世，還可以從其他史籍和他的作品上，找到一個輪廓。

郭璞，字景純，河東聞喜人，也就是現在山西絳縣附近。他生於西元二七六年，出身於士大夫的家庭，父親郭瑗是晉室的尚書都令史，郭璞從小便喜愛經術，後來又精通五行、天文、卜筮的道理，先後在殷祐和王導的幕下做過事。元帝時，他寫成江賦，傳誦一時，後又作南郊賦。元帝賞識他的文才，賜給著作佐郎的官位，不久遷為尚書郎。王敦更提拔他為記室參軍。後來王敦想造反，請郭璞來卜筮，郭璞告訴他這件事不會成功的。王敦聽了心裡很不舒服，便問郭璞：「那麼你再卜卜看，我還能活多久？」郭璞說：「假使你起來叛變，便活不久了。」王敦大怒，便反問郭璞：「那麼你能活多久？」郭璞說：「只活到今日中午。」於是王敦氣極了，便叫手下把郭璞殺掉，死年四十九歲。後來王敦的叛變果然沒有成功，而晉室為了紀念郭璞維護國家的功績，追贈他為弘農太守。

郭璞的學問淵博，一生的著述很多，他注過爾雅、方言、穆天子傳、山海經、楚辭等書，這些都是學術上很有貢獻的著作。至於他的文學作品，無論詩賦，堪稱能手。江賦和十四首遊仙詩，便是他的代表作。

郭璞的江賦是一篇描寫江川風光的文章，他用雄俊清麗的筆調，把長江的源流和形勢刻劃得很清楚。所以江賦不但是一篇好的山水作品，而且成了今人稽考古代河流的重要史料，有人非議他的江賦，只是用一些水旁的字堆砌而成的。這未免過於輕蔑他，其實他跟左思的三都賦一樣，也是實有所據的。他的遊仙詩是描寫心中想像的勝景，所以比起許詢、桓溫、庾亮等人所描寫的餐霞飲露的神仙文學，不知要超越幾倍。讀他的詩，會被引導到另一個高逸的境界，那便是幽林清泉的樂土，這樂土仍然是存在人間，只是要憑藉想像去尋覓。

一篇好的作品，不怕讀者一讀再讀，它將似橄欖般的越是咀嚼，越發有味。郭璞的詩，便含有豐富的想像力，他的成就，是把仙境人間化，使詩意超脫。不似當時其他詩家，將遊仙的詩寫得空洞而虛妄、枯燥而俚俗，郭璞筆下的神仙，不過是恬淡寡慾的高士罷了。所以詩品上批評他的詩說：

始變永嘉平淡之體，故為中興第一。

在魏晉玄風流行的時代，神仙的故事，給文學開闢了嶄新的園地，在韻文上有「遊仙詩」的產生，在散文上有神怪小說的產生，尤其是後來給小說的發展，帶來了新的機運。

(二)陶淵明

從魏正始到晉永嘉這一個階段，雖然也出了不少有名的作家，但是他們的作品不是雕琢辭藻，就是內容玄虛，使當日的文風日漸枯淡。一直到了晉末的陶淵明，才以他質樸的文筆、雋永的情韻與高遠的意境，給文學界重新帶來了光彩。

陶淵明（西元三六五—四二七年），一名潛，字元亮，江西潯陽柴桑人。他的曾祖、祖、父、外祖，都在晉朝做過大官；但因為他們都是些清貧自守的好人，所以到了陶淵明，家中依然一貧如洗，逼得他甚至於向人行乞度日。他自己既不熱衷於名利，又痛惡當時君主官僚的淫靡腐敗，只一心嚮往著逍遙自適的生活，所以始終不肯做官。後來家中實在窮得沒有辦法，親戚朋友們都勸他不要太固執，為了一家人的生活，應該找個事做做，他才不得已，勉強做了一任彭澤的縣令。可是不過八十多天，就因看不慣政治場中那種招權納賄的作風，不願為五斗米折腰，掛冠而去了。他的歸去來辭，就是這時候寫的。他這時的心境，與他歸隱的情形，在他歸田園居一詩中寫得更為清楚。他寫道：

少無適俗韻，性本愛丘山。誤落塵網中，一去三十年。羈鳥戀舊林，池魚思故淵。開荒南野際，守拙歸田園。方宅十餘畝，草屋八九間。榆柳蔭後簷，桃李羅堂前。曖曖遠人村，依依墟里煙。狗吠深巷中，雞鳴桑樹顛。戶庭無塵雜，虛室有餘閒。久在樊籠裡，復得返自然。

退隱以後，他就躬耕田野，日與樵子農夫為友，以山水詩酒為樂，悠閒地過了二十來年逍遙自在的生活。也就在這期間，使他產生了許多永恆不滅的傑作。

陶淵明的作品，在作風上，雖然仍承受著魏晉以來的浪漫主義，但在表現上，卻捨棄儷辭偶句，而崇尚純樸自然；棄去對仙人高士的歌頌，而歸於山水田園的寄託；棄去談玄說理的歌訣偈語，而敘述日常的瑣事，發抒個人的情懷，形成獨特的風格，贏得「田園詩人」的封號。他的思想，也是融和了儒道佛三家的精神，而皆能取精去粗，呈現出一種極純淨的境界。加上他高潔的人格、澹泊的胸懷，使他的作品既如秋水似的深湛潔淨，又如晴空般的高遠空靈，在文學的意境上，達到了前所未有的高峰。我們試看他的一首飲酒詩，就可以知道他的這種人格和心境，是如何自然地融和在他所描寫的景色中了。

結廬在人境，而無車馬喧。問君何能爾？心遠地自偏。采菊東籬下，悠然見南山。山氣日夕佳，飛鳥相與還。此中有真意，欲辨已忘言。

他的佳作很多，實在不勝枚舉，我們只能簡略地介紹一下他主要的作品，如「五柳先生傳」一文，等於是他的一篇自傳。在這篇文章裡，他寫出自己澹泊自處、不慕榮利的胸襟和嗜酒好文的情趣。他的另一篇著名的作品——桃花源記，則寫出了他的理想，那種「阡陌交通，雞犬相聞」、「黃髮垂髫，怡然自樂」的世界，正是每個人昕夕嚮往的世外桃源。

在文學與藝術的表現上，只有偉大的人格，才可以產生偉大的作品。一個人格不健全的人，也許可以做一個巧匠，但是絕對無法成為一個偉大的藝術家。因為偉大的作品，需要偉大的人格做它的靈魂，需要真摯的情感做它的血肉，需要高遠的理想做它的氣息，在作品的一呼一吸之間，都可以使我們感到作者心臟的跳動。我們看了陶淵明的作品，更使我們深深感覺到這一點，他一生的生活和思想，正真誠而赤裸地表現在他的作品裡。蘇東坡批評他說：

欲仕則仕，不以求之為嫌；欲隱則隱，不以去之為高；饑則扣門而乞食，飽則雞黍以迎客，古今賢之，貴其真也。

的確是中肯之言。今有詩約一百二十六首傳世。

(三)謝靈運

定山緬雲霧，赤亭無淹薄。遡流觸驚急，臨圻阻參錯。

這是謝靈運描寫錢塘風物、湖山之美的詩句。後世，像鄭谷的「潮來無別浦，木落見他山。」張祜的「青壁遠光凌鳥峻，碧湖深影鑒人寒。」錢起的「漁浦浪花搖素壁，西陵樹色入秋霄。」這些詩句，都是以錢塘的湖光山色做背景而寫成的，然而他們的作品，仍比不上謝靈運的自然壯觀。

我國自詩經時代到魏晉間的詩，對山水風景的描寫不夠顯著。到南朝宋初，老莊思想已漸消退，人們對自然的欣賞，也更趨於客觀而深刻，於是山水文學勃興，而首先開創這種文風的作家，便要推謝靈運一人。

謝靈運（西元三八五－四三三年），陳郡陽夏人。他是晉朝謝玄的孫子，小時父親便死了，謝家的人以子孫難得，便把他寄養在杜治的家裡，十五歲才回到會稽，家裡的人便叫他客兒；後襲封康樂公，所以後人又稱他為謝康樂。宋武帝授給他散騎常侍的官。少帝時，他因與大臣徐羨之不合，致被黜為永嘉太守。永嘉地偏，山水絕麗，他既出守，便肆意遨遊，把不得意的心情，宣洩在山水上。他在永嘉期間，寫了不少的詩篇，像晚出西射堂、登池上樓、遊南亭、齋中讀書等詩，都是他傳世之作，真可以說因禍得福了。

一年後，他稱疾離開了永嘉，退隱到會稽東山，每日跟當地的隱士王弘之、孔淳之等遊樂，並作山居賦來表露心跡。文帝時，徐羨之被誅，文帝賞識他的詩才，召他為祕書監，要他編修晉史。但他終因喜愛遊山玩水，寫史不成，自覺這樣的性格是不宜居朝廷的，便再度稱疾還鄉。還鄉後，他和謝惠連、何長瑜、荀雍、羊璿之等常遊樂山澤，以文會友。不久文帝又詔他為臨川內史，他仍舊遊放不羈。鄭望生叛，便收靈運，事不成，被擒，判處死刑。文帝仍愛重他的才華，想免官便了事，可是彭城王義康不肯，只好把他移送到廣州棄市，死時年四十九。

謝靈運的性情曠達，好遊山水。他經常爬山，把鞋的前後跟都磨掉了，還是興致不減。有一次，他帶了百來人，從始寧的南山，伐木開路，直到臨海，臨海的太守王琇以為山賊來了，大為驚恐，後來打聽一下，才知道是謝靈運。從這些軼事裡，我們可以知道：他的山水詩並非虛構。也可以說，他的詩是山水的寫生，把到過的幽境記載下來。

他寫詩常苦思，有時為了孕育一首詩，在腦裡思索很久。他寫登池上樓時，好幾天還不能脫稿，因而夢見他的族弟惠連來訪，便有「池塘生春草」的句子。可見他為了寫詩，日思夜索，未嘗懈怠。

他的詩，不管是遠景的描寫、近景的刻劃，都有他獨到的地方。他喜歡使用對仗的句子，這對後世新體詩的興創，也有很大的關係，而元嘉的詩風，從此也逐漸步上唯美的道路，傾心於辭藻的修飾和體製的追新。

謝靈運的詩與陶潛的詩齊名，但他們的成就各不相同。陶潛的詩長於意境的表現，淡泊有致；而謝靈運的詩長於山水的描述，自然絕麗。尤其是他的殘篇歲暮，有「明月照積雪，朔風勁且哀」的句子，與陶潛的「采菊東籬下，悠然見南山」可稱為千古絕唱。

(三)劉義慶

我國古代思想重視現實，而缺乏浪漫氣息，神話傳說頗不發達，因此小說的形成為時甚晚。班氏藝文志末附小說十五家，共一千三百八十篇；篇目雖多，可惜均已亡佚。現存託名漢人的小說，如神異經、十洲記、漢武帝故事、冥洞記、西京雜記等書，據前人考證，大都出於魏晉人之手；這正是受了魏晉時代，浪漫而神祕的玄思文學影響所致。到了南北朝，佛教盛行，在當日的小說中，又摻入了因果報應之說。如王琰的冥祥記、顏之推的冤魂志一類的書，都出不了鬼神志怪的範疇，因此在文學上也就沒有什麼值得稱道的價值。在當日的這種文風之中，能夠以記人間的言行為主，而又能兼顧到辭藻與情韻的，不過「世說新語」一書而已。

我國近代因受了西洋小說的影響，對於「小說」二字的概念，與我國古代頗有距離。在古代，舉凡記談笑應對、敘器物遊樂，用以娛樂人的故事及殘叢瑣語，概稱之為小說。世說新語一書，就是在這樣的概念之下，被古人稱作小說的。

世說新語又稱「世說」或「世說新書」，全書共分三十六篇。每篇之中，以人物為主，按照時代的先後，一段一段地記著許多有趣的事跡。每段有的只有幾句話，有的是一篇可以獨立的短文，段與段之間是沒有連續性的，就像現代人所寫的軼事軼聞一樣。其中所記事跡的時代，起於西漢，止於東晉。這本書現在看起來，雖然只是些零零碎碎的篇章，然而書中的辭藻卻極為簡麗，情味也極為雋永，有不少片段，可以單獨提出來做小品文讀。尤其書中所寫的人物，雖僅略略數語，而其意氣情態，無不栩栩如生。今略舉二則，以見一斑。

晉明帝數歲，坐元帝膝上。有人從長安來，元帝問洛下消息，潸然流涕。明帝問何以致泣，具以東渡意告之。因問明帝：「汝意謂長安何如日遠？」答曰：「日遠。不聞人從日邊來，居然可知。」元帝異之。明日集群臣宴會，告以此意。更重問之，乃答曰：「日近。」元帝失色曰：「爾何故異昨日之言邪?」答曰:「舉目見日,不見長安。」

王子猷居山陰,夜大雪,眠覺開室,命酌酒。四望皎然,因起彷徨,詠左思招隱詩。忽憶戴安道,時戴在剡,即便夜乘小船就之。經宿方至,造門不前而返。人問其故。王曰:「吾本乘興而來,興盡而返,何必見戴!」

前段記述明帝的夙慧,後段描寫王徽之的曠達,無論修辭、造意,都令人覺得清新可喜。

至於談到世說新語一書的作者,晉志、兩唐志都說是宋臨川王劉義慶撰。可是據近人考訂,書中或有纂輯舊文的地方,似乎不是出於一人之手。大概此書先由臨川王手下文人纂輯,而後又獲臨川王加以修訂潤飾。到了南朝梁,又經劉孝標加以詳細的注解。孝標的注,旁徵博引,最為後人所稱道。

劉義慶(西元四〇三—四四四年),是南朝宋長沙景王道鄰第二個兒子,臨川王道規無子,以義慶為嗣。他自幼即受知於高祖劉裕,長大後,除繼承了臨川王的頭銜外,又歷任將軍、刺史等要職。他的性情簡樸,愛好文藝,招納文士,自己也從事著述。著述頗豐,世說新語一書,可說是他最著名的作品。

(四)謝　莊

南朝文風鼎盛,可以說是由於帝王對文學的愛好和提倡,加以南方的富庶,山水的秀麗,使文人大大地施展他們的才華,造成了我國文學史上,唯美文學登峰造極的時期。

從魏晉個人抒寫情志的浪漫文學,到南朝齊梁唯美文學的極盛,宋元嘉間的文風,是溝通兩者間一條主要的橋樑。當時著名的作家,像顏延之、謝靈運、謝惠連、范曄、劉義慶、袁淑、謝莊、鮑照等人,有的從事山水風景的刻劃,有的致力於人物情節的描寫,有的從事駢體文的製作,有的努力於樂府詩或新體詩的因創,因此詩史上有「元嘉體」之稱。

謝莊字希逸，陳郡陽夏人。在元嘉間，也算是一詩賦大家，我們從史書上的記載，可以看出他的文章和才思的高下。有一次，南平王獻赤鸚鵡給宋文帝，文帝看了很喜歡，便詔群臣來作賦。當時袁淑的文才享譽最高，寫好這篇賦後便先給謝莊看。謝莊也正好完卷，於是袁淑得拜讀謝莊的作品。然後大為感慨，他說：「江東沒有我，你當可以獨秀；如果沒有你，我也可稱雄一時。」說罷，袁淑便把自己的賦隱藏起來，自認作品比不上謝莊。

月賦是謝莊的代表作，這篇賦可算是我國文學描寫月亮最精湛的一篇。後蘇東坡水調歌頭中「千里共嬋娟」的佳句，可說是謝莊月賦中「隔千里兮共明月」的化語。現節錄月賦中的一段來看看：

若夫氣霽地表，靈斂天末，洞庭始波，木葉微脫。菊散芳於山椒，雁流哀於江瀨，升清質之悠悠，降澄輝之藹藹。列宿掩縟，長河韜映，柔祇雪凝，圓靈水鏡，連觀霜縞，周除冰淨。

這段秋月空明的景色，描寫得真是淋漓盡致，同時也點明了他所說的「白露曖空，素月流天」月夜的情調。這種幽美的文辭和造景，也是南朝唯美文學的特色。

此外，他的詩雖比不上他的賦誄那樣有名，亦清麗可讀。

(五) 鮑　照

困窮的境遇，更容易磨鍊人的意志，激發人的才情。這樣的情形，在歷史上不乏先例，元嘉詩人鮑照便是其中之一。

鮑照（西元四一四？－四六六年），字明遠，東海人。幼年家境貧窮，生活困苦，然而他的詩文卻作得頗為遒麗不俗。他的妹妹鮑令暉，也是一個有才情的女詩人。那時候正好臨川王劉義慶招納文學之士，鮑照也設法進謁，可惜未被知遇。他心中覺得非常不平，便想貢詩言志。他的朋友勸他說：「現在你位卑言輕，不可輕易地忤逆了大王的意思。」想不到鮑照憤憤地道：「歷史上有多少英才異士，都無聲無臭地湮沒了。一個大丈夫豈可一生庸庸碌碌，終日混在燕雀的群中過日子呢？」於是毅然地把詩獻上去。這次，劉義慶看了他的詩之後，非常讚賞，覺得這人確有才華，便引用他做了佐史國臣，後來宋文帝用他做中書舍人。文帝自己也喜歡作詩文，平日總以為自己的作品無人能及。鮑照此時所作的文章，不是鄙言累句，就是空泛無物，大家都認為鮑照已經才盡，其實他有說不出來的苦衷，他是唯恐才華顯露，觸怒了皇上。一個文學家不能盡興創作，其心中的鬱悶，不言可喻。最後他做了臨海王子頊的參軍，掌理書記，所以世有鮑參軍之稱。子頊事敗，鮑照也同時遇難。

鮑照的一生，可說是一直在艱困與憂悒中掙扎。他的這種心境，在他十八首行路難中表露得最為透徹。他喜歡用雜體詩的形式，自由揮灑。後代高適、岑參、李白等人，都受過他很大的影響。同時在詩裡也表露出他對人生無常的感傷和傾慕自由的心境。可是因為他缺少陶淵明那種澹泊的胸懷，所以有時候顯得憤激有餘，而難以達到清靜真純的境界。

鮑照除了雜體詩之外，七言古詩也作得不錯。過去的古詩都是全篇一韻的，但是到了元嘉這個時代，出現了換韻的詩體，使詩的音調更趨和諧活潑。鮑照的七言古詩，雖全篇一韻的居多，但其中換韻的也不少。這種新體詩，後來又受了沈約諸人「聲律說」的影響，就益發顯得成熟了。這樣的作品，可以說是從漢魏兩晉的詩歌，到唐代近體詩的一個重要橋樑。

元嘉這個時代，因為受了魏晉以來浪漫文學的激盪，一般文學家們對文學本身的意義與價值，認識得更為清楚，因此特別注意藝術技巧。好的一方面，使文學獲得自由發展的機運，形成唯美文學的極盛，產生了不少特出的山水文學；壞的一方面，則是專注於辭藻音律的形式之美，而忽略文學的內容，等而下之，更流於放蕩淫靡的色情文學。鮑照處在這樣的環境之中，其作品仍不失質樸之美，是頗為難能可貴的。由於他的不事雕琢，加上生活貧賤、地位低微，當時他的名聲反倒屈於顏謝之下。到了唐朝，杜甫以鮑照和庾信並稱，評道：「清新庾開府，俊逸鮑參軍。」俊逸二字，鮑照是當之無愧的。

(六)謝朓與沈約

夏李沉朱實，秋藕折輕絲。良辰竟何許，夙昔夢佳期。（謝朓在郡臥病呈沈尚書）

昔賢侔時雨，今守馥蘭蓀。神交疲夢寐，路遠隔思存。（沈約和謝宣城詩）

從上面兩節贈和的詩句，可以看出謝朓和沈約友誼的敦睦和深厚。甚至沈約常誇賞他的朋友謝朓，認為他的五言詩，是「兩百年來，再沒有比他更好的了。」

齊永明間，武帝的第二子竟陵王蕭子良愛好文學，所交遊的都是一些博雅能文的文士，如謝朓、任昉、沈約、陸倕、范雲、蕭琛、王融、蕭衍等，時稱「竟陵八友」。在八友中，沈約和謝朓，可算為永明的二傑。永明是齊武帝的年號。當時的文士，寫詩講究音韻，作文注意四聲，於是聲律說興起，加以樂府小詩的勃興，使當日的唯美文學更得到擴展。在詩的形式上，產生了各種的新格律，因此詩史上稱這期的作品叫「永明體」。

「聲律說」開始於陸機，他在文賦中說：「暨音聲之迭代，若五色之相宣。」到齊王元長首先提倡，接著謝朓、沈約也致力鼓吹。沈約主張詩要具有音樂性，他還提出四聲八病的說法，不外是使詩的平仄和韻律得收旋律優美的效果。在這風尚下，使文學走向新的道路，那就是駢體文盛行、小詩的勃興、長短句的產生、律體的形成。當時小詩的勃興與長短句的產生，都是受聲律的鼓盪而形成的，且已知道運用換韻來增加音調的和諧。

因此永明的詩家，他們除了在作品的成就外，對後日唐詩宋詞的影響，實在是不可忽視的。

沈約的俗說，與任昉的述異記，顏之推的還冤記、集靈記，裴啟的語林，殷芸的小說，都是被後人視為不可多得的說部。他們敘述異事，記載人間常事，為後來唐人小說的前驅。

謝朓（西元四六四—四九九年），陳郡陽夏人，字玄暉，曾為宣威太守，世稱謝宣城。他的山水詩，可與謝靈運媲美，故有「小謝」之稱。像他的「魚戲新荷動，鳥散餘花落」「餘霞散成綺，澄江靜如練」之類的佳句，俯拾可得。詩品以「清麗」二字評他的詩，至為中肯。

沈約，字休文，吳興武康人。父親沈璞，為淮南太守，元嘉末被殺，所以他小時候家道窮困，甚至向鄉里的人求乞。但他日夜苦讀，母親怕他用功過度，常把燈油減少。所以沈約的博學，是由他的勤學所致。他不但能詩，亦善為文，宋書一百卷便出於他的手筆。此外尚有四聲譜及沈隱侯集輯本二卷行世。

(七)徐陵與庾信

南北朝一百多年是一個大動亂的局面，在這期間，人民的生活趨於現實、奢靡，加以聲律說的提倡，文學的表現，更趨於唯美的作風。當時的文人，大都是宮廷的臣子，如徐陵、庾信、王褒、江總、陰鏗一輩，皆喜歡寫新體詩，風格輕靡，作為宮廷演唱的作品。徐陵的折楊柳詩說：「江陵有舊曲，洛下作新聲。」也就可以想知他們的風尚了。在這一群作家中，最能領導當代文風的，要算徐陵和庾信，他們每有詩文問世，京都的人士無不傳誦，故世號為「徐庾體」。

當時新體詩的興盛，新樂府的創製，這些韻文的擡頭，與音樂的流傳很有關係。從徐陵的玉臺新詠序中，談歌舞之盛，可以看出當時音樂流傳的普遍。流行於民間的有南北的民歌，像江南的吳歌、西曲，北方的梁鼓角橫吹曲、胡吹舊曲。而流行於宮廷的，便成了宮體詩。這些作品，不外是男女戀愛的描寫，充滿委婉曲折的情意，但不免流於輕浮。徐陵編的玉臺新詠，所錄為梁以前的詩，雖屬於綺麗的作品，但仍不失溫柔敦厚的宗旨，所以讀來仍是很清新的。

徐陵和庾信的身世很相似，徐陵的父親徐摛，為梁朝戎昭將軍，庾信的父親庾肩吾，為梁朝散騎常侍，他們都是當時聞名的文士。而徐陵和庾信同是梁朝的抄撰學士。但是後來各人的遭遇不同，在文學上的成就，庾信高出徐陵。

徐陵（西元五〇七—五八三年），字孝穆，東海人。徐陵生而聰慧，八歲能文，文采綺麗。他的詩文俱佳，然而他的成就卻在律詩的嘗試。

庾信（西元五一三—五八一年），字子山，南陽新野人。初在梁朝做建康令，侯景作亂時，城陷，奔走江陵，後聘於西魏，不久梁亡，遂留長安。到周孝閔帝踐位，庾信被任為洛州刺史。後周陳兩國通好，南北流寓之士，各許他們回歸舊國，只是庾信和王褒被留在北朝。庾信在這種心情下，故國鄉關之思，常流露於篇章。他著名的哀江南賦，便是為哀梁朝的亡國而寫的。他的枯樹賦、小園賦，都是一些思鄉的作品。今日我們來讀他的這些作品，更易發人深思。

他晚年的詩，也是蘊藏著無限隱痛的鄉愁，在這種落葉歸根的心情下，他是多麼渴望返回故園。他的與重別周尚書宏正詩：「陽關萬里道，不見一人歸。唯有河邊雁，秋來南向飛。」再看他的寄王琳詩：「玉關道路遠，金陵信使疏，獨下千行淚，開君萬里書。」這些血淚的作品，比起早期的詩，不知要高出幾十倍呢！難怪杜甫要說：「清新庾開府」了。

徐庾的貢獻是造成六朝唯美文學的巔峰，他們的作品除了辭藻的優美、音韻的鏗鏘外，還充滿了清新、活潑的情調，導致唐代近體詩的形成。他們的缺點則是過於唯美，有傷作品的真實，內容綺靡而步上色情，故至唐代儒學興起，即開始反斥六朝輕靡，提倡復古的文風。

(六)王楊盧駱

在唐初一百來年的詩壇，是從六朝過渡到盛唐的重要橋樑。這個時期的作品，在內容方面依然承繼著六朝華麗的詩風，在形式方面則完成了律詩的格調。當時的詩人，如虞世南、楊師道、上官儀、沈佺期、宋之問諸人，大都以徐陵、庾信為模範，不脫陳隋宮體詩香豔華靡的習氣。這些人都是一時的顯要，他們的作品不是為應制而作，就是為唱和酬答而作，所注意的，自然不外乎詩的規律與辭藻，而忽略了情感與內容。一種文學到了只圖誇辭以媚人的地步，也就相當可悲了。倒是當時官位低微的王勃、楊炯、盧照鄰、駱賓王幾人，雖仍脫不盡富貴華豔的影響，但憑著過人的才華，卻寫出了不少可讀的作品。無論在意境或情調上，實在遠遠超乎同時的那些宮廷詩人之上，難怪他們被稱之為「四傑」，而擅名一時了。

王勃（西元六五〇—六七五年），字子安，絳州龍門（今河北龍關）人。六歲能文，未及冠，已聞名於世。有一次他經過鍾陵，正趕上當地的都督為滕王閣新成而大宴賓客。入席不久，都督著人拿出紙筆，希望在座的客人為滕王閣作一篇序。可是大家都知道都督的女婿，早就作好了一篇序，想藉此機會誇耀一番，所以沒有一個人肯下筆。讓到王勃，沒想到王勃卻不辭謝，揮筆就寫，都督非常不悅。及至序成，其文辭輝煥不凡，自始至終未易一字，都督及在座諸客均驚之為天才。這就是聞名於世的「滕王閣序」。王勃年少才高，可惜享命不永，在他二十六歲那一年，因往交阯省親，渡海溺水，得驚悸症死。

楊炯（西元六五〇—六九三年），華陰（在今陝西省）人，幼聰敏，博學能文，有神童之稱。他為吏殘酷，為人恃才傲物。他聽人說王楊盧駱號為四傑，便憤憤不平地道：「吾愧在盧前，恥居王後。」其實若以詩才論之，楊炯實在應居四傑之末。

盧照鄰（西元六三七—六八九年），字昇之，范陽（今河北大興）人。在四傑之中，他是身世最苦的一個。

一生都在和疾病掙扎，再加上家境窮苦不堪，終於受不了貧病的折磨，投水而死。死時才不過四十來歲。

駱賓王（西元六四〇－?年），義烏（在今浙江省）人，落魄無行，喜與賭徒為友。曾做過長安的主簿。武后時，因言事得罪，棄官去。徐敬業舉兵，他做了徐氏的府屬。有名的討武氏檄文，便出自他的手筆。徐氏事敗，駱賓王遂亡命他鄉，不知所終。

四傑的作品，自然以詩為主，其中律詩又佔著很重要的部分。在格律與技巧上看來，已接近和諧完整的境地。如王勃的杜少府之任蜀州：

城闕輔三秦，風煙望五津。與君離別意，同是宦遊人。海內存知己，天涯若比鄰。無為在歧路，兒女共沾巾。

這首五律，無論在平仄上，或對仗上，都可說已相當工整了。

另外他們的樂府體的小詩和歌行，也寫得非常好。如王勃的山中：

長江悲已滯，萬里念將歸。況屬高風晚，山山黃葉飛。

如盧照鄰的行路難，我們取他幾句：

君不見長安城北渭橋邊，枯木橫槎臥古田。昔日含紅復含紫，常時留霧亦留煙。

在盧照鄰的作品中，常流露出一種悲苦之音，這大約由於他的遭遇所致。如果我們再讀一讀他的五悲、釋疾諸篇，更能體會到他這種哀傷的心境。駱賓王因為遭遇不同，在作品的格調上，與王、盧就大不一樣了。他曾從事過政治運動，他又過過戎馬生活，所以自然而然地便流露出一種豪邁之氣。如他的在軍登城樓一詩，便有一種雄渾悲壯的韻味：

城上風威險，江中水氣寒。戎衣何日定，歌舞入長安。

前人對四傑的批評很多，然而不是過褒，就是過貶，只有陸時雍在詩境總論中的批評較為公允。他說：

王勃高華，楊炯雄厚，照鄰清藻，賓王坦易。子安其最傑乎？調入初唐，時帶六朝錦色。

(九) 陳子昂

「國朝文章盛，子昂始高蹈。」由韓愈的批評裡，我們可以看出陳子昂在唐朝文壇上的重要性。因為唐初的文學界，完全籠罩在六朝華靡的文風之中，無論詩人文士，無不以徐庾為圭臬，大家都在協聲琢句上大下工夫，在形式上雖然產生了不少華美的句子和鏗鏘的音節，在內容上免不了浮泛而不實，甚至流於淫靡的色情文學。在這種潮流中，首先覺醒而以復古為號召的是陳子昂。所謂復古，實際上就是反對當日那種徒重形式的格律文學，而欲恢復古代那種有感情、有生命、有寄託而內容充實的言志文學；因此雖名之曰復古，實在卻無異於革新。

他的作品，詩不及文多。然而他的文多酬答章奏之類，不脫四六駢體的習氣。倒是他的詩真正實踐了他的主張，盡掃輕靡之音，而以平實的文句，直抒懷抱。其中最為人所稱道的，就是感遇詩三十八首。這些詩，與阮籍的詠懷詩作風相似，都是抒寫懷抱的佳作。他平素所講的寄興與感發，便每每在這些詩裡流露出來。

此外如他的登幽州臺歌所云：

前不見古人，後不見來者，念天地之悠悠，獨愴然而涕下。

其中所含蘊的渾厚的氣魄與蒼涼的韻味，可與魏武帝的短歌行媲美。這種作品，在初唐的文壇是難見的。所以說陳子昂實在是由初唐進入盛唐的一個重要轉捩點。

陳子昂（西元六五六－六九八年），字伯玉，四川梓川射洪人。幼年家境富裕，喜愛射獵博戲，到了十八歲還沒有唸過書。有一天偶然到鄉校中去，看到其他青年努力勤學的情形，才痛自悔改，從此孜孜不倦。文明初年，舉進士，侍武后朝，擢右衛胄曹參軍。因得武后賞識，不久便遷為右拾遺。聖曆初，以父老解官歸侍。其故鄉縣令段簡貪暴，知他家富厚，便欲害子昂。家人納錢二十萬緡，段簡仍以為太薄，捕送獄中，遂不復出，享年四十有三。

陳子昂秉性豪邁，為人倜儻不羈。當他初到京師的時候，寂寂無名。正巧遇一賣胡琴者，喊價累萬，一時豪貴競相傳視，可惜對於這種樂器，都不熟悉。陳子昂於眾人之中，突然挺身而出，以千緡買下。大家見這樣一個無名小卒，居然以高價購此奇貨，都驚訝不已。聽了陳子昂自己說明他善於演奏這種樂器之後，大家便要求他演奏一曲，於是陳子昂約定眾人第二天到宣陽里他的寓所去聽琴。到了第二天，一時有名之士，為了好奇，聞風俱至。陳子昂大設宴席，款待嘉賓。宴畢，他並沒有演奏，卻捧著胡琴對大家說：「四川人陳子昂，有文章數百軸，可惜不為人所知，像演奏這種樂器，是低賤的樂工之事，我怎會在這上面用工夫呢？」於是把高價買來的胡琴摔了個粉碎，而把他的文章遍贈賓客。因為他的作品的確不凡，就在一天之內，他的名聲震驚了整個京都。

(二十)孟浩然

春眠不覺曉，處處聞啼鳥；夜來風雨聲，花落知多少。

這首膾炙人口的春曉，便是出於盛唐詩家孟浩然的手筆。他只用淺易的二十個字，把春天早晨的景象點畫的清新明白，最後還留下一段「花落知多少」未了的春意，讓吟誦者去尋思回味。

孟浩然（西元六八九—七四〇年），生於湖北襄陽。他的一生過著隱居的生活，四十歲以前一直隱居在鹿門山。那年，他感到老守空山不能稱心，便跑到京都——長安去考進士，這時他的詩名已很顯著了。他到太學去賦詩，竟沒人敢與他對抗。他的朋友王維和張九齡也都欽佩他的詩才。當時王維在朝，邀孟浩然到官署來，沒想到唐玄宗駕到，孟浩然心慌了，便躲到床下。後來還是王維對玄宗說：「孟浩然也到這兒來。」玄宗很高興，想見這位大詩人，於是孟浩然不得已，只好從床下爬了出來。玄宗很誇賞他的詩，並問他最近有什麼新作。孟浩然便把歲暮歸南山的詩唸一遍：

北闕休上書，南山歸敝廬。不才明主棄，多病故人疏。白髮催年老，青陽逼歲除。永懷愁不寐，松月夜窗虛。

孟浩然心想藉此詩得仕，沒想到玄宗聽了反不高興地說：「你並沒有要求做官，反而說『不才明主棄』來誣諂我。」所以孟浩然到長安來，進士沒考取，官也沒得到，反而碰了一鼻子灰。

後來韓朝宗想薦孟浩然做官，約他來京師，他卻和友人在家喝酒，不願赴約。晚年，他只在張九齡的幕下做了幾年事，因患疽背病乃罷，死時才五十二歲，葬於鳳林山南。王維過郢州時，在刺史亭上畫孟浩然的像以追悼他的朋友，後人便稱該亭為「孟亭」。

孟浩然一輩子過的是鄉村的生活，他的詩便以大自然為背景，注力於自然山水、鄉村園林的描寫，造成恬淡、閒適的境界。這種詩風繼承了陶淵明、謝靈運一脈的風尚。在唐代文學鼎盛的時代裡，孟浩然、王維、儲光羲、裴迪、丘為諸家的提倡，王孟一脈的自然詩，便成了盛唐詩中的一股強流。

孟浩然擅寫五言詩，他餘留下來的二百多首詩中，七言的詩只十餘首。他的作品，大概可分為兩個時期：四十歲前的作品，表現隱者的心境而摻雜著思慕榮華富貴的念頭，所以在平靜的詩境中，常帶有好奇和憤慨的情調，如他所說的「坐觀垂釣者，徒有羨魚情」，這種羨魚的心情，真是他前期作品最好的寫照。四十歲以後的作品，我們試讀他的萬山潭：

垂釣坐磐石，水清心益閒。魚行潭樹下，猿掛島藤間。游女昔解佩，傳聞於此山。求之不可得，沿月棹歌還。

白描淡寫，風骨自異。其他如過故人莊、夏日南亭懷辛大、宿建德江、宿業師山房待丁大不至、秋登蘭山寄張五等詩，也都是這類淡而深遠的筆調，充滿了和平和與世無爭的理想。他筆下的田園山水，都有他獨特會心之處，他筆下所交往的朋友，也流露著純潔高貴的友情；所以他的詩讀起來，不覺有山水清音、悠然自遠的感覺，充滿農樵逸士閒話桑麻的鄉情。

因此李白贈孟浩然的詩：

吾愛孟夫子，風流天下聞。紅顏棄軒冕，白首臥松雲。醉月頻中聖，迷花不事君。高山安可仰？徒此挹清芬。

杜甫解悶詩也說：

復憶襄陽孟浩然，新詩句句俱堪傳。

一代大詩人且如此讚賞，難怪後人要推崇備至了。

(二) 王維

陶淵明恬澹高遠的詩風，被南朝以來濃豔的色情文學淹沒了三百來年，直到唐朝的王維、孟浩然諸人崛起於文壇，才使我們重新嗅到了那種清新醇淨的氣息。

王維（西元七〇一—七六一年），字摩詰，山西太原祁人，九歲知屬辭，與他的弟弟王縉俱以文名。他少年時的作品就已經很出色，如他十七歲所作的九月九日憶山東兄弟云：

獨在異鄉為異客，每逢佳節倍思親。遙知兄弟登高處，遍插茱萸少一人。

無論造意或修辭上，都是相當成熟的作品。其他如他十五歲所作的過秦王墓詩、十六歲所作的洛陽女兒行、十九歲所作的桃源行，都是傳世之作，可見王維是個天分極高的人。

集異記說他在十八九歲的時候，已有文名，又善彈琵琶。有一年春天，他假扮伶人，託岐王帶他到公主府，見了公主之後，他獻了一闋名鬱輪袍的新曲，並出示所作的詩文。公主看了大為驚奇，立刻命宮婢傳習，並且把他介紹給當時的試官。由此可見王維在少年時倒是一個風流倜儻熱衷功名的人。因此他在二十一歲中了進士以後，立刻就做了大樂丞的官。天寶十一年，他做給事中，他的弟弟王縉做侍御史，當時的王公大人，都待之如師友，這是他最得意的時期。

可惜不久安祿山反，長安淪陷，王維被俘。他服藥下痢，假稱瘖病，被囚在古寺中。亂平，他以附賊罪下獄，幸虧他有一首凝碧詩，表露出他忠於朝廷的情感，才減輕了他的罪名。可是他自受了這次打擊以後，對於現實社會和功名利祿，漸漸失去了興趣，而嚮往於道家的養性全真和佛家的出世主義，他這時候的心境，在終南別業一詩中表現得很清楚：

> 中歲頗好道，晚家南山陲。興來每獨往，勝事空自知。行到水窮處，坐看雲起時。偶然值林叟，談笑無還期。

他晚年就住在輞川的別墅中，日與道友裴迪浮舟往來，彈琴賦詩，完全投身於大自然的懷抱，過著一種恬澹而閒適的生活。因此使他晚年的作品，不但活生生地表現了山野的美景，而且含蘊著一種清遠高妙的情趣。他死於乾元二年，年六十一歲。

王維的作品，多以白描的手法，來吟詠山水田園之美，對於山水田園的描寫，絕不著人工刻劃的痕跡，只自然地表現出一種清淡空靈的畫境，而在有意無意中流露出他那澹泊的情感和寧靜的心懷。如他在與裴迪書中所寫：

> 夜登華子岡，輞水淪漣，與月上下。寒山遠火，明滅林外。深巷寒犬，吠聲如豹。村墟夜舂，復與疏鐘相間。此時獨坐，僮僕靜默，每思曩昔攜手賦詩，步仄徑臨清流也。當待春中卉木蔓發，春山可望，輕鯈出水，白鷗矯翼，露濕青皋，青雉朝雊，斯之不遠，倘能從我遊乎？

這篇短文的詩情畫意，讀之令人悠然神往。另外他所寫的美麗而清醇的詩實在不勝枚舉，如：「人閒桂花落，夜靜春山空。月出驚山鳥，時鳴春澗中。」（鳥鳴澗）「君自故鄉來，應知故鄉事。來日綺窗前，寒梅著花未？」（雜詩）「紅豆生南國，秋來發幾枝。勸君多採擷，此物最相思。」（相思）「渭城朝雨浥輕塵，客舍青青柳色新。勸君更盡一杯酒，西出陽關無故人。」（送元二使安西）有的表現一剎那的自然現象，有的表現一時的感觸和情感，無不雋永清逸，餘味無窮。

王維除詩文以外，又擅長音樂書畫，尤其他的水墨畫，人稱畫思入神，天機獨到，為我國南宗之祖。他自己說：「凡畫山水，意在筆先。」（畫學祕訣）意思就是說意象和境界，重於形似與刻劃。他的這種見解，用到詩上，也是非常恰當的。因此他的畫極富詩意，而他的詩又畫意盎然，無怪乎東坡說他「詩中有畫，畫中有詩」了。

㈢儲光羲

唐詩一般人都分為初、盛、中、晚四個時期。盛唐的詩，是唐詩的黃金時代。所謂盛唐，是略指開元到大曆間四、五十年的光景。在這期間的作品，大致可分為兩大類：一類是以歌詠自然為主的，歌詠隱者的懷抱，歌詠田家的生活，像孟浩然、王維、儲光羲的詩便是，他們長於使用五言的體制，表現高遠的意境和深厚的情緒。另一類以歌詠戰爭為主，歌詠邊塞的風光，歌詠俠客的豪情，像高適、岑參、王昌齡的詩便是，他們長於用七言的詩體來表現豪壯的情懷。後來再加上李白、杜甫的詩，唐詩的發展已達最高點了。

詩人喜愛自然，自古已然。詩人與自然結為良友，因為自然能使他的作品充實、高潔而活潑。在盛唐詩家中，像孟浩然的隱居鹿門山，王維的歸隱輞口，儲光羲的退隱終南山，都是使他們的生活與自然契合。由於他們深入山村林野，過著田園逸士的生活，所以他們的作品便以自然的景象作為抒寫的對象。

儲光羲（西元七〇七—約七六〇年），山東兗州人。開元十四年進士，當了幾年太祝。在唐代，太祝是掌祭祀、為人祈求福祥的官，後人便稱他為儲太祝。然而他不滿於這種職位，在登戲馬臺作的詩中，他說：

少年自言未得意，日暮蕭條登古臺。

他道出不得志的苦悶，而幻想著要當個勇於捐軀、建樹功勳的英雄。事實上他只是替人祈福的太祝罷了，因此一氣之下，他辭官退隱到終南山，去享受田家隱逸的生活，而日與樵父、農夫為友。所以他的詩的特色，便是致力於田家生活的描寫，在他的心靈中理想的世界，是洋溢著和平閒適的農村社會。

他著名的作品，像樵父詞、漁父詞、牧童詞、采蓮詞、采菱詞、田家雜興等，都是以農村的人物景象為素材，而交織成一幅農村的快樂圖。

儲光羲的詩，除了表現田家的和平快樂外，還流露著純真活潑的情趣，他很能抓住片刻的感觸和情感，加以抒寫。像他的江南曲：

日暮長江裡，相邀歸渡頭；落花如有意，來去逐船流。

就是渡頭的春水，落花的隨舟，本是無意的流動，然而在詩人的眼裡，卻充滿了情趣。再如他的釣魚灣：

垂釣綠灣春，春深杏花亂。潭清疑水淺，荷動知魚散。日暮待情人，維舟綠楊岸。

簡潔數語，把暮春垂釣，待人綠楊岸的情景，勾畫入微。

儲光羲的詩是學陶淵明的風格，而得其真樸，如他的「敝廬既不遠，日暮徐徐歸。」「一徑入寒竹，小橋穿野花。」這類佳句，很能點出閑適的景象。他的詩雖與孟浩然、王維同為自然詩派，然而在詩情的表現上，卻別有異趣。

後來他復出為世所用，被徵為監察御史。不久，安祿山反，他受安祿山的偽官。賊平後，被捕下獄，後貶至馮翊，尋卒。

雪淨胡天牧馬還，月明羌笛戍樓閑。借問梅花何處落，風吹一夜滿關山。

㈢高　適

以前我們所介紹的孟浩然、王維、儲光羲諸人，都是屬於浪漫詩人中的自然詩派。現在我們再來介紹另一種作風的詩人。像高適、岑參、王昌齡、王之渙、王翰諸人，他們的作品雖然也含有濃厚的浪漫色彩，但其格調卻與自然詩派截然不同。他們的人生觀是浪漫的、享樂的，因此他們同自然詩派的詩人一樣，都不大注意民間的疾苦；他們所描寫的對象多半是邊塞風光和戰爭；他們的作風雄偉奔放，氣象萬千，所以在形式上他們多喜歡採用樂府民歌的語調和七言的詩體，我們從前面所引高適的這首塞上聞笛看起來，雖然所描寫的不外乎風、花、雪、月，但其格調卻不是感傷的，而是歡欣的；不是纏綿的，而是豁達的；不是清澹的，而是雄壯的；不是飄逸的，而是豪放的。

高適（西元？—七六五年），字達夫，滄州渤海（今河北省）人。少年落魄，不事生產，流浪於梁宋間，與博徒丐者為伍。後至河西，為河西節度使哥舒翰掌書記，安祿山亂，朝廷召翰討賊，即拜適為左拾遺，轉監察御史，由此官運亨通。蜀亂後，為蜀、彭二州刺史，遷西川節度使。廣德元年，以征吐蕃無功，召還為刑部侍郎，左散騎常侍，封渤海縣侯，永泰元年卒，贈禮部尚書，謚曰忠。唐朝以來，宦途顯達的詩人，可以說只有高適一人。

據說高適到了五十歲的時候，才開始作詩，一作即工。每逢作好了一篇，就傳誦一時。他曾經過汴州，與大詩人李白、杜甫相會，酒酣之餘，登吹臺，慷慨悲歌，臨風懷古，傳為文壇的美談。他的詩，多半描寫邊塞的景色和戰爭的場面。讀他的詩可以感覺到一股濃厚的熱情、力量、生氣，和隱藏在作品後面的那種雄放的胸懷。他較常採用的形式是七言的樂府詩體，因為這種形式換韻遣辭都比較自由，適於發抒奔放的情感。

一個才情卓絕的詩人，多不喜歡受嚴謹的格律的束縛。然而所謂不喜歡嚴謹的格律的束縛，並不是完全擺脫了格律，而是在格律的範圍內儘量求其自由的發展。

㈣岑　參

托爾斯泰說：「只有兩種材料是永遠寫不完的：一是戰爭，一是愛情。」誠然，戰爭和愛情永遠被人們描寫著、歌頌著。我國描寫戰爭的作品實在不少，詩經裡的擊鼓、小戎、陟岵等篇，便是由於戰爭引燃了詩人的靈感而寫成的。例如漢高祖劉邦把天下打定後，回到家鄉跟父老子弟喝酒，酒酣所唱的：「大風起兮雲飛揚，威加海內兮歸故鄉，安得猛士兮守四方。」規模宏壯，氣魄博大，也可說是他經歷沙場數百回合後所得來的靈感。

漢唐兩代，國力強盛，領域拓大，因此描寫戰爭、邊塞的作品，也以這兩代為最多。在唐詩中，首開歌詠沙塞征戰的詩風，便是高適和岑參，後人稱為「高岑詩派」。其後追隨這種風尚的，還有王昌齡、王之渙、李頎、崔顥諸人，他們的努力，使唐詩的領域拓寬不少。

岑參（西元七一五—七七〇年），河南南陽人，父親岑長倩，做過官，去世很早，因此岑參早歲孤貧，然而他能自勵發憤。少年時便有詩名，每寫成一篇，鄉里的人便傳誦不止。他大約二十來歲，登天寶三年的進士，接著當了幾年的參軍、評事、監察御史。然而這些差事不能使他稱心，因為他是個雄心勃勃十分進取的青年，他希望能為國家立下不朽的功勳，所以他三十歲以前的作品，不是寫一些山水田園詩，便是寫些心志鬱鬱未伸的抱怨。他看不慣為五斗米折腰的惡習，厭惡仰他人的鼻息，更感歎自己年屆而立，還不能有所建樹。然而惡劣的環境，並沒有使他懈怠，反而使他更為積極，不久，他跟從封常清的軍隊到西域，出掌安西節度判官。後來也擔任過虢州長史、侍御史、關西節度判官。安西是現在的新疆，虢州在河南境內，關西是陝西和甘肅。在這期間是他的志願得以實現的時期，加以他生命力的充沛，邊塞胡域的風光，使他燃起強烈的情感，因此他的作品，在唐詩中創立特異的風格。

岑參前後兩次出塞，一次在天寶八年，一次在天寶十三年。他到過酒泉、敦煌、梁州，看過佛經中奇異的優鉢羅花，看過沙漠中的綠洲，「黃沙磧裡人種田」，也欣賞過胡地的美人兒，學漢人的裝扮，「側垂高髻插金鈿」。他到過天山、輪臺、雪海、交河，那兒有「鐵門關西月如練」，那兒有「颯颯胡沙迸人面」，那兒有「闌干陰崖千丈冰」，那兒有「胡人向月吹胡笳」。他更到過新疆最熱的吐谷番，他曾有一首火山雲歌送別，描寫那地方炎熱的情況。

他三十歲以後的詩，很有價值。他的詩的特色，便是善於運用樂府歌謠的體制，把異域的風沙冰雪、胡笳琵琶寫入詩篇，表現他多彩多姿的生活，抒寫出沙場征戰、壯士懷舊的豪情，我們可以用「俊、逸、奇、悲、壯」五個字，來說明他的詩的精神。現在再舉他的兩首最流傳的短詩做例子：

強欲登高去，無人送酒來；遙憐故園菊，應傍戰場開。（行軍九日思長安故園）

故園東望路漫漫，雙袖龍鍾淚不乾。馬上相逢無紙筆，憑君傳語報平安。（逢入京使）

後來他離開關西，為嘉州刺史，所以後人稱他為岑嘉州。晚年入蜀，依杜鴻漸，後死於蜀，年五十餘。

㈤王昌齡

如果說文字的精鍊是詩的一大重要特性，那麼絕句可以說是詩中之詩了。我國的詩向以五、七言為主，絕句就是四句五言，或四句七言的短詩。它以最少的文字，表現同樣複雜的情感，描寫同樣美麗的風景，敘述同樣深長的故事，一字之聲，一字之義，都是極盡推敲簡選而來的，也都盡可能地表現了它所能表現的最大程度，可以說已達到運用文字技巧的頂峰。唐代的詩人中，獨以絕句傳世的有王昌齡、王之渙、王翰諸人；

而王昌齡尤為個中翹楚。

王昌齡以七絕見長，他的作品除寓意深遠外，音韻尤其鏗鏘合律，所以為當時一般梨園伶官所爭唱。例如他的出塞一詩，和王之渙的出塞，可稱描寫邊城風光的雙絕，有令人一唱三歎之概。詩曰：

秦時明月漢時關，萬里長征人未還。但使龍城飛將在，不教胡馬度陰山。

這首詩以短短的二十八個字，表現了從軍遠征的艱苦，漠北的荒涼景象，以及對古代防邊英雄的無限追念之情，字裡行間充滿了愛國的熱情和青年的豪氣。同樣的豪氣和壯語也表現在他的兩首從軍行中。他的兩首從軍行也都是對邊塞和戰爭的描寫。其一：

青海長雲暗雪山，孤城遙望玉門關。黃沙百戰穿金甲，不破樓蘭終不還。

其二：

大漠風塵日色昏，紅旗半捲出轅門。前軍夜戰洮河北，已報生擒吐谷渾。

這種長雲雪山、大漠風塵的景色，在深壑探幽的隱士，或春怨秋愁的騷客，是想像不到的。而百戰穿甲、夜戰洮河，更非一般吟風弄月的詩人所能夢想。他所以能夠寫出這種豪壯的句子，都是由於親身的經歷。像這樣逼真的描寫、豪邁的氣概，是閉門造車所寫不出來的。除了對邊塞戰爭的描寫以外，他也善於表現閨中的離情。例如他的閨怨一詩：

閨中少婦不知愁，春日凝妝上翠樓。忽見陌頭楊柳色，悔教夫婿覓封侯。

從這首詩可以看出，他對人類情感的變化有非常獨到而細膩的表現。這種描寫絕不淺露、絕不傖俗，而顯得含蓄蘊藉，情致幽遠，令人吟誦起來意味無窮，在描寫閨婦的詩中，可稱千古絕唱。沈德潛在唐詩別裁中批評他的詩說：

深情幽怨，意旨微茫，令人測之無端，玩之無盡。

王昌齡（西元六九八－約七五七年），事跡不詳，據說他是陝西長安人，也有人說他是江寧人。他一字少伯，曾經中過進士，補過祕書郎，中過宏辭科，做過汜水尉，最後一直升到江寧丞。他和詩人高適、王之渙是很好的朋友，常在一起悠遊唱和。他到了晚年狂放不羈，被貶做龍標尉。因為有感於世事混濁，便棄官還鄉，不幸遭刺史閭丘曉所忌，被殺而死。

㈥王之渙

黃河遠上白雲間，一片孤城萬仞山；羌笛何須怨楊柳，春風不度玉門關。

這首王之渙的出塞，又稱作涼州詞，詩中的孤城便是指涼州城。涼州在今日的甘肅武威縣一帶，在唐時已屬邊陲，城外的荒漠，便是胡人牧馬出沒的區域。千餘年來，由於文人筆墨的渲染，認為邊塞是悽涼悲壯人煙絕少的地方。這種觀念，一直到清代左宗棠開發新疆時，才被打破。湘人楊昌濬寫了一首頌左文襄的詩說：

大將西征尚未還，湖湘子弟滿天山；新栽楊柳三千里，引得春風度玉關。

很明顯的，這首詩是針對王之渙的出塞而寫的，不但說明了左宗棠開墾新疆的成就，也正說明了我民族歷來經營邊疆的苦心。所以玉門關外一望無垠的錦繡河山，早已成為我歷代青年躍馬驅敵、施展雄才的好地方。

唐人薛用弱集異記裡，有一段記載王昌齡、高適、王之渙飲酒旗亭的故事，從這故事裡，可以看出王之渙在詩上的造詣。當時他們三人在旗亭飲酒，亭上來了十幾個伶人，他們準備飲酒唱詩作樂。這時王昌齡便暗暗對高適、王之渙說：「我輩各有詩名，然不分軒輊，今日不妨以他們所唱的詩作為標準，看各人作品唱到的有多少，來定個高下如何？」他們倆也都同意了。一會兒，一個伶人唱道：

寒雨連江夜入吳，平明送客楚山孤。洛陽親友如相問，一片冰心在玉壺。

於是王昌齡在牆上畫了一橫，接著又一伶人唱道：

開篋淚霑臆，見君前日書；夜臺何寂寞，猶是子雲居。

高適也在牆上畫了一橫。接著又一伶人唱道：

奉帚平明金殿開，強將團扇共徘徊。玉顏不及寒鴉色，猶帶昭陽日影來。

王昌齡高興地又在牆上畫了一橫。這時王之渙心裡急了，便指著這一群伶人中最美麗的一個說：「如果她出來唱詩，一定是唱我所寫的。不然的話，我的詩便不及你們二位了。」不久，那最漂亮的伶人出來唱詩，所唱的果然是王之渙的出塞，於是三人大笑不已，在旁的伶人感到非常奇異，後來問明白了，才知道適才所詠的詩便是他們三人所寫的，於是便邀他們一塊飲酒作樂。

從這段故事裡，我們可得到幾點啟示：

第一、唐人的絕句，是可以歌唱的。詩與音樂結合，它的生命力將更活潑而充實。

第二、唐詩既可以作為朝野宴飲、大眾娛樂的歌曲，因此唐詩能更普遍地流傳，成為一般人所喜愛的大眾文學。

第三、開元天寶間，風俗奢靡，胡樂盛行，在宴聚群飲的風氣下，高適、岑參、王昌齡、王之渙諸人作品風格相近，內容大抵以戰爭、邊塞為素材，表現出熱情、進取、享樂的人生觀。

王之渙不但詩寫得好，文章也很精巧，但他瞧不起科舉功名，因此他的生平，無可稽考。他可能是個落拓不羈、飲酒縱樂的浪漫者吧！然而他的絕句，卻使唐詩增色不少。像他的登鸛雀樓詩：「白日依山盡，黃河入海流；欲窮千里目，更上一層樓。」再如他的送別：「楊柳東門樹，青青夾岸多；近來攀折苦，應為別離多。」這類平易而韻味純和的作品，幾乎都是家喻戶曉的。可惜王之渙的詩文大半亡佚，今日我們所能讀到的，也不過是五、六首絕句罷了。

(二七)李　白

在唐代詩人中，前人多以李白、杜甫並稱，而不能定其高下。然如以倜儻絕俗、才情橫溢論之，則李白實為有唐以來第一人。

李白（西元七〇一－七六二年），字太白，隴西成紀（今甘肅天水附近）人。隋末他的祖先因罪徙西域，到了唐朝神龍初年他的父親才遁還四川。李白的少年、青年時代，就是在四川度過的。他生性豪邁不羈，喜讀書、擊劍，跟那些俠客、道士遊於岷山、峨眉，過著一種放任自在的生活。年輕的李白，也曾雄心勃勃，想做一番大事業，所以二十五歲以後，他就離開四川，到處流浪，足跡踏遍大江南北。並且在雲夢娶了故相許圉如的孫女為妻，在并州結識了唐代的名將郭子儀。後來到了山東任城，和孔巢父等六人隱居徂徠山竹溪，終日放歌酣飲，號稱「竹溪六逸」。天寶初年，他又南下到浙江，結識了道士吳筠，一同住在嵊縣，這時候他已四十歲了。他的生活，由於這十幾年的遊歷，日漸豐富，他的詩名也日益盛大。

不久，他的好朋友吳筠被召入京，他也隨著到了長安。當時賀知章讀了他的詩，歎為天上謫仙，便把他薦給玄宗，有詔供奉翰林。他在長安住了三年，仍然不改他那種狂放不羈的生活。因為玄宗愛他的才華，所以很受寵遇，曾經有龍巾拭吐、御手調羹的故事。有一次，他喝醉了酒，竟命皇帝的寵信高力士為他脫靴，命皇帝的愛妃楊玉環為他捧硯，至今傳為風流韻事。他的「雲想衣裳花想容，春風拂檻露華濃」的清平調，就是這時候寫的。

由於李白的思想浪漫，行為放任，不適合臺閣廊廟之位，所以雖得玄宗皇帝的賞識，卻始終沒有獲得高官厚爵。因此他又離開長安，再度過他那漂泊流浪的生活。這次他浪跡天涯，漫無定處，生活漸形潦倒。他在詩中歎道：「萬里無主人，一身獨為客。」「欲邀擊筑悲歌飲，正值傾家無酒錢。」這時他才嘗到了現實人生的炎涼滋味，所以他感慨萬千的說：

一朝謝病遊江海，疇昔相知幾人在？前門長揖後門關，今日結交明日改。

同時人在落魄的時候，骨肉的親情、鄉里的懷念，不禁油然而生，所以一向放達的李白，竟也寫出「何年是歸日，雨淚下孤舟」的感傷詩句來。但是李白的性格畢竟是狂放的、豪邁的，一旦生活稍微改善，他又興致勃勃地飲酒作樂起來。他在客中作一詩中就欣然自得地說：

蘭陵美酒鬱金香，玉碗盛來琥珀光。但使主人能醉客，不知何處是他鄉。

從這首詩裡，可以看李白的幾分真性情。

天寶十四年安祿山反，李白避居廬山。永王璘起兵，招李白為府僚佐，璘敗，李白獲罪當誅，多虧當年他曾救助過的郭子儀解官為他贖罪，他才得到減刑。詔令放逐夜郎，幸而中途遇赦放歸。到了潯陽，不幸又因事下獄。這次獲救以後，他已經五十九歲，連年迭遭困厄，加以年事漸高，心境也就變得恬淡疏遠了。這時他投靠了當塗令李陽冰，過了一段平靜的生活。終日研究老莊，瀏覽吉山、敬亭山一帶的風光，心中頗為寧靜自得，並寫出了許多清淡高遠的好詩。如他的敬亭獨坐：

眾鳥高飛盡，孤雲獨去閒。相看兩不厭，只有敬亭山。

山中問答：

問余何事棲碧山，笑而不答心自閒。桃花流水杳然去，別有天地非人間。

這些詩，意境的空靈、筆致的秀雅，可以說已經到了渾然忘我的境界。

李白六十二歲死於當塗。有人說他入水捉月而死，這不過是好事者為這位浪漫大詩人多添一筆浪漫韻事，其實是不可靠的。

綜觀李白一生，或縱酒高歌，或擊劍習武，或隱居修道，或嘯傲朝廷，或浪跡天涯，可謂多彩多姿。而他的作品，有的悽惻纏綿，有的熱情洋溢，有的高逸空靈，有的揮毫落紙具排山倒海之勢，無論五言七言，樂府、律詩、絕句，到了他的手裡，都顯得揮灑自如，氣象萬千。連有「詩聖」之稱的杜甫，對他也不得不佩服得五體投地，由衷地讚美道：「筆落驚風雨，詩成泣鬼神。」他的詩，不但驚風雨，泣鬼神，使人讀來，直如星月懸空，可仰視，而不可攀擬，但覺玄黃交錯，落英繽紛，稱之為「詩仙」，不為過也。

(六)杜　甫

杜甫（西元七一二—七七〇年），字子美，湖北襄陽人。小時聰穎過人，二十歲時，他便遊歷江浙一帶，到過姑蘇、鏡湖等名勝，還希望能乘船去日本。二十四歲那年，他入京考進士，沒及第，於是他離開長安，在齊魯間流浪了八、九年，和李白、高適這些浪漫詩人一起詠唱。對李白更是終生仰慕，在他的集中，有多首寫給李白的詩，如夢李白、贈李白等。杜甫雖仕途不順，但他在貧困中仍然以儒者自居，勤苦自勵，他說：「讀書破萬卷，下筆如有神。」這時他的懷具很大，吐辭不凡，從他登泰山時所寫的望嶽便知道了：

> 岱宗夫如何？齊魯青未了。造化鍾神秀，陰陽割昏曉。盪胸生層雲，決眥入歸鳥。會當凌絕頂，一覽眾山小。

天寶九年，他再到長安，想找官做。第二年，玄宗朝獻太清宮，他寫了三大禮賦，並進表說明自己的身世才學，希望朝廷能錄用他。但玄宗只命宰相試他的文章，授給河西尉的小官。他不赴任，後來改為率府參軍。

他看到宮廷的貴族們，過著淫侈的生活，而民間卻屢遭戰禍徭役的洗劫，在這強烈的對照下，使他寫成了麗人行和兵車行。天寶十四年十一月，也是杜甫四十四歲的那年，他自長安回到寓居陝西奉先的家，由於他的貧窮，使家人常忍受飢寒，到家時，幼兒已餓死。在這不幸的遭遇下，他怎能無感慨呢？那首自京赴奉先詠懷五百字，便是這時產生的，像「彤庭所分帛，本自寒女出」「朱門酒肉臭，路有凍死骨」「所愧為人父，無食致夭折」這類的句子，字字都是血。也就在那時，安祿山造反，長安淪陷，玄宗幸蜀，不久陝西、河南、山西一帶，便捲進戰火之中。

第二年，他趕回長安，聽到肅宗在靈武即位的消息，想去謁見，被賊所阻。他看到戰火洗劫的長安，由於愛國的熱忱，詠出了春望、哀王孫、哀江頭等作品。同時他也想念奉先的家，在一個愁聲滿城的夜裡，他沉湎於鄉愁中，寫下了月夜：

今夜鄜州月，閨中只獨看。遙憐小兒女，未解憶長安。香霧雲鬟濕，清輝玉臂寒。何時倚虛幌？雙照淚痕乾。

後來他逃了出來，謁見肅宗，肅宗命他為左拾遺。但不久為救房琯的事，又免了官。

乾元元年，史思明變亂，他到四川，在成都浣花溪旁築草堂定居下來，由於生活的安定，作品也淡遠雅致，這時他已五十歲了。嚴武鎮蜀時，請他任節度參謀，並檢校工部員外郎，「杜工部」這個名稱，便得自於此。一年後嚴武死了，他的官也丟了，從此他像沙鷗似的浪跡天涯。

代宗大曆五年，他到耒陽，遇到洪水，斷糧十天，後來縣令派船接他回去，並請他喝酒，也許太久沒吃東西，突然飽食一餐，以致食傷，當場暴卒，死時才五十九歲。

杜甫的一生經歷過玄宗、肅宗、代宗三代，眼看著國家由全盛時期進入危難時期。生活的貧苦，使他嚐盡飢寒的滋味；時代的動亂，使他體會到悲歡離合的至情。他以人間的至愛，抒唱出自己的見聞和遭遇，他以悲天憫人的抱負，發揮儒者人溺己溺的精神。因此他的詩充滿了友愛和同情，他完全是一個寫實詩人，像三吏、三別這類的作品，可稱為那時代的實錄，所以後人稱之為「詩史」。假使說李白的詩最高遠，那麼杜甫的詩應該是最真實。

㈩張志和

我們都知道，詩是唐朝文學作品的代表，詞是宋朝文學作品的代表。在宋朝三百多年間，產生了不少偉大的詞家，也產生了不少輝煌的傑作，在我國的文學史上占據了重要的一頁。但是一種新的文學形式，絕非驟然發生，都是經過了長時間的醞釀，和無數文學家的苦心經營才得成功的。所以詞雖然盛於宋朝，卻遠在唐朝中葉，就已經有不少文人在嘗試這種新的形式。現在我們所見李白的詞，固然不一定可靠，但和李白先後同時的張志和、張松齡、顧況、戴叔倫、韋應物諸人，卻都已開始依照曲譜寫作長短不齊的詞句。無論在作法、形式以及內容上，和五代、宋朝的詞已沒有多大分別，而且也已經達到了相當成熟的水準。如果把他們的作品看作最早的詞，大概是沒有問題的。在這些作家中，張志和可以做一個代表。

張志和（西元七三〇－八一〇年），又名龜齡，字子同，金華人。他十六歲的時候，就被擢為明經，很得肅宗皇帝的賞識，命待詔翰林，並授他左金吾衛錄事參軍的官位。後來因事被貶為南浦尉，赦還以後，因為雙親都已去世，便不願意再在朝廷做官。從此浪跡江湖，日與山水漁樵為友，自號「煙波釣徒」。

他生性喜歡自由，愛好自然，而且閑雅澹泊，不慕名位，所以始終隱居於田間，漫遊於湖上，過著一種恬淡自如的生活。他喜愛垂釣，但每次釣魚並不放置魚餌，別人都覺得很奇怪，他自己解釋說：「志在釣，而不在魚。」有一次縣令命他挖浚溝渠，他和其他的工人一樣，手持畚箕，揮汗工作，一點也沒有抱怨不滿的顏色。他的朋友陸羽看了他這種隱居獨處的生活，就問他為什麼這般孤獨，不和朋友們往來。他回答說：「宇宙是一間大房子，明月就是房中的燈燭，每天和四海諸公同住在這一間房子裡，從來沒有分別過，何必要往來呢？」從這些事情上，我們可以看出他是一個恬淡放達而極有修養的人。

因為他這樣的個性和環境，所以他的作品也都是田漁的描寫，現在我們可見的，是收在尊前集裡的五首漁父詞。我們試舉最有名的一首來看看：

西塞山前白鷺飛，桃花流水鱖魚肥。青箬笠，綠蓑衣，斜風細雨不須歸。

這首詞的詞藻、意境，可以和王、孟諸人的自然詩媲美。而詞的長短不齊的句法，和富於音樂性的韻律，尤易於表現生動委婉的情致，所以到了五代、宋朝引發了無數文人創作的靈思。

(三十)劉長卿

唐代的詩，經李杜的高度發揮後，後世的詩人想在詩壇上占一席地位，不得不另闢途徑。大曆年間的詩家，便以平實的造境和嚴正的構思來取勝，他們的詩著重詩律的尋求、文字的推敲，這也足見中唐詩風的風尚。這時代的作品雖比不上盛唐的渾厚，然韻律的純和、技巧的臻善，是另有千秋的。大曆詩家中，像劉長卿、錢起、郎士元、皇甫冉、李嘉祐、司空曙、韓翃、盧綸、李端、李益這幫人，稱為「大曆十才子」。然而真正能代表這時代的作家，也只有劉長卿、錢起兩人罷了。

當時的人談到詩人，都說：「前有沈、宋、王、杜，後有錢、郎、劉、李。」劉長卿聽了，大不以為然，他說：「李嘉祐和郎士元，怎能同我並提而論？」言下大有出類拔萃之概。事實上，劉長卿的詩，也的確高人一籌。

我們不妨試讀他的一首絕句，寄龍山道士許法稜：

悠悠白雲裡，獨住青山客；林下晝焚香，桂花同寂寂。

猛一看，倒很像王維的詩，含有寧靜閑禪的境界。他的詩造意極美，仍然洋溢著盛唐時的渾厚與田園詩派的遺風。不論絕句也好，律詩也好，都流露著悠遠平靜的韻味，下面一首律詩秋杪江亭有作，也是寫得好極了：

寂寞江亭下，江楓秋氣班。世情何處淡，湘水向人閑。寒渚一孤雁，夕陽千萬山。扁舟如落葉，此去未知還。

劉長卿善於寫五言近體詩，唐人權德輿稱他為「五言長城」。讀他的絕句或律詩，往往能增加人的臆想，好像欣賞一幅山水畫，淡淡的幾筆，便烘托出寧靜閑遠的意境，使人有如置身其間，忘了現實，這便是他作品成功的地方。另外他的一首絕句送張十八歸桐廬：

歸人乘野艇，帶月過江村；正落寒潮水，相隨夜到門。

在一個秋深月淨的夜裡，駕一葉扁舟，江上的寒意侵人，對岸的幾戶人家，依稀地靜臥在月色村野之中，美麗極了。其他如他的新安送陸澧歸江陰這首詩，完全類似詞中的小令，晚唐詞的興起，與中唐詩家的新體詩，不無關係。

劉長卿（西元七〇九－七八〇？年），字文房，河間人。曾任監察御史，受人誣告而下獄，後被貶為潘州南巴尉，死在隨州刺史任內，所以有人叫他「劉隨州」。長卿秉性高潔，與俗不同，因常開罪權門，遭到貶斥，這大概是一般文人的通病吧！

三 韋應物

作品的格調與作家所處的環境有極密切的關係，這是我們已經知道的。例如王維的居輞口，孟浩然的隱鹿門，因為他們整日與山水田園接觸，在他們的作品中自然呈現出一種恬靜澹雅的情調。又如高適、岑參等人，由於目睹邊塞的風光，親歷激烈的戰爭，所以表現出一片奔放雄偉的氣象。然而除了作家所處的環境之外，作家的性情和志趣，對於作品的格調，也有很大的影響；這就是陶淵明所說的「結廬在人境，而無車馬喧」的道理了。這裡我們要談的韋應物，就是一個極好的例子。他不曾隱居於深壑幽谷，也不曾悠遊於山野田間，而是一個終身坐在公案旁的小官吏，但是他所寫的詩，卻繼承了王、孟以來自然派的詩風。正如他自己所言：「雖居世網常清靜，夜對高僧無一言。」

韋應物（西元七三七－？年），陝西長安人，年輕時任玄宗皇帝的三衛郎，扈從遊幸，得意一時。及至玄宗駕崩，流落失職，這時他深深地感到自己年輕時蹉跎光陰，以致學識淺陋、一事無成，於是開始發憤讀書。永泰年間任洛陽丞，大曆中做過鄠縣令和櫟陽令，建中二年由比部員外郎出為滁州刺史，不久又改任江州刺史，最後一直做到蘇州刺史，所以世有韋蘇州之稱。晚年罷官，居永定，九十餘歲始卒。

他一生服官，勤謹公正，加以性情高潔，胸襟澹泊，所以他的詩風清遠閒雅，不像出於一個宿吏之手。他一生極景慕陶淵明的為人，常於有意無意之間模倣陶詩。我們可以在他擬古詩十二首、效陶彭澤、效陶體、雜詩五首等詩中看出他有意學陶的痕跡。在他的詩中五言多於七言，蘇軾曾在一首詩中說：「樂天長短三千首，卻遜韋郎五字詩。」在蘇軾的眼中，他的五言詩是超出於白居易之上的。他與同時的劉長卿可稱為五言的雙璧。試看他園林晏起寄昭應韓明府盧主簿一詩：

> 田家已耕作，井屋起晨煙，園林鳴好鳥，閒居猶獨眠。不覺朝已晏，起來望青天。四體一舒散，情性亦忻然。還復茅簷下，對酒思數賢。束帶理官府，簡牘盈目前。當念中林賞，覽物遍山川。上非遇明世，庶以道自全。

這首詩對於韋應物的懷抱，表現得最為清楚。「束帶理官府，簡牘盈目前」，是說他的現實生活；「當念中林賞，覽物遍山川」，是寫他所嚮往的事物；「上非遇明世，庶以道自全」，則是表明他的人生態度。也就由於他這種人生態度，所以他雖在繁雜的公務之中，仍能焚香靜坐，仍能保持他那一點高雅清淡的志趣。

他除了五言詩之外，七言詩寫得也非常好。例如滁州西澗一詩：

獨憐幽草澗邊生，上有黃鸝深樹鳴。春潮帶雨晚來急，野渡無人舟自橫。

這首詩至今猶深為人所喜愛。張戒在歲寒堂詩話中批評他的詩道：

韋蘇州詩韻高而氣清，王右丞詩格老而味長，皆五言之宗匠。

(三)沈既濟

「傳奇」原為書名，是唐代裴鉶所著的。裴鉶供職於高駢的幕下，因高駢喜好神仙怪聞，裴鉶為了投其上司所好，寫成了傳奇三卷。後代的人，便沿用傳奇這個名稱，來統稱唐人的短篇小說。

我國的小說發展極早，早期的作品，只是缺乏小說完整的形態，像漢魏的神仙故事，六朝的志怪異聞，只能算是筆記或叢談。直到唐代傳奇小說的興起，才使我國的文言短篇小說，臻於成熟的階段。

唐代的傳奇，大約起於大曆以後，相當於西元八世紀到九世紀之間，才成為一般文士所常採用的文體。著名的作家如沈既濟、李公佐、蔣防、白行簡、元稹、陳鴻、杜光庭、薛調、裴鉶諸人，他們的努力，給唐代文學開闢了新生的園地。不論在情感上、想像上、思想上、形式上，都具備了短篇小說不可缺少的因素。他們的主題已不再拘於志怪，也有言情的、俠義的、諷諭的、寓言的，成為作者隨意抒展情愫的文學作品。

在這些作家中，我們首先要介紹的便是沈既濟。他最著名的小說，是那篇以諷刺口吻寫成的枕中記。該篇大意是說：仙人呂翁，在邯鄲道上，遇見盧生。盧生是個熱中功名的青年，呂翁有意要點化他，使他就枕而睡。不久盧生便酣然入睡，他夢見枕上有個洞，無意間便走入洞中，在那裡，他享盡了人間的悲歡、榮辱、窮達、生死之後才從夢中醒來。當盧生就枕時，旅舍主人，正在蒸黃粱，等他醒來，黃粱還沒蒸熟呢！而他卻已經在枕中度過悲歡的一生。

枕中記的用意，是警喻世人，在短促的人生中，不必汲汲於功名利祿的追求。世間的榮華，不過如枕中的一夢罷了。最後還借盧生的口吻，勸人不要有貪圖榮華富貴的慾念。枕中記的故事，或本源於干寶搜神記中的焦湖廟祝以玉枕授楊林的故事。經過沈既濟的改寫後，使原故事更生動，布局也更為完整。

唐人的傳奇，著重文藻與意想，與六朝的志怪小說，截然不同。唐人說薈中，把枕中記誤為李泌所作，而太平廣記和文苑英華裡，均認為是沈既濟所作。

沈既濟除了枕中記外，還有任氏傳、陶峴傳、雷民傳也很著名。好的小說除了能夠給人娛樂外，還啟示了正確的人生，以收潛移默化的效果。而唐人的傳奇，往往有個好的故事，末了再點明是規勸世人要向上、向善。這也許是受唐代佛教思想和唐代古文運動提倡道德重整的思潮所影響。

沈既濟，蘇州吳人，生卒年月已不可考。唐德宗時，曾因楊炎的事而遭到貶謫。後又入朝，位禮部員外郎。一生曾受古文家蕭穎士的影響，在傳奇的創作上，享譽極高。著有建中實錄十卷和傳奇數篇行於世。

㈢孟　郊

慈母手中線，遊子身上衣。臨行密密縫，意恐遲遲歸。誰言寸草心，報得三春暉！

遊子吟是描寫母愛最深切的一首好詩，幾乎每個人都讀過，它就是窮詩人孟郊的作品。本來詩人、作家均不善於生財，除非祖蔭豐厚，或以特殊的機遇贏得高官厚祿，多半都窮苦潦倒，貧困終生。像陶淵明、李太白、杜子美這樣的大詩人，都免不了遭受窮困的折磨。然而在唐朝的詩人中，窮得最慘的一個，數來數去，得數這位歌頌母愛偉大的孟郊了。

孟郊（西元七五一—八一四年），字東野，浙江武康人。年輕的時候，隱居在嵩山，因為脾氣耿介，不善與人交往，所以很少有談得來的朋友。後來一個偶然的機會，遇到了韓愈，兩人一見如故，在一起談論詩文，非常投契。但是他們兩人的命運卻大不相同，一個官運亨通，一個連試不第。在這種情形下，韓愈也幫不了他什麼忙。孟郊獨自過著窮苦的生活，直到五十歲才中了進士。但他的脾氣，既不善拉攏逢迎，又不肯輕易向人低頭，加上無人提拔，因此許多年也沒能得到一官半職。後來還是多虧韓愈、李翱等人賣力保薦，才弄到個芝麻丁點兒大的縣尉。可惜他並不是個做官的材料，只知道終日到郊外的林野河畔徘徊賦詩，卻把公務置之不顧。縣令沒有辦法，只好報請上司另派了個假尉來替他辦公事，同時把他的薪水也分去了一半。縣尉本來就是一份薄祿，這樣一來更不足自給了。他在贈崔純亮的詩中曾感歎地說：

> 食薺腸中苦，強歌聲無歡。出門即有礙，誰謂天地寬？

由此可見其苦境之一斑。他生成一副硬骨頭，不肯接受朋友的周濟，有時窮得連身完整的衣服都沒有。晚年喪子，更增加了一層憂傷。死時才不過六十四歲。大概這種憂愁窮苦的生活，促短了他的壽命。

詩經過了王、孟、高、岑、李、杜等大詩人的大量創作，已幾乎到了精華殆盡的地步。所以到了孟郊的時候，轉而對於表現的技巧上用工夫，一字一韻無不費盡心機。他的目的不過是想以奇制勝，盡去前人用濫了的陳腔濫語，努力製造新詞、險韻。這樣固然補救了平淺顯露的毛病，卻又不免流於艱澀冷僻。所以他後來許多在技巧上費盡心思的作品，反不如他的「遊子吟」來得親切感人。

孟郊的這種奇拗的詩風，對後來的影響頗大。韓愈在醉贈張祕書一詩中稱讚他道：「東野動驚俗，天葩吐奇芬。」可見他對孟郊是如何的欣賞。因此韓愈作起詩來，其奇險冷僻，尤甚於孟郊。後來的賈島，也受了這種影響。這種詩風演變下去，到了盧仝、劉叉、馬異諸人，更變本加厲，自以為創新警俗，盡力在立異出奇上下工夫，弄得詩也不像詩，文也不像文，不但失去了橄欖的滋味，使人讀來簡直如嚼乾草，所以他們的作品不久也就湮滅無聞了。

㈢韓 愈

唐代的古文運動不始於韓愈，然而唐代古文運動的推展，卻以韓愈為領導人。宋蘇軾在潮州韓文公廟碑中，稱譽韓愈為「文起八代之衰，而道濟天下之溺」的古文鬥士。

所謂古文運動，就是一面反對六朝駢儷的文風，一面建立教化、實用的散文運動。最早提倡這種運動的要算初唐的陳子昂，他希望能恢復古人創作的精神：要寫有情感、有生命、有內容的言志文學。接著如蕭穎士、李華、獨孤及、元結、梁肅、柳冕等，也極力鼓吹，但文壇上還不能成為新風氣。一直到貞元、元和年間，韓愈、柳宗元提出「文以載道」的口號，寫了許多優美的作品作證，世人便以「韓柳」並稱。於是一般文人才洗去江左綺靡的習氣，轉而仿效韓柳的古文，變駢體為散文。

韓愈（西元七六八－八二四年），字退之，河南河陽人，先世是昌黎（河北通縣東）人。他三歲時父母便去世了，由兄嫂鄭氏撫養長大。從小他就生活在貧困的環境裡，所以更加發憤，六經百家的書，無不精曉。二十五歲時考中了進士，便積極提倡古文。後來擔任過四門博士、監察御史的職務，因上書評論時事，觸怒德宗，被貶到陽山縣當縣令。後召回出任國子博士、刑部侍郎等職。元和十四年正月，愈上表諫迎佛骨，觸怒憲宗，貶為潮州刺史。晚年召為國子祭酒，卒於長安京兆尹任內，年五十七，諡為文，世稱「韓文公」。

文人的性格，多半剛毅耿直，韓愈的仕途雖算平坦，卻也遭到兩次貶謫，這也是由於他的耿介所造成；相反地他的詩文能有如此的造詣，也是由於他具有這種秉性和遭遇所致。他死後，門人李漢將他一生的作品編輯成昌黎先生集，並在序中介紹韓愈提倡古文的經過：開始時大家都譏笑他，然而他的意志愈為堅定，後來人家讀了他的作品，才欽佩他、仿效他，而散文才成為當時風行的文體。當時出於韓門的弟子，像李翺、皇甫湜、沈亞之、李德裕、孫樵、李漢諸人，在散文的創作上，也是很有成就的。

韓愈長於議論，像原道、原性、師說、諱辯等篇，被後世古文家奉為聖典。其他抒情的，有祭十二郎文；記敘的，有畫記；寓言的，有圬者王承福傳、毛穎傳等篇，可稱為他的文學代表作。他又多應答酬謝的文章、像答李翊書、送孟東野序、送董邵南序等篇，都是很傑出的。

韓愈的文章以謹嚴奇崛稱著，詩也是別具匠心，他喜歡用怪字奇韻，與孟郊的風格相近，所以詩壇上有「韓孟」之稱。一次皇甫彙去拜訪韓愈，韓愈送他一首詩。皇甫彙回來，怪韓愈沒留他吃飯。韓愈聽了，便說：「我送他一首詩，難道還比不上請他吃一碗爛黃魚麼？」文人的率真，由此可見。

韓愈的古文主張，多半保留在應答弟子或時人的書信中，他宗奉儒家一貫的傳統，認為文章是在佐助教化的，讀古人的典籍，是在效法聖賢的長處，要「行之乎仁義之途，游之乎詩書之源」。寫文章時，應該宣揚聖賢的精神，「文以載道」，不作毫無補益於社會人群的文章。

㈢李公佐

在唐代的傳奇小說作家中，比較有名的，除了沈既濟，還有李公佐。

李公佐，字顓蒙，隴西人。曾經中過進士。生於代宗時，卒於宣宗大中二年，活了八十來歲，一生的官運非常不亨通。也許就因為他的鬱鬱不得志，以及他時遭貶謫，深悉人世的炎涼，才使他寫出了那篇寓意深長的短篇小說「南柯太守傳」。

這篇小說敘述一個叫做淳于棼的人，平常好俠嗜酒，曾在軍中做事，但因為任性自肆，不為長官所容，頗不得志。一天，他喝多了酒，醉倒在東廡下。恍惚中見有兩個紫衣使者，引他進入宅南一棵古槐樹的大洞中，入洞後，見其中也有山川、城郭、道路，然與人間大不相同。後來到了一所城池，上書大槐安國。見了國王，國王大喜，立刻招為駙馬，從此恩寵備至。不久，委任他做南柯郡的太守。淳于棼做了二十年的南柯太守，風化廣被，百姓愛戴，很得國王的賞識，於是賜食品、賜爵位，顯赫一時。公主為他生了五男二女，男的都做了官，女的也都嫁了有地位的望族，所以不但官運亨通，家庭生活也非常的幸福美滿。後來另外有一個檀蘿國來進攻南柯郡，淳于棼用人不當，大敗而歸。公主也因病致死。淳于棼在傷心失意之餘，請求回到國都。回都以後，因為功大位高，威福日盛，引起國王的疑懼，因此國王便留下了他的兒女，派人把他送還故里。這時淳于棼悚然驚醒，原來竟是南柯一夢。然而夢中的情景，好像過了一生。後來他令僕人挖掘槐洞，發現原來是一個巨大的螞蟻穴。其中積土的形狀，與夢中所見的城郭臺榭無異，這就是夢中的大槐安國了。所謂南柯郡，也不過是槐樹南枝上的另一個蟻穴而已。淳于棼經歷了這一番榮華富貴之後，恍然感悟到人生的虛幻，從此遂戒絕酒色，遁入道門。

李公佐除了南柯太守傳以外，尚作有古嶽瀆經、廬江馮媼傳、謝小娥傳三篇。這三篇中，除了謝小娥傳是一篇俠義小說較有名外，其餘的都沒有什麼特色，也都比不上南柯太守傳的價值。

另外一點值得注意的就是：唐代的傳奇小說對後世的戲曲影響很大。例如元馬致遠的黃粱夢，就是取材於沈既濟的枕中記；明湯顯祖的南柯記，就是取材於李公佐的南柯太守傳，其他取材於唐人傳奇小說的戲曲，不勝枚舉。也就是靠了這些戲曲的傳布，使唐代的傳奇小說，成了最通俗的民間故事，對我國人民的思想、生活，均發生了很大的影響。

(三六) 張　籍

唐代以聲律六藝取士，因此詩和儒學成為唐代的特色，尤以大曆後百年間，更為顯著。在儒學的文藝思潮籠罩下，文學的表現不再局限於歌頌自然、抒寫性情的個人文學，進而擴展為佐助教化、讚揚人性的大眾文學。在散文方面：有文以載道的古文，有諷諭警世的傳奇小說；在韻文方面：有民間寫實的詩歌，有通俗大眾化的歌謠。這些新墾的園地，使唐代的文學大放光彩。

當時的文士，大半是從窮困與流浪中奮鬥出來的，有的是經過科舉的考試，有的是經權要的推薦而進入官場。然而坎坷終身的文人，仍舊不少，張籍就是如此。他到五十歲還是個西明寺的太祝，加以眼疾纏身，難怪孟郊贈張籍的詩，說他是：

> 西明寺後窮瞎張太祝，縱爾有眼誰能珍。天子咫尺不得見，不如閉口且養真。

雖然是同情張籍的遭遇，其實也是出於同病相憐的吐意。

張籍，蘇州吳人，生卒年代無可考。貞元十五年（西元七九九年）他登了進士第，由於性情詭激，對權貴的人，並不放在眼裡，這樣的性格，在官場當然不易平步青雲。有一次，李司空師道要舉薦他，他卻寫了一首節婦吟婉拒了，那首詩是這樣的：

> 君知妾有夫，贈妾雙明珠；感君纏綿意，繫在紅羅襦。妾家高樓連苑起，良人執戟明光裡。知君用心如日月，事夫誓擬同生死。還君明珠雙淚垂，恨不相逢未嫁時。

張籍的詩，是繼承杜詩寫實的風格而加以變化的。唐人馮贄的雲仙散錄裡說：張籍取杜詩一卷，燒成灰燼，和入蜜糖吃下，希望他的肝腸從此也跟杜甫一樣。雖然這段記載不甚可靠，但張籍對杜甫的敬佩和杜詩的愛好是可相信的。他的詩的特色，在於能利用樂府詩的體製，來歌詠當時社會的諸多問題，反映出民間受徭役、征戰、課稅的苦楚。然而他的詩並不說教，頗能曲道人情，像征婦怨、築城詞、促促詞等篇，真耐人尋味。至於他的小歌，也極富情趣，他能利用俚語俗詞入詩，仍不失為敦厚優雅之作。

張籍的詩，雖然與杜詩的風格相似，但他的樂府詩，在唐代詩家中是首屈一指的。甚至以平易見著的白居易都稱誇他說：

> 張君何為者？業文三十春。尤工樂府詩，舉代少其倫。

張籍的詩流傳很廣，音樂的功能使他的作品如虎添翼。當代的公卿像裴度、令狐楚都敬重他，文士如白居易、元稹等也與他交往，韓愈尤欣賞他的才智，以後張籍能由太祝遷為國子助教祕書郎、國子博士、水部郎中等職，也是得力於韓愈的推薦。

張籍晚年患嚴重的眼疾，他有一次到韓愈的花園去玩，回來詠了一首患眼的詩：

三年患眼今年免，校與風光便隔生；昨日韓家後園裡，看花猶似未分明。

他的眼病嚴重到連花都看不分明，如果他能活在醫藥發達、眼鏡易得的今日，他的詩可能寫得更多、更精切。

(三七)白居易

在藝術上有一個很大的爭端：為藝術而藝術呢？還是為人生而藝術？其實二者不過是一體的兩面，為藝術而藝術，乃就其本身的價值而言；為人生而藝術，乃就其對人生的功用而言。二者是相互為用，缺一不可的。在文學上也是一樣，大凡某一個時代，過於偏向一方面發展，便自然會出現另一種相反的主張和作風，來矯正這種弊病。漢朝的文風局限在諷諭諫諍等實用的圈子裡，便出現了六朝隋唐的浪漫文學。這種浪漫文學發展到極度之後，又暴露了種種弊端，所以接踵而來的又是講求救世化民的實用文學了。杜甫、張籍的詩，不用說都是因事而發，就是韓柳的文章，也一變駢儷的作風，而成為明經宗道的古文。然而在詩人之中，真正以平淺的語句，寫來婦孺皆曉，同時又明白地提出文學為致用而作的主張的，卻是這位大眾化的詩人白居易。

白居易最重要的文學主張是，文學的目的不在文學本身的價值，而在文學的功用。也就是說文學的目的在改造社會、促進民生。所以他所寫的詩，除了晚年的消閑之作而外，大都是描寫民生疾苦的作品。從杜甫、張籍以來所開拓的社會文學的園地，到了白居易，可以說更加廣大豐厚了。我們以他的一首買花詩為例，這樣的題材，如果在別的詩人，一定側重描寫花是如何的美麗，賣花的人又是如何的動人；可是在白居易的筆下，卻深深地寄託了他對民生疾苦的無限同情。現在我們看他如何把一種華豔綺麗的題材，揉造出一首表現平實寓意深厚的詩來：

帝城春欲暮，喧喧車馬度。共道牡丹時，相隨買花去。貴賤無常價，酬直看花數。灼灼百朵紅，戔戔五束素。上張幄幕庇，旁織笆籬護。水灑復泥封，移來色如故。家家習為俗，人人迷不悟。有一田舍翁，偶來買花處。低頭獨長歎，此歎無人喻。一叢深色花，十戶中人賦。

如果在作者心目中，沒有以文學來改良社會人生的意識，他怎能注意到「一叢深色花，十戶中人賦」呢？

白居易（西元七七二—八四六年），字樂天，下邽（今陝西渭南）人。幼年即聰慧絕倫，長為翰林學士，因直言敢諫，不為當時的皇帝所喜，又遭當道大臣的忌嫉，所言均不得用，因此放意詩文，不再存有樹立功名的意念。也因為這個緣故，使他有更多的餘暇，從事於文學的創作。他所作的詩有數千首之多，當時一般人爭相傳誦。有些商人，把他的詩帶到雞林國（在今朝鮮），賣給雞林國的宰相，一篇可以賣到一錠金子。如果有假冒的作品，雞林國的宰相竟也能辨認出來，由此也可見他的作品流傳之廣了。他晚年醉心於佛教，與山僧往來香山間，所以自稱香山居士。白居易和同時的元稹意氣相投，兩人都以文名，所以世有「元白」之稱。蘇東坡批評他們的作品說：「元輕，白俗。」也就是說通俗是白詩的一大特點。

(三八)劉禹錫

朱雀橋邊野草花，烏衣巷口夕陽斜；舊時王謝堂前燕，飛入尋常百姓家

上面這首劉禹錫的烏衣巷詩，簡短的二十八個字，道盡了人間的滄桑史。朱雀橋和烏衣巷，是在江蘇江寧縣的東南，以前曾為王導、謝鯤等貴戚們居住之所，官墅連苑，繁華一時，然而曾幾何時，舊日的亭臺樓

榭，卻作了衰草牛羊野，那些王公貴戚也不知何在，詩人不直說世家的頹敗，卻借燕子「飛入尋常百姓家」來引喻，真是託興玄妙之極。

假使我們借這首詩的後兩句來說明唐詩的發展，也未嘗不可：唐詩開頭為一般文士貴族們所詠誦的專利品，到元和年間，已普及民間，成為家絃戶誦的大眾文學。唐詩能有如是的發展，一方面固然是文體本身自然的趨勢；另一方面應該歸功於白居易、劉禹錫、元稹等人的提倡，使詩與歌融和，文字與音樂結合，使其更能流傳於民間。

劉禹錫，字夢得，彭城人。貞元九年進士，不久登鴻詞科而出任監察御史。因得王叔文的舉薦，得入禁中，當時劉禹錫執政，聲氣極廣，據說每天所收的信有幾千封，他都一一答覆，每日黏貼信封要用麵粉一斗。後來王叔文失敗，坐貶連州刺史，在往連州道上，又貶為朗州司馬。劉禹錫在朗州居留了十年，他曾利用民歌民謠而改作新詞；所以武陵一帶的夷歌，多半是經劉禹錫改寫過的。到元和十年，才被召回，但他因寫了一首遊玄都觀詠看花君子詩，帶有譏刺意味，使權貴們不悅，又被貶為播州刺史，幸得裴度奏議說他的母親年老，才改授連州刺史。劉禹錫著名的插田歌，便是在連州寫成的。太和二年回京，為禮部郎中集賢院學士，不久遷太子賓客，因此世人稱他為「劉賓客」。晚年與白居易交往甚密，白居易還稱誇他的石頭城那首詩，說他那句「潮打空城寂寞回」寫得空靈超脫呢！

劉禹錫的長處，是他到一個地方，便能吸收當地的民歌民謠譜以新詞，摻揉俚語，使他的詩歌生色不少。他著名的竹枝詞、楊柳枝詞便是這樣寫成的。我們不妨從他的竹枝詞的小引中，窺察出他創作的動機，他說：某年正月，他到建平（今四川巫山縣），聽到當地的小孩唱竹枝，邊唱邊跳，還配以小鼓短笛，但詞多鄙陋，因此他仿照屈原居沅湘時改湘間的歌謠成九歌的精神，寫成了竹枝詞。現在我們所能看到的有十一首，今抄錄其中兩首，以見一斑：

楊柳青青江水平，聞郎江上唱歌聲。東邊日出西邊雨，道是無晴卻有晴。

山上層層桃李花，雲間煙火是人家。銀釧金釵來負水，長刀短笠去燒畬。

前首是一首極富情調的情歌，用「晴」與「情」同音而雙關，另一首是一首極美的山歌，寫建平一帶的夷民，女人挑水、男人開畬的情景，讀這類詩，彷如置身於其間，清新極了。

從這裡我們也得到一些啟示：詩歌要大眾化必須與民歌民謠結合。此外早期的詩，是合歌、舞於一爐，後因各自發展，歌求聲音的美，舞求體態的美，詩求文字的美而分家。

㈢柳宗元

唐代提倡古文運動最有成就的古文家，除了韓愈以外，便要算柳宗元。尤其是他的山水遊記和寓言小品，是我國文壇上獨一無雙的傑出作家。

柳宗元（西元七七三—八一九年），字子厚，故居在山西解縣，二十一歲就登博學鴻詞科，當時流行的文體是駢文，韓愈首先提倡寫散文，柳宗元也跟著提倡，雖然他比韓愈小五歲，在志同道合下，他們便成了好友。柳宗元的文章，在長安城裡也一天比一天被人所愛好。當他三十歲的時候，已任監察御史，他也為自己的仕途順達而喜悅。

當時王叔文擅權，他因怕人攻擊，便招攬知名的文士在門下以自重，柳宗元也被召致，還調升他為禮部員外郎。不數月，順宗駕崩，憲宗即位，政局驟變，柳宗元因坐王叔文黨遭到貶謫，從此他的仕途坎坷不平。憲宗元和元年九月，柳宗元被貶為邵州刺史，在他往邵州的途中，又貶了一次，改為永州司馬。這一再貶謫，對他是個極大的打擊，加以永州（今湖南零陵）是片荒涼未墾、蠻夷瘴癘之地，更使他感到情意索然，從他到永州後寫了一首零陵春望，可以窺測他當時的心情。

幸好永州的山水拔俗，邊區的公事又少，使他得暇把厄鬱的心意，放情於山水之間，寫下許多不朽的遊記小品。柳氏的代表作永州諸記，都是在這段期間完成的。

永州的山水雖能排遣他一時的憂悶，但夷獠之鄉，終非久居之所。況且他年過三十六還沒有妻室子嗣，想在邊區找個合適的女子，確實不易。當他居永州第五年時，曾接到京兆尹許孟容的信。他覆了一封很長的信，內容十分沉痛。他希望孟容能幫他洗雪前罪，再回長安去，可是他謫居永州，一住就是十年。

元和九年，他喜出望外地被召回長安，他想或許還能得到朝廷的錄用。於是有一天他請卜者替他解夢，他說：「我姓柳，昨夜夢見柳樹倒地，不知是吉是凶？」卜者說：「沒有凶兆，只恐要當遠官。因為生為柳樹，倒了為柳木，木就是州牧，你可能出任柳州的州牧。」第二年春天，柳宗元果然被任為柳州刺史。

刺史的職位已不算小，他勉強振作到柳州（今廣西）去上任。從他給他弟弟宗一的別詩看來，可以知道這次別離的悲涼，原詩是這樣：

> 零落殘紅倍黯然，雙垂別淚越江邊。一身去國六千里，萬死投荒十二年。桂嶺瘴來雲似墨，洞庭春盡水如天。欲知此後相思夢，長在荊門郢樹煙。

他到柳州後，人生經驗豐富，他著名的寓言，如種樹郭橐駝傳、黔之驢、臨江之麋、捕蛇者說、梓人傳等篇，大半是在後期完成的。雖然他身在邊塞，卻名滿天下，當時嶺南的進士，都不遠千里的到柳州去向他學習古文。並且他在柳州建立下良好的政風，改革當地不良的風俗，深受州民愛戴。元和十四年（西元八一九年），他因身體多病，常恐文稿不能傳於後世，便把詩文草稿寄給他的朋友劉禹錫，並且說：「我怕會老死於此，敢把遺稿來累故人。」那年十月五日，柳宗元便病死於柳州，時年四十七。柳州的夷民，為了紀念他的功績，還立廟祭祀。

（四十）元稹

唐人傳奇小說，以描寫愛情的故事而流傳最廣的，要推元稹的會真記。會真記是寫出身微寒的張生，在赴京應考途中，結識了名家閨秀崔鶯鶯，然而在功名的前提下，他犧牲了愛情。加上鶯鶯是個柔弱而自怨自艾的女子，在種種不可能結合的原因下，塑造了這篇纏綿悱惻、感人肺腑的不朽悲劇。

元稹創造這篇人物，不是偶然的。王性之在傳奇辨正裡指出：會真記裡的張生，便是元稹本人。元稹把少年時的一段遭遇，委婉地寫成了小說。他在二十二歲時還是個窮書生，前來長安求取功名，在路上遇見了鶯鶯，會真記便在這樣的情形下孕育寫成的。然而元稹這段感情上的內疚，使他在二十年後，依然眷戀不忘。從他的春曉詩裡，可以看出當時的情景，他說：

半欲天明半未明，醉聞花氣睡聞鶯；娃兒撼起鐘聲動，二十年前曉寺前。

元稹（西元七七九—八三一年），字微之，河南人，由於排行第九，友輩都喚他元九。他二十四歲才授校書郎，不久便與大官韋夏卿的女兒韋叢結婚。韋叢是個溫靜賢淑的女子，她嫁給元稹時，元稹還沒成名，婚後他們的感情很好。四年後，元稹到河南去做官，住在洛陽，這時正是他仕途青雲直上的時候，不幸韋叢在元和四年去世，元稹不能趕回長安親觀下葬，更是傷心。

第二年，元稹貶官江陵，他仍無時無刻不在悼念亡妻，那三首著名的遣悲懷，便在這樣悲慟的情景下寫成。他想起初婚時的貧困，韋叢親自替他縫補衣服，而今富貴了，卻又撒手離去，僅能享受祭奠；眼看著亡妻的遺物，真情幻夢，悲哀難排。下面便是其中的一首，也可以讀出他那感人的情愫：

昔日戲言身後事，今朝都到眼前來。衣裳已施行看盡，針線猶存未忍開。尚想舊情憐婢僕，也曾因夢送錢財。誠知此恨人人有，貧賤夫妻百事哀。

詩人的情感是真摯的，但不穩定。事實上，韋叢去世不到兩年，元稹又再續弦，而他後期的仕途，也較平坦，在穆宗長慶二年，曾經入相，後因與裴度不合，才罷相離京。

元稹和白居易很要好，從貞元到太和三十年間，他們共同提倡詩歌要通俗化、大眾化，當時在詩壇上，得到大眾的支持，因此時人指這類介於雅俗之間的作品，叫做「元和體」。他們創導了以詩歌酬唱的風氣，甚而長達數十韻，相互傾慕，相互砥礪。

有一次，元稹在閬州西寺，特地公開展寫白居易的詩歌；白居易更是把元稹的詩寫在屏風上，讓人觀賞。唐代詩家中，情感如此敦睦，實在不多。

元稹和白居易都是晚年得子，元稹五十一歲才得道保，白居易五十八歲始得阿崔，兩人同時得嗣，更是酬唱喜溢於詩篇。太和中，元稹經過洛陽，以詩別白居易，詩云：

君應怪我留連久，我欲與君辭別難。白頭徒侶漸稀少，明日恐君無此懽。

別後不久，元稹便死在湖北武昌。樂天哭著說：「我與元稹始以詩交，終以詩訣。」再讀元稹的感興詩：「屈指貞元舊朝士，幾人同見太和春。」他正感歎舊日的朋友零落，能同享太和春天的沒有幾人，沒想到自己也見不了幾個太和的春天，便離開了榮辱變幻的人世，死時才五十三歲呢！

(四)賈島

賈島一生窮苦，詩風和孟郊、韓愈非常相近，作詩的態度也非常刻苦認真。因為他的詩風，給人一種清瘦的感覺，前人常拿他和孟郊並提，稱之謂「郊寒島瘦」。大概凡是天分不太高的人，要想使自己的作品驚人動俗，就只有嘔盡心血在一字一句的推敲上下工夫了。說到「推敲」，這正是賈島的故事。據說有一次賈島騎著小毛驢進京考試，在驢上吟了兩句詩：「鳥宿池邊樹，僧推月下門。」一會兒又想把「推」字改作「敲」

字，一時拿不定主意，就兩手一推一敲一敲一推地比畫著，吟哦不止。這時候恰巧遇著京兆尹韓愈外出，賈島正想得出神，一直闖進了儀隊的行列也不自知。左右見他不知迴避，就把他拉下驢來，擁到韓愈的馬前。賈島只好直說出因為作詩推敲不定，以致沖了大官。想不到韓愈不但不生氣，反倒替他考慮了半天，然後勸他採用「敲」字，因為這次的機緣，兩人遂成了很要好的朋友。這個故事，正說明了他這種用心推求、一字不苟的精神。他自己也說過：

兩句三年得，一吟雙淚流。知音如不賞，歸臥故山秋。

這幾句話雖然帶點寒酸氣，但他對藝術的真誠態度，卻實在感人。他每年到除夕的晚上，都把一年中的作品集攏來，放在几上，焚香再拜，並且舉酒祝頌說：「這是我一年的苦心啊！」由於他對於一字一句太過於用心刻劃，免不了偶得一、二佳句勉強湊合成篇的毛病，所以他的詩往往佳句多而佳篇少。

前人評論孟、賈等人的詩，都以為太過於清奇艱澀，不是作詩的正途。只有韓愈對他們兩人推崇備至，曾有一首詩稱讚他們道：

孟郊死葬北邙山，日月星辰頓覺閒。天恐文章中斷絕，再生賈島在人間。

這可算是真正的知音了。

賈島（西元七八八—八四三年），字浪仙，范陽（今北平附近）人。因為連試不第，又貧困不能自給，只好出家做了和尚，法名無本。後來韓愈勸他還俗，並且常跟他在一起研究詩文，不幸幾次舉進士，仍然名落孫山。文宗時，做了一陣子長江主簿，所以世人又稱他作賈長江。後來升了普州的司戶，可惜未及上任，就一命嗚呼，真可謂薄命。死後家中沒有一文錢，只有一頭病驢和一張古琴而已，可見十分清貧。

㈢李　賀

詩發展到晚唐，又進入宮體詩的情調，表現唯美的風尚，於是軟香偎紅、綺麗婉約的作品，躍居詩壇。開始這種詩風的作家，首先要推李賀。接著像杜牧、李群玉、溫庭筠、段成式，以至李商隱，可謂集晚唐唯美詩風的大成。

李賀是唐皇室鄭王的後裔，是個有才情的貴公子，由於他的生活圈子與貧苦出身的作家不同，當然不能寫像白居易的「篇篇無空文，惟歌生民病」的詩歌。而他所寫的自然是「舞衣香不暖，酒色上來遲」這類歌樓舞榭、歡場宴樂的詩歌。

詩本來是發乎情、止乎禮義的作品，而李賀這類純情的詩，並非全是詠花誦月的篇章，而且他能運用詩歌的音樂性，增加文學的美感與活潑。

李賀，字長吉，父名晉肅。他的壽命很短，只活了二十七歲（西元七九〇—八一六年），因此常令人感歎：春花易謝，天才早夭。雖然他對人生的體驗不如其他名家，但由於他的熱情和毅力，發揮了赤子之心的情愫，所以作品也能感人。王國維在人間詞話裡曾說：作家大抵可分兩類，一類是客觀的詩人，不可不多閱世，閱世愈深，材料愈豐富愈變化，像水滸傳、紅樓夢的作者；另一類是主觀的詩人，不必多閱世，閱世愈淺，性情愈真，像李後主便是。而李賀的秉性，亦應屬於後者。

李賀做過協律郎，對他的寫作很有幫助。其實他的寫作精神，足使人欽佩：他每次出遊，騎匹小驢兒，叫一個書童背著錦囊跟著他。當他興起偶得新句，便寫下來放入囊中。晚上便把日間所得的句子，整理成篇。他的母親每看到這種情景，不覺歎道：「我的孩子，又不知嘔出心血多少了！」

有幾次，他家裡來了客人，對談的時候，突然靈感來了，陷入深思，半天接不上話。半晌，他抓起筆來，立刻成篇。足見他寫作之勤，隨時隨地都在運用文思。

李賀病重將死時，他說：他看見天上玉帝差人來接他，因為天上剛建好一座白玉樓，要請他去作記。於是他撒手西去。他留在人間的詩篇，全唐詩裡收有五卷。他的成名，可說是經過韓愈、皇甫湜的賞識所致。同時，由於他纖巧的詩和綺麗的詞章，贏得了同輩同好的讚賞，因此對他的早夭，更表以深深的惋惜，像李商隱作李賀小傳，杜牧作李長吉詩序，對他作品的評價，都極為稱許。雖然他在人世是那麼短暫，他卻像流星似地，在蒼茫的人間，劃下一道燦爛奪目的光輝。

㈣杜　牧

杜牧（西元八〇三—八五二年），字牧之，京兆萬年（今陝西長安附近）人。他和李賀一樣，是一個風流倜儻的才子。他們的詩風也近似，都喜歡以華麗香豔的詞藻，描繪浪漫的愛情故事。這一類的題材，極容易流於輕薄浮滑，然而他的詩，卻都豔而不濃，華而不俗，予人一種溫馨清雅的感覺。杜牧的詩，如果和杜甫、白居易等人的詩比起來，在內容上也許顯得比較貧乏空洞，因為他所寫的既不涉及道德人倫，又無關民生疾苦，在我國素以道德人倫為基礎的文學批評上，一向是輕視這種作品的。然而以純文學的觀點而論，卻很難給「內容」二字下一個確當的定義，若純以內容的道德價值來評論文學作品的高下，是一件非常危險的事。因此我們若採取一種較為保留的態度，以「美感」來評論文學，也許比以道德來評論文學要妥當得多。凡是純予人以「美感」的作品，我們說它是好的，應該不會有異議的吧！那麼杜牧等人的詩，歷千百年，所以騰播於眾人之口而流傳不息，也就有充分的理由了。現在我們來看看他的作品：

落魄江湖載酒行，楚腰纖細掌中輕。十年一覺揚州夢，贏得青樓薄倖名。（遣懷）

青山隱隱水迢迢，秋盡江南草未凋。二十四橋明月夜，玉人何處教吹簫？（寄揚州韓綽判官）

娉娉嫋嫋十三餘，豆蔻梢頭二月初。春風十里揚州路，捲上珠簾總不如。（贈別）

讀了這些詩，我們可以看出他的作風，和王、孟、高、岑、李、杜等人是大異其趣的。文學的園地是廣闊的，有高山峻嶺的勁拔、長江大河的豪壯、樵村漁渚的飄逸、竹籬茅舍的清幽，同時也有綺羅鉛華的嬌麗。

杜牧為人雖然風流不羈，可是他的政治生活卻是嚴肅剛直的。他的祖父是有名的歷史家杜佑，所以可以說他系出名門。他中了進士以後，開始做江西團練府的巡官，不久又為牛僧孺淮南節度府掌書記，後累遷監察御史、史館修撰、膳部員外郎等職。這時候各地的藩鎮均驕蹇一時，不循法度，有尾大不掉之勢。杜牧看了這種情形，作罪言一文，痛斥朝廷措置失策，頗為當時的宰相賞識。他做了幾任刺史以後，遷為司勳員外郎，又改吏部，然而他卻寧願求得湖州刺史一職。據說在十四年前，杜牧曾往湖州遊歷，在那裡愛上了一位不到二十歲的年輕女子，相約十年後杜牧來任郡守時再相見。不想十四年後杜牧果真做了湖州刺史，卻不幸那位年輕女子，這時候已經兒女成行了。於是杜牧寫了一首歎花詩自傷道：

自恨尋芳到已遲，昔年曾見未開時。如今風擺花狼藉，綠葉成陰子滿枝。

杜牧晚年任中書舍人，卒時年五十歲。其詩綺麗婉媚，但時見憂時憂國的情懷。著有樊川文集二十卷傳於世。後人為了拿他和杜甫區別起見，稱他作「小杜」。

(四)李商隱

向晚意不適，驅車登古原；夕陽無限好，只是近黃昏。

李商隱的登樂遊原，精悍明麗，永遠被人所喜愛而傳誦著。尤其是它的後兩句，因情寫景，寓意著人間錯綜的現象，詩的好處，便在乎此。

唐詩由初唐四傑開始，到李杜的盛唐時代，是唐詩的登峰造極之時，因而中唐的詩，不得不以平易取勝，而晚唐的詩，只好以豔麗稱奇了，李商隱的詩，便是晚唐詩歌的代表。唐詩至此，亦如他所寓言的：「夕陽無限好」了。

李商隱的詩，最初學杜甫，但由於各人的秉性才具不同，加以遭遇不一，杜甫的詩便以諷諭實錄為主，而李商隱的詩卻以隱喻含蓄為多。因此李商隱的一些諷諭詩、詠物詩和無題詩，若是不從他的身世入手，便只覺得他的詩，用辭柔美，抒情真摯，而終不知該詩的詩旨何指。

李商隱（西元八一三—八五八年），字義山，又號玉谿生，河南河內人。十六歲便以奇才為世人所重。當時河陽節度使令狐楚愛他的才氣，召致幕下，與他自己的孩子在一起。但李商隱的科場屢屢失利，儘管詩寫得好，每次考進士，都是金榜無名，而令狐楚的孩子都考中了，在這樣的心情下，他寫了一首野菊：

苦竹園南椒塢邊，微香冉冉淚涓涓。已悲節物同寒雁，忍委勞心共暮蟬。細路獨來當此夕，清樽相伴省他年。紫雲新苑移花處，不取霜栽近御筵。

他拿野菊自比，雖然微香傲節，仍不能身到御筵。直到二十五歲那年，反而由令狐楚的孩子令狐綯的獎掖，才擢為進士。

由於李商隱的早年喪偶，使他的情感遭到摧殘，像死在青藤上未開的花一樣，每到春來，惆悵萬分，也許他的落花詩，便是一首哀歌。不久王茂元請他當書記，因賞識他，把自己的女兒也許配給他。當時王茂元與李德裕友善，但李德裕與李宗閔、令狐楚、楊嗣復等格格不入，因此李商隱在王茂元幕下做事，牛李黨人都罵他「詭薄無行」，而令狐綯以為李商隱忘其家恩，便與他謝絕往來。過了幾年，令狐綯當政為相，而李商隱屢陳情，綯終不予理會。

李商隱為人耿直灑脫，在牛李黨爭時，兩不討好，使他在政途坎坷失歡，他有一些詩，便是感時抒憤而寫的。他常自感懷才不遇，抑鬱難伸，更不幸的是他的續弦王氏，也在中途去世，命運困蹇，以至如此。所以當他五十歲時，使他對人生無限感傷而寫下錦瑟：

錦瑟無端五十弦，一弦一柱思華年。莊生曉夢迷蝴蝶，望帝春心託杜鵑。滄海月明珠有淚，藍田日暖玉生煙。此情可待成追憶，祇是當時已惘然。

在他五十年的旅程中，使他感到莊周夢蝶的虛幻，望帝杜鵑的癡心；以及逝去的悲傷歡樂，有如滄海月明中，珠光或是淚影，藍田日暖時，玉煙或是喜氣，然而這些畢竟都過去了，成為回憶中的美事。假使人生再可以重新走一趟，他將不致如此步步舛錯了吧？

他的一生是如此多舛，使他忠貞憂憤、純真摯愛的情感，不得不隱曲抒唱。所以便有人指他的嫦娥詩是與女道士宋華陽的戀情，而無題詩是寄與宮女盧飛鸞、盧輕鳳的情詩，這些穿鑿猜測的話，實在使李商隱冤屈。

至於他的無題詩，由於感憤或悼亡，的確難以揣測他的詩旨，像「身無彩鳳雙飛翼，心有靈犀一點通。」「春蠶到死絲方盡，蠟炬成灰淚始乾。」「直道相思了無益，未妨惆悵是清狂。」「春心莫共花爭發，一寸相思一寸灰。」這類純情的佳句，真摯而感人，使人愈讀愈深愛，難怪元好問要說：「詩家總愛西崑好，獨恨無人作鄭箋。」感歎後世沒有像鄭玄這樣的人，來替李商隱的詩作詳細的解釋。

㈤溫庭筠

後蜀趙崇祚編花間集，收唐末至後蜀廣政三年（西元九四〇年）間的詞家作品，凡十八家，是我國最早的一本詞的總集。在花間集裡，溫庭筠的詞，排在第一家，共有六十六首，也是該集中所收作品最多的一家，因此後人尊他為「花間鼻祖」。

詞產生於晚唐，由於社會的繁榮，人民趨於佚樂，通都大邑，秦樓楚館林立，教坊樂工，譜製新歌，讓歌女隨筵獻唱。初期的歌詞，字句俚俗，情意淺露，後來便有些浪子才士，投身其間，按譜填詞，借香豔綺麗的辭句，以助風雅。於是合乎和聲的長短句，便替代了樂府詩的地位，而成為流行民間的新文體。

溫庭筠字飛卿，太原人，生於唐憲宗元和年間。他從小喜愛音樂，吳歌楚辭，隨口詠唱，跟劉禹錫、李德裕學過詩文，劉禹錫的長處，是能採集民間的歌謠而作新詞，因此劉禹錫對他的影響很大。他雖面貌醜陋，但才思敏捷，曾經因八叉手而成賦，而有「溫八叉」之稱，與七步成詩的曹植，同享文壇奇名。

但是他在科場的遭遇，卻與他的朋友李商隱相似，屢中副榜，出任禮部員外郎。由於他的家庭是唐代的開國功臣，屢遭宦官迫害，使他痛恨宦官，參加「甘露之變」，事後流亡，那時他已三十歲左右。唐武宗時，由李德裕執政，李德裕因畏懼宦官，反而貶溫庭筠為隨城尉。

到宣宗時，因宣宗愛好菩薩蠻的詞調，丞相令狐綯便請溫庭筠代撰數調以進，並告訴溫庭筠不可以告訴別人，可是溫庭筠事後立刻告訴別人那些詞是他寫的，使令狐綯丟盡面子，於是令狐綯懷恨在心，再也不願提拔他。

有一回，溫庭筠住在一家旅館裡，宣宗因喜愛他的詞，特地換了平民的服裝，到旅館裡來找他，適巧溫庭筠不在，宣宗便從他桌上找到幾首新詞在詠讀。這時溫庭筠回來，不巧碰上，他因不認識宣宗，便很不客氣地責問宣宗說：「你不是當朝的達官貴人，怎麼可以隨便翻閱別人的文章。」宣宗被他辱罵後，甚為不快，因此指責溫庭筠為人傲慢，貶謫為方城尉。隨後雖遷為國子助教，但他終覺負才未伸，便棄官放浪於江湖之間而終，死時年約六十餘。

溫庭筠的詩也寫得不少，全唐詩裡收有九卷，他的詩受音樂的影響很大。但是他在文學史上的地位，並不是以詩賦得名，而是以詞見稱。

他的詞有握蘭、金荃二集，已不傳世，今所能看到的，是散見於花間、尊前及全唐詩末諸集中，約有六十餘首。在這些作品中，又以十數首菩薩蠻為他的代表作。

(四六)韋　莊

韋莊（西元八三六—九一〇年）以詞名家，但他沒有詞集。有人拿他的詩集浣花集來稱他的詞，叫做浣花詞。他的詞散見在花間、尊前諸集，及全唐詩後所附收的詞中，今日所能讀到的，約有五十餘首。在他五首貫連的菩薩蠻裡，有「洛陽城裡春光好，洛陽才子他鄉老」的句子，他是長安京兆人，曾在洛陽住過，因此他以「洛陽才子」自居。讀過他的詩詞的一定認為這個稱號並不過分。

他的鑷白詩有云：「新年過半百，猶歎未休兵。」這是他五十一歲所寫的，推知他當生在唐文宗開成元年（西元八三六年）。十歲時，他家由長安搬到白居易的故鄉下邽居住，那時白居易尚在，因仰慕香山的詩風，使他日後的詩詞，深受白描、平易詩風的影響。

韋莊窮困半輩子，命運坎坷，四十幾歲還沒考上進士，四十五歲那年，他又入京應試，不幸黃巢攻打長安，使他弟妹失散，這年他仍然落第。第二年，幸好在離亂中得以與弟妹重逢，亦算是不幸中的大幸。於是便帶著家人離開長安，住到洛陽來。

在這幾年來，他親遭兵荒離亂的苦楚，困窮的他，嘗盡人間的辛酸，也親眼看到戰亂中，生民塗炭、骨肉分離，以及婦女的慘遭蹂躪、難民的轉死溝壑，多少高官富翁，淪為窮漢，華屋亭榭，變為焦土，那些新貴們的佚樂、厚顏事仇的嘴臉，使他感觸不已，於是他借一個陷匪三年逃亡出來的秦婦，口述一些驚人駭聞的事實，寫下一篇長達一千六百餘字的秦婦吟。這篇血淚之作，同杜甫的三吏、三別，白居易的新樂府相較，也不遜色。這篇作品，立刻被人傳誦，當時的人因而稱他為「秦婦吟秀才」。

但是在浣花集裡並沒有收入，以致後來失傳，一直到清光緒年間，敦煌石室的發現，才又流傳於世。秦婦吟以「中和癸卯春三月，洛陽城外花如雪」起首，那年他正四十八歲，在洛陽寫成。

後來他流落到江南來，一下便是十年，他到過很多地方，江南的景物，使他流連忘返，但是有時鄉關之思，使他憂傷困擾，在這種矛盾的心情下，才思大增，他一些著名的詩詞，便是在這段期間寫成的。下面的一闋菩薩蠻，便是個例子：

人人盡說江南好，游人只合江南老；春水碧於天，畫船聽雨眠。爐邊人似月，皓腕凝霜雪，未老莫還鄉，還鄉須斷腸。

雖然他是那樣窮困潦倒，但無半點窮酸氣味，這便是他疏曠的秉性所致，實在難得。他的詩詞均以清婉深秀見著，比起溫庭筠那些豔麗濃抹的風尚，真是別具一番滋味。因此王國維在人間詞話裡，以「畫屏金鷓鴣」評溫庭筠的詞，「絃上黃鶯語」評韋莊的詞，頗為恰當。

他五十八歲那年，再度入京應試，又遭落第，第二年，即唐昭宗乾寧元年，總算考上進士，但已是頭髮斑白的老進士了。

不久出任校書郎，奉命入四川，遷為左補闕，在四川投入王建幕下，為掌書記。遇朱溫篡唐，韋莊便勸王建稱帝，是為前蜀，自己也做了蜀國的宰相，所以前蜀的開國制度，多是韋莊所籌劃的。加以西蜀富庶，詞人結集，所以他晚期的作品，也流於浪漫綺麗，比起他早期的詩詞，自然異趣。他死在前蜀高祖建成三年，那時已是七十五歲的高齡了。

(四) 馮延巳

五代時，詞人結集在西蜀和江南，西蜀以王建為中心，發展較早，江南以南唐二主為中心，伸張在後。由於王建、南唐二主，都是當代的帝王，他們對詞的熱烈愛好，使得在朝在野的文人，更是推波逐浪，風靡一時。西蜀的詞家，以溫庭筠、韋莊為圭臬，南唐的詞人，以馮延巳、中主李璟、後主李煜為代表，因此詞曲，便成了五代文學上唯一的特色。

馮延巳的詞集，由宋人陳世修編纂而成，共一百二十闋，題名為陽春集。雖然集裡有些不是馮延巳的作品，但在五代的詞家中，仍是流傳下來作品最多的一家。

馮延巳，字正中，江蘇江都人。生於唐昭宗天復三年（西元九〇三年），小時候，便以辯才稱著，往往跟人談論，使人忘了吃飯或就寢的時間。他除了擅長填詞外，書法和樂曲，也頗超群出眾。他的書法，可以與唐代虞世南的媲美，樂曲的精通，使他的詞，更富有旋律。早年，他與李璟在廬山書堂一起讀過書，到二十八歲時，便投身於李璟的幕下，當時李璟還沒登帝王座，在朝時，他們談及小時攜手同遊的情景，雖然馮延巳大李璟十三歲，由於早年是同窗，加以彼此間都喜愛填詞，使得他們之間的情誼更深。

後十幾年，馮延巳便在李璟的幕下任職，直到南唐的烈祖崩駕，李璟踐帝王位，是為元帝，世人稱為南唐中主，這時才遷升馮延巳為戶部侍郎。當時南唐黨爭，宋齊丘和馮延巳對峙，由於中主信賴他，於是宋齊丘這班人，只得退居，宋齊丘也歸隱到九華山。次年，也就是馮延巳四十二歲那年拜相，因宋齊丘為南唐功臣，由於輿論的關係，馮延巳不得不親往九華山請宋氏出仕。雖然宋氏返朝任職，但南唐黨爭仍未結束，有人詠詩云：「兩處沙隄同日築，其如啟沃藉良謀；民間有病誰開口，府下無人只點頭。」從這首詩可以想像南唐黨爭的嚴重了。

中主在位，喜好詞曲宴樂，在宮廷上經常以彈絲吹竹，清歌豔舞，來娛賓客。於是文臣更是個個以詞曲輔會風雅。一時，填詞的風氣大盛。有一次馮延巳寫就一闋謁金門，描寫少女思春、百無聊賴的情景，立刻便流行於宮廷，原詞如下：

風乍起，吹皺一池春水，閒引鴛鴦香徑裡，手挼紅杏蕊。鬪鴨闌干獨倚，碧玉搔頭斜墜，終日望君君不至，舉頭聞鵲喜。

中主聽了，大加讚賞，便對馮延巳開玩笑說：「風乍起，吹皺一池春水，干卿底事？」延巳也笑著說：「還不如陛下的小樓吹徹玉笙寒。」因為「小樓吹徹玉笙寒」是中主浣溪紗中的佳句，中主聽得馮延巳的激賞，也大為開懷。由此，在朝的官員，都致力於詞的創作，國勢的陵夷，更不待說了。

旋因馮延巳的弟弟延魯率兵伐閩，敗績，馮延巳引罪罷相，這時他已四十五歲開外了，次年為太子太傅。太子李煜，也喜好詞曲。一回，他們遊樂於庭院間，共賦後庭花一闋，詞云：

玉樹後庭前，瑤草妝鏡邊：去年花不老，今年月又圓。莫教偏，和月和花，天教長少年。

詞辨上說是兩人共作，但一看便知道是馮延巳自傷青春消逝的一闋悼亡詞，這時李煜才十來歲呢！庭院的花開月圓，怎能不引起這位老相公的對景感傷呢？後馮延巳再度入相，但南唐的國勢仍然不振，只偏居江南一隅，苟延殘息罷了，不久，馮延巳也因病去世，時年五十八。

馮延巳的詞與韋莊的風格相近，也是以平易見長，然而他的抒情寫意，似比韋莊的更曲折、更深遠。所以王國維在人間詞話裡，對延巳的詞，評以「雖不失五代風格，而堂廡特大，開北宋一代風氣。」雖然他在政治上是沒有什麼建樹，但他的詞，卻開啟了北宋一代的詞運。

㈣李　煜

多愁善感的大詞家李煜（西元九三七－九七八年），是中主李璟的第六子，初名從嘉，字重光，生於南唐昇元元年七月七夕。十八歲時，迎娶大他一歲的大周后為妻。大周后，小名娥皇，是南唐功臣周宗的女兒，精於音律，尤工琵琶，對李煜來說，真是相得益彰。由於李煜的幾個哥哥，都先後去世，二十五歲那年，便被立為太子。同年七月，中主駕崩，李煜登上王位，始改名煜，世人稱他為南唐後主。

當時，南唐已處於附庸的地位，每年向宋室納貢，才得苟安，然宮廷間仍以填詞絲竹為樂。一日，大周后得霓裳羽衣曲的殘譜，配以琵琶，後主倚聲填詞，取臨風閣為背景，寫就玉樓春一闋，那種江南春暖，宮娥粉妝吹竹的情景，使人想到一片昇平氣象。

況且大周后的丰姿綽約，風雅解唱，使得李後主的文學生涯，增色不少。數年後，大周后的妹妹小周后，趁姐姐生病時，悄然入宮，與李後主幽會。小周后小後主十三歲，從李後主的菩薩蠻，可以看出他們幽會的情景：

花明月暗籠輕霧，今朝好向郎邊去。剗襪步香堦，手提金縷鞋。畫堂南畔見，一向偎人顫。奴為出來難，教君恣意憐。

這是一闋很好的豔詞，也是後主的自白。寫小周后怕人知曉，提著鞋，躡步過庭階，來和後主幽會，那種少女深情顫懼的心理，刻畫入微。

像他這樣的帝王，龍臥晏起，依香填詞，是最出色的詞家，卻是最失敗的政治家。後來這事被大周后曉得，但是對自己的妹妹，還有什麼話可說呢？加以大周后有病，一氣之下，便香消玉殞了，死時才二十九歲。三年後，後主才立小周后為后。

宋開寶七年，李後主三十八歲，宋太祖派曹彬率兵攻伐江南，李後主乞兵契丹，未果，第二年，曹彬攻陷金陵，李後主肉袒出降，但宮中圖籍文物，卻付之一炬。那年冬，李後主帶官屬四十五人，隨曹彬北上，下船時，回頭望金陵，泣不成聲，從此一代國主，作了他人階下囚。他有一闋破陣子，追述離京的情景：

四十年來家國，三千里地山河。鳳閣龍樓連霄漢，玉樹瓊枝作煙蘿，幾曾識干戈。一旦歸為臣虜，沈腰潘鬢消磨。最是倉皇辭廟日，教坊猶奏別離歌，垂淚對宮娥。

就是離京北上，做了俘虜，教坊仍為他奏別離歌，腸斷心碎，卻祇能揮淚對宮娥，詞人純真良善的本質，流露無遺。到汴梁時，已屆四十歲。他待罪明德樓，由於遭逢國亡家破，使他領略到人生的另一面，往日甜美的生活，常浮現腦際，作了強烈的對照。因而沉思之餘，靈感大作，填詞益工，像他著名的烏夜啼、浪淘沙、望江南諸詞，都是晚期傑出的作品。在他四十三歲的七夕生日，又邀歌女宴慶，唱寫的虞美人：

春花秋月何時了，往事知多少。小樓昨夜又東風，故國不堪回首月明中。雕欄玉砌應猶在，只是朱顏改。問君能有幾多愁，恰似一江春水向東流。

一樣的春秋，卻是兩般滋味，天上、人間，前日帝王今日囚，這種寂寞深愁，豈是一江春水所能比擬？宋太宗聽到「故國不堪回首」，大怒，遣人送藥給李煜，七月八日，李煜便被毒死。

這是人間最慘的悲劇，像李後主這樣純真善良的詞人，他的下場竟是如此。以他的性格真是不該生在帝王家啊！

㈣范仲淹

北宋初葉，文壇沉寂，只有在朝的幾個儒臣，負起文化建設工作，當時堪稱忠義滿朝廷、事業滿邊陲、文名滿天下的，只有范仲淹一人。

范仲淹（西元九八九—一〇五二年），字希文，蘇州吳縣人。小時父親去世，隨母親謝氏再嫁到朱家，朱家的人稱他為朱說。稍長，就懂得勤儉敦品，當他看到家中的幾個哥哥奢侈浪費，便直言相諫，不想卻遭到指責，因而明白自己的身世。於是辭母離家，到河南商邱縣南，投靠戚同文處，發憤苦讀。舉秀才時，便立大志，要以天下為己任。

大中祥符八年，范仲淹舉進士，已二十八歲。數年後，上表請求復姓，並接母親歸來供養。他一向忠於職守，以儒士自居，每晚就寢前，總要反省一下，一日所耗的財用是否能與一日所做的事相稱，如果相稱，便酣然睡去；如果不稱，便得明日設法多做些事來彌補。晏殊知道他賢能，推薦他為祕閣校理。後范仲淹雖與晏殊同列，必自稱門生，他在別晏詩有這樣的句子：

曾入黃扉陪國論，卻來絳帳受師資。

他的忠厚儒雅，不忘舊恩，由此可知。同樣地，他也喜歡推薦有才學的人，像孫復、胡瑗、歐陽脩、張載等，都是經他汲引而顯於世的。他好濟人，同朝戶曹孫居中逝世，孫家大小居京，返鄉不易，范仲淹協助他們找到船隻，贈詩給他們，好讓經過關站時，可以把他的詩拿來當作通行證，原詩這樣：

十口相將泛巨川，來時暖熱去凄然。關津若要知名姓，定是孤兒寡婦船。

如此藹然仁者，當然會得到人們的敬仰。

宋仁宗時，與西夏搆兵，范仲淹以資政殿學士，為陝西四路宣撫使，與部下同甘苦，整頓邊塞。羌人、夏人相戒不敢入侵，指說「小范老子，胸中自有數萬甲兵。」於是巷里歌謠有云：

軍中有一范，西賊聞之驚破膽。

足見范仲淹治邊的功績。由於范仲淹為邊帥甚久，填寫不少邊塞的詞，內容多以塞外的風物為背景，抒寫征夫鄉關的情思，清新悲涼，像這類吟塞外的詞，尚是第一人。他對詞境的開拓，有如唐代岑參、高適寫邊塞詩對詩境的開拓，同樣具有不朽的價值。試讀他的漁家傲：

塞下秋來風景異，衡陽雁去無留意。四面邊聲連角起，千嶂裡，長煙落日孤城閉。　濁酒一杯家萬里，燕然未勒歸無計。羌管悠悠霜滿地，人不寐，將軍白髮征夫淚。

上片寫塞外秋來，千山連漠，胡笳聲裡，使人更感置身異域，更用「長煙」、「落日」、「孤城閉」等景象，點出孤零之感。下片因景寫情，在這樣的景象裡，離家守邊，何日才能使邊防永固，征夫罷征？思之不禁潸然而淚下。詞調悽愴悲壯，沁人心脾。其他像蘇幕遮、御街行，寫悲秋的幽思、寫離情的悱惻，不加雕琢而自成絕韻。只可惜范仲淹不留意文事，致使他的詞，散佚大半，今所能讀到的，只有朱孝臧所校刻的彊村叢書中，收有他的詞六闋。

後宋室感念他治邊有功，遷陞他為樞密副使，但為當道者所嫉，謫居鄧州。他著名的岳陽樓記，便是他居鄧州時，由於同年滕子京謫守巴陵郡，重修岳陽樓，請他所寫的。當時他已五十八歲了，他對世態的涼炎有所感，藉寫景而成篇，最後指出他早年的宿願：「先天下之憂而憂，後天下之樂而樂。」以證驗他自己，不因顯達困厄而改變意旨，仍始終如一地實踐著。後雖出知青州，不久，病卒，時年六十四。

(五十)張　先

詞經晚唐、五代兩百年的發展，已有相當的成就。由於詞的本身，是歌女獻唱的流行歌曲，在內容上，多借女子的口吻，來歌唱男女情愛的事，詞句也以孅巧豔麗為勝，早期的詞，字句俚俗，一直到文人染指其間，才由歌者的詞，進入文人抒寫情志的詞。但在形式上，仍舊是一些簡短的小令，缺少變化。詞有長調，應始於北宋。張先、柳永是長調的嘗試者，蘇軾是長調的完成者，所以張先對詞的開拓，有他不可磨滅的地位。

所謂「小令」和「長調」，歷代的說法不一，但它只是限於詞的字數多寡而定。小令是指短的詞，字數大約不超過五、六十字為限，長調字數較多，但也沒有明確的規定。表面上看來，好像是形式上些微的變化，但是在詞的生命上，卻增加無比的力量。

由於詞牌的創新，音樂的變化，使詞句字數增多，使得更多的情感、景物，以及作者的性格、遭遇，都可以很自由、很方便地納入詞中。如果仍局限於數十字的小令，那麼詞的內容，也就局限於花間南唐綺麗小兒女態的豔詞了。北宋的詞能有更大的成長，也該歸功於長調的嘗試。

張先的詞並非全部從事長調的創作，他的詞約十之二三是長調。從他的長調裡，我們不難發現他在詞上的努力，下面是他的一叢花：

傷高懷遠幾時窮，無物似情濃。離愁正引千絲亂，更東陌，飛絮濛濛。嘶騎漸遙，征塵不斷，何處認郎蹤。　雙鴛池沼水溶溶，南北小橈通。梯横畫閣黄昏後，又還是，斜月簾櫳。沉恨細思，不如桃杏，猶解嫁東風。

這是一首借女子身分以傷春為題旨的詞，他利用長調的形式，來鋪述春花春月動人的景象，交織以少女傷春的愁緒。古今詞話裡，指說張先的這首詞是與小尼姑私約而寫的，但並不可靠，只是增加它的傳奇性罷了。其實這首詞的技巧，在變化古人的句子，尤其是最後幾句，便是得自唐人李益江南曲的靈感。我們不妨拿李益的詩作為對照：

嫁得瞿塘賈，朝朝誤妾期；早知潮有信，嫁與弄潮兒。

改寫後的句子，確是新穎深刻。當時歐陽脩讀後，深感欽佩，可惜不認識張先，後來張先入京進謁歐陽脩，歐陽脩便向人介紹說：「這位便是桃杏嫁東風郎中。」

另外再讀他一首天仙子：

水調數聲持酒聽，午醉醒來愁未醒。送春春去幾時回，臨晚鏡，傷流景，往事後期空記省。　沙上並禽池上暝，雲破月來花弄影。重重簾幕密遮燈，風不定，人初靜，明日落紅應滿徑。

這是張先因病眠不能應府會而寫的詞，是以「傷春」為題旨的。與前首不同的，是張先自我的傷春，尤其是醉後初醒，春光已逝，加以年邁不得志，往日的青春佳事，只變作回憶中的資料，而不能再創奇蹟了。在這種心境下又跟著黃昏的寧靜而平靜了，好像經過情感的波折後，需要休息安寧一樣，他開始發現寧靜的可貴，於是有「雲破月來花弄影」的雋句。像這些錯綜複雜的情景，如果不是得自長調的容納，是不會寫得那麼合適的。

張先的詞，最喜歡用「影」字。他平生最得意的句子，除「雲破月來花弄影」外，還有舟中聞雙琵琶中的「柳徑無人，墜飛絮無影」，歸朝歡中的「嬌柔嬾起，簾幙卷花影」，後人因而稱他為「張三影」。

張先（西元九九〇－一〇七八年），字子野，浙江吳興人，歷官都官郎中。善詼諧，是最長壽的詞人，石林詩話裡說他八十歲，視聽還強，喜歡聲伎，因此東坡贈他的詩，有「詩人老去鶯鶯在，公子歸來燕燕忙」的句子，由此可想見張先其人了。

(五)晏氏父子

領袖宋初詞壇，承接南唐詞風餘韻的，是晏殊、晏幾道父子。

晏殊，字同叔，江西臨川人。真宗景德初年，他才不過十四、五歲，張知白以神童薦他應殿試。他與進士千餘人同試宮廷，毫無懼色。試後賜同進士出身，授祕閣讀書，由是更獲得進修的好機會。仁宗時進為宰相，汲引賢才，不遺餘力，如宋代的名臣范仲淹、韓琦、富弼等，皆由他的提攜而進用。

晏殊雖仕宦得意，位居高閣，但性喜文藝，又好賓客，不失切磋鑽研的機會，因此在文學上也獲得相當高的成就。現存晏氏的著作，有晏元獻遺文一卷、珠玉詞一卷。他的文不見什麼特色，他的詞卻是琳琅珠璣，正像他自題的集名一般。下面便是他的一闋踏莎行：

小徑紅稀，芳郊綠遍，高臺樹色陰陰見，春風不解禁楊花，濛濛亂撲行人面。　翠葉藏鶯，朱簾隔燕，爐香靜逐遊絲轉。一場愁夢酒醒時，斜陽卻照深深院。

晏幾道，號小山，是晏殊最小的兒子。他雖是宰相之子，卻沒有受到父親的餘蔭。早年晏殊在世，他貴為公子，自然過的是富麗華貴的生活。晏殊去世以後，由於他生性孤傲天真，不諳營生，家境就一日不如一日了。到了晚年，更加窮困潦倒，只落到「一春彈淚說淒涼」的情況。宋代大詩人黃庭堅批評他說：「幾道固人英也，其癡亦自絕人。」

正因為他的個性癡真，他在詞的表現上也是真切和美，而無虛浮矯偽之情。再加上他晚年生活不豫，憶及幼年的富貴歡樂時光，表現在文學上，就隱隱地顯出一種感傷哀怨的情調。現在選他一闋鷓鴣天來看：

彩袖殷勤捧玉鐘，當年拚卻醉顏紅。舞低楊柳樓心月，歌盡桃花扇底風。　從別後，憶相逢，幾回魂夢與君同。今宵剩把銀釭照，猶恐相逢在夢中。

前人批評他的詞多半說華貴而不膚淺，沉鬱而不枯寂，勝於乃父。其實如果我們拿晏氏父子的詞來仔細對照分析，就可以發現二人透過情感，對於外在的感覺是完全不同的。一切的事物到了晏幾道的眼裡，都染上了作者感情的顏色。晏殊的詞恰恰相反，他不把外在的景物歸納於自己的情感之中，而卻把自己的情感投入於外在的景物之中，意境更顯得超然。

(五二)柳　永

如果說文字的使命在表現社會生活的形態，如果說文學的價值在其對於一般群眾的影響，如果說文學的形式與內容須求得雅俗共賞，那麼對於文學家這個頭銜，柳永是當之無愧的。

一地有一地的社會，一時有一時的生活，文學的表現也因為時空的差異，而產生不同的風格。宋仁宗時，正是中原罷兵，歌樂昇平的時代，歌臺舞榭酒樓娼館，隨處可見。生在這一個時代的文學家，作品自然以綺麗纖柔為主，柳永就是其中一個典型例子。他本名三變，字耆卿，曾在一首詞中自云：「忍把浮名，換了淺斟低唱。」像他這種多情的人生觀，是不宜於做官的。等他中了進士以後，改名柳永，才做了一個屯田的小官。也正因為仕途不得志，更促使他調整筆觸，側重社會風氣及男女情愛的描寫，在當時柳永的詞，因為他所用的詞語俚俗、音律和諧、情感細膩，所以非常受到一般群眾的歡迎。時人有云：「凡有井水飲處，即能歌柳詞。」葉夢得的避暑錄話中也曾說「柳耆卿多游狹邪，善為歌詞。教坊得新腔，必求永為辭，始行於世，於是聲傳一時。」由此可見他聲名之重，作品傳播之廣。

柳永填詞，長於鋪陳，因此他所採用的形式，也以長調為主，自柳永而後，長調成了流行的詞體，而他那鋪陳的手法和以俚語方言入詞的作風，也給予後世詞人以極大的影響。柳永早期的詞，雖然受到廣大群眾的愛好，但只能視為一種通俗的平民文學，而他晚年的作品，無論在音律和內容上，都一洗他早年唯美的作風，而以一種嚴肅的態度、深刻的情感，寫出一種蒼涼落魄的心境，堪為代表之作。現在我們選他那首有名的雨霖鈴做一個例子：

寒蟬淒切，對長亭晚，驟雨初歇，都門帳飲無緒。方留戀處，蘭舟催發。執手相看淚眼，竟無語凝噎。念去去、千里煙波，暮靄沉沉楚天闊。　多情自古傷離別，更那堪冷落清秋節。今宵酒醒何處，楊柳岸、曉風殘月。此去經年，應是良辰好景虛設。便縱有千種風情，更與何人說。

柳永的生卒年月不可考。雖然他的詞紅極一時，但一生窮愁潦倒，死後家無餘財，棺殮均成問題，最後悽悽慘慘地，還是由他幾個生前要好的歌妓，大家合資把他埋葬了，結束了他浪漫落魄的一生。

㈢歐陽脩

宋初延續晚唐五代的唯美文風，像楊億、劉筠、錢惟演等，所作詩文，都以李商隱為宗，極盡豔麗雕鏤的能事，他們編集了一冊西崑酬唱集，後人稱這類的作品，叫做「西崑體」。歐陽脩曾感慨地說：「楊劉風采，聳動天下。」從這句話，也就不難想像西崑體在當時影響力之大了。

在歐陽脩（西元一〇〇七—一〇七二年）以前，曾有些古文家，聲嘶力竭地反對西崑體，他們提倡以明道實用的文學，表現清真古樸的韻調，記敘江湖、山水、田園、逸放的詩文，來代替時下的豔妝濃抹，但因他們的魄力不夠，無法扭轉文壇的時尚。一直到歐陽脩出來後，才使古文重新擡頭，進而替代了西崑體的地位，成為大眾所愛好的文體。

從歐陽脩的記舊本韓文後一文中，可以略知他提倡古文的經過。他說：小時無意間在朋友的家裡，得到韓愈文集的殘卷，深為喜愛，被他的文理文采所吸引，才發現自己以前學習的路子，完全走錯了。舉了進士以後，跟尹師魯求得別人所藏的韓文，重加補齊刊行，並進而研究韓愈的文理，竭力提倡古文，其間經過了三十年的奮鬥，才使天下的文人，都喜愛古文，而韓愈的文集，也因而流傳於世間。

同時，他汲引了不少傑出的後進，像曾鞏、王安石、蘇軾、蘇轍，都是出自他的門下，他們對古文的推動及發展，都有極大的成就。由於這樣浩大的陣容加入，使得宋代的古文，大放光彩。所以代表宋代的文學，除了韻文方面的詞以外，在散文方面，便要推樸質的古文。

所謂古文運動，就是散文運動。宋代的古文家所提出的文學理論，認為文章在佐助教化，維護儒家所提倡的倫常道德，使人們在理性與情慾之間，得到適當的安排。儒家的主張，保留在經書裡，因此他們主張「師經」、「明道」、「致用」的文學；不然，一輩子盡力於文字的修飾，而沒有高遠的理想，便不能達到古聖賢不朽的境界，不是太可悲了嗎？另外由於他們處在西崑唯美的文風下，因而極力排斥「楊劉」那類膚淺風月的作品，而推崇唐代韓愈的文章，作為寫作平易樸質、清新雅淡的古文的典型。他們除了具備完整的文學主張外，更提出成熟動人的作品，使得世人不得不承認這種文體是最易於表達情志和感遇的。就拿歐陽脩的作品來說，記敘山水、遊記、亭舍的小品，如醉翁亭記、有美堂記、峴山亭記，都是些不可多得的作品，抒情寄慨的，有瀧岡阡表、讀李翺文等，其他如哀祭、傳贊、論辨、贈答的文章，也都能出神入化，享譽千古不朽的盛名。

其實歐陽脩的詩詞也很傑出，只是他的古文名望太高，使得他在詩詞上的成就被掩蓋了。大體說來，他的詩接近韓詩的風格，古樸深遠。他的詞，豪放中帶有沉著的氣質。歐陽脩曾自述他的廬山高那首詩，他人寫不出那麼好，只有李白或許能夠；他的明妃曲後篇，李白也寫不出來，只有杜甫或許能夠；至於他的明妃曲前篇，連杜甫都寫不出來，只有他才寫得出來。這雖近於誇大，其實讀過他的明妃曲，我們不難相信，每個著名的作家，都有他一兩篇功力特深的作品，是任何人都超越不了的。

他的詞如生查子中的「月上柳梢頭，人約黃昏後。」最是膾炙人口，至於「平蕪盡處是春山，行人更在春山外。」言情之深，更是神來之筆。

㈤曾　鞏

南宋呂祖謙編古文關鍵二卷，評選唐宋兩代的散文，作為閱讀和寫作的範本。以後類似這種散文集子的編選很多，一直到明代朱右，他選韓愈、柳宗元、歐陽脩、曾鞏、王安石、蘇洵、蘇軾、蘇轍諸家的文章，稱為八先生文集，茅坤更增加篇目，稱為唐宋八大家文鈔。於是古文八大家的名目，才被確定，而曾鞏便是其中的一家。

曾鞏（西元一〇一九－一〇八三年）比歐陽脩小十二歲，在他十二歲的時候，曾寫成六論一篇，歐陽脩讀了，大大讚許他才華過人，當時正是歐陽脩考中進士，並提倡古文的那年，曾鞏得到歐陽脩的鼓勵，在他幼小的心靈上，受了深厚的影響，因此歐陽脩對古文的主張，無形中使他大感興趣而躍躍欲試了。從曾鞏的學舍記一文中可以看出，他自述十六、七歲時，才明白六經的深奧，而對時下空疏膚廓的駢儷文，大起反感。於是他專心於散文的寫作，立下道統的文學觀念。

當他二十七歲左右，歐陽脩曾替曾鞏的祖父寫了一篇墓誌銘，後來曾鞏答覆歐陽脩的一封信中，感激他的賜文，並提出真正不朽的作家，必須以道德為基礎，他主張「非畜道德而能文章者，無以為也。」這也是說他的論調，與其他的古文家大致是相同的。進而更指出作者與作品的不可分割性，有好的修養，才有好的作品。從這裡，我們不難瞭解生活與作品的關聯，以及古文家的理想，在追求真實、善良的人生。所以在文學的表現上，只求樸質清真和完整的美。

曾鞏文章的精進，應該是在他三十九歲中了進士後的九年間，他擔任過史館的編校工作，龍圖閣的校勘，集賢院的校理，在這階段中，成天所接觸的是政府珍藏的書籍和當代一些傑出的文人。後來他流徙到湖北、江西、福建、浙江、安徽、河北等地約十餘年，閱歷過各地的山水、風情、民俗，使他對人生的領悟，增進不少，在他真可說做到「讀萬卷書，行萬里路」了。晚年神宗召他回京，從事正史的重修，並參與宋史的整理。

由於他對史學有基礎，寫了不少有價值的傳記，像歐陽脩去世，他寫了一篇祭歐陽少師文；蘇洵去世，他寫了一篇蘇明允哀詞，從這些文章中，可以知道歐陽脩、蘇洵簡略的一生，以及蘇洵的孩子蘇軾、蘇轍的文章，如何被世人所發覺，這些重要的資料，使我們在今日，仍然可以瞭然明白宋代幾位著名的古文家，他們是怎樣地奮鬥而成功的。

然而真正代表他的作品，應該是在他擔任編纂工作和流徙在外十餘年間所寫的，像序跋類有新序目錄序、戰國策目錄序、列女傳目錄序。其次是些山水遊記、亭舍書院的小品，像擬峴臺記，描寫江西臨川縣東鹽步的景色，可與柳宗元的山水小品媲美。墨池記，記敘我國書法家晉代王羲之作書的墨池，也很特出。宜黃縣學記，更是一篇極有層次的散文，先敘古人建校的意義，次敘後代廢學的原委，以及宜黃縣建校的艱鉅，進而勉勵學子要發憤勤學。這些文章，都適宜於學古文的人作為範本來讀它。難怪明代的王慎中、唐順之、茅坤、歸有光，清代的方苞、劉大櫆、姚鼐等古文家，都奉曾鞏的文章為圭臬。

(五五)王安石

王安石(西元一〇二一—一〇八六年)在宋代政壇上有特異的表現,使後人對他並不感到陌生。同樣地,他在詩文上優異的成就,也贏得了廣大讀者對他的喜愛。儘管他的新政失敗了,甚而到南宋時,還有同情嘉祐黨的文人,寫了一篇拗相公來詆毀他,但後人並不因此而減損對他的崇敬和讚譽。

如果拿「文如其人」,來說王安石的為人與文章,那是再恰當不過了。與他接觸過的人,都會感到他那倔強的個性與驚人的思考力和組織力,後人從他拗折峭深的詩文中,也可以領略到他特出的性格。所以當曾鞏把他介紹給歐陽脩的時候,歐陽脩立刻察覺他有過人的才器,並擢選他為進士上第。從歐陽脩贈給王安石的詩中,有「老去自憐心尚在,後來誰與子爭先」的句子,就不難想像歐陽脩憐才的苦心和王安石年青的活力,那時正是他二十二歲的年紀,比曾鞏小兩歲。

後來他追隨歐陽脩,致力於散文的寫作,作品斐然,成為古文八大家之一。從他的上人書與上邵學士書兩封信中,可以看出他對文學的見解:認為文章在濟世,內容要正確、真實,至於辭藻的美,好比器物上的雕鏤繪畫,雖精巧華麗,如不適用,仍然是白費心機。所以文章以適用為本,辭采的雕鏤,只是潤色罷了。以這種論點,去衡量他的作品,可以發現他的作品充滿了自信、樂觀並且富有建設性。像他的散文,最長的一篇上仁宗皇帝言事書,建議改制變法,仁宗雖未採納,但他那長達萬言,有條不紊的雄論,驚倒在朝保守的臣子們,至於他的新政理想,一直保持到神宗時,才逐次實施。他最短的一篇讀孟嘗君傳,僅百來字,指責雞鳴狗盜之徒,而表現出豪健的氣概。他最富教育意義的作品,要算傷仲永了,這篇記敘方仲永五歲能寫詩,被他的父母鄉人視為「天才兒童」,後來他的父母並不培養他的天才,不讓他進學,長大後,依然是個平凡的鄉人。從這裡可以明瞭「天才」的不可恃,而勤學才是成功的捷徑。

王安石在宋神宗時，曾兩度拜相，一次是在他四十九歲到五十四歲時，另一次是在他五十五歲到五十六歲時。由於他的新政，引起劇烈的黨爭，也因政見的不同，與歐陽脩不合，但他對歐陽脩的崇敬依然，並不因有歧見而忘了昔日汲引鼓勵之恩。在當時還有一項改變，就是從神宗熙寧四年起，王安石建議朝廷科舉不再以詩賦取士，而改用經義，同時他寫了一篇里仁為美作例子，開啟了後人注意經義和八股文的先河。

王安石深愛唐杜甫、韓愈，宋歐陽脩的詩，他的詩也接近上述諸家的風格：不以外表豔麗奪人為長，而以樸質造意見勝。在他的詩中，喜歡用「綠」字，像「北山輸綠漲橫陂」、「含風鴨綠鱗鱗起」、「一水護田將綠遶」，這些綠意，令人目悅神怡。罷相後，他退隱到金陵，在這退隱的十年中，他的詩，造意高妙，流露出閑適平淡的境界。在後世的詩話中，最樂道稱他的北山詩，有「細數落花因坐久，緩尋芳草得歸遲」的句子。茅簷詩，有「一水護田將綠遶，兩山排闥送青來」的句子，措辭謹嚴，造境精妙極了。他的絕句，在北宋詩家中，幾乎無人可以和他比倫，試讀他的南浦，便可知道：

南浦隨花去，迴舟路已迷。暗香無覓處，日落畫橋西。

這種自然閑適之態，比起他早年的「濃綠萬枝紅一點，動人春色不盡多」，那種直道胸中事的作品，要純淨多了。

(五六)三　蘇

我國文學家中，以父子並有文名，或兄弟同登文壇而有盛名的，為數不多，誠如曹丕典論論文中所說的：「雖在父兄而不能移於子弟。」在歷代文學家中，父子或兄弟同享文名者，有曹氏父子，陸機、陸雲兄弟，晏氏父子和三蘇。曹氏父子是指漢魏時，曹操和曹丕、曹植父子。晏氏父子是指北宋初葉，晏殊、晏幾道父子。三蘇，是指北宋蘇洵和蘇軾、蘇轍父子。儘管有遺傳因子存在，但父母是作家，而子女也是作家的，畢竟太少了，而曹氏父子和蘇氏父子，便是其中最出色的父子檔作家。

蘇洵（西元一〇〇九—一〇六六年），字明允，號老泉，四川眉山人。二十五歲時才發覺讀書的重要，立志上進，為歐陽脩所賞識，推薦他任官，曾任祕書省校書郎。蘇老泉是唐宋八大家之一，他擅於寫古文，是北宋時出色的古文家，他一方面得自於四川眉山一帶山水之助，由於山川景色的秀麗，蘊育出文學家秀慧的文筆，另一方面得力於苦讀，他喜愛國語和戰國策，使他在議論文上，策論上，開創了散文的新天地，於是他將自己的寫作經驗，教給他的兩個孩子：蘇軾和蘇轍，使他們少年時，在文章上便出人頭地。蘇洵曾有一篇木假山記，寫眉山有三座山峰，秀麗峻峭，高聳入雲。其實這篇是讚揚自己父子三人，出類拔萃如三峰，也是一篇象徵父子三人的文章，不免自詡，但也稱當。

蘇軾（西元一〇三七—一一〇一年），字子瞻，號東坡居士。蘇轍（西元一〇三九—一一一二年），字子由，號潁濱遺老。兩兄弟都是著名的文學家，也是唐宋八大家中的古文家。他們兄弟兩人，手足情深，在宋仁宗嘉祐二年同時考中進士，當時歐陽脩任主考官，對他們兩兄弟獎勵有加，蘇軾二十二歲中進士，蘇轍十九歲中進士。由於蘇轍中舉，年紀太小，朝廷不便分發工作，用賜歸待選，等待以後分發。因此蘇轍的一篇上樞密韓太尉書，便是給當時宰相韓琦的一封書信，說明他入京應試，不是要獵取功名，而是要見天下的名山大水，同時謁見當代的大賢。其實，這封信很不好寫，他希望宰相別把他忘了。以他十九歲的少年，便有如此的膽識和智慧，如此的胸襟和文采，的確是令人激賞的。後來也做到尚書右丞、門下侍郎。哲宗時被貶，徽宗時任大中大夫，為蔡京所排斥，後辭官回許昌養老。至於哥哥東坡，宦途就更坎坷了，神宗時曾任密州、徐州、湖州等州知府，後因反對王安石新法，被誣告作詩「謗訕朝廷」，這就是有名的「烏臺詩案」，他也因此而貶謫黃州，他作品裡的傳世之作大部分都是被貶以後所寫的。哲宗即位，太皇太后重新起用舊黨，他應召任翰林學士，出知杭州，五十七歲任禮部尚書，哲宗親政後，聽信小人讒言，東坡又被貶到惠州、儋州（即海南島），最後北回時，死在常州。

在三蘇中，最出色的當推蘇軾，蘇東坡的才華橫溢，他和歐陽脩一樣，是多才多藝的作家，也是「十項全能」的作家。不但能詩、能詞、能賦、能古文，還能書法，他有名的墨寶「前赤壁賦」、「寒食帖」等，至今猶典藏於臺北故宮博物院中。他的行書飄逸嫵媚，是才子之作。他還能佛學，與當時方外之士佛印交往，詩文中很多都含有禪趣和禪境。他喜愛圍棋，今日圍棋定石中，尚有「東坡定石」的圍棋棋譜。他懂烹飪，是個美食專家，至今尚有「東坡肉」傳世。

蘇軾在文學上的成就更是顯著，三蘇的古文被後人編成三蘇文粹，作為科舉試子摹仿的範本，故有「蘇文生，喫菜根；蘇文熟，喫羊肉」的諺語。蘇軾的詩，開創了後來的江西詩派。江西詩派的主要詩人黃庭堅，便是蘇東坡的學生。東坡詞，開展詞的詩化，使詞由婉約進入豪邁，由歌者之詞演為文人之詞，因此他是豪邁詞派的第一人。他的詞念奴嬌赤壁懷古：「大江東去，浪淘盡，千古風流人物。」至今猶傳誦不絕。他的確是文壇上的風流人物，儘管歲時遷易，也不會將他的作品淹沒。

㈤七黃庭堅

在北宋文壇中，有「蘇門四學士」之稱，指出於蘇軾門下的學士，有黃庭堅、秦觀、張耒、晁補之等四人，如加上李廌、陳師道，便成「蘇門六君子」，因後二者沒有功名，沒考上進士，就不能稱學士了，可知唐以後的社會，太看重科舉功名，就如同今日的社會，太看重文憑，也不是正常的現象。

黃庭堅（西元一〇四五－一一〇五年），是北宋文學家兼書法家，字魯直，號涪翁，又號山谷道人。洪州分寧（今江西修水）人。他的詩，與蘇東坡同屬疏曠的風格，好說理，以散文為詩。他以崛奇的詩風，力追杜甫，主張字字有來處，要懂得攝取古人句，點鐵成金，脫胎換骨。他在答洪駒父書中說：

老杜作詩，退之作文，無一字無來處。蓋後人讀書少，故謂韓杜自作此語耳。古之能為文章者，真能陶冶萬物，雖取古人之陳言入於翰墨，如靈丹一粒，點鐵成金。

他認為文人之作，重學養，屬書齋、學院派的作家。他建立了北宋江西詩派。因此宋詩好議論，用拗體走散文化的道路，用詞淺俗，固然是宋詩的缺點，也是宋詩的優點。因此清吳喬的圍爐詩話和萬季野詩問對宋詩的評語是：「唐人以詩為詩，宋人以文為詩，唐詩主於達性情，故於三百篇近，宋詩主於議論，故於三百篇遠。」黃庭堅詩，出於蘇軾之門，蘇詩曠遠，黃詩奇崛，但他們同開宋詩的新蹊徑，時人稱為「蘇黃」。然而黃庭堅更啟開江西詩派的門戶，影響所及，直到南宋。尤其他的詩好奇尚硬，時有新語，如他的答余洪範：

懸罄齋廚數米炊，貧中氣味更相思；可無昨日黃花酒，又是春風柳絮時。

黃庭堅也是多能作家，他能賦、能詩、能詞，詩文集為豫章集，四部叢刊收有豫章黃先生文集，詞有山谷詞，他的詞多作長調。亦能書法，是當時的書法大家，他喜愛王羲之的行草，對蘭亭字帖，稱賞不已。他說：「蘭亭敘草，王右軍平生得意書也。反復觀之，略無一字一筆不可人意，摹寫或失之肥瘦，亦自成妍，要各存之以心，會其妙處爾。」他對王安石、米元章的書法，各有評價，成為北宋書道的中堅。書跡有華嚴疏、松風閣詩，傳摹至今。

(五八)秦觀

風流才子秦少游，便是秦觀的標誌。秦觀（西元一〇四九—一一〇〇年），字少游，揚州高郵人。少年便有才名，宋史文苑傳稱他：「少豪雋慷慨，溢於文詞。」然而他的「風流才子」的美譽，卻來自於明馮夢龍所編的三言：醒世恆言中的一篇「蘇小妹三難新郎」，也是今古奇觀中蘇小妹三難秦學士。小說筆下的蘇小妹，是個才女，也是蘇東坡的妹妹，後來嫁給了秦少游，由於小說的渲染，使秦少游名氣大噪，並與蘇小妹成為才子佳人的典型；在新婚之夜，蘇小妹三難秦學士的故事，成為人間佳話。

不過，小說歸小說，事實歸事實，蘇東坡有沒有妹子蘇小妹？秦觀是否娶蘇小妹為妻？都難以考證，而小說家筆下的妙筆生花，並不足信。

從秦少游的淮海集序中，窺知秦觀才華橫溢，能在眾女子前，當場揮毫，寫婉約綺麗的詞句，有貴游子弟的餘緒。他的詞，語軟而多情，與柳永同一機杼。他的滿庭芳，可與柳永的雨霖鈴相媲美：

> 山抹微雲，天連衰草，畫角聲斷譙門。暫停征棹，聊共引離尊。多少蓬萊舊事，空回首、煙靄紛紛。斜陽外，寒鴉數點，流水繞孤村。　消魂，當此際，香囊暗解，羅帶輕分。謾贏得青樓，薄倖名存，此去何時見也？襟袖上、空染啼痕。傷情處，高城望斷，燈火已黃昏。

秦觀有才，詩詞文均極雅麗，蘇軾和王安石都賞識他的文才。元祐初，因蘇軾的舉薦，除太學博士，後兼國史院編修官。紹聖年間，因章惇當權，排斥元祐黨人，於是秦觀被貶至杭州、郴州、橫州、雷州等處，元符三年（西元一一〇〇年），徽宗立，放還，至藤州，病死在路途中。年五十二，有淮海集傳世。

秦觀雖出於蘇軾的門下，為蘇門四學士之一，但他的詩詞風格，與蘇軾異趣。蘇軾很喜愛秦觀的踏莎行郴州旅舍：

> 霧失樓臺，月迷津渡，桃源望斷無尋處。可堪孤館閉春寒，杜鵑聲裡斜陽暮。　驛寄梅花，魚傳尺素，砌成此恨無重數。郴江幸自遶郴山，為誰流下瀟湘去。

把這闋詞寫在扇子上，時時展扇吟誦，不久聽說秦觀病死於藤州道中，蘇軾感慨道：「不幸死道路，哀哉！世豈復有斯人乎？」天才頓失，人人痛惜。蘇軾感歎秦觀的逝世，而次年，蘇軾亦離開人間，享年六十六，比秦觀多十四年。

㈤李清照

詞中有三李：李白、李煜（李後主）、李清照。在歷代詞家中，三李的詞，被尊為詞中的翹楚。三李的詞在精不在多，李白開唐詞的先鋒，今人林大椿編全唐五代詞，錄有李白詞十五首，李煜詞約四十七首。唐圭璋編全宋詞，錄有李清照詞約五十首。

李清照（西元一〇八四－？年），號易安居士，山東濟南人，父親李格非，是北宋時的禮部員外郎，母親是王狀元拱辰的孫女，所以李清照從小便生長在書香門第的家庭。二十一歲時，她嫁給太學生趙明誠，過著神仙眷屬的生活。他們平時以詩詞相唱和，並收集古代的金石奇器，共同編成一部金石錄。北宋末葉靖康之難，欽徽二宗被虜，汴京淪陷，夫婦二人避難逃來江南。這時李清照已四十三歲。因此，我們研讀李清照的詞，可分前後兩期，前期的詞，寫平靜幸福的閨閣生活；後期的詞，流離坎坷，在逃難中，他們所收集的金石奇器都散失；而最使她難過的，是趙明誠來到江南後，不久便急病逝世，因此在後期的詞中，流露出國破家亡、流離失據的哀痛。她的詞集，命名為漱玉集，象徵她有冰晶玉骨的堅貞，詞人的情懷，潔淨如玉，溫潤可愛。

她前期的詞，如同無憂的公主，像如夢令：

昨夜雨疏風驟，濃睡不消殘酒。試問捲簾人，卻道海棠依舊。知否，知否？應是綠肥紅瘦。

初夏高臥晏起，婢女捲簾，先問海棠花開得如何？寫閨閣的閑思閑情，心思細膩。但後期的詞，便如聲聲慢所云：「淒淒慘慘戚戚。」今舉她的武陵春為例：

風住塵香花已盡，日晚倦梳頭。物是人非事事休，欲語淚先流。　聞說雙溪春尚好，也擬泛輕舟。只恐雙溪舴艋舟，載不動許多愁。

在宋代女詞人中，李清照的命運坎坷，但無獨有偶，朱淑貞也是紅顏薄命的詞人，集名斷腸詞；朱淑貞是嫁作商人婦，枉負了才女心，使她幽悶而終，與清照境遇又不同。

李清照前期在北宋，後期在南宋，她的詞，開拓了南宋白話詞派的先聲，像她的代表作聲聲慢，便用口語入詞，如「到黃昏點點滴滴，這次第，怎一個愁字了得？」其後，走白話詞派的，尚有辛棄疾、朱敦儒、劉克莊等詞家。

(六十)陸　游

北宋汴京失守，皇室播遷，南宋偏安江左，有志之士，力圖恢復中原。於是在詩有愛國詩人陸游，在詞有愛國詞人辛棄疾，他們的詩詞，表現了忠貞愛國之思，流露青年報國的精誠。

陸游（西元一一二五－一二一〇年），號放翁，越州山陰（今浙江紹興）人。年幼隨父親逃避戰亂，就深知國破家亡的苦楚，有濃厚的愛國思想。紹興時應禮部試，本可高中，因得罪秦檜而被黜。三十八歲那年，才由朝廷賜給進士出身，曾任鎮江、隆興通判。但他一直懷抱高遠的理想，堅決反對和議政策。

陸游四十六歲入蜀，任夔州通判。他一路沿江而上，探訪李白、白居易、蘇軾、屈原、杜甫的遺跡，他著名的入蜀記，以及弔古、懷古、詠史的詩，表達了忠耿的胸懷，後來范成大為成都節制四川軍事，以陸游為參軍，而南宋的三大詩人：范成大、楊萬里、陸游，於是結合在一起，詠唱出愛國詩鈔。陸游五十四歲，始離開四川，在江西、浙江做了幾任官，六十六歲那年，退休歸山陰，晚年過著恬淡清苦的生活，寫了不少閑適的詩。但他一直沒有忘懷國事，從詩中流露關心國事之情。

陸游的詩，數量多達九千餘首，是多產的作家，他的書憤詩就寫了好幾首，其中最稱著的是這一首：

早歲那知世事艱，中原北望氣如山。樓船夜雪瓜洲渡，鐵馬秋風大散關。塞上長城空自許，鏡中衰鬢已先斑。出師一表真名世，千載誰堪伯仲間。

詩的可愛，便在出於真情。同時他深愛梅花，他的詠梅詩，表露出心靈的高潔。

陸游也是個多情種子，早年和表妹唐婉結為夫婦，因母親不喜歡唐婉，被逼離異，他們後來在沈家花園見面，彼此所題的釵頭鳳，分別道出心事，成為千古文壇的韻事。原詞如下：

紅酥手，黃滕酒，滿城春色宮牆柳。東風惡，歡情薄，一懷愁緒，幾年離索。錯錯錯。　春如舊，人空瘦，淚痕紅浥鮫綃透。桃花落，閑池閣，山盟雖在，錦書難託。莫莫莫。（陸游）

世情薄，人情惡，雨送黃昏花易落。曉風乾，淚痕殘，欲箋心事，獨語斜闌。難難難。　人成各，今非昨，病魂嘗似秋千索。角聲寒，夜闌珊，怕人尋問，咽淚裝歡。瞞瞞瞞。（唐婉）

唐婉雖已改嫁趙士程，但猶不忘舊情，不久，含恨而終。而陸游經常到沈家花園憑弔，時留詩詞於壁上。

陸游一生，耽憂國事，能詩能詞能文，著有劍南詩稿、南唐書、老學庵筆記、入蜀記、放翁詞等。今合稱陸放翁全集。陸游享年八十六，一生勤奮著述，憂國憂民，臨終時尚有一絕，題為示兒：

死去元知萬事空，但悲不見九州同。王師北定中原日，家祭無忘告乃翁。

㈥辛棄疾

在兩宋詞家中，同以豪邁而著稱的詞家，在北宋有蘇東坡，在南宋有辛棄疾。王國維人間詞話評兩人詞云：「東坡之詞曠，稼軒之詞豪。」兩人同為豪邁詞人，然東坡的詞，曠而不豪；辛棄疾的詞，豪而不曠。

辛棄疾（西元一一四〇－一二〇七年），字幼安，號稼軒，濟南歷城（今山東歷城）人。他生長在金人統治下的北方，從小便有俠義之風，他看到金兵侵宋，適金主死，中原志士多趁機起兵，耿京聚兵山東，他便投靠耿京，仕書記。二十三歲時，投歸南宋，歷湖北、湖南、江西等處的安撫使，所到之處，治軍有聲譽。

其間與理學家陳亮、朱熹交遊甚篤。辛棄疾的官職雖未顯達，但對國家的熱愛，始終如一，他感念南宋處境危殆，滿懷忠憤，時常流露於詞篇之中，著有稼軒詞六百餘首。

辛棄疾，是軍事家兼詞家，他關心民間疾苦，在豪情中含有悲憫之心，故能在詞中大放異彩。他的詞是多樣性的，各種內容都能寫，能寫豪邁壯闊的詞，也能寫婉約豔情的詞；能寫疏曠恬淡的詞，也能寫詼諧俚俗的詞，無論寫軍旅、田園、閑居、感傷、懷古，均能運筆自如，時有佳篇，且富詞趣。例如他的醜奴兒：

> 少年不識愁滋味，愛上層樓，愛上層樓，為賦新詞強說愁。　而今識盡愁滋味，欲說還休，欲說還休，卻道天涼好個秋。

他的詞，內容廣泛，生活多樣，且情感豐富，聯想力豐富，是我國詞家中，作品最富於變化的詞人，他的代表作永遇樂、摸魚兒、破陣子，代表豪邁詞的一面，但詞中有恨有血有淚，多半寫出當時南宋的處境，壯士有志未伸，老來壯志難酬的遺憾，使英雄扼腕長歎。如他的破陣子：

> 醉裡挑燈看劍，夢回吹角連營。八百里分麾下炙，五十絃翻塞外聲。沙場秋點兵。　馬作的盧飛快，弓如霹靂弦驚。了卻君王天下事，贏得生前身後名，可憐白髮生。

他也能寫田園風光那種閑適自然的詞，如西江月：「稻花香裡說豐年，聽取蛙聲一片。」他也能寫禪機的詞，如賀新郎：「我見青山多嫵媚，料青山見我應如是。」、「不恨古人吾不見，恨古人不見吾狂耳。」

(三)姜　夔

兩宋文學，詞是主流。北宋詞從形式上去發展，由小令發展到長調；南宋詞從內容上去延伸，由樂府詞發展到白話。在南宋的樂府詞派中，姜夔的詞，堪稱第一。

姜夔（西元一一五五？—一二三〇年？），字堯章，自號白石道人，鄱陽（今江西鄱陽）人。他的父親姜鄙，知湖北漢陽縣，因此他從小跟從父親宦遊，在湖北居住很久，一直到長大。他一生沒有功名，也沒做過官，精於音樂，能作曲，善書法，詩文俱佳，尤專精於詞。

他純然是個藝術家，具有純真自放的性格，他雖沒有功名官職，卻能與當時的名流仕宦如范成大、辛棄疾、楊萬里、葉適、樓鑰等交遊，以詩詞相唱和。他並非趨炎附勢的人，他如野鶴孤飛，保持高潔的人品，因此，他的文友也特別善待他。

他一生遊歷長江一帶的山水，到過江、浙、湘、皖等地，山水的毓秀，使他的詩詞愈發秀麗。在他的自度曲揚州慢中，提到「淳熙丙申至日，予過揚州」，因有所感，寫下此曲，他用杜牧「二十四橋明月夜，玉人何處教吹簫」的典故，衍而為詞，也有一番清雋。淳熙丙申年，是南宋孝宗年號，淳熙三年丙申（西元一一七六年），是年姜夔二十二歲，由此推算，知他生於南宋高宗紹興二十五年。少年俊秀，便有此佳作：

> 杜郎俊賞，算而今、重到須驚。縱豆蔻詞工，青樓夢好，難賦深情。　二十四橋仍在，波心蕩、冷月無聲。念橋邊紅藥，年年知為誰生？

他在青年時期，曾經有過一段刻骨銘心的戀情，其中著名的十七首白石道人歌曲，大半是為那一位他深愛的歌女而寫的。這十七首也是姜夔的自度曲，為今日宋人僅存的詞譜，如淡黃柳、隔溪梅令、暗香、疏影，都是高格調的詞曲。他的代表作暗香、疏影，是把北宋林逋的詠梅詩：「疏影橫斜水清淺，暗香浮動月黃昏。」改寫成詞，同時用梅花來暗示冰肌玉骨的佳人。今舉暗香一詞：

> 舊時月色，算幾番照我，梅邊吹笛。喚起玉人，不管清寒與攀摘。何遜而今漸老，都忘卻、春風詞筆。但怪得、竹外疏花，香冷入瑤席。　江國，正寂寂。歎寄與路遙，夜雪初積。翠尊易泣，紅萼無言耿相憶。長記曾攜手處，千樹壓西湖寒碧。又片片吹盡也，幾時見得。

他在暗香、疏影的序中說，光宗紹熙二年（西元一一九一年）冬，他在范成大的蘇州石湖別墅，因梅花開放，而作此二詞，范成大並使樂工和歌伎演唱，音節諧婉。姜夔的詠物詞最為出色，他除了暗香、疏影的詠梅外，小重山令的詠朱梅，齊天樂的詠蟋蟀，也稱著一時，姜夔不但能審音創調，他也是演奏家，在過垂虹詩中云：

自作新詞韻最嬌，小紅低唱我吹簫。曲終過盡松陵路，回首煙波十四橋。

他與小紅搭配演出，配合新詞演唱，小紅是范成大的家妓。姜夔有詞集白石道人歌曲四卷，約八十餘首，又有白石道人詩集約一百一十餘首傳世。

(亖)元好問

遼金元時代，文壇沉寂，南宋以來，西夏和金據有江北，其後蒙古人入主中原，改國號為元。元人不重視文學，僅元曲一項，為元代文學的主流。在漫長的遼金元中，僅元好問一人，獨步於河朔，有如大漠黃昏，僅太白星閃爍於蒼茫暮野中，引人注目。

元好問（西元一一九〇—一二五七年），字裕之，號遺山，太原秀容人。七歲能詩，被視為神童。十四歲時從郝晉卿學，不事科舉，淹貫經傳百家，六年後學成，禮部趙秉文讀到他的詩文，極力推薦，於是名震京都。金宣宗興定三年（西元一二一九年）登進士第。官至尚書省左司員外郎。金亡後，不仕，專心著述，享年六十八，著有遺山先生文集四十卷。

元好問的詩文，在金一代，揚名於河朔間，無人望其項背。他的詩祖述李杜，長於絕律和樂府，文章宗韓歐，正大明達而無纖巧晦澀之語。尤其他的論詩三十首，用七言絕句體，以詩評論歷代詩人的作品，首開以詩評詩的風氣，為明清詩家，啟開評詩的先例。例如他評晉陶淵明的詩：

一語天然萬古新，豪華落盡見真淳。南窗白日羲皇上，未害淵明是晉人。

他盛讚陶淵明的詩，詩意自然真淳，雖是晉人，醉臥南窗，猶如羲皇上人。

又如作評唐李商隱的詩：

望帝春心託杜鵑，佳人錦瑟怨華年。詩家總愛西崑好，獨恨無人作鄭箋。

李商隱的詩向稱晦澀難懂，元好問舉錦瑟一首為例，評其詩難解，遺憾後世沒有人能像鄭玄為詩經作注一樣，替李商隱詩詳細作注解。

古人以詩評詩，如唐杜甫的戲為六絕句，以六首聯章詩，評初唐四傑。而元好問連續以三十首評歷代詩人，是一大手筆，最後一首，他總結道：

撼樹蚍蜉自覺狂，書生技癢愛論量。老來留得詩千首，卻被何人校短長？

元好問作詩近千首，別人對他的詩評價如何，只有隨後人去論斷了。畢竟在遼金時代，文風式微，他能在河朔之間，自樹一幟，主領風騷三十年，亦堪稱一代文宗。

㈥關白馬鄭張

在歷代文學家中，用「關、白、馬、鄭、張」為題，確是少見。比之初唐四傑：王、楊、盧、駱，一般人對這元曲劇作家：關、白、馬、鄭、張，要陌生多了。

元曲重要作家，以關漢卿、白樸、馬致遠、鄭光祖和張可久為最出色，但他們的生平，也不為世人所詳悉。元代停止科舉約三十年，文人被視為九儒十乞，倍受歧視，因此他們隱於漁樵間，沒有赫赫功名可求，惟有埋首於元散曲或元雜劇的創作，留下不朽的作品，傳誦人間。

關漢卿，號己齋叟，大都（今北平）人。是元代著名的散曲作家，同時也是主要的雜劇作家，他對雜劇的貢獻極大，原因是他全身投入其間，長期與優伶生活在一起，會演會唱，也會各種樂器的演奏，他自稱是

「世界浪子班頭」，「占排場風月功名首」。他在不伏老散曲中說：「我翫的是梁園月，飲的是東京酒，賞的是洛陽花，攀的是章臺柳。我也會圍棋，會蹴踘，會打圍，會插科，會歌舞，會吹彈，會嚥作，會吟詩，會雙陸。」他會的才能真多，十足是多才多藝的作家，也是天涯浪子的寫照。

他寫了六十餘種雜劇，其中以救風塵和竇娥冤最為稱著，他首開元雜劇的領域，把豐富的生活經驗，透過劇中的人物，活生生地展現在觀眾面前。

白樸，字仁甫，號蘭谷，原籍隩州（今山西河曲）人，生於金哀宗正大三年（西元一二二六年），金亡後，遷居真定（今河北正定）。白樸七歲時，遭離亂，得元好問的收養，因此在文學薰陶上，受元好問的影響很大。元好問和白樸，是元稹、白居易的後代，由於這一層關係，兩家的子弟也成為世交。金亡後，白樸再隨父還往真定，他曾有詩謝元好問，詩云：「顧我真成喪家狗，賴君曾護落巢兒。」

白樸自幼遭喪亂，及長，遭亡國之痛，恆鬱鬱不樂，不求干祿，放浪形骸終其一生，常流連山水間，寄情於翰墨。他在沉醉東風中，表明了自己寧為「煙波釣叟」的心願，其詞曰：

> 黃蘆岸、白蘋渡口，綠楊隄、紅蓼灘頭。雖無刎頸交，卻有忘機友。點秋江、白鷺沙鷗。傲煞人間萬戶侯，不識字、煙波釣叟。

他有雜劇十六種，其中以梧桐雨和牆頭馬上最為稱著。

馬致遠，號東籬，大都（今北平）人。自少飽讀詩書，但在元代社會裡，難展長才，他一生懷才不遇，曾在浙江行省務官，其後便終老江南。他把才情寄託在歌曲梨園中，正如賈仲明說他是：「戰文場，曲狀元，姓名香貫滿梨園。」

他的一生雖無顯赫事跡可尋，但他在戲曲上的成就，可稱是「曲狀元」。他著名的天淨沙和秋思套數，可算是元曲中的翹楚。今引天淨沙為例：

枯藤老樹昏鴉，小橋流水人家。古道西風瘦馬，夕陽西下，斷腸人在天涯。

其次，他著有雜劇十三種，以漢宮秋、青衫淚為世人所樂道。

鄭光祖，字德輝，平陽襄陵（今山西襄陵）人。他曾任杭州路吏，為人方直，不隨便與人交往。但他長於寫愛情的雜劇，詞藻豔麗，著有雜劇十七種。倩女離魂和㑳梅香二劇，最膾炙人口。卒後，火葬於西湖靈芝寺。

張可久，字小山，慶元（今浙江鄞縣）人。生卒年代不詳，他是元代散曲作家中作品最多的一家，在任訥所輯的小山樂府中，共收有小令七百五十一首，套數七套。

他做過稅收路吏，也在桐廬（今浙江桐廬）做過曲吏，在江南名山大川中，足跡所至，皆有小令以寄情，且題材廣闊，寫景抒情，皆稱能手。他能將蘇州和吳地的小調融入他的散曲中，極盡湖山之美。例如人月圓春晚：

萋萋芳草春雲亂，愁在夕陽中。短亭別酒，平湖畫舫，垂柳驕驄。一聲啼鳥，一番夜雨，一陣東風。桃花吹盡，佳人何在？門掩殘紅。

由於元人統治不以文治，文人遍受歧視，所以元代的散曲和劇作家只好託身於翰墨，用作品推開了永恆之門，留下散曲和雜劇，傳唱人間。

㈥ 歸有光

談到明代成化、弘治、正德、嘉靖之間的文壇，大家都知道有「擬古派」與「唐宋派」兩大重要的流派。前者以前七子的李夢陽、何景明、後七子的李攀龍、王世貞為代表，主張「文必秦漢，詩必盛唐」的擬古作風。後者以王慎中、唐順之、歸有光為代表，主張直接從唐宋人的作品入手，學習古人的神明氣象、規矩繩墨，達到文從字順、精神與法度都與古人相合的境界。以唐宋派的作家來說，王唐主要的論敵是李何，而歸有光所攻擊的目標是嘉靖時期的文壇領袖王世貞，其影響比王唐更大。

歸有光字熙甫，江蘇崑山人，生於明武宗正德元年（西元一五〇六年），卒於明穆宗隆慶五年（西元一五七一年）。他自幼好學，九歲已經會作文，二十歲精通五經、三史諸書。師事同鄉的學者魏校，在明世宗嘉靖十九年（西元一五四〇年）舉鄉試，自此又八次參加進士試，皆未能及第，於是遷居嘉定安亭江上，讀書論學，前來求教的門徒有數百人，被稱為震川先生。至嘉靖四十四年，以六十歲高齡登進士第，授長興縣知縣，隆慶四年（西元一五七〇年）在大學士高拱、趙貞吉的舉薦下，出任南京太僕丞，參與纂修明世宗實錄，卒於任上。

歸有光雖然仕途蹭蹬，卻博覽群書，著作等身，在學術著作方面有易經淵旨、尚書別解等；在文學方面有震川先生文集三十卷、別集十卷。他的文學成就主要在古典散文方面，主張自出機杼，不惑於群言、不懾於勢利；反對浮飾之風、雕琢之習。他對當時的文風極端不滿，指斥王世貞為「庸妄鉅子」。

他的作品受到史記和韓愈古文的影響，不事雕飾，自有風味，由於他大力提倡唐宋文，使得當代的作家能夠由韓愈、柳宗元、歐陽脩、三蘇父子的作品直溯秦、漢文章的境界。明代的大作家徐渭稱頌歸有光，把他歸為歐陽脩一流的人物。但是，歸有光的古文也有一些缺憾，便是生活層面較窄，散文題材狹小。雖然如此，他的小品頗能給人清新之感。自抒懷抱之作，溫潤典麗，有一唱三歎之致。在散文風格上，歸有光繼承了司馬遷以降，唐宋八大家的傳統，下開方苞、姚鼐等桐城派古文的先河，在中國散文史上擁有極崇高的地位。

(六六)張　岱

在晚明小品中，最能寄託故國之思，作品風格又新奇雋秀，首推張岱。

張岱（西元一五九七－約一六八九年），字宗子、石公，號陶庵。祖籍浙江山陰（今浙江紹興），移居杭州。他生於富有的家庭，少年過著紈綺子弟的生活，詩書、遊樂，無所不能，好交友，重情義。年至五十，明亡，家道中衰，從此生活困乏，避跡山中。因此張岱的一生，也極富傳奇性。

張岱性情疏曠，早年生活富裕，所交接朋友，也大都為歡場中人。但家道敗落後，家人離散，幾成孤老，而朋友路中相遇，也多拐道避走，人情冷暖，莫此為甚。但他避居山中，從事著述，故多黍離之思，用「夢憶」、「夢尋」的口吻，追念鄉土和故國，文中多國破家亡之痛，而流露出愛國的情操，有明末遺民的悲憤。

他一生著述豐富，現存有瑯嬛文集、石匱書後集、陶庵夢憶和西湖夢尋等書。他是晚明時公安派中出色的散文小品作家。同時，他的石匱書後集，是記載崇禎時代到南明的一段史事，又是史學家，可以說是晚明歷史的見證人。

陶庵夢憶是張岱的回憶錄，寫他昔日生活中的瑣事經歷，把當時人都市生活的情景，詳加描述，如他的柳敬亭說書、西湖七月半等，都是極生動的筆觸。最主要的，他借陶庵夢憶作為早年生活荒唐、晚年一事無成的懺悔錄。因此他筆下寫的「夢」，是人生的大夢，以富貴如過眼雲煙，織下他書中的華麗夢境。

西湖夢尋是張岱追述西湖的掌故，在他的自序中說：「余生不辰，闊別西湖二十八載，然西湖無日不入吾夢中，而夢中之西湖，實未嘗一日別余也。」他將西湖的風景名勝古蹟，一一追述，如昭慶寺、西泠橋、岳王墳、蘇公堤、湖心亭、虎跑泉，從西湖的開發到明代的西湖，山湖之美，人文之盛，均收入翰墨篇章之中。

張岱晚年困窮，以致他的石匱書，被浙江提學使谷應泰以五百金買去，作為明史紀事本末的藍本。文人窮困至此，可堪悲哀。他活了八、九十歲，真是窮老而不死，終成孤獨老人，但他詼諧自嘲，頗富情趣，他的自題小像云：

功名耶落空，富貴耶如夢。忠臣耶怕痛，鋤頭耶怕重。著書二十年耶而竟堪覆甕，之人耶有用莫用？

能將功名富貴看破，託情於著述，這是他難能可貴的地方。今讀他的陶庵夢憶與西湖夢尋，餘情猶在。

(六七) 施耐庵

施耐庵名子安，字耐庵，淮安（今江蘇淮安）人，生於元成宗元貞二年（西元一二九六年），卒於明太祖洪武三年（西元一三七〇年）。他是元文宗至順二年（西元一三三一年）進士，曾在錢塘為官二載，和當道權貴不合，棄官歸返故里，閉門著述。

施耐庵與張士誠的部下卞元亨私交很好，當時張士誠正欲起兵奪取天下，元亨深知耐庵的才能，多次推薦，張士誠亦屢次延聘，耐庵皆不應命。後來張士誠據地稱王，號稱吳王，曾親訪耐庵，見耐庵正在寫作江湖豪客傳——即水滸傳，張士誠說：「先生不欲顯達當時，而弄文以自遣，不亦虛靡歲月乎？」耐庵立刻停筆，以母老妻弱、子女尚未婚嫁為由，委婉辭謝。後來害怕因此而惹禍，舉家遷徙他方。他和同代的另一大文豪羅貫中有密切的關係，也有人說羅貫中是他的門人。

水滸傳寫作的時代在元、明之際，這本通俗小說最大的成就是創造了梁山泊一百零八條好漢，透過他們的故事，忠實反映宋代社會的某些面貌。相傳施耐庵在寫作時曾憑空畫三十六人於牆上，老少男女，形狀不一，每日面對畫像構思，務求刻劃盡致。也有人說水滸傳是根據大宋宣和遺事作藍本，惟大宋宣和遺事的人物只有三十六人，而施耐庵擴增至一百零八人。有所謂天罡星三十六員、地煞星七十二人。至於一百零八之數，或謂「百八煩惱」，或謂「百八銅錘」，都是有因緣的數目。在一百零八好漢當中，唯有宋江見於正史，其餘全出自民間傳說與作者之構想。

水滸傳的版本繁多，有七十回本、一百回本、一百五十回本、一百二十回本。根據前人研究，明代刊刻的一百回本及一百二十回本，是施耐庵集撰，羅貫中纂修。到了清初，金聖歎認為前七十一回文字極佳，是施耐庵的原著；以下則軟弱無力，是羅貫中的手筆。於是從中腰斬，加了一段「梁山泊英雄驚噩夢」結束全書，並將第一回改成楔子，成為七十回本，這是現代通行的版本。金聖歎不但為水滸傳全書作了批語，還把它和莊子、離騷、史記、杜詩、西廂記相提並論，稱為「天下第五才子書」。而後世也把水滸傳、三國演義、西遊記、金瓶梅合稱為小說界四大奇書。

水滸傳以洗鍊的白話文寫作，人物刻劃，個性畢露，形貌傳神，傳述「官逼民反，亂自上作」的主題思想。雖然結構有欠嚴密，內容也不乏姦盜邪淫之描述，但是全書用意在凸顯忠義血性之精神，因此成為傳世不朽的名著。

㈥羅貫中

三國演義是我國長篇歷史小說之中最為流行的一部，它的源流十分久遠，早在晚唐李商隱的時代，已有三國故事，宋代說書行業中已有「說三分」的專家，元雜劇中至少有十九種劇目採用三國故事，不少劇情已接近現在流傳的三國演義。此外，元朝至治年間（西元一三二一－一三二三年）刊印的全相三國志平話的結構與內容，幾乎已為三國演義奠定規模。

可是，將元朝的三國志平話加以改編，寫成一部雅俗共賞的歷史小說，應首推羅貫中。羅氏生平不詳，他的作品亦不曾透露任何訊息，幸而元賈仲明續錄鬼簿中有一段介紹羅貫中的資料，由此大略知道：羅貫中名本，字貫中，又號湖海散人，是山西太原人。他的性格「與人寡合」，然而「樂府隱語，極為清新」。他與賈仲明是忘年交，在順宗至正二十四年（西元一三六四年）曾經相會，別後即不知所終。

羅貫中大概是一位元末明初專事於通俗小說的作家，現存的作品有雜劇龍虎風雲會一種以及小說三國志演義、隋唐兩朝志傳、殘唐五代史演義、三遂平妖傳等四種，只是全都被後人改編，今傳皆非原作的面貌。

三國演義的全名是三國志通俗演義，從書名不難獲知是以陳壽的三國志為根據，加以通俗化改編。小說的內容大約是描述漢靈帝中平元年至晉武帝太康元年之間八十年的史事。雖然小說中不免鋪張、修正甚或歪曲地描述，大體說來，和正史的史實相去不遠。但是它也有一些與正史不同的地方，例如羅貫中在寫作三國志通俗演義採取了「抑魏吳，揚蜀漢」的史觀，無論描寫人物、敘述故事，對於蜀漢不但寫得較詳細，而且賦予更多的同情。

羅貫中撰成之後，明代流傳各種刻本，文字未有改動。直至清康熙年間，毛宗崗再加整編，成為今天流傳的一百二十回本，而羅貫中的原本則已不流行。毛氏的編本與羅氏原本比較，除了訂正史實，潤色文辭，並削去論贊，將回目改為對偶工整之形式，比原本更加完整可讀。

作者以淺近文言，透過劉備、諸葛亮、關羽、張飛、曹操、周瑜等人物將繁雜的故事內容，有條不紊地敘述出來，結構緊湊，令人讀來興味十足。這本書問世以來不但提供人們文學的趣味，同時也提供了歷史的教育和做人應世的本領。對中國人的影響，不下於四書五經。

(究) 馮夢龍與淩濛初

明代小說除了長篇的四大奇書之外，短篇的話本亦相當盛行。其中最著名的是馮夢龍編撰的三言以及淩濛初的二拍。所謂三言，是喻世明言、警世通言、醒世恆言三書的總稱。所謂二拍是指初刻拍案驚奇及二刻拍案驚奇。

三言的編撰者馮夢龍，字猶龍，一字子猶，吳縣（今江蘇吳縣）人，生年不詳，卒於清世祖順治二年（西元一六四五年）。後人對他的生平所知不多，大概是明末清初致力於通俗文學的作家。筆名甚多，茂苑野史、顧曲散人、墨憨子、龍子猶都是他常用的別號。在詩方面有七樂齋稿，曲方面有太霞新奏、掛枝兒小曲、墨憨齋新曲十種。小說方面編有笑府、情史、智囊及智囊補，改作有平妖傳、新列國志、兩漢演義。戲曲小說大多改編前人之作，而且改得相當成功。

三言之中，最早刊行喻世明言，此書原名古今小說，收錄了宋、元話本四十篇，其後續刻四十篇警世通言，再刻四十篇醒世恆言，然後才將古今小說改名為喻世明言。在三言一百二十篇作品中，宋元話本除外，明代作品的部分不少是有來源的。或者取材於歷史，或者取材於魏晉唐人之小說，或者直接採自民間流傳的故事。這些作品頗能反映明代商業社會的情狀，富有濃厚的市民生活氣息。三言中有許多動人的故事，如杜十娘怒沉百寶箱、賣油郎獨佔花魁、金玉奴棒打薄情郎、蔣興哥重會珍珠衫、宋小官團圓破氈笠、喬太守亂點鴛鴦譜，不論人物的典型性或作品整體的思想性，都有極高的成就，至今仍為社會大眾所喜愛。

繼馮夢龍三言出現的是凌濛初的二拍。凌濛初字玄房，號初成，亦名凌波，別號即空觀主人。浙江烏程人，生於明神宗萬曆八年（西元一五八〇年），卒於明思宗崇禎十七年（西元一六四四年），曾任上海縣丞及徐州通判，崇禎十七年李自成攻徐州，濛初死守不屈，遇害。馮夢龍對小說之貢獻，主要在收集刊刻，而凌濛初則直接創作。著書除二拍外，另有言詩異、詩逆、詩經人物考、國門集，戲曲虬髯翁等二十餘種。

初刻拍案驚奇刊於崇禎元年，銷路甚廣，在書賈的催促下，又匆匆編選了二刻拍案驚奇。二拍的撰成，完全是迎合市場需要，而其內容並非從現實生活取材，而是從古今書籍中搜求「可新聽睹、佐談諧者」，「演而暢之」，初刻全言人事，二刻則多鬼神，也在某種程度上，反映了明末清初的市民生活和人情世態。以後又有抱甕老人就三言、二拍將近二百篇作品中選出四十篇，名為今古奇觀，刊行於世，所選大致為發揚忠孝節義之作。

(七十)曹雪芹

紅樓夢是清代古典小說的代表，也是我國古典文學的冠冕。它的作者曹雪芹名霑，字雪芹，一字芹圃、芹溪，生年不詳，卒年是清高宗乾隆二十七年除夕（西元一七六三年）。

根據前賢的考證，曹雪芹本為漢人，很早便入旗籍，是漢軍正白旗人。自曾祖曹璽起，祖父曹寅、父輩曹顒、曹頫，父子兄弟相襲，做了六十五年江寧織造。所謂「江寧織造」是專門供應織品給內廷的官署，是清初官場的優缺。曹寅自康熙三十一年至五十二年間，就曾擔任十年以上的江南織造，所以成為當時的巨富，一時無能相比。康熙皇帝六次南巡，曾有四次都以江南織造署為行宮。

雪芹自幼生長在富豪之家，不幸在雍正五年（西元一七二七年）曹頫獲罪免職，次年追賠虧空，曹氏之家產至此全部蕩盡。在江寧無以為生，不得已遷回京師。時雪芹猶在幼年，其後家道日衰，至雪芹中年時，已經窮困不堪。據說他當時所處境況極壞，過去豪華生活已經與他無緣，此時貧居郊外，饘粥度日。晚年住在北京西郊，依靠販賣詩畫、親友接濟以維生計。他的不朽名著正是在極端困苦的環境下寫成的。

從他往來詩友的作品中，我們大概獲知：他工詩善畫，擁有多方面的藝術才能；同時，也是一個高傲狂放、好酒健談的人。不幸，晚年的時候，喪失了唯一的愛子。他憂傷成疾，終於在乾隆二十七年與世長辭。他的遺稿零散，也無人整理。

紅樓夢又稱為石頭記、情僧錄、風月寶鑑、金陵十二釵。關於本書主題，有種種猜測：有人認為是記載納蘭明珠家事，寶玉即納蘭性德；有人主張是影射清世祖與秦淮名妓董小宛情事；有人主張石頭記是康熙朝之政治小說。事實上，這是一本自傳性的小說，但不只是鉅細靡遺地記載自己的家世和歷史，而是以自己的家世和生活體驗為基礎，加上耳聞目見的各種人物和事件，透過高度藝術性的手法，創造出一個貴族之家的興亡史。由於它概括了無數貴族家庭的特性和命運，故事中繁多的人物又各有人性特質和典型意義，因此能成為一部偉大的作品。

根據脂硯齋評語和其他資料，我們知道曹雪芹至死並未完成他的創作，今天所見的一百二十回本紅樓夢，後四十回是乾隆、嘉慶年間漢軍鑲黃旗人高鶚續作的。紅樓夢的版本很多，可分成「脂本系統」和「非脂本系統」。「脂本」就是以抄本形式流傳的八十回本，這些抄本之批語主要是脂硯齋寫的。「非脂本」就是一百二十回本，最重要的是乾隆五十七年程偉元以活字排版的「程乙本」。

紅樓夢一書，由於主題龐大深刻，人物塑造、情節結構、語言運用，都達到文學藝術的顛峰，自問世以來，出現非常多的續作，更產生大量的研究者，研究紅樓夢的著作汗牛充棟，被稱為「紅學」。它不但在中國知識階層產生相當大的迴響，也成為一般大眾極為喜愛的讀物。

㈦吳敬梓

大約與紅樓夢同時，我國也出現了諷刺小說的傑作——儒林外史。它的內容、形式和風格都有極大的創造性，因此極受知識分子的重視。作者吳敬梓字敏軒，又字文木，安徽全椒人。生於清聖祖康熙四十年（西元一七〇一年），卒於清高宗乾隆十九年（西元一七五四年），他和曹雪芹一樣，都是出身富豪之家，晚年窮困潦倒。

吳敬梓的高祖父吳沛是一位理學大家，在當時非常有地位。曾祖父、祖父、伯祖、叔祖都經由科舉入仕，父親是拔貢出身，做過贛榆縣的教諭，一心一意要在學問上安身立命，對於吳敬梓的思想和行為有很大的影響。吳敬梓自幼穎異過人，青年時代就已經有深厚的古典詩文基礎，但是對於科舉功名並不看重。父親逝世之後，很快就蕩盡家產，三十三歲時，因為家境日貧，只好離家遷居南京。

三十六歲時，安徽巡撫趙國麟徵辟他應「博學鴻詞」試，他稱病拒絕。從此絕意於仕進，處境也日益困窘。他終日坐擁古書，展卷自娛，有時還得依靠朋友接濟，方能免於斷炊。雖然處境困苦，但不曾改變他的人生態度，反而用他的生花妙筆，將他經歷過的人生道路和他觀察到的醜陋世態，以諷刺的筆法，描述出來，完成了不朽傑作儒林外史。在他五十四歲那年，夜飲而眠，突然痰湧而死，著作尚有文木山房詩文集流傳於世。

儒林外史最主要的表現對象是知識分子。透過一個個動人的故事，抨擊清代的科舉制度，及被功名利祿迷了心竅的讀書人。由此又進一步揭露了整個官場的腐敗和罪惡，最後無情地嘲諷僵化的禮俗之虛偽和殘酷。出現在書中的秀才、貢生、舉人、翰林、名士、僧道、官吏、商人、鄉紳，無一不是清代社會的某些真實的圖象。當然，作者也概括了一些正面與反面的典型，對於有品格、有志氣的人物，吳敬梓給予無限的敬意和同情；對於那些寡廉鮮恥、不學無術的人，則率直地表達他的憎恨和嘲諷。

他善用準確、簡鍊和隱含諷刺的語言，來刻劃人物的動作、外貌和心理。而且從各個角落、各色人物、各種事態中，選取各種富有典型意義的人、事、物來加以表現，因此全書包含極為豐富的內容和繁雜的結構。有人從西洋文學的結構觀念抨擊儒林外史全書缺乏一個前後一貫的小說結構，但是也有人認為儒林外史使用了最能表達人生真況的「綴段式結構」。每一個「段落」都有主幹，都有大量精彩的情節。透過「段落」與「段落」的連結，仍然形成有機的結構。總之，儒林外史不但是白話文學的典範，它的寫作手法、主題思想對於晚清時代的「譴責文學」亦有極大的影響。

(七二)李　漁

我國戲曲經元、明兩代的發展，已經成為十分成熟和普及的藝術形式，到了李漁，則不只創作戲曲而且提出戲曲的理論。李漁字笠鴻，一字謫凡，號笠翁，別署湖上笠翁、覺世稗官、新亭客樵、隨庵主人等。浙江蘭溪人。生於明神宗萬曆三十九年（西元一六一一年），卒於清聖祖康熙十九年（西元一六八〇年）。他生於貧寒之家，幼居如皋。三十九歲離開家鄉，流落到杭州，開始賣文糊口。四十七、八歲時起，居住金陵，並攜家庭戲班遨遊江湖，晚年回到杭州終老。居杭州、金陵期間著作甚多，有一家言（包括劇論閒情偶寄等）、笠翁十種曲、短篇小說集無聲戲、十二樓等。

李漁有長期的戲曲演出經驗，他的傳奇作品：風箏誤、蜃中樓、凰求鳳、意中緣、比目魚、玉搔頭、慎鸞交、巧團圓、奈何天、憐香伴（合稱笠翁十種曲），便是為自己家戲班所撰寫的，這些作品以新奇巧俗取勝，一改明、清傳奇追逐詞藻、務求典雅，甚至賓白亦以駢儷文句為之，以致不能搬演的弊病。他的傳奇劇作，情節曲折緊湊，人物口吻逼真，因此劇場效果十分良好。

由於長期的演出，他總結出戲曲藝術的理論，此即六十歲時付梓問世的傑作閒情偶寄。這一部書分成「詞曲」、「演習」、「聲容」、「居室」、「器玩」、「飲饌」、「種植」、「頤養」八部分，其中「詞曲」、「演習」、「聲容」涉及戲曲理論，今人曾單獨成書，名為李笠翁曲話。

他認為填詞（即戲曲創作）不是末技，乃與史傳詩文同源異派。他提出「結構第一」、「詞采第二」、「音律第三」、「賓白第四」、「科諢第五」、「格局第六」完整的戲劇理論架構，是迄今最完整的架構。他提倡獨創、追求新奇，主張人情物理，通俗淺顯、雅俗共賞。此外，他把小說視為「無聲戲」，特別強調小說中的戲劇性，在傳統文學理論的發展史上，具有極重要的地位。

㈢袁　枚

袁枚是清朝乾隆時期重要的詩人，與趙翼、蔣士銓齊名，並稱乾隆三大家。他是浙江錢塘人，生於清聖祖康熙五十五年（西元一七一六年），卒於清仁宗嘉慶二年（西元一七九七年）。幼時家貧，但資賦優異。乾隆四年（西元一七三九年）進士及第，入翰林院為庶吉士，散館之後，歷任溧水、江浦、沭陽、江寧等地知縣，勤於職守，敏於斷事，政績卓著。三十八歲丁父憂，自請辭官，歸家養母，卜居於江寧（即今南京）之小倉山，號隨園，又號簡齋。他歸隱以後，以書籍詩文為事，頗放情於聲色，尤好賓客，四方文士，投贈詩文無虛日，為騷壇盟主四十餘年。

袁枚的個性詼諧，不拘小節，也不畏貴勢。年逾六十，仍然遨遊各地名山。居家之日，亦頗喜庭園之美，曾疏泉架石，修飾池館，將隨園釐為二十四景，自此遊人麕集，成為江南名園。上自達官顯貴，下至商販村夫，他都樂於交往。他待友至真至誠，不因生死窮通而改變心意；曾經替亡友沈鳳司祭掃陵墓，三十年不斷；又有友人程晉芳故世前欠袁枚五千金，袁枚前往弔祭時，當場焚去借據，且撫卹他的遺孤，充分顯示袁枚是個篤於友誼的人。

袁枚在思想上頗受顏元、李塨之影響，但是自審個性不適於窮經，因此自甘為文人。在古文方面，崇尚奇峭，宗法唐人，反對八股文，而且主張駢散合一。宋代古文家，只推服王安石。在詩歌方面，才情洋溢，各體兼長，而以七律最佳。論詩以「性靈」說為主，與王士禎所主張的「神韻說」相反。他曾說：「詩者，人之性情也，性情之外無詩。」又說：「凡詩之傳者，都是性靈，不關堆垛。」但是他也不是一味主張天分的人，而有「有性情而後真」、「有學問而後雅」，以及「雖云天籟，亦須從人工求之」的看法。

他的著作很多，其中以小倉山房詩文集、隨園詩話、隨園尺牘最受後人重視；尤其隨園詩話，是清代中期極重要的文學批評著作。

㈤姚鼐

提及清代古文，大家都知道是桐城派的天下。桐城派之所以得名是因為最重要的三位作家方苞、劉大櫆、姚鼐都是安徽桐城人。方苞首先提出「義法」說，劉大櫆自文章之「神氣」、「音節」、「字句」落實「義法」之說，而姚鼐則把「義法」之說抽象化，而且編輯古文辭類纂作為習文範本。桐城文派之名稱也是到了姚鼐始告確定。

姚鼐字姬傳，一字夢穀，學者稱惜抱先生。生於清世宗雍正九年（西元一七三一年），卒於清仁宗嘉慶二十年（西元一八一五年）。他少年時期家境貧困，體弱多病，但是十分好學。當時禮部侍郎方苞以古文聞名於世，同鄉劉大櫆繼其後，亦享有文名。姚鼐之伯父姚範與劉大櫆十分友好，於是命令姚鼐向劉大櫆學古文，而親自教他經學。清高宗乾隆二十八年（西元一七六三年）進士及第，入翰林院為庶吉士，散館之後，歷任兵部主事、刑部郎中。其間也擔任過山東、湖南鄉試副考官，會試同考官。乾隆三十八年（西元一七七三年）開四庫全書館，姚鼐亦被推薦為纂修官，歲餘，因病請辭。自此講學於江南、紫陽、鍾山各書院。

姚鼐所處的時代，在乾隆、嘉慶間，正是考據之學最興盛的時期，因此他主張義理、詞章、考據之學不可偏廢。在經學方面，有九經說、三傳補注，子學方面有老子章義、莊子章義，詩文方面有惜抱軒文集等著作。在古文辭類纂中，他把古今的文章分成十三大類。在序言中，把文章的質素分為八目。主張在作文的時候，由遣詞造句開始，透過謀篇的義法，注意雅潔，調和音節，然後達到風神韻味都超越凡俗的境界。

此外，他在復魯絜非書中提出「陽剛」、「陰柔」兩種美的範疇，並且拿它來論文。凡是雄渾、勁健、豪放、壯麗等風格都可納入「陽剛」一類；凡是修潔、淡雅、高遠、飄逸等風格，都可納入「陰柔」一類。但兩者不能偏勝，而應該彼此相濟。假使「一有一絕無」或者「剛不足為剛」、「柔不足為柔」都不足以言文。這種觀點，在美學及文學批評方面，都是相當有價值的。

姚鼐平素為人色怡而氣清，和藹而可親，不論地位貴賤，都能盡歡，對於道義也十分堅持。雖然他曾受業於劉大櫆，但是也得益於家庭師友之間，因此他的古文作品高簡深古，文辭的雄渾豪邁，超過方苞，文理的精深幽微，超過劉大櫆。論者都將姚鼐歸為司馬遷、韓愈一流的人物。他的詩歌，雖從明代七子的詩法入門，而以融會唐宋人的詩體為宗旨。又曾經模倣王士禎古體詩選的體例選輯了一部今體詩選，當時的人，都認為選輯甚當。此外，他曾評點李注文選等十四種以上的書籍，雖為科場習文而作，但啟發後學，貢獻很大，亦深受當時士子的重視。

㈤ 劉　鶚

晚清的小說，在中國小說史上，是一個極繁榮的時期。當時因為印刷術進步，新聞事業興盛，知識分子認識到小說的社會功能，基於維新和愛國的動機，紛紛撰寫批判現實的諷刺小說。其中成就較高的作品有：李伯元的官場現形記、吳沃堯的二十年目睹之怪現狀、劉鶚的老殘遊記、曾樸的孽海花，並稱為晚清四大諷刺小說。

在晚清四大諷刺小說中，老殘遊記是一部影響很廣的作品。作者劉鶚，字鐵雲，江蘇丹徒人。生於清文宗咸豐七年（西元一八五七年），卒於清宣統元年（西元一九〇九年）。他自幼喜歡數學，對於學問很有興趣，但是性格放曠不羈，使得很多人不欣賞。他做過醫師，在上海行醫多年，後來又棄醫從商，卻蝕盡了老本。光緒十四年（西元一八八八年）黃河在鄭州附近潰決，他投效於吳大澂，因為治河有功，聲譽鵲起，官至知府。因為曾上書朝廷運用外國資本鋪設鐵路及開採山西之礦產，被人指為「漢奸」。清光緒二十六年（西元一九〇〇年）發生「義和團之亂」，八國聯軍入北京，劉鶚曾從俄軍處賤價購買太倉儲粟。有人說：劉鶚此舉是為了賑濟北京饑民，可是幾年後卻被人彈劾私售倉粟，流放到新疆，窘困而死。

劉鶚有感於歷來小說皆以揭發貪官污吏為動機，而未有揭發清官之惡者。其實貪官可恨，人人皆知；清官之可恨，未必為人所知。貪官污吏自知理虧，不敢公然為非作歹；清官自以為不要錢，有何不可為之事？往往陷於剛愎自用。小則誤殺人命，大則禍國殃民。因此創造了一個老殘，通過老殘行醫於山東各地的所見所聞，來展開作者的社會批判。

這部小說一共二十回，署名洪都百煉生作，大部分載於一九〇三年的繡像小說半月刊，全書出版於一九〇六年。坊間的四十回本，是後人偽作老殘遊記續集二十回合刊而成。全書因為採取遊記式的記事體，在結構上有許多缺陷，但是文字洗鍊，描寫人物及各地風光，都能別出心裁，極富創意。出現在書中大大小小的官吏、小市民、商賈、說書人，或者妓女、衙役，他們的生涯，具體而真切地展示晚清的社會實況，就社會寫實的評價角度來看，有其不可磨滅的成就。

玖　國學基本書目

一、經　學

易經　魏王弼、晉韓康伯注・唐孔穎達正義
書經　舊題漢孔安國傳・唐孔穎達正義
詩經　漢毛亨傳、鄭玄箋・唐孔穎達正義
禮記　漢鄭玄注・唐孔穎達正義
左傳　晉杜預注・唐孔穎達正義
論語　魏何晏等注・宋邢昺疏
孝經　唐玄宗注・宋邢昺疏
孟子　漢趙岐注・舊題宋孫奭疏
四書　南宋朱熹集注

二、史　學

史記　西漢司馬遷撰・南朝宋裴駰集解・唐司馬貞索隱・張守節正義
漢書　東漢班固撰・班昭續成・唐顏師古注
後漢書　南朝宋范曄撰・唐李賢注
三國志　晉陳壽撰・南朝宋裴松之注
資治通鑑　宋司馬光撰・元胡三省注
國語　周魯左丘明撰・三國吳韋昭注
戰國策　漢劉向集錄・高誘注
東萊博議　宋呂祖謙撰
臺灣通史　清連橫撰

三、子　學

老子　周楚李耳撰・晉王弼注

莊子　戰國宋莊周撰・晉郭象注・清郭慶藩集釋
荀子　戰國趙荀況撰・唐楊倞注・清王先謙集解
墨子　戰國魯墨翟撰・清孫詒讓閒詁
韓非子　戰國韓韓非著・清王先慎集解
列子　舊題戰國鄭列禦寇著・晉張湛注
呂氏春秋　漢高誘注・清畢沅校
顏氏家訓　北齊顏之推撰・宋沈揆考證
世說新語　南朝宋劉義慶撰・梁劉孝標注

四、文學

昭明文選　南朝梁蕭統編・唐李善注
古文觀止　清吳楚材、吳調侯編
古今文選　國語日報社編
古詩源　清沈德潛編
楚辭　漢劉向編集・王逸章句・宋洪興祖補注
唐詩三百首　清蘅塘退士編
千家詩　民國邱燮友、劉正浩注譯
宋詞三百首　清朱祖謀編
人間詞話　民國王國維撰
元曲三百首　民國賴橋本、林玫儀編譯
西廂記　元王實甫撰
唐人小說校釋　民國王夢鷗撰
京本通俗小說　民國繆荃蓀輯
今古奇觀　明抱甕老人輯
水滸傳　元施耐庵撰・明羅貫中纂修
西遊記　明吳承恩撰
三國演義　明羅貫中撰
封神傳　明許仲琳撰
儒林外史　清吳敬梓撰
鏡花緣　清李汝珍撰
紅樓夢　清曹雪芹撰
兒女英雄傳　清文康撰
醒世姻緣傳　清西周生撰
官場現形記　清李伯元撰
二十年目睹之怪現狀　清吳沃堯撰
三俠五義　清石玉崑原撰・問竹主人改編
聊齋誌異　清蒲松齡撰

浮生六記　清沈復撰
徐霞客遊記　明徐宏祖撰
老殘遊記　清劉鶚撰
裨海紀遊　清郁永河撰
陶庵夢憶　明張岱撰
晚明小品選註　民國朱劍心撰
幽夢影　清張潮撰

拾　國學常識題庫

國學名稱、範圍及分類測驗題

一、單選題

（　）1.中國人稱本國的學術為國學，外國人稱中國的學術為 Ⓐ國學 Ⓑ漢學 Ⓒ儒學 Ⓓ經典學。

（　）2.章太炎曾著有 Ⓐ國故論衡 Ⓑ國學常識 Ⓒ新語 Ⓓ閱微草堂筆記 一書。

（　）3.清代人將中國學問分為義理之學、考據之學、詞章之學，曾國藩更主張增列 Ⓐ倫理之學 Ⓑ社會之學 Ⓒ道德之學 Ⓓ經世之學。

（　）4.中國古代圖書分類始於 Ⓐ孔門四科 Ⓑ曹丕典論論文 Ⓒ劉歆七略 Ⓓ隋書經籍志。

（　）5.我國圖書分類採用四分法，最早始於 Ⓐ西漢劉歆七略 Ⓑ西晉荀勖中經新簿 Ⓒ南朝宋王儉七志 Ⓓ清代四庫全書。

（　）6.我國最早的一部圖書目錄的書籍是 Ⓐ史記中的年表 Ⓑ西漢劉歆七略 Ⓒ三國魏鄭默中經 Ⓓ隋書經籍志。

（　）7.南朝宋王儉增列圖譜志，以收錄 Ⓐ佛書、道書 Ⓑ五行、醫方的書 Ⓒ兵家、術數家的書 Ⓓ六藝、小學的書。

（　）8.我國古代兵家的書列於　Ⓐ經　Ⓑ史　Ⓒ子　Ⓓ集　部中。

（　）9.現存於臺北故宮博物院中的四庫全書，是屬於　Ⓐ清宮文淵閣　Ⓑ奉天行宮文溯閣　Ⓒ圓明園文源閣　Ⓓ熱河行宮文津閣　的那一部。

（　）10.近代圖書館的圖書，大多採　Ⓐ隋書經籍志　Ⓑ四庫全書　Ⓒ自由編目　Ⓓ杜威十進法　的分類。

（　）11.清乾隆時修四庫全書，將圖書分成「經、史、子、集」四類。按照這四類的區分，下列表格中完全正確的選項是：

	經	史	子	集
Ⓐ	左傳	太平廣記	呂氏春秋	昭明文選
Ⓑ	孟子	戰國策	孫子	元豐類稿
Ⓒ	論語	資治通鑑	貞觀政要	樂府詩集
Ⓓ	道德經	五代史記	荀子	楚辭章句

二、複選題

（　）12.西方學者稱中國學術為　Ⓐ漢學　Ⓑ中國學　Ⓒ中國研究　Ⓓ遠東研究。

（　）13.一般人稱義理之學，是包括　Ⓐ詩學　Ⓑ經學　Ⓒ玄學　Ⓓ理學。

（　）14.中國古代圖書分類，採用四分法的有　Ⓐ西漢劉歆的七略　Ⓑ西晉荀勖的中經新簿　Ⓒ南朝宋王儉的七志　Ⓓ清代的四庫全書。

（　）15.清代四庫全書共抄錄七部，後毀於英法聯軍和洪楊事件的是收藏在　Ⓐ文源閣　Ⓑ文宗閣　Ⓒ文匯閣　Ⓓ文津閣　的四庫全書。

（　）16. 四庫全書中集部的書包括 Ⓐ楚辭 Ⓑ別集 Ⓒ總集 Ⓓ詩文評。

三、問答題

1. 何謂「國學」？

答：「國學」一詞，始於清代。國學，是中國學術的簡稱，也就是中國一切學問的總稱。國學與西學相對，西學是泛指西方的一切學術而言。自清代鴉片戰爭以後，西方文化輸入中國，始有西學、國學的名稱。

2. 「國學」和「漢學」有何不同？

答：中國人稱自己本國的學術為「國學」，即指中國的一切學問；西方學者則稱中國的學術為「漢學」，也有稱「華學」或「中國學」，甚至有些地區稱中國學術為「支那學」、「中國研究」、「東方研究」、「遠東研究」等。儘管名稱有別，但內涵相同。

3. 國學的範圍何在？試舉其大要加以說明。

答：國學的範圍很廣，清人姚鼐將中國學問分為義理之學、考據之學、詞章之學。其後，曾國藩增列經世之學（或名經濟之學），始為完備。在這四大類中，每一類又涵蓋一些類別，如義理之學包括經學、子學、玄學、佛學、理學及哲學等範圍；考據之學包括文字學、訓詁學、校勘學、考古學等範圍；經世之學包括天文學、地理學、醫學、兵學及一些自然科學；詞章之學包括詩學、詞學、文章學，以及文學和文學批評等範圍。

4. 我國的圖書分類始於何人？如何分類？

答：我國圖書分類始於西漢劉歆的七略。他對圖書的分類採七分法，計有：輯略、六藝略、諸子略、詩賦略、兵書略、術數略、方技略。

5. 隋書經籍志的圖書分類採用何種分法？

答：隋書經籍志是依西晉荀勖中經新簿的圖書分類而來，但其分類不用甲、乙、丙、丁四部，而改用經、史、子、集四部，其後四部的分法，大致以此為標準。

6. 四庫全書是怎樣的一部書？

答：清代乾隆年間，用國家的經費收集古今名著，設館編修四庫全書，將古今名著分經、史、子、集四大類，共收錄圖書三千五百零三種，計七萬九千三百三十卷，歷十年編抄完成。是我國首次由朝廷出力來整理歷代現存的圖書，對圖書的保存和流傳有極大的貢獻。

7. 四庫全書當時分藏何處？現存的四庫全書有哪些？

答：四庫全書是紀昀等奉皇帝的命令敕編而成的一套鉅著，將中國歷代學術名著收錄在一套書中，當時由翰林學士用毛筆正楷抄錄七部，分別收藏七個地方，即北京清宮的文淵閣、奉天行宮的文溯閣、圓明園的文源閣、熱河承德行宮的文津閣、揚州的文匯閣、鎮江的文宗閣，以及杭州的文瀾閣。咸豐年間，英法聯軍攻入北京，火燒圓明園，文源閣中的四庫全書被毀。洪楊之亂，揚州的文匯閣和鎮江的文宗閣亦被毀。今所存者，有文淵、文溯、文瀾、文津四部。文淵閣收藏的四庫全書為正本，現存臺北故宮博物院，今有商務印書館的影印本，其餘三部副本，存放大陸。

8. 清代除經、史、子、集的圖書分類法外，還有哪種四分法？

答：清代除四庫全書的四分法外，尚有曾國藩的新四分法，將中國圖書分為義理、考據、詞章、經世四類。其後朱次琦沿用曾氏的說法，加以推廣。

經學常識測驗題

一、單選題

（　）1. 中國文化是以 Ⓐ儒家 Ⓑ道家 Ⓒ法家 Ⓓ墨家 思想為主流。

（　）2.「六經」的名稱最早見於 Ⓐ莊子齊物論 Ⓑ莊子天運 Ⓒ莊子天下 Ⓓ莊子德充符。

（　）3. 五經正義的作者是 Ⓐ鄭玄 Ⓑ董仲舒 Ⓒ孔安國 Ⓓ孔穎達。

（　）4. 十三經是原有十二經再加上 Ⓐ論語 Ⓑ孟子 Ⓒ孝經 Ⓓ爾雅。

（　）5. 乾卦所代表的原始物象是 Ⓐ天 Ⓑ地 Ⓒ雷 Ⓓ風。

（　）6. 卦爻的陽爻叫做 Ⓐ三 Ⓑ五 Ⓒ六 Ⓓ九。

（　）7. 十翼中泛論陰陽、象數變化道理的是 Ⓐ彖辭 Ⓑ象辭 Ⓒ文言 Ⓓ繫辭。

（　）8. 經書中談到變易、時位的，為下列何者 Ⓐ書經 Ⓑ易經 Ⓒ儀禮 Ⓓ春秋。

（　）9. 南韓國旗中有四個卦，如下圖㈠，代表的是 Ⓐ天地山澤 Ⓑ山澤風雷 Ⓒ水火風雷 Ⓓ天地水火。

圖㈠　南韓國旗

（　）10.「立卦生爻事有因，兩儀四象已前陳。須知三絕韋編者，不是尋行數墨人。」上引朱熹七言絕句，如果是抒發他讀過儒家某部經典之後的感想，則這經典應是 Ⓐ詩經 Ⓑ禮記 Ⓒ易經 Ⓓ論語。

（　）11. 尚書古代只稱 Ⓐ經 Ⓑ書 Ⓒ誥 Ⓓ典。

（　）12. 下列何書，其內容大都是古代誥命等公文，相當於後世的檔案 Ⓐ易經 Ⓑ書經 Ⓒ周禮 Ⓓ儀禮。

（　）13. 漢朝平定天下之後，伏生搜求過去藏在壁中的尚書，得到二十九篇，便以此在齊魯地區教授學生。這二十九篇就是所謂的 Ⓐ殘本尚書 Ⓑ古文尚書 Ⓒ今文尚書 Ⓓ偽古文尚書。

（　）14. 關於堯舜禪讓的記載，在哪一部書中可以找到 Ⓐ尚書 Ⓑ春秋 Ⓒ周禮 Ⓓ易經。

（　）15.韓愈在進學解中提到：「周誥殷盤，詰屈聱牙。」指的是下列何者文字艱澀難懂 Ⓐ春秋 Ⓑ易經 Ⓒ尚書 Ⓓ詩經的雅頌。

（　）16.今文尚書傳自漢初 Ⓐ伏生 Ⓑ劉歆 Ⓒ鼂錯 Ⓓ班固。

（　）17.韓詩傳自 Ⓐ齊人轅固生 Ⓑ燕人韓嬰 Ⓒ魯人申培公 Ⓓ趙人毛亨。

（　）18.鄭玄以 Ⓐ文王 Ⓑ成王 Ⓒ懿王 Ⓓ幽王 以後之詩為變風變雅。

（　）19.齊詩亡失於 Ⓐ西漢 Ⓑ東漢 Ⓒ魏 Ⓓ晉。

（　）20.要了解春秋時代的民間歌謠，下列何者資料最為豐富 Ⓐ爾雅 Ⓑ書經 Ⓒ易經 Ⓓ詩經。

（　）21.「風、雅、頌、賦、比、興」稱為 Ⓐ六書 Ⓑ六義 Ⓒ六藝 Ⓓ六經。

（　）22.目前流傳於世的詩經版本是 Ⓐ齊詩 Ⓑ毛詩 Ⓒ魯詩 Ⓓ韓詩。

（　）23.過去史學家撰寫歷史，大都以下列何者為典範 Ⓐ春秋 Ⓑ書經 Ⓒ易經 Ⓓ周禮。

（　）24.周禮原名 Ⓐ周官 Ⓑ周易 Ⓒ禮記 Ⓓ儀禮。

（　）25.周禮六官掌邦教的是 Ⓐ天官 Ⓑ地官 Ⓒ秋官 Ⓓ冬官。

（　）26.周禮在漢初亡失 Ⓐ春官 Ⓑ夏官 Ⓒ秋官 Ⓓ冬官。

（　）27.小戴記四十九篇傳自 Ⓐ劉向 Ⓑ戴德 Ⓒ戴聖 Ⓓ班固。

（　）28.孔穎達認為儀禮的作者是 Ⓐ文王 Ⓑ武王 Ⓒ周公 Ⓓ孔子。

（　）29.研究古代的職官制度，下列何者應為首要的參考書 Ⓐ春秋 Ⓑ左傳 Ⓒ周禮 Ⓓ禮記。

（　）30.王莽推行新政，唐玄宗制作開元六典，王安石實行變法，都以何書為藍圖或依據 Ⓐ儀禮 Ⓑ周禮 Ⓒ春秋 Ⓓ禮記。

（　）31.鄭玄注儀禮是採用 Ⓐ別錄本 Ⓑ戴德本 Ⓒ戴聖本 Ⓓ張禹本。

（　）32. 論語多問王、知道二篇者是　Ⓐ魯論　Ⓑ古論　Ⓒ張侯論　Ⓓ齊論。

（　）33. 十三經中的孝經為　Ⓐ漢文帝　Ⓑ漢武帝　Ⓒ唐太宗　Ⓓ唐玄宗　注。

（　）34. 中國的道統思想，孔子偏重仁道，孟子注重　Ⓐ忠孝　Ⓑ仁愛　Ⓒ仁義　Ⓓ信義。

（　）35. 孔門傳經的儒者首推　Ⓐ子夏　Ⓑ子路　Ⓒ子貢　Ⓓ曾子　之功最大。

（　）36. 漢代廢除挾書之禁的是　Ⓐ漢惠帝　Ⓑ漢文帝　Ⓒ漢景帝　Ⓓ漢武帝。

（　）37. 經書今古文兩派之爭論，肇始於　Ⓐ劉向　Ⓑ劉歆　Ⓒ馬融　Ⓓ鄭玄。

（　）38. 經書今古文的混合是始自　Ⓐ馬融　Ⓑ鄭玄　Ⓒ王肅　Ⓓ朱熹。

（　）39. 經書今古文兩派之爭論，到了　Ⓐ班固　Ⓑ馬融　Ⓒ鄭玄　Ⓓ王肅　始結束。

（　）40. 馬瑞辰著有　Ⓐ毛詩傳箋通釋　Ⓑ古文尚書疏證　Ⓒ毛詩傳疏　Ⓓ五禮通考。

（　）41. 「先天下之憂而憂，後天下之樂而樂」一語典出何書　Ⓐ論語　Ⓑ孟子　Ⓒ左傳　Ⓓ禮記。

（　）42. 下列選項正確的是　Ⓐ檮杌是晉國史記的名稱　Ⓑ乘是楚國史記的名稱　Ⓒ周易是西周史記的名稱　Ⓓ春秋是魯國史記的名稱。

（　）43. 對宋太宗說：「臣有論語一部，以半部佐太祖定天下，以半部佐陛下致太平。」是為何人　Ⓐ趙普　Ⓑ趙岐　Ⓒ范仲淹　Ⓓ韓琦。

（　）44. 十三經中，字數最少的經書是　Ⓐ易經　Ⓑ爾雅　Ⓒ孝經　Ⓓ尚書。

（　）45. 「夫孝，始於事親，中於事君，終於立身。」語出孝經的　Ⓐ開宗明義章　Ⓑ士章　Ⓒ廣揚名章　Ⓓ事書章。

（　）46. 下列關於孝經的敘述，何者正確　Ⓐ古人曾引述孔子的話「吾志在春秋，行在孝經」，所以孝經無疑是孔子作的　Ⓑ漢文帝時，設置孝經博士　Ⓒ此書內容豐富，為十三經中分量最多者　Ⓓ經朱熹推重而列入十三經之一。

（　）47. 古代「移孝作忠」的觀念，出自下列何書　Ⓐ論語　Ⓑ禮記　Ⓒ孝經　Ⓓ春秋。

（　）48. 被古人稱為「詩書之襟帶」、「六籍之戶牖，學者之要津」、「訓故之淵海，五經之梯航」的，應為下列何書　Ⓐ周易　Ⓑ大學　Ⓒ說文解字　Ⓓ爾雅。

（　）49. 記載堯、舜、禹、湯、文王、武王到孔子的政治主張，而連繫出「道統」觀念的是　Ⓐ論語　Ⓑ孟子　Ⓒ尚書　Ⓓ孝經。

（　）50. 戰國之際，傳經之儒下列何人貢獻最大　Ⓐ莊子　Ⓑ孟子　Ⓒ荀子　Ⓓ子夏。

二、複選題

（　）51. 經學　Ⓐ自漢以後，分為今文、古文　Ⓑ古文經乃出自孔壁　Ⓒ以隸書寫成之經書即是今文經　Ⓓ今傳之十三經皆屬今文。

（　）52. 鄭玄六藝論所說「易，一名而含三義」，三義是指　Ⓐ蜥蜴　Ⓑ易簡　Ⓒ變易　Ⓓ不易。

（　）53. 易經是由　Ⓐ卦爻　Ⓑ卦爻辭　Ⓒ十翼　Ⓓ卜筮　所組成的經書。

（　）54. 孔安國分尚書體式為哪六體　Ⓐ典、謨　Ⓑ訓、誥　Ⓒ歌、範　Ⓓ誓、命。

（　）55. 古書用樂之記載極為詳細者是　Ⓐ尚書　Ⓑ論語　Ⓒ儀禮　Ⓓ禮記。

（　）56. 春秋左氏傳是　Ⓐ劉向作注　Ⓑ賈逵作箋　Ⓒ杜預作集解　Ⓓ孔穎達作正義。

（　）57. 「春秋三傳」是指　Ⓐ故訓傳　Ⓑ左氏傳　Ⓒ公羊傳　Ⓓ穀梁傳。

（　）58. 陸德明認為論語是　Ⓐ仲弓　Ⓑ子夏　Ⓒ曾子　Ⓓ有子　所撰定。

（　）59. 何晏採集　Ⓐ孔安國、包咸、周氏　Ⓑ邢昺、皇侃　Ⓒ趙岐、高誘　Ⓓ馬融、鄭玄　之說，編著論語集解。

（　）60. 漢文帝時，以治詩立為博士者有 Ⓐ申培 Ⓑ轅固生 Ⓒ毛萇 Ⓓ韓嬰。

（　）61. 漢景帝時，以治公羊春秋立為博士者有 Ⓐ胡母生 Ⓑ董仲舒 Ⓒ高堂生 Ⓓ轅固生。

（　）62. 孟子一書所說的「四心」，是指 Ⓐ忠、孝 Ⓑ仁、義 Ⓒ禮、智 Ⓓ廉、恥 之心。

（　）63. 孟子書中重要的思想是 Ⓐ性善學說 Ⓑ無為思想 Ⓒ心學理論 Ⓓ道統思想。

（　）64. 南北朝人的經學著作，流傳於世的有 Ⓐ劉獻之三禮大義 Ⓑ皇侃論語義疏 Ⓒ崔靈恩三禮義宗 Ⓓ皇侃、熊安生禮記義疏。

（　）65. 唐代最著名的經學著作有 Ⓐ陸德明經典釋文 Ⓑ顏師古五經定本 Ⓒ孔穎達五經正義 Ⓓ胡廣五經大全。

（　）66. 清代最著名的書學著作有 Ⓐ閻若璩古文尚書疏證 Ⓑ孫星衍尚書今古文疏證 Ⓒ蔡沈書集傳 Ⓓ梅鷟尚書考異。

（　）67. 東漢著名的今文經學家有 Ⓐ鄭眾 Ⓑ李育 Ⓒ何休 Ⓓ馬融。

（　）68. 鄭玄 Ⓐ字康成，西漢北海郡高密人 Ⓑ注有周易、尚書、毛詩 Ⓒ注有儀禮、禮記、論語 Ⓓ著有六藝論、毛詩譜。

（　）69. 甲、泰曰：小往大來，吉，亨。

乙、彖曰：泰，小往大來，吉，亨。則是天地交而萬物通也，上下交而其志同也。內陽而外陰，內健而外順，內君子而外小人，君子道長，小人道消也。

丙、象曰：天地交，泰；后以財成天地之道，輔相天地之宜，以左右民。

丁、初九，拔茅茹，以其彙，征吉。

戊、象曰：拔茅征吉，志在外也。

下列關於本段文字的敘述何者正確 Ⓐ甲中「泰」是卦名，其他為卦辭 Ⓑ乙是「彖傳」解釋卦象的 Ⓒ丙是「大象」解釋一卦卦象的 Ⓓ戊是「小象」解釋初九爻爻象的。

（ ）70.下列成語的出處或關聯，何者是正確的 Ⓐ否極泰來──易經 Ⓑ天視自我民視，天聽自我民聽──書經 Ⓒ無忝所生──詩經 Ⓓ鳶飛魚躍──詩經。

（ ）71.「十翼」是易經的傳，用來解釋經文的涵義，它包括下列何者 Ⓐ彖傳、象傳 Ⓑ文言傳、繫辭傳 Ⓒ說卦、序卦、雜卦 Ⓓ卦辭。

（ ）72.關於易經的敘述，下列何者正確 Ⓐ相傳伏羲畫卦（八卦），文王重卦（六十四卦），孔子作十翼 Ⓑ孔子說，「易」有三義：易簡、變易、不易 Ⓒ六十四卦，始於乾卦，終於未濟卦 Ⓓ原為卜筮之書。

（ ）73.下列關於書經的敘述，何者正確 Ⓐ今十三經注疏中的尚書，是魏末晉初出現的孔傳古文尚書，它並非孔安國所注解，所以後人稱它為偽孔傳古文尚書，或偽古文尚書 Ⓑ今文尚書，也保留在偽古文尚書之中 Ⓒ它是夏商周三代的歷史文獻檔案彙編，其中分虞書、夏書、商書、周書四部分 Ⓓ它是古代記言散文之祖。

（ ）74.下列有關周禮的敘述，正確的有 Ⓐ本名周官，後被尊為禮經 Ⓑ東漢劉歆校整群書，改稱周禮 Ⓒ今亡冬官一篇，以考工記補之 Ⓓ內容原包括天官、地官、春官、夏官、秋官、冬官六篇。

（ ）75.關於學習詩經的用途，下列敘述何者正確 Ⓐ可以安 Ⓑ事父與君 Ⓒ多識鳥獸草木之名 Ⓓ通達政事。

（ ）76.下列關於詩經的敘述，何者正確 Ⓐ中國最早的詩歌總集，是韻文之祖 Ⓑ為中國北方文學的代表 Ⓒ內容有十五國風、二雅、三頌三部分 Ⓓ漢代傳詩有齊、魯、韓、毛四家，今只有毛詩存留。

（ ）77.有關詩經的敘述，下列何者正確 Ⓐ其三百十一篇，其中六篇有目無辭，被稱為「笙詩」 Ⓑ廢詩序，作詩集傳者為朱熹　Ⓒ漢代傳詩經者僅有魯詩一家　Ⓓ頌分周頌、魯頌、商頌。

（　）78.下列有關詩經的內容與作法，何者正確　Ⓐ內容為風、雅、頌，作法為賦、比、興　Ⓑ風為地方歌謠　Ⓒ賦即譬喻，取物比人　Ⓓ雅，多用於朝會、宴饗，有大雅、小雅。

（　）79.關於儀禮的說明，下列何者正確　Ⓐ原本稱禮　Ⓑ漢人稱為士禮　Ⓒ相對於禮記而言，又叫禮經　Ⓓ主要在記錄儀節，不講禮的意義。

（　）80.關於禮記的敘述，下列何者正確　Ⓐ西漢戴聖編，凡四十九篇　Ⓑ戴聖字次君，以博士講學於石渠閣，官至九江太守　Ⓒ十三經注疏中之禮記，為唐孔穎達注，漢鄭玄疏　Ⓓ後代所說的禮記，係指小戴記。

（　）81.下列關於大學、中庸的敘述，何者正確　Ⓐ大學相傳曾子所作，中庸相傳閔子騫所作　Ⓑ大學以明明德、親民、止於至善為綱，中庸以天命之謂性、率性之謂道、修道之謂教為綱　Ⓒ大學為初學入德之門，中庸為孔門心法要籍　Ⓓ大學本為禮記四十二篇，中庸本為禮記三十一篇。

（　）82.下列關於禮記的敘述，正確的有　Ⓐ乃孔子弟子及後學所記　Ⓑ大學、中庸原皆為禮記的一篇　Ⓒ與詩、書、樂、春秋合稱五經　Ⓓ專記日常生活儀節。

（　）83.下列有關禮記、儀禮的比較，敘述正確的有　Ⓐ儀禮四十九篇，禮記十七篇　Ⓑ儀禮記載禮儀規範，禮記所記內容頗為廣泛　Ⓒ同為鄭玄所注　Ⓓ儀禮本有古文，但已亡佚。

（　）84.下列關於春秋的敘述，何者正確　Ⓐ孔子曾說：「知我者，其惟春秋乎！罪我者，其惟春秋乎」　Ⓑ有公羊、穀梁、左氏三家傳　Ⓒ又名竹書紀年　Ⓓ王安石批評春秋為「斷爛朝報」，可能是對春秋記敘過於簡單的不滿。

（　）85.關於春秋與三傳的說明，下列何者正確　Ⓐ早期春秋與三傳各自單獨成書　Ⓑ公羊、穀梁成書於戰國時代，用戰國文字寫成，所以是古文經 Ⓒ左傳寫於漢代，用漢隸書寫，又立於學官，所以是今文經 Ⓓ公羊、穀梁記事同樣止於哀公十四年。

(　) 86.下列成語何者與春秋相關 Ⓐ撥亂反正 Ⓑ不能贊一辭 Ⓒ一字褒貶 Ⓓ韋編三絕。

(　) 87.下列關於三傳的說明，何者正確 Ⓐ左傳相傳是左丘明為闡明夫子不以空言立說，所以論輯本事為之作傳而成 Ⓑ鄭玄六藝論：「左傳善於禮，公羊善於讖，穀梁善於經」 Ⓒ左傳以敘事為主，書中有所謂無經之傳 Ⓓ三傳中，在西漢以公羊傳最受重視。

(　) 88.下列關於論語的敘述，何者正確 Ⓐ漢代論語有魯論、齊論、古論三種傳本 Ⓑ漢代人已把論語視為「經」 Ⓒ論語每篇篇名並沒有特殊的意義，篇章之間也無關聯 Ⓓ論語自學而至堯曰，共二十篇。

(　) 89.關於爾雅的說明，下列何者正確 Ⓐ乃古人綴輯舊文，遞相增益彙編而成，非成於一人一時之手 Ⓑ為分類釋義之辭書，即古代之辭典 Ⓒ推究六書之義，為治小學者所宗 Ⓓ為中國最早依字形編排的字典。

(　) 90.下列觀念何者出自孟子 Ⓐ知言養氣 Ⓑ用行舍藏 Ⓒ揠苗助長 Ⓓ五十步笑百步。

(　) 91.關於孟子的敘述，下列何者正確 Ⓐ司馬遷認為此書主要是孟子自著，弟子萬章、公孫丑等參與其事 Ⓑ從唐代開始，被列入儒家的「十三經」之中 Ⓒ南宋朱熹又加以集注，列為「四書」之一 Ⓓ是研究孟子思想的最主要資料。

(　) 92.下列關於鄭玄的敘述，何者正確 Ⓐ東漢時代的大儒 Ⓑ師事馬融，盡傳其學；他告別還鄉時，馬融喟然對門人說：「鄭生今去，吾道東矣」 Ⓒ曾受東漢黨錮之禍牽連 Ⓓ所注經書有周易、尚書、毛詩、儀禮、禮記等。

（　）93.下列關於今、古文經的說明，何者正確　Ⓐ秦朝焚書，漢代蒐求遺書，凡以漢代當時通行之隸書所寫的經書，即為今文經　Ⓑ漢代發現用秦以前之文字古篆寫成之經書，即為古文經　Ⓒ古文經偏重名物訓詁，今文經偏重微言大義　Ⓓ西漢時，古文經多立於學官，今文經則盛行於民間。

（　）94.下列敘述，何者正確　Ⓐ「舍經學，無理學」，是顧炎武的主張　Ⓑ魏晉時代，王肅治經亦兼通今古，他的著作因女婿司馬昭的關係而立於學官，從此以後，經學今古文的爭論，就銷聲匿跡了　Ⓒ宋儒疑經，自立新說，不守舊義，如朱熹作詩集傳，廢詩序而不用，其注解與毛亨、鄭玄不同　Ⓓ朱熹集宋代經學之大成。

（　）95.下列那些典籍中可以看到孔子的相關事跡與思想　Ⓐ尚書　Ⓑ詩經　Ⓒ論語　Ⓓ孟子。

三、問答題

1.何謂「六經」？其排列次序如何？

答：六經的名稱，最早見於莊子的天運篇，其排列次序是：詩、書、禮、樂、易、春秋；而漢書藝文志排列次序是：易、書、詩、禮、樂、春秋。

2.十三經之注疏者為何人？試列舉其書名及姓名。

答：周易正義：魏王弼、晉韓康伯注・唐孔穎達正義。

尚書正義：漢孔安國傳・唐孔穎達正義。

毛詩正義：漢毛亨傳・鄭玄箋・唐孔穎達正義。

周禮注疏：漢鄭玄注・唐賈公彥疏。

儀禮注疏：漢鄭玄注・唐賈公彥疏。

禮記正義：漢鄭玄注・唐孔穎達正義。

春秋左傳正義：晉杜預注・唐孔穎達正義。

春秋公羊傳注疏：漢何休注・唐徐彥疏。

春秋穀梁傳注疏：晉范甯注・唐楊士勛疏。

論語注疏：魏何晏等注・宋邢昺疏。

孝經注疏：唐玄宗注・宋邢昺疏。

爾雅注疏：晉郭璞注・宋邢昺疏。

孟子注疏：漢趙岐注・宋孫奭疏。

3. 八卦的形式為何？

答：乾卦 ☰　坤卦 ☷

震卦 ☳　艮卦 ☶

離卦 ☲　坎卦 ☵

兌卦 ☱　巽卦 ☴

4. 八卦所代表的物象為何？

答：乾卦代表天　坤卦代表地

震卦代表雷　艮卦代表山

離卦代表火　坎卦代表水

兌卦代表澤　巽卦代表風

5. 何謂「卦辭」？試舉例說明之。

答：在每卦下面所綴聯的辭，叫做卦辭。如乾卦：「乾：元亨利貞。」乾，是卦名；「元亨利貞」，即是卦辭。

6.何謂「爻辭」？試舉例說明之。

答：每爻下面所綴聯的辭，叫做爻辭。如乾卦：「初九：潛龍勿用。」初九，是爻名；「潛龍勿用」，即是爻辭。

7.試述卦爻之名稱，並以乾坤二卦圖形為例說明之。

答：卦爻是由陽爻「—」與陰爻「--」組合而成。每卦都有六爻，陽爻叫做「九」，陰爻叫做「六」。每卦最下的一爻，陽爻叫做「初九」，陰爻叫做「初六」。從第二爻到第五爻，陽爻叫做「九二、九三、九四、九五」，陰爻叫做「六二、六三、六四、六五」。每卦最上的一爻，陽爻叫做「上九」，陰爻叫做「上六」。現在就以乾坤二卦圖形為例，說明如下：

乾		坤	
—	上九	--	上六
—	九五	--	六五
—	九四	--	六四
—	九三	--	六三
—	九二	--	六二
—	初九	--	初六

8.何謂「十翼」？作者為何人？

答：即彖傳上下、象傳上下、繫辭上下、文言、說卦、序卦、雜卦等十篇。因為這十篇文字是易經的傳文，具輔翼作用，故稱十翼。至於十翼的作者，相傳是孔子所作，但說法各有不同，目前尚無定論。

9.何謂「易有三義」？

答：鄭玄的六藝論說易經的易字有三種涵義：一是簡易——易經的通理和法則，是從簡單而容易入手的；二是變易——易經的爻位和宇宙人世的現象，是變動不居的；三是不易——易經所表示的道理，即是天地人生的真理，永恆不變。

10. 易經有何異名？試說明之。

答：易經，原來只叫做「易」。根據鄭玄易論說，易經的名稱，最古為連山，後又稱作歸藏，最後才稱作周易。至於易經這個名稱，將經字和書名連在一起，大抵已經到了南宋之世。

11. 何謂「尚書」？

答：尚，就是上古之意。因為這部書所記錄保存的都是上古的史料，所以稱為尚書。

12. 何謂「今文尚書」？

答：秦焚書時，伏生壁藏尚書；至漢代，出其壁藏之書二十九篇，以教授於齊魯之間。文帝時，伏生老不能行，乃命鼂錯前往受業。其後學者遞相授受，以漢隸寫成，所以稱為「今文尚書」。

13. 何謂「古文尚書」？

答：古文尚書，就是秦以前用古文字所寫成的尚書。漢景帝時，魯恭王壞孔子宅，得古文尚書及論語等凡數十篇，後來孔安國得其書，以校伏生之二十九篇，多得十六篇，這十六篇，加伏生所傳的二十九篇，共為四十五篇，是為真古文尚書。

14. 何謂「偽古文尚書」？

答：古文尚書於晉永嘉之亂時，全部亡失，後來王肅、皇甫謐之徒，偽造古文尚書二十五篇及孔安國書傳行世。元帝時，有豫章內史梅賾，奏上偽孔傳古文尚書，自稱得之鄭沖、蘇愉之傳。晉代君臣信偽為真，立於學官。惟缺舜典一篇，購不能得，乃取王肅注堯典，從「愼徽五典」以下，分為舜典一篇。堯典既分出舜典一篇，盤庚又分為三篇，又從皐陶謨分出益稷一篇，所以為三十三篇，此外又增二十五篇，共計五十八篇，此即今本十三經的尚書。

15. 尚書的體式如何？

答：尚書的體式，依照孔安國的分法，計有典、謨、訓、誥、誓、命六種體式。

16. 何謂「三家詩」？

答：今文的詩經，有齊、魯、韓三家。齊詩傳自齊人轅固生，魯詩傳自魯人申培公，韓詩傳自燕人韓嬰，後人合稱為「三家詩」。

17. 「三家詩」的流傳情形為何？

答：齊詩亡於魏，魯詩亡於西晉，只有韓詩外傳流傳於世。

18. 詩經又名毛詩，理由何在？

答：漢人傳詩經，今文家有齊、魯、韓三家詩，古文家只有毛詩。其後三家詩失傳，僅毛詩流傳後世，因此詩經又名為毛詩。

19. 古者採集民歌的原因何在？

答：周代時政府設有採詩的官，專門負責到各地去採集民間歌謠，目的是為了了解各地風俗、民生狀況，提供王者施政的參考。

20. 詩經有「四始」之說，史記書中的解釋為何？

答：史記書中對於四始的解釋是：關雎為風之始，鹿鳴為小雅之始，文王為大雅之始，清廟為頌之始。也就是以風、小雅、大雅、頌的第一篇詩為四始。

21. 試簡述詩經國風的內容。

答：詩經有十五國風，共收錄一百六十首詩，有的描述各地的風土民情，有的抒寫青年男女的戀情，都是民間的歌謠。

22. 詩經中的「雅」，意義為何？試論述之。

答：詩經中的雅詩，分為小雅與大雅，共收錄一百零五首。雅字本來是樂器之名。周代歌唱雅詩時，就是以「雅」這種樂器為主，後因以樂器名作為樂歌之名。又古代「雅」字與「夏」字相通，夏字的本義，是「中國之人」的意思，所以稱流行中原一帶而為王朝所崇尚的正聲為「雅」。

23. 「小雅」、「大雅」有何不同？

答：詩經中的大雅、小雅，大概是從音節和內容來分別的，小雅七十四篇，大多是士大夫宴饗的樂詩；大雅三十一篇，大多是士大夫會朝的樂詩。

24. 試簡述詩經頌的內容。

答：詩經中的頌詩，分為周頌、魯頌與商頌，共收錄四十首。「頌」就是「容」，是歌而兼舞的意思。在這四十首的頌詩中，大多是用來祭告神明的樂詩。

25. 何謂「三禮」？

答：儒家以周禮、儀禮、禮記三書，合稱三禮。

26. 周禮一書，原名為何？至何時何人始稱周禮？

答：周禮本稱周官，到西漢末年的劉歆，始稱周禮。

27. 周禮一書的成書年代當在何時？

答：周禮一書，從其文體及思想觀之，當是於西周時代粗具規模，到戰國末期又有人加以增補整理，所以周禮一書的著成時代，當是戰國末期。

28. 周禮何以稱為「六官」？

答：周禮本來收錄天官、地官、春官、夏官、秋官、冬官等六篇，所以有人稱此書為「六官」。

29. 周禮六官之總職為何？

答：周禮六官的總職，是：天官冢宰，掌邦治；地官司徒，掌邦教；春官宗伯，掌邦禮；夏官司馬，掌邦政；秋官司寇，掌邦禁。其中冬官一篇已亡佚，故無冬官總職的記載，後人根據天官小宰及尚書周官篇加以增補，認為冬官的總職是：冬官司空，掌邦事。

30. 儀禮原名為何？何時始稱儀禮？

答：儀禮原來只稱「禮」，到梁陳以後始稱儀禮。

31. 儀禮一書的作者係何人？

答：儀禮是由生活漸漸約定俗成，不可能由一人強制規定，所以儀禮非一人一時所作，而是輯纂成書的。

32. 儀禮的內容為何？

答：儀禮的內容是記述古代冠、昏、喪、祭、鄉、射、朝、聘等八種禮節的儀式，所以儀禮是一部記述古代習俗禮儀的書。

33. 大戴記與小戴記有何不同？試陳述之。

答：大戴記與小戴記，不但傳者不同，而且篇數也不同。大戴記原本八十五篇，今存四十篇，其中有與小戴記相重複者，也有雜入小戴記篇中者；而小戴記四十九篇，至今沒有散失，就是現在的禮記。

34. 十三經中的禮記篇數多少？內容如何？試敘述之。

答：禮記的篇數，共有四十九篇。至於它的內容，有的是說明禮文制度的原意，有的是闡論淑世拯民的道理，有的是記載祭祀養老的制度，有的是敘述生活行為的規範，所以禮記是一部內容豐盛繁雜的書。

35. 何謂「春秋三傳」？

答：春秋左氏傳、春秋公羊傳、春秋穀梁傳，合稱「春秋三傳」。

36. 何謂「春秋內傳」、「春秋外傳」？

答：左丘明作左傳，又作國語，後人因稱左傳為「春秋內傳」、國語為「春秋外傳」。

37. 左傳有何別名？

答：左傳是「春秋左氏傳」的省稱，原名「左氏春秋」，漢人又省稱「左氏傳」。

38. 試略述左傳一書體例之特色。

答：左傳一書的體例旨在闡釋春秋經旨，傳示來世，所以左氏蒐集許多史料，來講論春秋的大義，但左傳也往往溢出經文之外，敘述一些春秋所無的事情，因此，左傳是一部經學的書，同時也是一部史學的書。

39. 春秋三傳之釋經有何不同？

答：左傳重在敘述春秋經文所記載的事實，所以稱為「記載之傳」；公羊、穀梁重在解釋春秋經文的義例，以發揮春秋的微言大義，所以稱為「訓詁之傳」。

40. 何謂「公羊外傳」？

答：漢人董仲舒治公羊學，著有春秋繁露十七卷，後人稱為「公羊外傳」。

41. 試略述公羊傳一書體例之特色。

答：公羊傳解經的體例，是採用每句一解，而其記事多用問答，探義著重於正名分，所以公羊傳是一部闡發春秋大義的典籍。

42. 試略述穀梁傳一書體例之特色。

答：穀梁傳一書的體例，大致與公羊傳相近，也是一句一句用問答方式來解釋春秋經文的義例，而且其解經又多本於論語，書中寓有「明辨是非」的精神，所以穀梁傳也是一部闡發春秋大義的典籍。

43. 春秋三傳何者為古文？何者為今文？

答：公羊、穀梁二傳，在西漢時都是用當時文字撰寫的，故為今文；而左傳則以先秦古文寫成，故為古文。

44. 論語之傳本有何不同？

答：論語在漢代有三種傳本：魯論、齊論、古論。現就其間的差別略述於下：

1. 魯論：今文本。魯人所傳，共二十篇。

2. 齊論：也是今文本。齊人所傳，共二十二篇。多問王、知道二篇。二十篇中的章句，亦較魯論為多。

3. 古論：古文本。得自孔壁，共二十一篇。將堯曰下半分為子張篇。篇次與齊論、魯論不同，文字與魯論不同的有四百多字。

45. 試略述論語一書之重要思想。

答：論語自學而至堯曰，全書凡二十篇。從其內容觀之，仁道學說是孔子的中心思想，也是論語一書重要的理論。

46. 孝經今古文之分別何在？

答：孝經一書，也有今文、古文的分別。古文本為孔安國所注，據說也出於孔宅壁中，傳到梁時亡佚；今文本為鄭玄所注，鄭注雖已亡佚，而經文卻流傳至今。現存十三經中的孝經，經文就是採用今文本，注是唐玄宗的御注。

47. 何謂「孝經之經與傳」？

答：孝經全書凡十八章，第一章開宗明義章是全書的綱領，其他十七章都是用來補充詮釋孝道，所以朱子稱第一章為「經」，而下面十七章為「傳」。

48. 試略述爾雅一書之性質。

答：爾雅原來只是一本解釋字義的書，也可說是我國最早的一部詞典。因為漢書藝文志把這部書列在孝經類中，所以後來就將它安置在經書之列；其實，爾雅這部書，只是古人為解經而作的，附在群經之末，以備讀經者的翻檢而已，在十三經中，算是價值最低的一部經書；不過，書中所錄的名物詞類，不僅對讀經書有極大的幫助，而且對古今語言和名物命名演變的研究，也是一種有用的資料，所以爾雅這部書自有其不朽的價值。

49. 試略述孟子一書之性質。

答：孟子本來是一部子書，在漢書藝文志中列於子部的儒家，沒有今古文之分。唐代以後漸被尊崇，宋代時始列入經部，與論語並稱，共七篇，是一部闡揚孔子學說最重要的經典。

50. 試略述孟子一書之重要思想。

答：孟子一書最重要的思想有三：

1. 性善學說。
2. 心學理論。
3. 道統思想。

51. 東漢有哪些著名的經學家？

答：東漢著名的古文經學家有鄭眾、杜林、桓譚、賈逵、馬融等；今文經學家有李育、何休等。

52. 兩漢經學有何不同？

答：西漢的經師，文尚簡樸，注重大義；東漢的經師，文多泛濫，注重訓詁，此乃兩漢經學最大的區別。

53. 魏晉人注解經書，有何著名著作？試列舉其書名及作者。

答：魏晉人注經的著作，最著名的有下列五部：

1. 周易注　王弼

2. 論語集解　何晏

3. 左傳集解　杜預

4. 穀梁傳集解　范甯

5. 爾雅注　郭璞

54. 唐人注解經書，有何著名著作？試列舉其書名及作者。

答：唐代注經的著作，最著名的有三部：

1. 經典釋文　陸德明

2. 五經定本　顏師古

3. 五經正義　孔穎達

55. 清代何人之著作影響經學研究至鉅？

答：閻若璩的古文尚書疏證一書，考辨真偽，詳列證據，喚起學者疑古求真的精神，對經學研究之影響至鉅。

史學常識測驗題

一、單選題

(　)1.我國現存最早的史書為何 Ⓐ春秋 Ⓑ左傳 Ⓒ尚書 Ⓓ史記。

(　)2.我國史學至何代、何人始脫離經學而獨立 Ⓐ東漢班固 Ⓑ西晉荀勖 Ⓒ東晉李充 Ⓒ唐劉知幾。

(　)3.我國史書的分類，最早見於何書 Ⓐ漢書藝文志 Ⓑ中經新簿 Ⓒ四部書目 Ⓓ隋書經籍志。

(　)4.我國史家何人深通史法，將古來史籍的體例分敘為六家、二體 Ⓐ漢司馬遷 Ⓑ唐劉知幾 Ⓒ宋司馬光 Ⓓ清章學誠。

(　)5.史家的「四長」，依梁啟超先生的觀點，其重要性由上而下以何者為是 Ⓐ史才、史學、史識、史德 Ⓑ史識、史學、史才、史德 Ⓒ史學、史才、史德、史識 Ⓓ史德、史學、史識、史才。

(　)6.我國史書中，不具史德，且內容蕪穢，體例荒謬，世稱「穢史」者為何 Ⓐ晉書（唐房玄齡等撰） Ⓑ宋書（梁沈約撰） Ⓒ魏書（北齊魏收撰） Ⓓ北齊書（唐李百藥撰）。

(　)7.我國史書的主要體裁，通稱「正史」者為何 Ⓐ紀傳體 Ⓑ編年體 Ⓒ紀事本末體 Ⓓ政書體。

(　)8.我國現有正史（含新元史及清史稿）共有幾部 Ⓐ二十四部 Ⓑ二十五部 Ⓒ二十六部 Ⓓ二十七部。

(　)9.以人為綱的紀傳體史書體例，始創自何人、何書 Ⓐ左丘明左氏春秋傳 Ⓑ司馬遷史記 Ⓒ班固漢書 Ⓓ司馬光資治通鑑。

(　)10.何人作「歷代史表」一書，可補諸史無表之不足（僅史記等十史有表） Ⓐ萬斯同 Ⓑ顧炎武 Ⓒ章學誠 Ⓓ梁啟超。

（　）11. 史記體例的編次，以下列何者為是　Ⓐ本紀、表、書、世家、列傳　Ⓑ本紀、世家、列傳、書、表　Ⓒ本紀、世家、表、書、列傳　Ⓓ本紀、世家、列傳、表、書。

（　）12. 何書為我國通史紀傳體之祖　Ⓐ尚書　Ⓑ春秋　Ⓒ史記　Ⓓ資治通鑑。

（　）13. 司馬遷的思想主流為何　Ⓐ陰陽之學　Ⓑ黃老之學　Ⓒ公羊之學　Ⓓ儒家之學。

（　）14. 何書為我國第一部斷代紀傳體的史書　Ⓐ史記　Ⓑ漢書　Ⓒ後漢書　Ⓓ三國志。

（　）15. 史記「世家」一體，自何書改為「列傳」後其他諸史因之　Ⓐ漢書　Ⓑ後漢書　Ⓒ三國志　Ⓓ南、北史。

（　）16. 范曄後漢書以何人所注最為通行　Ⓐ唐章懷太子李賢注本　Ⓑ清惠棟注本　Ⓒ清王先謙注本　Ⓓ唐顏師古注本。

（　）17. 二十五史中，以何書最為簡潔　Ⓐ史記　Ⓑ三國志　Ⓒ新五代史　Ⓓ明史。

（　）18. 何朝、何人奉敕所撰之史書，開史書眾修的先河　Ⓐ唐魏徵等所撰之隋書　Ⓑ唐姚思廉所撰之梁書　Ⓒ唐令狐德棻所撰之周書　Ⓓ唐房玄齡等所撰之晉書。

（　）19. 何人為三國志作注，較原書多出三倍，可謂集注史的大成　Ⓐ南朝宋裴松之　Ⓑ唐顏師古　Ⓒ元胡三省　Ⓓ清張廷玉。

（　）20. 司馬光稱譽何書「刪繁補闕，意存簡要，無煩冗蕪穢之詞」，可謂「佳史」　Ⓐ三國志　Ⓑ南史　Ⓒ北史　Ⓓ新五代史。

（　）21. 趙翼廿二史箚記稱美何書不惟文筆簡淨，直追史記；而以春秋書法寓褒貶於紀傳之中，則雖史記亦不及也　Ⓐ三國志　Ⓑ晉書　Ⓒ舊五代史　Ⓓ新五代史。

（　）22. 宋、遼、金三史，何者敘事最為詳賅，文筆簡潔，為趙翼、顧炎武所稱美　Ⓐ宋史　Ⓑ遼史　Ⓒ金

史 Ⓓ以上皆是。

( ) 23. 何書為近代諸史中的佳作，趙翼稱之 Ⓐ元史 Ⓑ明史 Ⓒ新元史 Ⓓ清史稿。

( ) 24. 隋、唐以前，以一代編年為體的史書，除何人所撰書外，都不傳於世 Ⓐ袁宏後漢紀 Ⓑ習鑿齒漢晉春秋 Ⓒ孫盛魏代春秋 Ⓓ干寶晉紀。

( ) 25. 何部史書「撮要舉凡，存其大體」，實可作為研讀漢書的入門要籍 Ⓐ范曄後漢書 Ⓑ袁宏後漢紀 Ⓒ荀悅漢紀 Ⓓ陳壽三國志。

( ) 26. 四庫提要稱譽何書為「網羅宏富，體大思精，為前古之所未有」 Ⓐ史記 Ⓑ明史 Ⓒ資治通鑑 Ⓓ續資治通鑑。

( ) 27. 何人開創「紀事本末體」的史書體例 Ⓐ宋鄭樵 Ⓑ宋朱熹 Ⓒ宋袁樞 Ⓓ宋司馬光。

( ) 28. 政書為史，專記文物制度，始於何書 Ⓐ尚書 Ⓑ唐杜佑通典 Ⓒ宋鄭樵通志 Ⓓ元馬端臨文獻通考。

( ) 29. 「史家之絕唱，無韻之離騷」，所稱頌的為下列何者 Ⓐ史記 Ⓑ漢書 Ⓒ三國志 Ⓓ後漢書。

( ) 30. 下列篇目，何者是中國現存最早的圖書目錄 Ⓐ漢書藝文志 Ⓑ漢書五行志 Ⓒ七略 Ⓓ隋書經籍志。

( ) 31. 劉知幾在史通一書中，將史籍分為六體，以下四部書「尚書、左傳、國語、史記」分別為何種史體？甲、紀傳體，乙、記言體，丙、編年體，丁、國別史。請選出依序正確的搭配 Ⓐ丙乙丁甲 Ⓑ乙丙甲丁 Ⓒ乙丙丁甲 Ⓓ丙丁乙甲。

( ) 32. 四史中何者無志、無表，而有正統問題 Ⓐ史記 Ⓑ漢書 Ⓒ後漢書 Ⓓ三國志。

( ) 33. 唐初修梁、陳、北齊、周、隋等五代史時，另編寫十篇共同的志，稱為「五代史志」，後因附於隋書之後，又稱為隋書志。其中何者為東漢到唐初古籍流傳的總結性著作，地位可與漢書藝文志相比　Ⓐ律曆志　Ⓑ天文志　Ⓒ百官志　Ⓓ經籍志。

（　）34.南、北史在史籍的分類上，應屬　Ⓐ斷代史　Ⓑ通史　Ⓒ霸史　Ⓓ古史。

（　）35.想要找到關於夏商周史事，與儒家不同的記載，應參考下列何者　Ⓐ史記　Ⓑ資治通鑑　Ⓒ竹書紀年　Ⓓ尚書。

（　）36.要研究蘇秦合縱的歷史，下列何書有索引的功能，又可以找到不同來源（相關職籍）的記載，不必浪費太多找尋的工夫　Ⓐ繹史　Ⓑ戰國策　Ⓒ資治通鑑　Ⓓ史記。

（　）37.要迅速掌握赤壁之戰的整個事件緣由始末，最好優先參考下列何者　Ⓐ資治通鑑　Ⓑ三國志　Ⓒ通鑑紀事本末　Ⓓ後漢紀。

（　）38.四庫全書總目提要說：「然其博取五經、群史及漢、魏、六朝人文集、奏疏之有裨得失者，每事以類相從，凡歷代沿革，悉為記載，詳而不煩，簡而有要，元元本本，皆為有用之實學，非徒資記問者可比。考唐以前之掌故者，茲編其淵海矣。」試問，它所稱美的典籍為下列何者　Ⓐ資治通鑑　Ⓑ通典　Ⓒ通志　Ⓓ通鑑紀事本末。

二、複選題

（　）39.梁啟超先生在中國歷史研究法中，詮釋史的定義最為精當，下列何者為是　Ⓐ記述人類社會賡續活動的體相　Ⓑ校其總成績　Ⓒ求得其善惡關係　Ⓓ以為現代政治人物活動之資鑑者也。

（　）40.治史的人，應具備何種胸懷　Ⓐ究天人之際，通古今之變　Ⓑ以國家興亡為己任，置個人死生於度外　Ⓒ為天地立心，為生民立命，為往聖繼絕學，為萬世開太平　Ⓓ先天下之憂而憂，後天下之樂而樂。

（ ）41. 四部之目及其分類次序，經何人規格後，自隋、唐迄今，已成定制 Ⓐ魏鄭默 Ⓑ晉荀勖 Ⓒ晉李充 Ⓓ清紀昀。

（ ）42. 梁啟超先生在中國歷史研究法一書中，分史籍體例為何 Ⓐ紀傳體 Ⓑ政書體 Ⓒ紀事本末體 Ⓓ編年體。

（ ）43. 以下所述有關史家「四長」，何者為是 Ⓐ所謂「才」即指是非的褒貶是否精當 Ⓑ所謂「學」即指參考的資料是否廣博 Ⓒ所謂「識」即指表現於文字組織的技巧 Ⓓ所謂「德」即指作史者心術是否端正。

（ ）44. 所謂「四史」，以下敘述何者為當 Ⓐ史記、漢書、後漢紀、三國志 Ⓑ史記為一部紀傳體的通史 Ⓒ漢書歷經四人之手始全帙完成 Ⓓ唐顏師古所注三國志最通行於世。

（ ）45. 以下有關史記體例的敘述，何者為非 Ⓐ史記體例共分五類 Ⓑ本紀以帝王為中心，記載國之大事 Ⓒ表係以事類為綱，編排同類性質的大事 Ⓓ書係以紀侯國，記載國家的大政大法。

（ ）46. 以下有關史書論贊的敘述，何者為確當 Ⓐ史記論斷稱「太史公曰」 Ⓑ班固漢書改稱「君子曰」 Ⓒ陳壽三國志稱「評曰」 Ⓓ梁沈約宋書改稱「史臣曰」。

（ ）47. 以下有關史記的敘述，何者為是 Ⓐ我國第一部通史紀傳體的史書 Ⓑ我國第一部傳記文學的總集 Ⓒ東漢司馬遷所撰述 Ⓓ上起黃帝之世，下迄漢武之朝。

（ ）48. 司馬遷撰寫史記的目標為何 Ⓐ究天人之際 Ⓑ通古今之變 Ⓒ成一家之言 Ⓓ創獨代之史。

（ ）49. 班固漢書歷經何人之手，始成完本 Ⓐ班彪 Ⓑ班昭 Ⓒ馬融 Ⓓ馬續。

（ ）50. 劉知幾稱美「後漢書」為何 Ⓐ簡而且周 Ⓑ富而不麗 Ⓒ密而不澀 Ⓓ疏而不漏。

（ ）51. 宋歐陽脩參贊修撰史書工作，完成何部史書，而盛稱於世 Ⓐ南史、北史 Ⓑ新唐書 Ⓒ新五代史

Ⓓ通鑑綱目。

（　）52.元朝宰相托克托一人主修撰何部史書　Ⓐ宋史　Ⓑ遼史　Ⓒ金史　Ⓓ元史。

（　）53.明焦竑著國史經籍志，論紀傳、編年之不同，以下何者敘述不當　Ⓐ編年者，以事繫年，詳一人之事跡　Ⓑ紀傳者，以人繫事，詳一國之治體　Ⓒ紀傳者，蓋本左氏　Ⓓ編年者，蓋本資治通鑑。

（　）54.班固漢書的注釋，以何人所注本最通行於世　Ⓐ唐司馬貞索隱　Ⓑ唐顏師古注　Ⓒ唐張守節正義　Ⓓ清王先謙補注。

（　）55.近人所輯竹書紀年一書，以何人所著為佳　Ⓐ清朱右曾汲冢紀年存真二卷　Ⓑ王國維古本竹書紀年輯校一卷　Ⓒ陳寅恪今本竹書紀年疏證二卷　Ⓓ顧頡剛古史辨。

（　）56.以下有關「紀事本末體」的敘述，何者為是　Ⓐ以事為中心，標立題目　Ⓑ依年月為序敘述　Ⓒ既不受人物的拘束，可以免去紀傳體的重複　Ⓓ又不受時間的限制，可以補編年體的破碎。

（　）57.「九通」之完成，歷經哪些朝代　Ⓐ唐、宋　Ⓑ元　Ⓒ明　Ⓓ清。

（　）58.下列關於司馬遷的敘述，何者正確　Ⓐ字子長　Ⓑ東漢人　Ⓒ曾為太史令，參與制定「太初曆」　Ⓓ父為司馬談。

（　）59.下列有關史記的敘述，正確的有　Ⓐ史記載自黃帝至於漢武帝太初年間　Ⓑ「史記」本史書之通稱，魏晉以後（或言東漢末年），「史記」二字方為遷書專名　Ⓒ史記為紀傳體、國史別之祖　Ⓓ史記凡一百三十卷，五十二萬餘言。

（　）60.下列何者為司馬遷寫作史記的直接史料　Ⓐ尚書、詩經　Ⓑ周禮、儀禮、禮記　Ⓒ左傳、國語　Ⓓ山海經。

（　）61.下列評論是針對司馬遷及史記而來的，選項中相對的解釋，正確的有哪些　Ⓐ論學術則崇黃老而薄五經——太史公自序中引述了司馬談的論六家要指　Ⓑ謗書——對漢高祖、武帝的事跡，沒有隱諱　Ⓒ是非頗謬於聖人——游俠、刺客、貨殖都成為列傳的人物　Ⓓ劉向、揚雄稱之「有良史之才」、「實錄」——就文章、內容而言成就很高。

（　）62.史記中本紀、世家、列傳，分別記載不同身分地位的人物，下列歸屬何者正確　Ⓐ劉邦——本紀　Ⓑ項羽——世家　Ⓒ孔子——世家　Ⓓ管仲——列傳。

（　）63.有關史記與漢書的比較，下列何者正確　Ⓐ漢武帝以前，漢書的記載大部分用史記原文　Ⓑ史記是通史，漢書是斷代史　Ⓒ其體例皆為本紀、表、書、世家、列傳　Ⓓ文後評論，史記言「太史公曰」，漢書作「贊曰」。

（　）64.下列關於班固與漢書的敘述，何者正確　Ⓐ班固續父彪而著漢書，悉依其體例　Ⓑ漢書中的八表由班昭續作，馬融之兄馬續亦參與補作　Ⓒ漢書共一百篇，分一百二十卷　Ⓓ班彪與馬續均扶風人。

（　）65.下列關於後漢書的敘述，何者正確　Ⓐ體例師法班、馬，而精審過之　Ⓑ首創獨行、逸民、黨錮、列女……等傳　Ⓒ刪定眾家後漢書而成　Ⓓ原書只有本紀、列傳，南朝梁劉昭取晉司馬彪續漢書之文以成八志。

（　）66.下列有關三國志的敘述，正確的有　Ⓐ即三國演義　Ⓑ為四史之一　Ⓒ亦為二十四史之一　Ⓓ記魏、蜀、吳三國事。

（　）67.南朝史書中，子承父業而完成的有　Ⓐ宋書　Ⓑ齊書　Ⓒ梁書　Ⓓ陳書。

（　）68.下列關於北齊書的敘述，正確的有　Ⓐ唐李百藥奉敕撰　Ⓑ紀八、傳四十二　Ⓒ唐中葉以後殘缺，後人取北史加以補綴　Ⓓ北齊書大部分材料在李百藥父親李德林時已經具備。

（　）69.下列何者有散佚、殘缺的情形，後人取北史以補成、補亡　Ⓐ魏書　Ⓑ北齊書　Ⓒ周書　Ⓓ梁書。

（　）70.唐初大舉修撰各朝史書，其中成於眾史官之手的為下列何者　Ⓐ魏書　Ⓑ隋書　Ⓒ北齊書　Ⓓ周書。

（　）71.下列關於新、舊唐書的敘述，何者正確　Ⓐ新唐書由歐陽脩、宋祁等撰，舊唐書由劉昫等撰　Ⓑ新唐書成書於北宋，舊唐書成書於後晉　Ⓒ兩者均屬二十五史之一　Ⓓ顧炎武以為舊唐書簡而不明，多遜於新唐書。

（　）72.要研讀李白、杜甫的傳記資料，可以查閱下列何者　Ⓐ新唐書　Ⓑ舊唐書　Ⓒ北史　Ⓓ南史。

（　）73.下列關於舊五代史的敘述，何者正確　Ⓐ為薛居正個人修撰　Ⓑ取材多本諸實錄，體例仿三國志，以國別為限，各自為書（如梁書、唐書……等）　Ⓒ成於北宋太宗之時　Ⓓ元明以來，罕被援引，傳本也逐漸湮沒，乾隆時，才自永樂大典輯出，並考核宋人徵引資料，才頗復舊觀。

（　）74.下列關於新五代史的敘述，何者正確　Ⓐ為歐陽脩撰，凡七十五卷，記梁、唐、晉、漢、周五代及十國事跡　Ⓑ體例有本紀、考、十國世家年譜、列傳、四夷錄　Ⓒ文體平弱，不免敘次煩瑣之病　Ⓓ褒貶祖春秋，敘事祖述史記。

（　）75.馮道歷仕數朝，又自號長樂老，在歷史上是出名的特殊人物，要了解他更多的事跡，下列何書可以參閱　Ⓐ南史　Ⓑ北史　Ⓒ新五代史　Ⓓ舊五代史。

（　）76.要了解宋朝與異族的關係，應參考下列何書　Ⓐ宋書　Ⓑ宋史　Ⓒ北史、南史　Ⓓ遼史。

（　）77.下列關於資治通鑑的敘述，何者正確　Ⓐ上自三家分晉，戰國開始，下迄五代　Ⓑ宋神宗以其「鑑於往古，有資治道」，所以賜名「資治通鑑」　Ⓒ是一部編年體通史　Ⓓ司馬光在進通鑑表中說：「臣之精力，盡於此書」，可見此書是他獨力完成。

（　）78.下列關於竹書紀年的敘述，何者正確　Ⓐ舊本稱為汲冢古書，因它是汲郡人不準盜發魏襄王墓（或言安釐王塚），竹書數十車中的一部分　Ⓑ史料價值雖高，與傳統的儒說不合　Ⓒ目前所見為輯本，

原書早已失傳 Ⓓ此書為編年體裁。

（ ）79.了解宋朝的歷史，除了宋史之外，還可以參考的是下列何者 Ⓐ資治通鑑 Ⓑ北宋部分，參考續資治通鑑 Ⓒ南宋部分，參考建炎以來繫年要錄 Ⓓ通鑑綱目。

（ ）80.要研究「句踐滅吳」的事件，下列何者可以參考 Ⓐ左傳紀事本末 Ⓑ繹史 Ⓒ通鑑紀事本末 Ⓓ國語。

（ ）81.下列各選項中，後者取材不出於前者範圍的有 Ⓐ資治通鑑——通鑑紀事本末 Ⓑ漢書——漢紀 Ⓒ後漢書——後漢紀 Ⓓ春秋——左傳。

三、問答題

1.史的意義為何？

答：漢許慎說文解字說：「史，記事者也。从又持中。中，正也。」玉篇說：「史，掌書之官也。」周禮天官宰夫：「史，掌官書以贊治。」由上三說可知，史的本義為掌書記事的官，職位非常的重要。史的定義，梁啟超先生的詮釋最為精當，他在中國歷史研究法中說：「史者何？記述人類社會賡續活動之體相，校其總成績，求得其因果關係，以為現代一般人活動之資鑑者也。」歷史是人類過去一切活動的總紀錄，舉凡朝代的盛衰、風俗的文野、政教的得失、文物的盈虛，都可從歷史上獲致經驗與教訓。所以，治史的人不但能「究天人之際，通古今之變」，更能「為天地立心，為生民立命，為往聖繼絕學，為萬世開太平」。

2.何謂「史書」？現存最早的史書為何？

答：記載歷史的書，稱為「史書」。現代尚存最早的史書，當推「尚書」。

3.何謂「史學」？史學脫離經學而獨立始於何人？何書？

答：研究歷史的學問，叫做「史學」。晉荀勖依據魏鄭默的中經，更著新簿，分群書為四部，而以史為丙部，與甲經、乙子、丁集並列，史學始脫離經學而獨立。

4.我國史書分類最早見於何書？其分類情形如何？

答：我國史書的分類，最早見於隋書經籍志。共分為十三類：一正史（紀傳表志），二古史（編年繫事），三雜史（紀異體），四霸史（紀偽朝），五起居注（人君動止），六舊事（朝廷政令），七職官（序班品秩），八儀注（吉凶行事），九刑法（律令格式），十雜傳（先賢人物），十一地理（郡國山川），十二譜系（世族繼序），十三簿錄（史條策目）。

5.唐劉知幾史通與清四庫書目提要對我國史籍分類之依據有何不同？並簡評其優劣。

答：清四庫書目提要從性質分史籍為十五類，而唐劉知幾史通則依體例分為六家。此二種分法，前者失之繁瑣，後者失之籠統，均不恰當。梁啟超著中國歷史研究法分為紀傳、編年、紀事本末、政書四體，最為合理切要。

6.史家四長為何？並釋其義及彼此之關聯性。

答：即劉知幾史通所謂的「史才」、「史學」、「史識」，章學誠文史通義加上的「史德」。所謂「才」即指表現於文字組織的技巧；「學」即指參考的資料是否廣博；「識」即指是非的褒貶是否精當；「德」即指作史者心術是否端正。歷史本有它的「特殊性、變異性與傳統性」，而一部史書的修撰，最重要的就在能忠實地記載歷史的真相。史料的參考愈豐富，史實必愈正確。但史料愈多，編排愈難，如何把豐富的史料，有條不紊地組織起來，非有史才不為功。但有豐富的史料，完美的組織，尚須精當的判斷，才「能見其全，能見其大，能見其遠，能見其深，能見人所不見處」。有了史學、史才及史識，又需有史德，如此才能「不抱偏見，不作武斷，不憑主觀，不求速達」。

7. 略述紀傳的由來。

答：紀傳體的史書，係以人物為中心，詳一人的事跡。其來甚早，始於漢司馬遷的史記。

8. 何謂「四史」、「二十四史」、「二十五史」、「二十六史」？

答：四史——司馬遷的史記、班固的漢書、范曄的後漢書、陳壽的三國志皆以紀傳為體，稱為「四史」。

二十四史——史記、漢書、後漢書、三國志、晉書、宋書、南齊書、梁書、陳書、魏書、北齊書、周書、隋書、南史、北史、舊唐書、新唐書、舊五代史、五代史記、宋史、遼史、金史、元史、明史。

二十五史——即二十四史加上新元史。

二十六史——二十五史加上清史稿。

9. 紀傳體的體例創自何人？何書？其內容如何？試略述之。

答：紀傳體的體例創自司馬遷的史記。

史記的體例，共分五類：㈠本紀；㈡世家；㈢表；㈣書；㈤列傳。

㈠本紀：本紀以帝王為中心，記載國的大事。以編年為體，大事乃書。有年代可考的，按年記事；無年代可考的，分代敘事。

㈡世家：世家以紀侯國。年封世系，盛衰興亡的事跡，分國按年記述。

㈢表：表係以時間為中心，編排同類性質的大事。歷史人物，不可數計，人各一傳，不勝其傳。表有提要匯總的作用，可以補本紀、世家、列傳的不足。

㈣書：書係以事類為綱，記載國家的大政大法。

㈤列傳：列傳係以誌人物。各階層的人物皆可入傳。若按撰寫性質的不同分，又有單敘一人的單傳，合敘兩人或兩人以上的合傳，可說是史書極為重要的部分。

10. 四史之論斷用語有何異同？

答：史記論斷，稱「太史公曰」。班固漢書改稱「贊」，陳壽三國志稱「評」，范曄後漢書改稱「論」，而又系以贊。論為散文，贊為四言。

11. 司馬遷和儒學的關係如何？

答：司馬遷少時，曾接受完整的儒學教育，從大儒孔安國學古文尚書，從董仲舒治公羊春秋。因此，司馬遷在思想上雖留有他父親的黃老之學的遺澤，但是，儒學卻是他的思想主流。因此，在整部史記中，司馬遷徵引孔子說話的地方非常多，且逕以孔子的論斷作自己的論斷，並隱然以史記上比春秋。

12. 司馬遷著史記的動機為何？

答：司馬遷著史記，一方面是要完成其父表彰「明主賢君，忠臣死義」的遺志；另一方面則要達成自己「究天人之際，通古今之變，成一家之言」的宏願。

13. 史記的體例如何？

答：史記一書，上起黃帝，下迄漢武。縱貫上下數千年，橫及各國各階層。據太史公自序說：「著十二本紀，作十表、八書、三十世家、七十列傳，凡百三十篇，五十二萬六千五百字。」可見史記百三十篇內容繁富，各體賅備。

14. 試要述史記的成就。

答：史記的成就是多方面的，在史學方面，司馬遷為後世的史學家提示了作史的標的。而史記的體例，也為後世正史的體裁，奠下永恆的規模。文學方面，史記雄深雅健的散文風格，以及簡樸而動人的敘寫方法，都是唐宋八大家和明清的散文作家學習的模範。至於明清的戲曲、小說，也多採用史記的人物故事為題材。在學術方面，舉凡禮儀禮俗、音樂曆法、軍事氣象、財政經濟、甚至宗廟鬼神、天文地理等，無不包括在八書之內。所以錢玄同先生說：「司馬遷實集上古思想學術之大成，而有自具特識的人。」

15. 漢書成為完本之經過如何？

答：班固之父彪斷史記太初以後，採前史遺事，傍貫異聞，作後傳數十篇。而固以彪所續前史，未盡詳密，於是潛精研思，接續著作，前後經歷二十餘年。和帝永元四年，竇憲失勢自殺，固受株連，死在獄中。八表及天文志，未及完成。和帝詔其妹班昭在東觀藏書閣補寫，後又詔令馬融兄續續成，全書歷經四人之手，始成完本。

16. 試述後漢書的作者及其成書經過。

答：南朝宋范曄撰。

范曄初為尚書吏部郎，左遷宣城太守。不得志，於是窮覽舊籍，刪眾家後漢書，以成一家之作。惜志未成，因與孔熙先謀傾宋室，事發伏誅。梁時，劉昭取晉司馬彪續漢書志的部分，加以注解，「分為三十卷，以合范史」，遂成今之後漢書。

17. 後漢書有何特色？

答：後漢書師法史記，編次卷帙，各以類相從；取法班氏，多附載政論材料及詞采壯麗的文章。敘述詳簡得宜，立論亦稱允當。劉知幾推稱此書「簡而且周，疏而不漏」。縱有傳文矛盾、敘事無根的缺點，仍不失為良史。

18. 試述三國志的作者及體例。

答：三國志為晉陳壽撰。

凡六十五卷：魏志三十卷，蜀志十五卷，吳志二十卷。其中魏四紀，二十六列傳；蜀十五列傳，吳二十列傳。

19. 裴松之為三國志作注的原因及成就為何？

答：宋文帝嫌三國志為文簡略，命裴松之作注。於是松之鳩集傳記，增廣異聞，以補壽志的缺失。松注此志，所引的書，多至五十餘種，較原書多出三倍，可謂集注史的大成。

20. 開史書眾修先河的是何書？其成書經過如何？

答：開史書眾修先河的是晉書。

在唐以前，晉書的編撰，家數甚多。至唐初，仍有何法盛等十八家流行。唐太宗以為都不完善，敕房玄齡、褚遂良、許敬宗重撰，又命李淳風修天文、律曆、五行三志，敬播等改正類例。太宗並自撰寫宣、武二本紀和陸機、王羲之二列傳的「論」。是以曰「制旨」，又總題全書為「御撰」。

21. 宋書的取材情形如何？

答：宋書材料，多取徐爰舊本增刪而成，用時不過一年左右。大抵沈約續補永光（前廢帝）以後，至亡國十餘年的事，並刪除徐爰舊著中有關晉末諸臣，及桓玄等諸叛賊的部分，其餘都本爰書。

22. 宋書的體例及缺失為何？

答：宋書凡一百卷，有帝紀十，志三十，列傳六十，而無表。

本書蕪詞甚多，繁簡失當，宋齊革易間的事，作史者既為齊諱，又欲為宋諱，不能據事直書，有乖史筆。

23. 沈約、裴子野與宋書的關係如何？

答：唐劉知幾史通說：「其書既成，河東裴子野更刪為宋略二十卷，沈約見而歎曰：『吾所不逮也。』由是世之言宋史者，以裴略為上，沈書次之。」由此可知其關係。

24. 今本梁書題姚思廉撰而不列魏徵之名的原因何在？

答：據新唐書姚思廉傳稱：「貞觀三年詔思廉同魏徵撰。」今本梁書題姚思廉撰而不列魏徵之名。大約魏徵本奉詔監修，而實由思廉一人執筆，所以獨標姚思廉撰。

25. 試述梁書的特點。

答：本書記述史蹟，詳密覈實，而成書時，又相隔三代，既無個人恩怨，亦少當朝忌諱，所以持論頗稱平允。況姚氏父子為唐代古文先驅，行文自稱爐錘，洗盡六朝浮豔文風，雖敘事論人間亦矛盾冗雜，實亦頗多可取之處。

26. 魏書的缺失何在？被列入正史的原因為何？

答：魏書內容蕪穢，體例荒謬，世稱穢史。一人立傳，不論有無官職、有無功績，都附綴於後，有至數十人者。且史筆成為其酬恩報怨的工具。收因仕於北齊，而修史又在齊文宣帝時，舉凡涉及齊神武帝在魏朝時，多曲為迴護，黨齊毀魏，有失是非之公。惜收前諸儒所撰魏史，悉數被毀，因此，收書終得列入正史，以存文獻。

27. 隋書的作者及體例如何？

答：唐魏徵等奉敕撰。撰紀傳者有顏師古、孔穎達、許敬宗等三人；撰志者有于志寧、李淳風、韋安仁、李延壽、令狐德棻等人。

隋書凡八十五卷，有本紀五，列傳五十，志三十。

28. 隋書的優劣如何？

答：隋書成於眾手，牴牾難免，執筆者都屬唐初名臣，書法嚴謹，文筆簡淨，惜高祖紀與煬帝紀中，曲為迴護，頗有隱諱篡逆的事跡，誠有愧史筆。

29. 南史的體例及特點如何？

答：南史凡八十卷，有本紀十，列傳八十八。始於劉宋永初元年，迄於陳禎明三年，歷宋、齊、梁、陳四代，一百七十年。

本書敘事簡淨，文少避諱，頗能糾正各史迴護的缺點。本書雖以宋、齊、梁、陳四史為根據，但是刪繁補闕，意存簡要，舉凡詔誥詞賦，一概刪削，無煩冗蕪穢之詞，司馬光稱為佳史。

30. 試述北史的特點。

答：北史與南史，同出李延壽之手，敘事簡淨，堪稱史籍中的佳構。而北史又較南史用力獨深，史例允當，於魏收曲筆，亦多加糾正。

31. 舊唐書的體例及優劣如何？

答：凡二百卷，有本紀二十，書志三十，列傳一百五十。

本書多以令狐德棻及吳兢的舊稿為藍本，敘事得體，文筆簡淨。尤其穆宗以前，簡而有體，敘述詳明，頗能保存班、范的舊法。惜穆宗以後，語多枝蔓，多述官職、資望，竟似斷爛朝報；而且各傳並見，重出頗多，本紀、列傳亦多迴護之處，為世所病。

32. 新唐書有何特點？

答：事增文省，為其最大特色。唐書迴護之筆，本書多予刊正；舛漏之處，亦加補救。

33. 試略述舊五代史的優劣。

答：取材多本諸實錄，因此修史時間，不過一年餘。事雖詳備，然實錄中迴護之處，都未能核實糾正，有失史實。

34. 新、舊五代史體例有何不同？

答：舊五代史仿陳壽三國志的體例，以國別為限，各自為書；新五代史則遠祖史記，以類相從。舊五代史率依各朝實錄；新五代史則旁參史料，褒貶分明。

35. 試述宋史的作者及優劣。

答：元托克托等奉敕修撰。

宋史全書，為卷五百，文百萬言，而修撰時間不及三年，成書可謂神速。有宋一代，史料的記錄與保存非常周密。有起居注，有時政記。每一帝必修有日曆，日曆之外，又有實錄。然本書因依實錄與傳記而成，未加考核損益，因此枉曲迴護，頗多不合史實；且立傳失當，前後矛盾，蕪雜特甚。

36. 試評遼史的優劣。

答：遼史在遼、金、元三史中，最為潦草疏略。本書所據底本為遼耶律儼所修太宗以下諸帝實錄七十卷，以及陳大任遼史。見聞既隘，且首尾不及一年即告完成，潦草成篇，實多疏略。遼國語解一卷，體例則頗完善。

37. 金史的作者及特點為何？

答：元托克托等奉敕修撰。

敘事詳賅，文筆老潔，迥出宋、元二史之上。

38. 明史的作者及體例為何？

答：清張廷玉等奉敕撰。

凡三百三十二卷，有本紀二十四，志七十五，表一十三，列傳二百二十。另附目錄四卷。

39. 明史的優點何在？

答：明史一書，為近代諸史中的佳作。本書編纂得當，考訂審慎，頗稱精善。

40. 新元史的作者及優劣為何？

答：民國柯劭忞撰。

本書義例嚴謹，考證博洽，且文章雅潔，論斷明快，頗足糾補元史的缺失。不過梁啟超對本書頗多微辭，謂其篇首無一字之序，無半行之凡例，令人不能得其著書宗旨及所以異於前人者之處；篇中篇末又無一字之考異或案語，不知其改正舊史者為某部分，何故改正，所根據者何書。

41. 清史稿的作者及缺點如何？

答：由趙爾巽、柯劭忞等人撰。

本書修史諸人，純以清遺臣身分記述清朝史事，因此書中頗多不合史實之處，義例既非，書法也多有偏頗。

42. 編年體的起源為何？

答：編年體的史書，起源於春秋、左傳。

43. 編年與紀傳的差異何在？

答：編年者，以事繫年，詳一國的治體；紀傳者，以人繫事，詳一人之事跡。

44. 編年的長處為何？

答：以時月為樞紐，一切事跡按年月一檢即得，沒有分述重出的煩惱。

45. 竹書紀年出書的經過情形如何？

答：其出書經過，觀晉書束皙傳可知：太康二年，汲郡人不準盜發魏襄王墓，得竹書數十車。

46. 竹書紀年的特色及價值如何？

答：本書文辭簡要有如春秋，記事則同於左傳。其中最駭人聽聞、與古代傳說相異的有：夏啟殺伯益，太甲殺伊尹，文丁殺季歷等。至於戰國時期，與史記不同的地方更多。其史料價值頗值得重視。

47. 試為竹書紀年釋名。

答：此書因係竹簡為書，故名竹書；因係編年體裁，故名紀年。

48. 漢紀的作者及體例為何？

答：東漢荀悅撰。

凡三十卷。計有高祖至平帝等十二紀，而以王莽之事附於平帝紀後，共敘事二百三十一年。

49. 漢紀的特色如何？

答：本書組織嚴密，文筆簡潔，內容雖不出漢書範圍，亦時有所刪潤，並非泛泛抄錄而成書。可作為研讀漢書的入門要籍。

50. 後漢紀與范曄後漢書的關係如何？

答：袁宏撰後漢紀的動機即因後漢書煩穢雜亂，明而不能竟，特欲掃此病之故。因此，可以說後漢紀是因後漢書而作。且後漢紀簡明扼要，一掃後漢書「煩穢雜亂」之病。

51. 資治通鑑成書經過及體例如何？

答：宋司馬光於英宗治平二年奉詔作書，至神宗元豐七年始成，歷時十九年。助修者有劉攽、劉恕、范祖禹等人。

凡二百九十四卷，上起戰國，下終五代之末，貫一千三百六十二年的史事，以朝代為紀，以編年為體，詳述歷代治亂興衰的事跡。

52. 資治通鑑的特色及今日最通行版本為何？

答：本書雖以政治為主，並非單純的政治史，舉凡社會、經濟、文化、制度等莫不摘要記述，實已涵括全面的歷史發展。且除敘述史實外，兼具史實的分析與評論，為有史學價值的巨著。南宋以後，注者頗多，元胡三省匯合眾注，訂訛正漏，作資治通鑑音注，歷三十年，稿經三易，始告成功，為今日最通行的版本。

53. 續資治通鑑長編的作者及特色如何？

答：南宋李燾撰。前後歷時四十年始成，李燾畢生精力，盡萃於斯。全書編纂得當，敘事詳密，文不蕪累，堪稱繼踵通鑑的名作。

54. 續資治通鑑有何特色？

答：本書史料都有所本，徵引史實，以正史為經，而以契丹國志及各家文集為緯。事必詳明，語歸體要。於舊史之文，惟有取捨剪裁，不加改寫；但有敘事，不雜議論。張之洞書目答問譽稱：「有畢鑑，則諸家續鑑皆可廢。」

55. 通鑑綱目的作者及其著述目的為何？

答：宋朱熹撰，門人趙師淵助編。朱熹編纂此書，以道德、思想、教育為主，故仿春秋褒貶之例，取通鑑所記之事創立綱目。

56. 通鑑綱目與資治通鑑的關係如何？

答：通鑑綱目取材不出資治通鑑，因此可用以勘正資治通鑑的字句訛異。

57. 紀事本末體創於何人？何書？又其特點為何？

答：創自宋袁樞的通鑑紀事本末。

其特點在以事為中心，標立題目，而依年月為序敘述。既不受人物的拘束，可免去紀傳體的重複；又不受時間的限制，可補編年的破碎。

58. 紀事本末體的局限為何？

答：紀事本末體以事為類，僅能就部分歷史事跡作有系統的敘述，而無法對整個歷史作全面的觀照，就史料保存的作用而言，不及編年、紀傳二體。

59. 通鑑紀事本末的作者及其著述動機為何？

答：宋袁樞撰。

袁樞原治通鑑，苦其以事繫年，前後尋檢，殊多費事，遂就通鑑事跡，以事為類，每事成編，自為標題，依年月為次而成書。

60. 何謂「九朝紀事本末」？

答：自宋袁樞通鑑紀事本末書出後，後人仿照袁書體裁，相續撰述，而有清高士奇的左傳紀事本末、明陳邦瞻的宋史紀事本末、元史紀事本末、清李有棠的遼史紀事本末、金史紀事本末、清張鑑的西夏紀事本末、清谷應泰的明史紀事本末、清楊陸榮的三藩紀事本末與袁樞的通鑑紀事本末，合稱九朝紀事本末。

61. 繹史的作者及四庫提要對其評語為何？

答：清馬驌撰。

四庫提要評說：「疏漏牴牾，間亦不免，而蒐羅繁富，詞必有徵，實非羅泌路史、胡宏皇王大紀所可及。」

62. 政書為史始於何人何書？

答：唐杜佑通典。

63. 何謂「三通」？

答：自杜佑通典書出，宋鄭樵的通志和元馬端臨的文獻通考，都以通典為藍圖，號稱「三通」。

64. 杜佑著通典的目的何在？

答：杜佑在通典總序中即言明其目的在：「採群言，徵諸人事，將施有政。」因而此書特重典章制度和社會經濟發展等重要史實。

65. 四庫提要對通典的評價如何？

答：四庫提要評其「詳而不煩，簡而有要，元元本本，皆為有用之實學，非徒資記問者可比」。

66. 通志體例如何？又其精華何在？

答：通志凡二百卷，自三皇至唐，為通史體裁，計分帝紀十八卷，皇后列傳二卷，年譜四卷，略五十一卷，列傳一百二十五卷。

全書精華在二十略中。

67. 通志一書的優劣如何？

答：本書網羅繁富，才辯縱橫，但穿鑿掛漏，在所未免。雖純駁互見，而瑕不掩瑜，仍值得資為考鏡。

68. 文獻通考取材的依據為何？

答：本書取材，大抵中唐以前，以通典為基礎，中唐以後則為馬氏廣收博採而成。

69. 文獻通考的特點為何？

答：本書取材廣博，網羅宏富，雖以卷帙繁重，難免顧此失彼，然條分縷析，貫穿古今，實政書體中的重要史籍。

70. 續三通所指為何？

答：指續通典、續通志、續文獻通考而言。

71. 清三通所指為何？

答：指清通典、清通志、清文獻通考而言。

72. 續三通與清三通撰寫年代為何？

答：撰寫年代均在清乾隆年間。

73. 何謂「九通」？

答：續三通、清三通與正三通合稱為九通。

子學常識測驗題

一、單選題

(　)1.如果你想到圖書館借閱具寓言性質的作品，下列哪一書籍最應列為優先選擇　Ⓐ左傳　Ⓑ孟子　Ⓒ莊子　Ⓓ呂氏春秋。

(　)2.以下四點，何者不是諸子產生的背景　Ⓐ封建制度崩潰　Ⓑ貴族階級動搖　Ⓒ經濟制度變化　Ⓓ教育事業不發達。

(　)3.古代學術的狀況　Ⓐ和今天相同，「政」「教」是合一的　Ⓑ和今天不同，「政」「教」是分離的　Ⓒ和今天相同，「政」「教」是分離的　Ⓓ和今天不同，「政」「教」是合一的。

(　)4.「一字千金」的典故，是由下列何者而起　Ⓐ莊子　Ⓑ呂氏春秋　Ⓒ春秋　Ⓓ老子。

(　)5.對政治改革充滿熱情，而且意志堅強的是　Ⓐ儒家　Ⓑ墨家　Ⓒ法家　Ⓓ道家。

(　)6.司馬談論六家要指所指的「六家」為　Ⓐ陰陽、儒、墨、名、法、道德　Ⓑ陰陽、儒、墨、名、法、縱橫　Ⓒ陰陽、儒、墨、名、法、雜　Ⓓ陰陽、儒、墨、名、法、小說。

(　)7.儒家在人際關係、人與社會的關係上，主張「有差等的愛」。試問下列哪一句話和儒家「有差等的愛」其涵義無關　Ⓐ先天下之憂而憂，後天下之樂而樂　Ⓑ老吾老以及人之老，幼吾幼以及人之幼　Ⓒ親親之殺　Ⓓ親親而仁民，仁民而愛物。

(　)8.荀子云：「好治怪說，玩琦辭，甚察而不惠，辯而無用，多事而寡功，不可以為治綱紀；然而持之有故，其言之成理，足以欺惑愚眾。」他所批評的是下列何人的思想　Ⓐ孟軻　Ⓑ惠施　Ⓒ韓非　Ⓓ老聃。

（　）9.「君無術則弊於上，臣無法則亂於下，此不可一無，皆帝王之具也。」「堯為匹夫不能治三人，而桀為天子能亂天下，吾以此知勢位之足恃，而賢智之不足慕也。」上述言論，應為何人的思想　Ⓐ商鞅　Ⓑ申不害　Ⓒ慎到　Ⓓ韓非。

（　）10.「禮法以時而定，制令各順其宜，兵甲器備，各便其用。臣故曰：『治世不一道，便國不必法古。』湯武之王也，不脩古而興；殷夏之滅也，不易禮而亡。然則反古者未可必非，循禮者未足多是也。君無疑矣。」這樣的言論，應該出自於下列何者　Ⓐ道家　Ⓑ名家　Ⓒ法家　Ⓓ儒家。

（　）11.如果你喜歡研究天文、星象、氣候，也想找出這些現象與大自然、人類的關聯，下列何者可能與你志同道合　Ⓐ儒家　Ⓑ陰陽家　Ⓒ農家　Ⓓ墨家。

（　）12.以下四點敘述，何者是不正確的　Ⓐ莊子繼承老子的哲學，肯定道是創生萬物的本源　Ⓑ莊子主張萬物是齊一的，有所謂高低貴賤之別　Ⓒ莊子主張泯是非，薄辨議　Ⓓ莊子主張天地與我並生，萬物與我合一。

（　）13.相對而言，下列何人最重視教育　Ⓐ韓非　Ⓑ惠施　Ⓒ荀子　Ⓓ老子。

（　）14.漢書藝文志諸子略序，班固以為九流十家中，可以「權事置宜，受命不受辭」，但也容易造成「上詐諼，棄其信」流弊的是　Ⓐ雜家　Ⓑ縱橫家　Ⓒ小說家　Ⓓ名家。

（　）15.下列何者是不正確的　Ⓐ兼愛是道德性的主張，毫無功利的用意　Ⓑ墨子主張尚同，所謂尚同，就是百姓上同天子，天子上同天志　Ⓒ基於兼愛的原則，墨子有非攻之主張　Ⓓ墨子非議禮文之虛偽，主張薄葬。

（　）16.下列諸子中，何者重視鬼神，強調鬼神對人的賞罰力量　Ⓐ孔子　Ⓑ墨子　Ⓒ莊子　Ⓓ荀子。

（　）17.呂氏春秋不二篇說：「（　）貴柔，（　）貴仁，墨翟貴廉（兼），關尹貴清，（　）貴虛，陳駢貴齊，

（　）貴己，孫臏貴勢，王廖貴先，兒良貴後。」（　）括號中要填入的人物如下，甲、陽生（楊朱），乙、孔子，丙、子列子，丁、老聃，其次序應為　Ⓐ甲乙丙丁　Ⓑ丁丙甲乙　Ⓒ丙乙丁甲　Ⓓ丁乙丙甲。

（　）18. 曾言：「為天地立心，為生民立命，為往聖繼絕學，為萬世開太平。」的學者是　Ⓐ周敦頤　Ⓑ張載　Ⓒ程頤　Ⓓ朱熹。

（　）19. 下列何者是不正確的　Ⓐ韓非喜刑名法術之學，而其本歸於黃老　Ⓑ韓非為人口吃，而善著書，曾師事荀子　Ⓒ韓非反對儒家尊賢之說，認為「法」才是治國之張本　Ⓓ韓非不主張用「刑德二柄」來宰制群臣。

（　）20. 「以天下為沉濁，不可與莊語，以卮言（無頭無尾、支離破碎的言辭）為曼衍，以重言為真，以寓言為廣。」所指的是下列何人　Ⓐ莊子　Ⓑ公孫龍　Ⓒ惠施　Ⓓ墨子。

（　）21. 儒家的學術思想中，較少提及的主題是　Ⓐ歷史經驗的傳承　Ⓑ人倫關係的建構　Ⓒ生命價值的尊重　Ⓓ民主政治的觀念。

（　）22. 下列何者是不正確的　Ⓐ惠施喜歡從絕對超越的角度去強調事物的「同」　Ⓑ公孫龍喜歡從絕對超越的角度去強調事物的「異」　Ⓒ惠施、公孫龍都不喜歡用詭辯的方法　Ⓓ名家思想對知識層面的開拓、邏輯學的形成有很重要的貢獻。

（　）23. 下列何者是了解先秦兩漢之際學術大勢的重要著作　Ⓐ春秋繁露　Ⓑ呂氏春秋　Ⓒ漢書藝文志　Ⓓ荀子非十二子。

（　）24. 以下何者是不正確的　Ⓐ縱橫家雖被列入九流十家，實為戰國時代兩種外交策略　Ⓑ蘇秦主張合縱，張儀倡導連橫　Ⓒ鬼谷子是縱橫家之代表人物　Ⓓ縱橫家是帝王之學，其權謀運用，縱橫捭闔，對今天的國際外交戰略沒什麼用處。

（　）25.下列何者以「疾虛妄」作為思想宗旨，有極高的批判精神的是 Ⓐ法言 Ⓑ太玄 Ⓒ新論 Ⓓ論衡。

（　）26.企圖以道家思想解釋論語的著作，是何晏的 Ⓐ論語集注 Ⓑ論語集解 Ⓒ法言 Ⓓ新論。

（　）27.佛教宗派中，何者不依一定經論，且不重宗教傳統的是 Ⓐ三論宗 Ⓑ天台宗 Ⓒ華嚴宗 Ⓓ禪宗。

（　）28.漢代的儒家學說往往混雜 Ⓐ白馬非馬之說 Ⓑ非樂非攻之說 Ⓒ陰陽五行之說 Ⓓ君民並耕之說。

（　）29.禪宗有頓悟、漸悟兩派，主張不同，請比較下列二偈，分別應為何人之作？

甲、身是菩提樹，心如明鏡臺。時時勤拂拭，勿使惹塵埃。

乙、菩提本無樹，明鏡亦非臺。本來無一物，何處惹塵埃。

Ⓐ甲、達摩，乙、慧能 Ⓑ甲、慧能，乙、神秀 Ⓒ甲、神秀，乙、慧能 Ⓓ甲、慧能，乙、弘忍。

（　）30.下列何者以易傳與中庸的思想為基礎，提出「誠」作為易經的道體與修養的工夫 Ⓐ通書 Ⓑ太極圖說 Ⓒ經學理窟 Ⓓ易說。

二、複選題

（　）31.下列關於中國學術，敘述正確的選項是 Ⓐ儒、墨、道、法、名、陰陽、縱橫、雜、農、小說等家合稱十家，去除雜家，則為九流 Ⓑ儒家流派中，孟子主張性善，法後王；荀子主張性惡，法先王 Ⓒ魏晉玄學發達，清談之風盛行，多治周易、老子、莊子，以王弼、何晏、阮籍、嵇康等人為代表 Ⓓ明代王學興起，以研究心性之學著稱，又名「道學」，重視「知行合一」。

（　）32.想從古籍中了解前人對先秦諸子的評述，下列哪些篇章可以參考 Ⓐ莊子天下篇 Ⓑ荀子非十二子 Ⓒ韓非子顯學 Ⓓ司馬談論六家要指。

（ ）33.下列何者屬於孟子的思想觀念 Ⓐ良知良能 Ⓑ老吾老以及人之老，幼吾幼以及人之幼 Ⓒ四端之心 Ⓓ知言養氣。

（ ）34.以下四點敘述，何者是正確的 Ⓐ管子是鄭國人，曾為鄭莊公建立霸業 Ⓑ管子是春秋時代的人，管子一書卻是戰國時代的著作 Ⓒ管子的道德思想承自道家，但轉入法家的法治主義 Ⓓ管子以四維作為立國之本。

（ ）35.下列何者是孟子的人生態度 Ⓐ節用非樂 Ⓑ舍我其誰 Ⓒ動心忍性 Ⓓ生於憂患而死於安樂。

（ ）36.呂氏春秋是 Ⓐ呂不韋的門客所著 Ⓑ採取儒家修齊治平的理論，但是摻雜道家清靜無為之說 Ⓒ採取墨家節儉好義，反對其非樂非攻之說 Ⓓ採取法家信賞必罰精神，反對其嚴刑峻法之說。

（ ）37.下列何者屬於孟子對讀書學習的看法 Ⓐ知人論世 Ⓑ以意逆志 Ⓒ盡信書不如無書 Ⓓ道在屎溺。

（ ）38.下列何者與莊子或其思想有關 Ⓐ鼓盆而歌 Ⓑ得魚忘筌 Ⓒ知魚之樂 Ⓓ濠濮間想。

（ ）39.以下關於漢代諸子的敘述，何者是正確的 Ⓐ漢初行黃老之治，所謂黃老，是法家與道家融合在一起的治術 Ⓑ淮南子是淮南王劉安的門客所寫的，代表雜家化的道家 Ⓒ賈誼新書、桓寬鹽鐵論、王符潛夫論，代表雜家化的儒家 Ⓓ董仲舒的天人感應學說，成為漢代思想主流。

（ ）40.下列何者與墨子或其思想有關 Ⓐ墨突不黔 Ⓑ摩頂放踵 Ⓒ染絲之變 Ⓓ歧路亡羊。

（ ）41.下列關於禍福言論的選項，何者屬於或接近於儒家 Ⓐ禍兮福之所倚，福兮禍之所伏 Ⓑ永言配命，自求多福 Ⓒ天道福善禍淫 Ⓓ塞翁失馬。

（ ）42.下列何人會告訴你不要讀書，或是讀書越多，心術越壞 Ⓐ莊子 Ⓑ老子 Ⓒ墨子 Ⓓ孟子。

（ ）43.下列何人在討論或辯論時，一定要先將每個詞語的意思弄得很清楚，不讓它有絲毫的含混 Ⓐ惠施

Ⓑ公孫龍 Ⓒ鄒衍 Ⓓ老子。

（ ）44.關於列子的敘述，下列何者正確 Ⓐ列禦寇撰，唐天寶元年，號列子書曰沖虛至德真經 Ⓑ屬於雜家 Ⓒ莊子書中謂其可以御風而行 Ⓓ其學本於黃帝、老子。

（ ）45.有關孫子兵法思想，下列何者正確 Ⓐ無恃敵不來，恃吾有以待之 Ⓑ投之亡地然後存，陷之死地然後生 Ⓒ兵貴勝，不貴久 Ⓓ不戰而屈人之兵，善之善者也。

（ ）46.以下四點敘述，何者是不正確的 Ⓐ周敦頤著太極圖說與通書 Ⓑ張載西銘主張「民胞物與」 Ⓒ王陽明主張「知難行易」之說 Ⓓ朱熹與陳亮曾在鵝湖會面，辯論自己的學說。

（ ）47.要研究漢文化中關於丹鼎符籙為內容的神仙之學，應參考下列何者 Ⓐ阮籍的達莊論 Ⓑ嵇康的養生論 Ⓒ魏伯陽的周易參同契 Ⓓ葛洪的抱朴子。

（ ）48.以下敘述，何者是正確的 Ⓐ程顥，稱為明道先生，主張「體貼天理，敬義夾持」 Ⓑ程頤，稱為伊川先生，主張「性即理」 Ⓒ陸九淵，號象山，主張「吾心即宇宙」 Ⓓ王陽明，提出「心即理」之說。

（ ）49.以下對考據之學的敘述，何者正確 Ⓐ清代學術的中堅 Ⓑ這種學問的興起，遠承漢代班固白虎通義而來 Ⓒ大都可以派入經學、史學、聲韻、文字、辨偽、校勘等學術領域 Ⓓ已脫離思想的創造，接近歷史實證之精神。

（ ）50.下列關於朱熹的敘述，何者正確 Ⓐ嘗師事李侗 Ⓑ遠祖程頤，學者稱為紫陽先生，亦稱考亭先生 Ⓒ為學主敬以立其本，窮理以致其知，反躬以踐其實 Ⓓ生平著述宏富，其中四書章句集注為其耗盡心血之作，影響深遠。

三、問答題

1. 「子」的涵義是什麼？

答：「子」字原指男子，其後作為男子的美稱。古代士大夫嫡子以下，皆稱夫子。從孔子起，開始有私人講學，孔子的門人尊稱孔子為「夫子」，簡稱「子」。自此相沿成風，弟子纂述老師思想言行的書籍，便以「子」為稱呼，這便是子書命名的由來。

2. 諸子產生的背景是什麼？

答：諸子的學術，產生於周秦之際，天下最混亂的時候。當時各國諸侯勢力龐大，相互爭雄，周天子無法號令天下，不論政治、社會、經濟、教育各方面都產生了劇烈的變革。從政治來看，周代的封建制度已因諸侯爭雄，彼此蠶食鯨吞而逐漸崩潰；從社會來看，周代世襲的貴族階級社會，已因平民崛起而根本動搖；從經濟來看，商人地位提高，經商有成的平民取代貴族成為新地主，農民隨著商人勢力的擴張，產生人口流動。從教育來看，平民教育興起，出身平民的才俊之士，數量大增，更富於使命感。他們面對時代的課題著書立說，相互論辯，就此開啟百家爭鳴的盛況。

3. 為什麼有「諸子出於王官」之說？

答：這是因為古代學術狀況和今天不同，政教不分，官師合一，學術資源大部分掌握在官方。周平王東遷以後，官學衰微，民間學術興盛，局面才逐漸改觀。因此古人討論諸子的淵源時，便有「諸子出於王官」之說。

4. 試從漢書藝文志所載，具體說明「諸子出於王官」的內容。

答：根據班固漢書藝文志之記載：

儒家者流，蓋出於司徒之官。（注：掌教育）

道家者流，蓋出於史官。（注：掌典籍）

陰陽家者流，蓋出於羲和之官。（注：掌星曆）
法家者流，蓋出於理官。（注：掌刑法）
名家者流，蓋出於禮官。（注：掌禮秩）
墨家者流，蓋出於清廟之守。（注：掌祀典）
縱橫家者流，蓋出於行人之官。（注：掌朝聘）
雜家者流，蓋出於議官。（注：掌諫議）
農家者流，蓋出於農稷之官。（注：掌農事）
小說家者流，蓋出於稗官。（注：掌野史）

5. 司馬談論六家要指將諸子分成幾家？

答：分成陰陽家、儒家、墨家、名家、法家、道德家。中國學術史上，以儒、墨、名、法、道德、陰陽作為諸子流派，自此開始。

6. 九流十家彼此之關係如何？其學說之價值可否相提並論？

答：在諸子十家之中，只有儒、道、墨三家是獨立的門派。名家、法家由此三家分出；陰陽家是春秋以前便已存在的舊學。至於縱橫家，是說客遊說各國的謀略。雜家之作，雜錄各家言論，並無中心思想。農家的許行、小說家的宋鈃均無著作流傳，必賴孟子、荀子之記述，方知學說梗概。由此可知，十家雖齊名平列，其學說之內涵與價值，並不能相提並論。

7. 「儒」字的原義是什麼？

答：儒字的原義是「柔」，又作「術士」之稱。從周禮注可知儒者是古代職掌教育的人，具備相當的學問及崇高的人格，是學者兼教育家。

8.何謂「孔門四科」？

答：孔子在世之日，已有「四科」之名目，此即論語先進篇說的：「德行：顏淵、閔子騫、冉伯牛、仲弓；言語：宰我、子貢；政事：冉有、季路；文學：子游、子夏。」可知四科是孔門弟子因性格和能力不同，而有四種發展的傾向。

9.孟子與荀子在心性論上有何對立的主張？

答：心性論是儒家思想的精粹。孟子、荀子都是發揮孔子思想的儒者。孟子從人人皆有「四端」之心，提出「性善說」，認為人具有本然的善性。荀子由於對心性的認知角度異於孟子，而提出「性惡說」。大體來說，孟子的「性」相當於「人的自覺心」，荀子的「性」相當於「人的自然本能」。荀子從人的自然本能看人性，因此得出「性惡」的結論。值得注意的是：荀子並不否認人可以為善。

10.除了「性惡說」之外，荀子還有什麼具有特色的思想？

答：荀子說：「人之性惡，其善者偽也。」所謂「偽」，就是「人為」，就是「變化氣質」。要變化氣質，必須仰賴學問。具體說，就是以禮樂作為教化工具。因此荀子大力主張「重視師法，弘揚禮樂」。荀子從理智的精神出發，把「天」看作「自然實體」，主張「制天用天」，反對「天人禍福」之說。此外，他從認識心的辨析中，發展出初步的邏輯思維；從君臣的對待關係中，提出「尊君貴民」、「富國強兵」的觀念，都是很有特色的思想。

11.試述「道家」命名的由來。

答：「道」的本義是「路」，又可解作「術」，皆指人們共同行走的道路。莊子天下篇將「道」「術」連言，指稱古代的學術。然而所謂「道家」卻是比較後起的稱呼。在漢司馬談論六家要指中，原稱為「道德家」，司馬遷在史記老莊申韓列傳也說老子「著書上下篇，言道德之意」，至東漢班固漢書藝文志才簡稱為「道家」。

12. 道家的創始者是何人？論及道家，應以何人為代表？

答：相傳道家源於古之史官，而史官之設置，又相傳可以溯至黃帝，因此道家的典籍常將學說託始於黃帝。其實，道家的思想淵源或許可以遠溯到上古，道家成為學派，卻肇端於老子，而莊子的學說又承自老子，所以論及道家，應以老子、莊子為代表。

13. 老子一書的作者是誰？為什麼又稱為道德經？

答：史記說得很清楚，老子是李耳撰成的。莊子和韓非子都引用過老子的言論。老子之所以稱為道德經，可能是取用上篇第一句「道可道，非常道」與下篇第一句「上德不德」中的「道」與「德」二字而成。

14. 老子的思想，使用什麼形式來表達？與論語有何不同？

答：老子一書，原先究竟分成幾章，今天已難察考。現在流傳的版本，不論是王弼本，還是河上公本，都分成八十一章，上篇三十七章，下篇四十四章。全書使用「韻文體」來表達思想，與孔子的論語使用「語錄體」來表達思想極為不同。老子一書全為獨白的格言，充滿冷靜的智慧；論語頗多師徒的對話，充滿溫暖的生活氣息。

15. 試述「道」的性質。

答：「道」是老子思想的核心。在老子一書中，有很多對「道」的描述，大體認為：天地萬物的本源是「道」，天地萬物都由「道」所創生。而「道」是一種虛無恍惚卻實際存在的東西，在創生萬物之後，便內在於萬物之中，衣養萬物。這一種創生活動，永不竭盡，因為「道」的運作，是循環反復的。

16. 試述莊子思想的要旨。

答：從思想發展來看，莊子繼承老子的哲學，也肯定「道」是創生萬物的本源，但是他更進一步說明「道」

是「非物」，是先於萬物而存在的精神性本體。從「道」的角度來看，萬物是齊一的，無所謂高低貴賤。從萬物是齊一的觀點出發，不僅事物是相對存在，連人的認知能力也是相對有限。由此，他主張「泯是非」、「薄辨議」，進而主張「齊物我」，並由此得出「天地與我同生，萬物與我合一」的結論。

17. 試述墨家命名的由來。

答：「墨」字原指黑色的書寫顏料，其後引申為「繩墨」之意。墨子主張刻苦，而其從學門徒，大多「囚首垢面，面目黧黑」，自奉甚儉，送死甚薄，重在引繩墨自矯，因此以「墨」作為學派名稱，叫做「墨家」。

18. 試述墨家的淵源。

答：墨家的淵源，可以追溯到夏禹。此因夏禹治水時，「菲飲食、惡衣服、卑宮室」的刻苦精神和墨家的精神相近，以後的墨者以此相高。莊子天下篇、淮南子要略訓便據此認為墨子之學繼承夏禹而來。

19. 何謂「顯學」？

答：孟子滕文公下說：「能言距楊墨者，聖人之徒也。」又說：「天下之言，不歸楊，則歸墨。」墨家是戰國時代儒家最重要的論敵，韓非子顯學篇稱儒、墨二家為「顯學」。

20. 試述墨子的「兼愛說」。

答：「兼愛」是墨子思想的核心觀念，但是「兼愛」不是道德性的主張，而是著眼於治亂的功利性主張。墨子認為一切混亂都起於不相愛，「兼相愛則治，交相惡則亂」；天下人若能彼此相愛，就不會有強凌弱、眾暴寡的現象出現。「兼愛」也是上天的意志，順天意，兼相愛，必得天賞；反天意，別相惡，交相賊，必得天罰。

21. 墨家如何非議儒家？荀子如何批評墨家？

答：墨子以儒者為論敵，反對儒家「天命」之說，改以「天志」、「明鬼」之說。又從儒者繁飾禮文，不事生產，譏議儒者的禮文為虛偽；由非議禮文，從而主張薄葬。又就音樂「不中聖人之事」、「不中萬人之利」足以廢事，不利天下，從而有「非樂」之說。墨子太過於重視功利與實用價值，所以荀子評之為：「墨子蔽於用而不知文。」

22. 試述法家的精神與命名由來。

答：「法」字原為「灋」字之省文，有求平直之義，其後引申為「憲令」、「刑罰」、「準繩」之義。韓非子定法篇說：「法者，憲令著於官府，刑法必於民心。賞存於慎法，而罰加乎姦令者也。」不別親疏，不論富貴，一切是非功過，以「法」作為論斷標準。這是法家的精神，也是法家命名的由來。

23. 試述法家諸子的代表人物。

答：法家諸子的學說中心思想各有不同的側重與強調，可以分成三大派：一是重勢派，以慎到為代表；二是重術派，以申不害為代表；三是重法派，以商鞅為代表。此外，韓非認為勢、術、法三者不可偏廢，成為法家集大成者。戰國時代，偽託管仲所作的管子亦為法家的重要著作。

24. 略述韓非思想的淵源。

答：韓非是荀子的弟子，他承繼了荀子的性惡說，認為人無善、惡意識。又承繼了荀子的尊君說，強調人主的利益至上。他襲取了道家虛靜的修養理論，強調人君應以靜制動，冷靜地駕馭臣下。此外，他吸收了法家前驅人物的思想，建立了一個以法治為基礎，集「法」、「術」、「勢」三者於一爐的政治思想體系。

25. 略述韓非對於「法治」的主張。

答：韓非反對儒家、墨家尊賢的主張，認為「禮治」、「人治」不足仗恃，唯有「法治」才是治國的張本。

他認為一個有道的君主，應該「遠仁義，去智能，服之以法」。作為人君，必須以「利」來收人心，以「威」遂行意志，以「名」作為上下追求的目標。

26. 試述管子一書的思想要旨。

答：(1)在道德思想方面：完全承自道家，但是轉入「法治」主義，認為「法」之來源，出於「道」，無為之治是法治的最高理想。但是，管子也強調「禮治」，禮不能治，才繼之以法，以濟禮治之窮。

(2)在政治制度方面：以「四維」作為立國之本，國本既立，乃有五官、五鄉之設，施行文政、武政。

(3)在教育方面：主張教軍士、教子弟、教士民。其教育事業，全委諸地方官吏。

(4)在經濟方面：主張鹽鐵專賣，礦產國有，開發森林，斂散穀物；且鼓勵生產，均節消費，調劑各種資源，販有易無，從事國際貿易。

(5)在國際關係方面：主張敦睦邦交，聯盟諸侯。

總之，管子一書在為政處事、經世濟民方面有極高的價值。

27. 「名」的意義是什麼？

答：「名」本指對事物之稱謂。「名」的觀念是由「實」而來，古代以「名」、「實」之關係作為探討對象，從而發展出來的學問稱為名學。

28. 試述名家的來源及代表人物。

答：早自孔子、老子，已經用了「名」這一個術語。孔子曾有「正名」的主張，老子也曾說：「無名天地之始，有名萬物之母。」荀子擅長「名」、「實」之辯，有正名篇之作。墨子的後學，有「同異」、「堅白」之論辯。凡此皆為名家的來源。但是，真正使「名學」成為一種學術，則始於鄧析，大盛於惠施、公孫龍。因此，提及名家應以惠施、公孫龍為代表人物。

29. 略述惠施思想的大要。

答：惠施的名理思想大致是從「合同異」的角度出發。他說：「大到極點，沒有範圍，叫做『大一』；小到極點，沒有內核，叫做『小一』。」所謂「大一」是就宇宙整體來看，所謂「小一」是從普遍萬物而言。「大一」、「小一」都是自然形上學的概念。

惠施又說：「無厚的東西，不可以累積。然而它的廣大，在空間上可以推展到千里。」這是指「面」的物理性質。又說：「天與地一樣卑下，山和澤一般齊平。」又說：「太陽剛到正午時，就偏斜了；生物剛出生下來，就走上死亡。」又說：「南方沒有窮盡，然而實有窮盡。今日剛走到越這個地方，而其實是老早就來的。」又說：「連環是可以解開的。我知道天的中央：無論在燕國的北方，或者越國的南方都是。」可以看出惠施刻意要人突破一般的感官經驗，而從一個絕對的、超越的角度去思考、判斷。

30. 公孫龍子的白馬論主要在討論什麼？

答：白馬論中最主要的命題是「白馬非馬」。公孫龍認為「白」是指顏色的概念，「馬」是指形象的概念。「顏色的概念」異於「形象的概念」，所以說「白馬」不是「馬」。這當然是一種詭辯，但是使人們注意到概念的類別和概念的「內涵」、「外延」等問題。

31. 公孫龍子的堅白論主要在討論什麼？

答：堅白論中最主要的命題是「離堅白」。有人問公孫龍：「堅硬、白色、石頭合稱為三，可以嗎？」公孫龍說：「不可以。」又問：「稱為二可以嗎？」公孫龍答：「可以。」原因是：對一塊白色的石頭，我們看不出它的「堅硬」，而只能看出它是「白色」的「石頭」，因此只能舉出「白」與「石」二者；用手來摸，不能摸出它的「白色」，而只能感覺它是「堅硬」的「石頭」，因此也只能舉出「堅」和「石」

二者。就事物的性質來說，公孫龍認為「堅」和「白」是可以相離的。

32. 公孫龍子的指物論主要在討論什麼？

答：指物論最主要的命題是：「物莫非指，而指非指。」意思是說：「一般人都認為天地萬物無非是指謂它們的概念，而事實上被概念指謂的『天地萬物』和指謂天地萬物的『概念』是有區別的。」換言之，公孫龍旨在強調「概念」與「物自身」是不同的。

33. 試述惠施、公孫龍思想的不同及名家思想的貢獻。

答：惠施、公孫龍的名學，最大的不同在於惠施主張「合同異」，公孫龍主張「離堅白」。更具體地說：惠施喜歡從絕對超越的角度去強調事物的「同」，公孫龍則喜歡從絕對超越的角度去強調事物的「異」。他們雖然都使用了詭辯的方法，提示自己學說的要旨，卻能使人跳出常識的觀點，對事物的性質作抽象的思考。名家的思想或許有其令人難以苟同的地方，但是對於知識的進展，邏輯學的形成有其重要的貢獻。

34. 試述陰陽家命名的由來。

答：據漢書藝文志，陰陽家起源於古代「羲和之官」，主要職守是觀察天象、制定曆法，並對於天道人事作種種預測。為了審度物勢的順逆生剋，判斷人事的吉凶禍福，於是運用了上古即有的陰陽、五行觀念，構成一套神祕的陰陽術數之學，這便是陰陽家命名的由來。

35. 陰陽家以何人為代表？

答：漢書藝文志著錄宋司星子韋、鄒衍等二十一家陰陽家著作都已亡佚，而鄒衍的學說較具獨創性，後世便推尊為陰陽家的代表人物。

36. 何謂「五德終始」？

答：鄒衍認為自有天地以來「五德轉移，治各有宜」。所謂「五德」，就是土木金火水。「土德之後，木德繼之，金德次之，火德次之，水德次之。」每一時代，各主一德，循環往復，周而復始。可知這是鄒衍對朝代更易、治亂盛衰提出的解釋。

37. 何謂「大小九州」之說？

答：鄒衍認為所謂中國乃天下八十一分居其一分而已。中國名叫赤縣神州，赤縣神州之內有九州，此為「小九州」；中國之外如赤縣神州者九，此為「大九州」。此種地理觀念，雖不盡符合事實，但是能夠恢廓我們的地理觀念，此為前所未有的想法。

38. 試述陰陽家思想對後世的影響。

答：鄒衍創立的「五德終始」本為迂怪之學，並沒有什麼哲學價值。但是到了漢代，董仲舒春秋繁露提出五行相生相勝之說，班固白虎通說明五行相生相勝的原理，劉向父子更將先秦時代本來各為系統的「八卦」與「五行」合而為一，其後又混入了讖緯之學，陰陽五行學說遂成為漢代最有影響力的學說。時至今日，卜筮星相仍然流行於民間，可見陰陽五行的影響力至今未泯。

39. 縱橫家因何而得名？以何人為代表人物？

答：縱橫家因「合縱」與「連橫」而得名。根據韓非子五蠹篇說：「從者，合眾弱以攻一強也。衡（橫）者，事一強以攻眾弱也。」戰國後期，蘇秦倡導韓、趙、魏、楚、燕、齊六國聯合抗秦，是為「合縱（從）」；張儀倡導六國共事秦國，是為「連橫」。但是蘇秦、張儀皆非思想家，他們遊說各國的事跡，全載於戰國策，被視為歷史資料。相傳蘇秦、張儀同師於鬼谷先生，學習縱橫之術。鬼谷先生，是周代晚期的高士，不知其鄉里姓氏，以所居之地名鬼谷為號，有鬼谷子一書。因此，論及縱橫家思想應以鬼谷子為代表。

40. 雜家何以謂之「雜」？先秦雜家有何重要的著作？

答：雜家之所以名為「雜」，是因為他們雜揉諸子的思想，自身並無一貫的宗旨。雜家著作以先秦的尸子、呂氏春秋最著名。

41. 試述呂氏春秋與諸子各家的關係。

答：呂氏春秋一書大體以儒家思想為主，而參以各家之說。它採取儒家修齊治平的理論，參以道家清靜無為的學說；對於墨家只取其節儉好義，不贊成其非樂非攻之說；對於法家，只取其信賞必罰的守法精神，而反對其嚴刑峻法；對於名家，贊同其正名觀念，而反對其詭辯混淆是非。此外，對於陰陽家的五德終始，農家的重農主張，都有所取。此書瑰瑋宏博，各家學說粲然兼備，是了解先秦兩漢之際學術大勢的重要著作。

42. 試述農家興起的背景與學說淵源。

答：農家以「播百穀，勤耕桑，以足衣食」作為訴求的內容。農家的興起，與戰國時代諸侯力政，相互攻伐，怠忽農業，以致民不聊生的背景有關。漢書藝文志說農家源於古代「農稷之官」。而農家學說，則託始於神農。神農是上古三皇之一，始創耒耜，教民稼穡，實為農業的始祖。神農氏的時代尚無文字，所以漢書藝文志著錄九種農家著作，其中神農二十篇，顯然是後人偽託的。

43. 試述農家思想之大要。

答：農家著作今已亡佚，目前僅能從孟子及少數輯佚的書籍中了解其中的大概。在孟子滕文公中記錄了農家許行、陳相的言行，可知許行主張「君民並耕而食」，反對「治於人者食人，治人者食於人」。在經濟方面主張劃一市價，以量為準。由於許行昧於社會分工原則及經濟原理，曾遭孟子駁斥。

44. 兵家之成立，以什麼為目的？何時是兵家最盛的時期？

答：兵家以行陣仗列、集體爭戰為主要的目的。我國自古便把祭祀與兵戎視為國家大事，因為兵戎之事直接關係到國家的興亡盛衰。戰國時代，諸侯爭霸，戰爭頻繁，因此成為兵家之學最盛的時期。

45. 試述兵家之學的思想方針。

答：「不戰而屈人之兵」是兵家最高的思想方針，既已開啟戰端，則「以正合，以奇勝」，必然竭盡韜略智謀以求勝利。兵器戰便不是解決衝突的唯一手段，舉凡政治戰、心理戰、謀略戰、情報戰都成為可用的方法。

46. 漢書藝文志區分兵家之學為幾家？今人提及兵家以何人為代表？

答：班固漢書藝文志兵書略將兵家之學分成「兵權謀」、「兵形勢」、「兵陰陽」、「兵技巧」共五十三家，七百九十篇，圖四十三卷。或因偽託，或因亡佚，今人提及先秦兵家之學，以春秋時代孫武的孫子兵法、戰國時代吳起的吳子為代表。

47. 試舉出先秦兩漢以來最具有代表性的兵學著作。

答：除了孫子兵法、吳子之外，周初姜太公的六韜、三略、司馬兵法，戰國時代的尉繚子兵法、孫臏兵法，蜀漢諸葛亮的孔明兵法，以及唐初的李靖兵法都是兵家具有代表性的兵學著作。

48. 試舉出漢代儒家的著作。

答：漢武帝採行董仲舒的建議，罷黜百家，獨尊儒術，於是混雜讖緯與陰陽五行的天人感應學說成為主流，董仲舒的春秋繁露正是這樣的一部書。此外，另有一批人起來反對，如揚雄仿論語作法言、仿易經作太玄，桓譚作新論、王充作論衡、桓寬作鹽鐵論、王符作潛夫論，都是本著儒家立場，雜揉他家思想，針對時代的課題提出議論，可以視為「雜家化的儒家著作」。

49. 試舉出漢代道家的著作。

答：淮南王劉安賓客共著的淮南子，雜取各家言論，向來被視為雜家之作。此書原有內書、外書、中篇之分，內書二十一篇曾以鴻烈為名，獻於朝廷。外書、中篇今已亡佚。就二十一篇而言，其中所言之「道」，即黃老刑名之術，論及權謀之處，又為老子思想之運用，因此，淮南子一書，實可視為「雜家化的道家著作」。

50. 魏晉之際，以何種學術為主流？有何主要派別？

答：魏晉之際，政治紊亂，知識分子飽受摧殘，此時的學術，以玄學為主流，大致可以分為「名理派」、「玄論派」、「曠達派」三大派別。

51. 試述魏晉玄學「名理派」的代表人物與著作。

答：名理派以辨別性情、分析才能、論說人物為重心，劉劭人物志為最重要的著作。

52. 試述魏晉玄學「玄論派」的代表人物與著作。

答：玄論派以推論「有」「無」，剖明體用，談論易經、老子、莊子為主（易、老、莊又號為「三玄」）。代表人物有何晏、王弼。何晏有論語集解，企圖以道家思想解釋論語；王弼有老子注，闡發老子以「無」為本體之精義。

53. 試述魏晉玄學「曠達派」的代表人物與著作。

答：曠達派以順任情性、擺脫約束、追求自我為本色。代表人物為阮籍、嵇康。阮籍著有達莊論、通老論，嵇康著有養生論、聲無哀樂論。

54. 試述魏晉神仙之學的代表人物與著作。

答：除了玄學之外，另有一些道教徒摭取古代神仙思想及莊子養生學說，形成一套以丹鼎符籙及成仙方法的神仙之學。以魏伯陽的周易參同契及葛洪的抱朴子為最重要的著作。

55.佛教傳入我國之後，有哪些重要的宗派？何謂「格義之學」？何謂「教外別傳」？

答：(1)佛教傳入我國，最早的紀錄是東漢明帝永平十年（西元六七年）。自漢末至中唐，佛教徒一方面翻譯佛典，一方面西行求法，佛教日益壯盛，佛學成為隋唐學術的主流。最重要的宗派有：成實宗、三論宗、涅槃宗、律宗、地論宗、淨土宗、禪宗、俱舍宗、攝論宗、天台宗、華嚴宗、法相宗、真言宗。其中天台宗、華嚴宗、禪宗是我國佛教徒自創的宗派。

(2)魏晉時代，僧侶為了傳教的需要，往往使用易經、老莊的思想和術語來解釋佛理，稱為「格義之學」。

(3)在我國佛教徒自創的宗派中，天台、華嚴猶能依據印度佛教經籍自造經論、自成系統。但是禪宗則不依一定的經論，而且不重宗教傳統，因此禪宗被稱為「教外別傳」。

56.宋代理學向有濂、洛、關、閩四派之稱，試說明其代表人物與基本主張。

答：(1)宋代理學，最早以周敦頤為開山祖。著有太極圖說及通書。太極圖說在說明宇宙產生、創化之道。通書則以易傳、中庸的思想為基礎，提出「誠」作為易經的道體及個人修養的工夫。世稱周敦頤為濂溪先生，所以為「濂學」之代表人物。

(2)周敦頤以後，有居關中講學的張載。張載字子厚，號橫渠，世稱橫渠先生。著有正蒙、易說、經學理窟。他有民胞物與的胸懷、氣一分殊的宇宙理論，以及變化氣質的修養工夫。張載所開的宗派稱為「關學」。

(3)周敦頤以後又有程顥、程頤兄弟光大周子之學問。程顥字伯淳，學者尊稱為明道先生，著有識仁篇、定性書，主張「體貼天理、敬義夾持」。程頤字正叔，學者尊稱為伊川先生，著有易傳、經解，主張「性即理」。二人因居洛陽，所開之宗派稱為「洛學」。

(4)南宋朱熹生於周、張、二程之後，是宋代理學集大成人物。著有易本義、詩集傳、大學中庸章句、論語孟子集注等書，主張「理」「氣」渾合的一元論。因為在福建講學，所開之宗派稱為「閩學」。

57. 除了濂、洛、關、閩四派理學之外，還有哪些重要的理學家？

答：南宋時代，除了朱熹，尚有陸九淵、葉適、陳亮等著名的理學家。陸九淵，字子靜，號象山，強調「吾心即宇宙」，與朱熹的思想路向不同，朱、陸二人曾有「鵝湖之會」，辯論自己的學說要義，是我國哲學上的一段美談。到了明代王陽明，承繼陸九淵之學說，提出「心即理」、「知行合一」之說，使心性之學推展到登峰造極的境地。

文學常識測驗題

一、單選題

（　）1. 詩歌用韻的作用，在於 Ⓐ加強文字的排列組合 Ⓑ增加寫作的難度 Ⓒ讀起來和諧 Ⓓ摹仿民歌的特色。

（　）2. 我國最早的一部詩歌總集是 Ⓐ詩經 Ⓑ楚辭 Ⓒ樂府詩集 Ⓓ全唐詩。

（　）3. 依照唐代詩人的風格特色來判斷，下列哪兩句應是王維之作 Ⓐ孤燈燃客夢，寒杵搗鄉愁 Ⓑ無邊落木蕭蕭下，不盡長江滾滾來 Ⓒ古木無人徑，深山何處鐘 Ⓓ抽刀斷水水更流，舉杯銷愁愁更愁。

（　）4. 戰國楚屈原的辭賦，用象徵手法表現 Ⓐ邊塞的風光 Ⓑ含忠履潔的精神 Ⓒ神話志怪的故事 Ⓓ異國的情調。

（　）5. 辭賦中的短賦起於 Ⓐ屈原 Ⓑ荀子 Ⓒ司馬相如 Ⓓ歐陽脩 的作品。

（　）6. 「黛玉笑道：『既要學做詩，你就拜我為師。我雖不通，大略也還教的起你。』香菱笑道：『果然這樣，我就拜你為師。你可不許膩煩的。』黛玉道：『什麼難事，也值得去學？不過是起承轉合。當中承轉，是兩副對子，平聲的對仄聲；虛的對虛的，實的對實的。若是果有了奇句，連平仄虛實不對都使得的。』」紅樓夢據上文黛玉要教香菱的詩是 Ⓐ樂府 Ⓑ絕句 Ⓒ律詩 Ⓓ排律。

（　）7. 下列有關文學流派的敘述，錯誤的選項是 Ⓐ擅長描寫田園風光、農村生活的詩人為田園詩人。陶淵明被稱為田園詩人之宗，其後繼者有唐王維、孟浩然、儲光羲，南宋范成大等人 Ⓑ擅長邊塞風光的描寫與戰爭的歌詠的詩人為邊塞詩人。代表作家有盛唐岑參、高適、王昌齡、王之渙等人 Ⓒ明末湖北公安袁宗道、袁宏道、袁中道三兄弟主張擬古、復古，所作亦典雅高古，世稱「公安派」

Ⓓ清初桐城方苞為文嚴標義法，其後劉大櫆、姚鼐承其遺緒。三人皆桐城人，故世稱「桐城派」。

（　）8.樂府是掌管音樂的官府，採詩以配合祭祀，於是有樂府詩。樂府的制度建立於　Ⓐ周代　Ⓑ秦代　Ⓒ西漢　Ⓓ東漢。

（　）9.下列有關詩、文、小說的敘述，正確的選項是　Ⓐ章回小說起於唐，成於宋，盛行於元明，衰竭於清　Ⓑ晚明小品重性靈，貴獨創，歸有光、袁宏道為其代表作家　Ⓒ詩、詞、曲皆為韻文，詩為整齊句，詞曲為長短句，故詞曲的形式與格律均較詩為自由　Ⓓ古體詩產生於兩漢，發展於魏晉，句數可以不拘，亦不刻意求對仗，無論平仄、用韻皆較近體詩自由。

（　）10.中國古籍中保留較多神話故事者，為下列何者　Ⓐ詩經　Ⓑ山海經　Ⓒ楚辭　Ⓓ淮南子。

（　）11.中國七言詩起於　Ⓐ詩經周南桃夭篇　Ⓑ漢武帝柏梁臺君臣聯句　Ⓒ南朝宋鮑照行路難　Ⓓ唐李白將進酒。

（　）12.近體詩中的律詩共八句，它除了講求平仄外，在二、三兩聯還要講求　Ⓐ用韻　Ⓑ對仗　Ⓒ誇飾　Ⓓ聲調。

（　）13.唐代詠邊塞的詩歌能振奮人心，其中重要的邊塞詩人有　Ⓐ王勃、駱賓王　Ⓑ李白、杜甫　Ⓒ高適、王之渙　Ⓓ杜牧、李商隱。

（　）14.清光緒年間所出土的敦煌曲子詞即　Ⓐ南北朝時的民歌　Ⓑ詩經最早的抄本　Ⓒ唐人的民歌，也是唐詞的開端　Ⓓ清代的講唱文學。

（　）15.最早將屈原和其弟子宋玉、景差、唐勒等人作品，以及漢人仿作，合編成書，名為楚辭的是　Ⓐ王逸　Ⓑ劉向　Ⓒ朱熹　Ⓓ洪興祖。

（　）16.所謂「洛陽紙貴」，是因何人的作品而起　Ⓐ左思的三都賦　Ⓑ張衡的西京賦　Ⓒ班固的兩都賦　Ⓓ

司馬相如的子虛賦。

（　）17.請依詩體的特色，選出屬於古體詩的選項　Ⓐ白日依山盡，黃河入海流；欲窮千里目，更上一層樓（王之渙登鸛雀樓）　Ⓑ嶺外音書絕，經冬復立春，近鄉情更怯，不敢問來人（李頻渡漢江）　Ⓒ慈母手中線，遊子身上衣；臨行密密縫，意恐遲遲歸。誰言寸草心，報得三春暉（孟郊遊子吟）　Ⓓ細草微風岸，危檣獨夜舟。星垂平野闊，月湧大江流。名豈文章著，官應老病休。飄飄何所似，天地一沙鷗（杜甫旅夜書懷）。

（　）18.近體詩除了在平仄有定則、句數有定格外，多用平韻，且一韻到底。頷聯、頸聯必須對仗。在這些條件下，請依詩意推敲，選出最適合填入□內的選項：「南北山頭多墓田，清明祭掃各紛然。紙灰飛作白蝴蝶，淚血染成□□□。日落狐狸眠塚上，夜歸兒女□□□。人生有酒須當醉，一滴何曾到□□」　Ⓐ紅海棠／喜團圓／黃泉　Ⓑ紅牡丹／展歡顏／九原　Ⓒ紅玫瑰／繞膝前／墳塚　Ⓓ紅杜鵑／笑燈前／九泉。

（　）19.鍾嶸詩品說：「文體省淨，殆無長語。篤意真古，辭興婉愜。每觀其文，想其人德。世嘆其質直。至如『懽言酌春酒』、『日暮天無雲』，風華清靡，豈直為田家語邪？古今隱逸詩人之宗也。」他所評論的是　Ⓐ曹操、曹丕、曹植　Ⓑ陶潛　Ⓒ嵇康　Ⓓ阮籍。

（　）20.莊子的寓言多寫自然界的各種事物，而韓非子中的寓言卻多寫　Ⓐ神鬼　Ⓑ山水　Ⓒ田園　Ⓓ人事。

（　）21.我國第一部的山水小品散文是　Ⓐ北魏酈道元的水經注　Ⓑ北齊顏之推的顏氏家訓　Ⓒ南朝梁劉勰的文心雕龍　Ⓓ南朝梁蕭統的昭明文選。

（　）22.主張「詩緣情而綺靡」，並倡「巧構形似之言」，而使詩的創作走上排偶對稱，重視綺靡豔麗的詩風。這是那一代詩人的特色　Ⓐ晉代太康詩人　Ⓑ東漢末建安詩人　Ⓒ魏代正始詩人　Ⓓ齊梁之間的宮體詩人。

（　）23.唐代新樂府運動主要的提倡人是　Ⓐ元結、杜甫　Ⓑ元稹、白居易　Ⓒ杜牧、李商隱　Ⓓ李賀、溫庭筠。

（　）24.唐代古文運動主要的提倡人是　Ⓐ陳子昂、元結　Ⓑ元稹、白居易　Ⓒ韓愈、柳宗元　Ⓓ皮日休、陸龜蒙。

（　）25.中國文學史上在文體上皆有一名多義的現象，下列各著作共包含幾種不同的文體？（甲）郭茂倩樂府詩集（乙）蘇軾東坡樂府（丙）馬致遠東籬樂府（丁）張可久小山樂府（戊）魯迅唐宋傳奇記（己）張敬明清傳奇導論　Ⓐ六種　Ⓑ五種　Ⓒ三種　Ⓓ兩種。

（　）26.詞作不多，然其蘇幕遮「碧雲天，黃葉地」，漁家傲「塞下秋來風景異，衡陽燕去無留意」，有幾分塞外風貌，歐陽脩嘗呼為窮塞主之詞。此人為　Ⓐ范仲淹　Ⓑ柳永　Ⓒ晏殊　Ⓓ溫庭筠。

（　）27.明代三袁公安派的古文理論在於　Ⓐ獨抒性靈，不拘格套　Ⓑ童心說　Ⓒ文章本色　Ⓓ求真求美。

（　）28.駢文四體中的吳均體是在寫　Ⓐ宮廷女子生活　Ⓑ邊塞征戰　Ⓒ江湖漁樵生活　Ⓓ山水清音　的駢文。

（　）29.詞中有：「雲破月來花弄影」、「簾幙卷花影」、「墜飛絮無影」，世稱誦之，謂之「張三影」的是何人　Ⓐ張孝祥　Ⓑ張元幹　Ⓒ張先　Ⓓ張可久。

（　）30.晚清的譴責小說有　Ⓐ紅樓夢、聊齋誌異　Ⓑ兒女英雄傳、三俠五義　Ⓒ官場現形記、二十年目睹之怪現狀　Ⓓ歧路燈、浮生六記。

二、複選題

（　）31.若想了解屈原的生平或作品，下列可閱讀的書籍選項是　Ⓐ史記　Ⓑ春秋　Ⓒ四庫全書　Ⓓ楚辭集注。

（　）32.下列敘述，正確的選項是　Ⓐ世說新語、儒林外史、老殘遊記都採章回體寫成　Ⓑ歷代的樂府詩皆可入樂　Ⓒ詞因須合樂，故字句多少，句中平仄，叶韻位置皆有嚴格規定　Ⓓ元雜劇一人獨唱，每本四折；而傳奇不限獨唱，可以對唱、合唱，有多至四、五十齣者。

（　）33.小強正在進行古典小說研究，初步寫下下列筆記，請問其中正確的有哪幾項　Ⓐ紅樓夢是描寫清代貴族家庭興衰的寫實小說　Ⓑ儒林外史是敘述明代科舉黑暗面的諷刺小說　Ⓒ三國演義是敘述漢末至西晉間歷史演變的小說　Ⓓ老殘遊記是記敘清初漢滿衝突的譴責小說。

（　）34.下列有關文學常識的敘述，正確的選項是　Ⓐ清李漁：中國小說界四大奇書——三國演義、水滸傳、金瓶梅、西廂記　Ⓑ詩經是我國最早的詩歌總集，內容有十五國風、二雅、三頌　Ⓒ我國四大韻文是漢賦、唐詩、宋詞、元曲　Ⓓ散賦、駢文、古文都屬無韻文。

（　）35.楚辭是南方文學的代表，多用楚語作語詞，最常見的有　Ⓐ兮　Ⓑ也　Ⓒ只　Ⓓ些　等字。

（　）36.下列敘述何者正確　Ⓐ詩經是中國最早的詩歌總集，與楚辭並為先秦文學雙璧　Ⓑ漢代，賦是最流行的文體；樂府詩與古詩十九首也產生於兩漢　Ⓒ魏晉南北朝是駢文最盛行的時代　Ⓓ王安石的泊船瓜洲與黃庭堅的寄黃幾復皆可在全唐詩中查到。

（　）37.下列關於中國傳統小說的敘述，何者正確　Ⓐ山海經是先秦時代的作品，包含一些神話、寓言，乃屬小說的萌芽階段　Ⓑ虬髯客傳乃屬唐代傳奇的愛情類小說　Ⓒ水滸傳乃大宋宣和遺事的前身，為宋代白話章回小說　Ⓓ紅樓夢是原創性極高的白話章回小說。

（　）38.古體詩的作法　Ⓐ句子的多寡不受限制　Ⓑ要求嚴格的對仗　Ⓒ句中每個字不受平仄的約束　Ⓓ用韻寬，可以通押，並可以換韻。

（　）39. 下列何者合乎樂府詩的條件　Ⓐ可以歌而合樂的詩　Ⓑ歌行體的詩　Ⓒ標題上用「歌」、「行」、「吟」、「弄」等名稱的詩　Ⓓ八句以上，要求兩兩對仗的詩。

（　）40. 文學史上有許多文學改革運動，其中的參與者也多有其文學革新的主張。下列人物中提倡文學改革，有其文學革新主張的選項是　Ⓐ韓愈　Ⓑ胡適　Ⓒ白居易　Ⓓ歐陽脩。

（　）41. 兩漢樂府詩的內容和特色　Ⓐ大抵為清商曲、相和曲　Ⓑ感於哀樂、緣事而發的敘事詩　Ⓒ大量使用諧音雙關語　Ⓓ有四季調、十二月令歌的組詩。

（　）42. 詞是詩與音樂的結合，由詩衍化而來，又與民間音樂有直接的關係，所以有許多別名。下列何者即是詞的別名　Ⓐ曲子、曲子詞　Ⓑ長短句　Ⓒ詩餘　Ⓓ琴趣、樂章。

（　）43. 絕句　Ⓐ又名斷句、截句　Ⓑ八句詩，其中有兩聯要對仗　Ⓒ為四句詩，五言為二十字，七言為二十八字　Ⓓ長短句的詩。

（　）44. 四庫全書的集部中，有總集、別集之分，下列何者屬於眾人作品合輯的總集　Ⓐ昭明文選　Ⓑ花間集　Ⓒ臨川集　Ⓓ欒城集。

（　）45. 小說大要可分為筆記小說、傳奇小說、短篇小說、章回小說等，下列選項的歸屬，何者正確　Ⓐ搜神記、世說新語——筆記小說　Ⓑ枕中記、聊齋誌異——傳奇小說　Ⓒ警世通言、喻世明言、醒世恆言——短篇小說　Ⓓ三國演義、紅樓夢——章回小說。

（　）46. 下列關於賦的說明，何者正確　Ⓐ體裁介於詩文之間，源於詩經，盛於兩漢　Ⓑ魏晉南北朝發展為俳賦，唐則演變為律賦　Ⓒ宋人所作，受古文影響，稱為文賦，蓋即陸機文賦之苗裔　Ⓓ文賦化典重為流利，極近散文，故又稱散賦；蘇軾赤壁賦即其代表。

（　）47. 下列敘述何者正確　Ⓐ樂府和古詩同為漢代詩歌主流，都不拘平仄，可以換韻，且句數不限　Ⓑ樂府本是漢代官署之名，後習慣將樂府所採集的詩歌稱為「樂府詩」，文人仿作者則為「古詩」 Ⓒ樂府詩多長短句，可被之管絃；古詩多五、七言，不入樂 Ⓓ樂府詩的命題多用歌、行、引、曲、調、辭等字，它與古詩的不同，由標題就可以辨認出來。宋郭茂倩編有樂府詩集，總括歷代樂府歌辭，以音樂為主，分為十二類。

（ ）48. 清代桐城派的古文理論 Ⓐ獨抒性靈，不拘格套 Ⓑ提倡古文義法 Ⓒ古文要雅潔 Ⓓ推崇唐宋古文家及歸有光的古文。

（ ）49. 下列詩歌皆為六朝的樂府詩，請依其特色，選出其為南朝樂府者 Ⓐ敕勒川，陰山下。天似穹廬，籠罩四野。天蒼蒼，野茫茫，風吹草低見牛羊（敕勒歌） Ⓑ驅羊入谷，白羊在前。老女不嫁，蹋地喚天（地驅歌樂辭四之二） Ⓒ春林花多媚，春鳥意多哀。春風復多情，吹我羅裳開（子夜春歌） Ⓓ宿昔不梳頭，絲髮被兩肩。婉伸郎膝上，何處不可憐（子夜歌）。

（ ）50. 有關韻文的流變，下列敘述正確的選項是 Ⓐ春秋、戰國時代，北方韻文的代表是詩經，南方韻文的代表是楚辭，此兩書的成書時間早，且非一時一人之作，所以作者多已不可考 Ⓑ賦，是介於詩、文之間的一種合樂文體，可被之管絃，名作如蘇軾的赤壁賦，即是蘇子與客江上泛舟時，吟歌對答的文章 Ⓒ樂府詩是漢朝文學主流之一，南北朝時依然興盛；中唐白居易以樂府詩「緣事而發」的精神，提倡「新樂府運動」，企圖以詩歌改革社會 Ⓓ近體詩指律詩、絕句而言，其句數、字數、平仄皆有嚴格限制，且一韻到底，不可換韻；律詩中間各聯且須對仗。

三、問答題

1. 什麼叫做文學？文學和學術的分野何在？

答：我國早期的文學以實用為主，往往跟學術混在一起。廣義的文學，如章太炎所說的：只要是文字記錄在竹帛紙上，而且有法式的文章，便可稱為文學。狹義的文學，是指作家運用語言文字，表現人類的思想、情感，創造出完美的想像和新技巧的作品，便叫做文學。

文學和學術的分野：文學是藝術，學術則屬於學問；藝術要求美，學問要求實用。前者憑直接的感受，是感性的文章；後者靠客觀的分析，是知性的文章，道路不同，效果兩樣。

2. 我國文體分類，最早見於何人何書？其分類的大要如何？

答：我國文體分類，最早見於魏曹丕的典論論文。他將文體分為四大類，即奏議、書論、銘誄、詩賦四種，而且每種文體的特色是：奏議宜雅，書論宜理，銘誄尚實，詩賦欲麗。

3. 詩大序有云：「詩有六義焉。」詩經的「六義」是指哪六義？其涵義又如何？

答：詩大序中所說的六義包括風、雅、頌、賦、比、興六大類。風、雅、頌三項，是詩經的分類，也是詩經的體裁；賦、比、興三項，是詩經的作法，其實也是後世詩歌的作法。因此詩的六義，包涵了詩經的類別和詩歌的作法。

4. 何謂「楚辭」？楚辭一書是誰編成的？

答：楚辭，是楚地的歌謠。戰國時屈原、宋玉等運用楚地的語言，配合楚地的南音和巫歌，記述楚地的地名和名物以入歌謠，於是成為南方文學中特有的文體。誠如宋人黃伯思所云：「屈、宋諸騷，皆書楚語，作楚聲，紀楚地，名楚物，故謂之『楚辭』。」楚辭一書，是西漢末葉劉向所編的，其中收錄屈原和屈原弟子宋玉、景差的作品，以及漢人賈誼、淮南小山、東方朔等摹仿屈原離騷的作品，合而成書，共十六篇，名為楚辭。

5. 楚辭為南方文學的代表，有何特色？

答：楚辭是淵源於楚文化的巫覡文學，屈原繼承了詩經的四言詩，同時又吸收了楚文化，對楚地民歌加以革新，開展了句法參差的新體詩。這種以象徵手法為主的象徵文學，與北方實寫為主的詩經不同。它具有濃厚的楚地色彩，又以描寫個人的情懷和幻想，構成了詞藻華麗、對稱工巧，具有象徵、神祕、浪漫等特色的南方文學。

6. 何謂「短賦」？荀子有哪些短賦的作品？

答：每篇不超過五百字，篇幅極短的辭賦，稱為短賦。是繼詩經之後的一種韻文。荀子的短賦，藉詠物以說理，在今傳荀子一書中，有賦篇、成相篇二篇。賦篇又收有五篇短賦，各自獨立，不相關聯，即禮賦、知賦、雲賦、蠶賦、箴賦；成相篇包含三首類似鼓詞的詩，以及兩首佹詩。佹詩，是荀子創造的新體詩。

7. 何謂「賦」？兩漢有哪些重要的賦家？

答：賦，文體的一種，是繼詩經四言詩之後，漢人所開展的一種韻文。因此班固說：「賦者，古詩之流也。」劉勰文心雕龍詮賦篇對賦所下的定義是：「賦者，鋪采摛文，體物寫志。」也就是說：賦這種文體，是以鋪陳文采，用華麗的辭藻，來詠物託諷。漢代文學的主流，便是漢賦，漢賦的主要作家，西漢有賈誼、司馬相如、王褒、揚雄；東漢有班固、傅毅、張衡、王延壽等。而司馬、揚、班、張四家，並稱為漢賦四大家。

8. 我國古典詩歌可分哪幾類？

答：我國古典詩歌，大抵以齊言詩而言，非齊言的韻文，便不稱為詩，而名之為辭、為賦、為詞、為曲。我國古典詩歌可分為三大類：古體詩、樂府詩、近體詩。古體詩，又名古詩；近體詩，又稱絕律。樂府詩最自由，它可用古詩來寫樂府，也可以用近體詩來寫樂府。

9. 何謂「古詩」、「近體詩」？

答：古體詩，又名古詩，與近體詩相對。所謂古詩，是詩體的一種，依照古人作詩的方式所寫的詩，稱為古詩，與唐人所開創的近體詩作法不同。古詩之名，始見於文心雕龍和昭明文選。所謂近體詩，是唐人所開創的新體詩，包括絕句和律詩，在作法上比古詩嚴格，有句法、平仄、對仗等限制。

10. 古詩和近體詩有何不同？

答：古詩和近體詩的分別，在於形式結構上的不同：一、句子的多寡不同：古詩句子的多寡，依內容而決定，最少兩句，最多數百句不等；近體詩句法一定，絕句四句，今律八句，八句以上為排律，今人所稱的律詩，便是八句的今律。二、平仄使用的限制：古詩每個字不受平仄的約束，但近體詩每個字平仄的用法有一定的格律。三、對仗的要求：古詩句法自由，可寫單句，也可寫雙句，便成一聯，唐以前的古詩，有對稱的現象，但不刻意的要求；然而近體詩中的律詩，除了前後兩聯不對仗外，其他兩兩要對仗。四、用韻的限制：古詩用韻寬，可以通押，可以換韻；近體詩用韻嚴，不能通押，只限一韻之內的字押韻，且不能換韻。

11. 何謂「建安詩」？建安有哪些重要詩人？作品的特色何在？

答：建安詩是指東漢獻帝建安時代（西元一九六——二二〇年）所出現的五言詩。當時重要的詩人有曹氏父子：曹操、曹丕、曹植，以及建安七子：孔融、陳琳、王粲、徐幹、阮瑀、應瑒和劉楨。建安作品的特色，在於「慷慨以任氣，磊落以使才」，也就是任才氣，表現磊落不拘的性情、對時代的抗議和憤慨。

12. 何謂「正始詩」？正始詩人有哪些重要的作家？作品的特色何在？

答：三國時魏齊王正始年間（西元二四〇——二四九年），有一些隱逸詩人所寫的詩，稱為正始詩。他們常集於竹林之下，飲酒賦詩，崇尚老莊虛無之學，輕禮法，尚自然，時人稱為「竹林七賢」，也稱為正始詩人，包括阮籍、嵇康、山濤、向秀、劉伶、阮咸、王戎七人。他們作品的特色，如同文心雕龍明詩篇所說：「正始明道，詩雜仙心。」也就是正始詩人崇尚老莊之道，詩中摻雜著遊仙觀念與隱逸思想。

13. 何謂「太康詩」？有哪些代表作家？作品的特色何在？

答：西晉武帝太康年間（西元二八〇——二八九年）一些詩人所寫的詩，稱為太康詩。太康詩人有三張、二陸、兩潘、一左。三張是指張載、張協、張華；二陸是指陸機、陸雲兩兄弟；兩潘是指潘岳、潘尼叔侄；一左是指左思，他們處於西晉太平年代，作品內容缺少時代的激盪，比較偏重形式結構和華麗辭藻的組合，因此崇尚巧構形似之言，是其特色。

14. 我國田園文學起於何時何人？

答：我國以農立國，照理田園文學、田園詩極為發達。但實際上，我國田園詩或田園文學並不發達，原因是歷代文人都非農夫出身。詩經國風中的豳風，有幾首描寫農耕生活的詩，但並沒有將田園文學的精神特色寫出。直到東晉義熙年間，陶淵明寫歸園田居、飲酒詩和歸去來辭，才真正表現了田園詩和田園文學的特色，所以我國田園詩、田園文學始於東晉陶淵明。

15. 我國山水詩始於何時、何人？山水散文始於何書？

答：我國山水詩始於南朝宋謝靈運的山水詩，他以永嘉一帶的奇山異水入篇，其後尚有齊謝朓寫江南山水清麗的小篇山水詩，世人稱之為大謝小謝。同時在北朝北魏時，酈道元用漢人桑欽的水經加以注釋，成為水經注。水經注本是河渠水利的書，由於對河川江水景色的描寫清麗脫俗，遂成為山水散文、山水文學的第一書。

16. 何謂「樂府」？

答：樂府就是音樂的官府，漢武帝立樂府，採集民歌，因此樂府一詞成為民歌的代稱，而樂府詩便是合樂的詩。

17. 古詩與樂府詩有何不同？

答：古詩和樂府詩的不同，最主要的在於合樂和不合樂，古詩是文人所寫的詩，它只能誦而不能歌；樂府詩是民歌，是合樂的詩，也是可以歌唱的音樂文學。其後文人也仿作民間樂府。今樂府詩的音樂部分已亡佚，僅留下文字部分的歌詞，但從標題上，仍可以判斷是古詩或樂府，凡是與音樂結合的詩，詩題的命名與音樂有關，即有「歌」、「行」、「吟」、「弄」、「曲」、「調」、「操」、「引」、「章」等音樂痕跡，如長歌行、江南弄等便是樂府詩，否則便是古詩。但唐人所開創的「新題樂府」，簡稱「新樂府」，那是不合樂的詩，也稱為「樂府詩」。

18. 試述漢樂府的由來。

答：漢朝初建，帝王為了朝廷的用樂，漢惠帝任命夏侯寬擔任樂府令，「樂府令」便是音樂官府的首長，於是始有「樂府」這個名稱。到漢武帝時，為了祭天地，因此成立了「樂府」這個機構，而樂府便成為官署，採詩夜誦，並編製祭祀的詩歌，以李延年為協律都尉，負責帶領編製朝廷典禮所需的樂曲。由於樂府的職掌是採集民歌，配合祭祀，後樂府便引申為民歌的代稱。

19. 我國第一首長詩，是哪一首？內容寫些什麼？

答：我國第一首長詩，是發生於東漢末葉建安中的民歌孔雀東南飛，該詩被收錄在梁徐陵所編的玉臺新詠中，全詩共三百五十三句，一千七百六十五字，為我國五言敘事詩中特有的長詩。該詩內容在敘述廬江府小吏焦仲卿妻劉蘭芝，被婆婆遣回娘家，誓不他嫁，後因家人逼迫改嫁，投水而死，焦仲卿獲知此消息後，也自縊而死。全詩是敘述一則愛情倫理悲劇，情節至為感人。

20. 文人摹仿民間樂府始於何時？有哪些作品可以佐證？

答：文人摹仿民間樂府，而有文人樂府，文人樂府起於東漢建安時代，曹氏父子和建安七子大量摹仿民歌而作樂府詩，如曹操的短歌行、曹丕的燕歌行、曹植的白馬篇、王粲的七哀詩、陳琳的飲馬長城窟行等，都是著名的文人樂府，足以佐證。

21. 魏晉南北朝時有哪些主要的樂府詩？

答：魏晉南北朝時，在長江以南地區，流傳的樂府民歌以清商曲為主，其中包括吳歌、西曲、神絃曲三種。而北朝民歌，以梁樂工所蒐集的梁鼓角橫吹曲為主。

22. 魏晉南北朝樂府的特色何在？

答：魏晉南北朝樂府詩的特色，在於民歌中帶有浪漫、神祕，以及唯情唯美的色彩。它們大半是五言四句的情歌，有時用男女對口的方式來表達，如同一般的對口山歌。詩中大量使用諧音雙關語，以增詩歌中的情趣和諧趣，構成詩歌的絃外之音；在詩中也大量使用和送聲，以增歌唱時的熱烈場面和強烈的節奏。

23. 何謂「敦煌曲子詞」？

答：清光緒二十五年（西元一八九九年）在敦煌莫高窟所出土的唐人寫本敦煌卷，其中有大量的曲子詞，世稱「敦煌曲子詞」，便是唐人的民歌，也是唐詞的開端。

24. 何謂「新樂府」？

答：在唐以前，一般詩人寫樂府詩，依然沿用舊題，如長干行、飲馬長城窟行等。新題樂府在盛唐杜甫詩中已出現，也就是「即事名篇」的樂府詩，簡稱新樂府，但已是文字詩而不能合樂。中唐時李紳寫新題樂府二十首，都是描寫民生疾苦的詩；當時元稹、白居易均有和作，元稹有十二首，白居易有五十首，因此新題樂府流行。

25. 何謂「近體詩」？

答：近體詩是唐人所開創的新體詩，包括了絕句和律詩。絕句共四句，有五絕、七絕之分。律詩分今律和排律兩種，也是有五律、七律之分；今人所謂律詩，多指八句的今律而言，八句以上的排律，今人已不流行。近體詩在作法上，較古詩為嚴，講平仄，律詩還講求對仗，用韻以一韻為限，不通押，不換韻。

26. 何謂「絕句」？試述絕句的由來。

答：絕句又名斷句、短句、截句，也就是極短的小詩。全詩共四句，具備起、承、轉、合的結構，詩句雖短，但有截然而止、言有盡而意無窮的效果。絕句的由來已久，漢代已有四句的小詩，名為斷句或短句；其後魏晉南北朝盛行小詩，永明聲律說流行；至唐代，絕句的格律隨初唐律詩的成立而建立。

27. 上官體和沈宋體對唐詩有何貢獻？

答：初唐武后時，上官儀和上官婉兒工詩，詩風綺錯婉媚，風行一時，時人稱為上官體。同時，他們提倡詩中的對仗，有「上官六對」六種對仗的類別。因此上官體對律詩形式的完成有其貢獻。又沈佺期、宋之問也長於五律，他們寫詩講究音韻對仗，力求形式的工整、格律的完備，時人稱為沈宋體。律詩的成熟，可說成於他們之手。

28. 律詩的形式結構如何？

答：律詩共八句，八句以上則稱排律。可分五律和七律兩種，其中又有平起格和仄起格的區別。律詩每兩句為一聯，共四聯：首聯、頷聯、頸聯、末聯。第二、第三兩聯要對仗。每聯的末字用韻，律詩只有平聲韻，不用仄聲押韻，至於句中的平仄，也有一定的規格，稱為定式。

29. 唐詩興盛，唐詩的分期如何？

答：由於唐詩興盛，且唐代（西元六一八——九〇六年）近三百年，詩人輩出，詩風亦異，最早將唐詩分期，始於南宋嚴羽的滄浪詩話。他將唐詩分為五個時期：初唐、盛唐、大曆、元和、晚唐。明高棅編唐詩品彙，沿用嚴羽的分期，將它修訂為四個時期，即初唐、盛唐、中唐、晚唐。此後唐詩四期之說，成為定論。

30. 試述初唐的詩風及主要作家。

答：初唐是指唐高祖李淵開國，從武德元年（西元六一八年）起，到睿宗李旦先天末年（西元七一二年）止，詩壇呈現新氣象，代表作家有王勃、楊炯、盧照鄰、駱賓王等，號稱初唐四傑，詩風華麗而高妙；上官儀、上官婉兒的詩，號為上官體，詩風綺錯婉媚；而沈佺期、宋之問的沈宋體，張若虛的春江花月夜，仍有六朝金粉的餘習。此外，王績、王梵志、寒山子的隱逸詩，陳子昂的復古詩，都開啟了初唐詩蓬勃的生機。

31. 盛唐的詩風如何？有哪些重要的詩人？

答：盛唐從唐玄宗開元元年（西元七一三年），到肅宗寶應末年（西元七六二年），尤其是開元、天寶年間，詩人輩出，浪漫詩派如李白、賀知章等；自然詩派如王維、孟浩然、儲光義等所寫的山水、田園詩；邊塞詩派如王昌齡、王之渙、高適、岑參、李頎、崔顥等，出入邊塞，許身報國，唱出了悲壯的邊塞詩；寫實詩派如杜甫、張籍、元結、沈千運等，他們關心民瘼，寫下了可歌可泣的社會詩。盛唐的詩，熱情而多樣，最足以代表盛唐時期的大詩人，有詩佛王維、詩仙李白、詩聖杜甫，他們的作品，正好代表了佛、道、儒三種不同思想形態的詩歌。

32. 中唐詩風的趨向如何？有哪些主要的詩家？

答：中唐指代宗廣德元年（西元七六三年）到敬宗寶曆二年（西元八二六年）之間，其間經安史之亂後，唐室由極盛而中衰，經過大劫後，上下重建社會秩序，於是在大曆元和年間，有中興氣象。詩人從沉思中醒覺，開始寫個人情懷的詩，如大曆十才子李益、錢起的詩；元和年間，李紳、元稹、白居易的新樂府運動，要求詩歌應配合時事而作，使詩歌通俗化。其次韓愈、賈島、孟郊等苦吟詩人，使詩散文化，開啟了唐詩的新途徑。

33. 中唐時有哪兩大文學運動？

答：中唐時期，從德宗的貞元年間到憲宗元和年間，唐室致力於中興，於是文士提倡儒家言志載道的文藝思潮，以配合時代的需要。在散文方面，有韓愈、柳宗元的古文運動；在詩歌方面，有李紳、元稹、白居易的新樂府運動。他們主張「文以載道」、「文章合為時而著，歌詩合為事而作」的理論，要求詩文為時事而作，為生民服務。

34. 晚唐詩的發展如何？有何主要的詩家？

答：晚唐是指文宗太和元年（西元八二七年）以後的唐代末葉，其間由於黨爭及進士浮華成習，詩風趨於冷豔而多傷感。如杜牧、張祜、李商隱綺靡的小詩，無論詠物、詠史、宮體，都達到小詩登峰造極的境地。李商隱的無題詩，帶來愛情詩的新風貌。其他如皮日休、陸龜蒙、聶夷中、杜荀鶴等沿承新樂府的道路，開展「正樂府」描寫民生疾苦的詩風，替離亂的晚唐，留下一些真實的紀錄。同時，唐人有養伎之風，聲樂不絕，於是長短句興起，造成另一新體詩——詞的產生。

35. 詞有哪些別稱？

答：詞的別稱很多，詞，又名曲子、曲子詞、長短句，又有詩餘、樂府、琴趣、樂章、歌曲等別稱。在唐宋人的詞集中，有敦煌曲子詞、秦觀淮海居士長短句、范仲淹范文正公詩餘、蘇軾東坡樂府、黃庭堅山谷琴趣、柳永樂章集、姜夔白石道人歌曲，這些都是詞家的詞集名，詞的異名如此之多，由此可見一斑。

36. 詞起源於何時？與音樂的關係何在？

答：詞的起源，說法紛紜，但與音樂有密切的關係。大抵於唐代時，源自樂府歌辭，或因加和送聲使歌唱活潑而成長短句，或因攤破而成長短句。再者，當時聲詩流行，由於曲調的傳唱，形成詞牌，文人於是倚聲填詞，開啟了另一種新詩體。

37. 詞中有小令、中調、長調之分，其分別何在？

答：詞有小令、中調、長調之分，其分別在於一闋詞字數的多寡，凡五十八字以內的詞稱為小令；五十九字至九十字的詞，稱為中調；而九十一字以上的詞，稱為長調。小令就是小調，來自於酒令，中調和長調則合稱慢詞。

38. 詞有單調、雙調之稱，意義何在？

答：詞一篇，通稱為一闋，今人多稱之為一首。一闋詞而不分段，便叫單調，如秦觀的如夢令。凡詞調分前後兩段的稱為雙調。上段又稱之為上闋、上片，下段為下闋、下片。上闋和下闋之間，通常空一格以表示分割。

39. 詞中有三李，是指哪三李？

答：著名的詞家，姓李的有三位，俗稱「詞中有三李」，即李白、李煜（李後主）、李清照。

40. 何謂「花間詞人」？重要的花間詞人有哪些？

答：五代西蜀趙崇祚將西蜀詞人的作品，編成花間集一書，是我國第一部詞總集。花間集所收的詞，都是輕豔的小令，共收晚唐五代詞人十八家，這十八家便稱為花間詞人。重要的詞人有溫庭筠、韋莊、顧敻、孫光憲、牛希濟等。其中溫庭筠的詞被選入花間集中，共六十六首，數量最多，清王士禎花草蒙拾尊他為「花間鼻祖」。

41. 北宋初期的詞風如何？代表這時期的詞人有哪些？

答：北宋初期的詞，沿花間、尊前集的遺風，仍是小令之類的歌者之詞。北宋晏殊、晏幾道父子，首開風氣，著有珠玉集、小山集，詞風輕豔纖巧，婉麗精美。其後尚有宋祁、范仲淹、歐陽脩等詞家，他們是當時的顯達貴人，他們的詞風雖有改變，仍不失孅巧嫵媚，惟范仲淹的詞，有幾分邊塞風貌。

42. 張先何以有「張三影」之稱？

答：北宋張先的詞，是慢詞的開始，在他的詞中，「影」字用得特別精巧，尤其這三句佳句：「雲破月來花弄影」，「柳徑無人，墜飛絮無影」，「嬌柔嬾起，簾幙卷花影」，更是傳誦一時，時人稱之為張三影。

43. 南宋詞的發展如何？

答：南宋詞的發展，大別可分為樂府詞派和白話詞派兩大類；樂府詞派，是繼承北宋周邦彥重音律的詞風，在音律上、創詞調上有他們的成就，主要的詞人有姜夔、史達祖、吳文英、張炎、周密、蔣捷、王沂孫等。白話詞派從李清照開始，其他如朱敦儒、張元幹、張孝祥、陸游、辛棄疾、劉克莊等詞家，都能將白話入詞，用白描手法，寫真摯的情感、自我的生活，同時也能反映大眾心聲，開拓了詞的另一境界。

44. 我國韻文，一脈相承，在唐詩、宋詞、元曲中，有何不同的特色？

答：我國韻文，一向十分發達，且一脈相承，相互影響，唐詩影響宋詞，故稱詞為詩餘，宋詞影響元曲，故稱曲為詞餘。唐詩、宋詞、元曲各有特色：唐詩典雅，宋詞豔麗，元曲俚俗，風格不一，各有千秋。

45. 元曲產生的原因何在？

答：(1)元人入主中原，摧殘漢人文化，將江南人分為十等，有九儒十丐之分，文人受鄙視，元曲便成為文人寄託情意的一種文體。

(2)元代廢科舉長達三十六年，使文人無所事事，於是他們隱逸在漁樵之間，放歌於江湖之上，而使元曲為漁樵文學。

(3)由於詞的衰微，於是民間小調翻新，南曲崛起。

(4)遼金元時，胡人入主中原，胡樂大行，中原詞調不足以配合，而更創新聲新詞，於是有北曲新聲。

46.從形式結構而言，曲可分成哪幾類？

答：從形式結構來看，曲可分成散曲和戲曲兩大類。散曲又可分成小令和套數兩種。戲曲便是四折為主的雜劇。

47.元代散曲可分前後兩期，作品的風格和精神有何差異？

答：元代散曲作家，可分前後兩期：前期散曲，如白樸、關漢卿、馬致遠等，表現北方民族中率真爽朗的精神，與質樸自然的通俗文學之美。後期散曲，如張養浩、貫雲石、張可久等，漸失去民間文學的通俗精神，走上文人雕飾典麗的道路，與元曲俚俗的特色，相去漸遠。

48.元人的雜劇，其中有「科」、「白」，而「科」、「白」的意義何在？

答：元人的戲曲，加上「科」和「賓白」，便成為舞臺上可以演出的戲劇，元人的戲劇稱為雜劇，所謂的「科」，是指演員所表現的動作。所謂的「白」，是指賓白，即演員所講的臺詞。有了歌唱、動作和臺詞，便能將戲劇中的情節借舞臺表演出來，而成為歌舞劇的形態。

49.元人雜劇的基本結構如何？

答：元人雜劇的基本架構共四折，每一折就是一個套曲，四折，就是四個套曲合成一本。表演時，每一折一韻到底，由一人獨唱，也有全劇四折，由一人獨唱到底，如馬致遠的漢宮秋、白樸的梧桐雨等便是。

每一本雜劇，前有「楔子」作序幕，後有「題目」、「正名」作結束。

50. 元代著名的雜劇作家有哪些？並列舉其作品。

答：元代著名的雜劇作家，有關、王、白、馬、鄭。即為關漢卿、王實甫、白樸、馬致遠以及鄭光祖。他們主要的作品有關漢卿的竇娥冤，王實甫的西廂記，白樸的梧桐雨，馬致遠的漢宮秋，鄭光祖的倩女離魂。

51. 元人的雜劇和明清的傳奇有何不同？

答：在我國戲曲中，元人每本四折的戲曲，稱為雜劇；明清的戲曲，衍為三十齣，甚至四五十齣，因故事題材，仍如元人劇曲一樣，來自於唐人的傳奇小說，因而明清的戲曲，沿用傳奇之名。但唐人的傳奇，指的是小說，明清的傳奇，則指戲曲。元人雜劇每折限一人獨唱，明清傳奇，不限獨唱，可以對唱、合唱、輪唱，變化多樣。雜劇的開端用「楔子」，而傳奇的開端用「家門」，或「開場」、「開場始末」為啟端。元雜劇的結束有「題目」和「正名」，但明清傳奇的結束，往往用一首詩作收結。

52. 明代有五大傳奇，是指哪五大傳奇？

答：明代最早的傳奇作品，有五大傳奇之說，即殺狗記、白兔記、拜月亭、琵琶記、荊釵記。

53. 何謂「臨川四夢」？

答：明代最偉大的劇作家湯顯祖，為江西臨川人，他的代表作，有還魂記（又名牡丹亭）、紫釵記、南柯記、邯鄲記，都是寫夢的戲曲，牡丹亭是寫杜麗娘和柳夢梅的愛情故事，紫釵記是寫李益和霍小玉的愛情故事，原本於唐代蔣防的霍小玉傳。南柯記和邯鄲記，均寫追求功名利祿的夢，原本於唐李公佐的南柯太守傳和沈既濟的枕中記。湯顯祖，居玉茗堂，故其四部傳奇，稱臨川四夢，或玉茗堂四夢。

54. 清代重要的傳奇作家有誰？其作品為何？

答：清代的傳奇作家及作品，較稱著的有洪昇的長生殿，孔尚任的桃花扇，李漁的蜃中樓、比目魚等笠翁十種曲，蔣士銓的四絃秋和臨川夢等。

55. 何謂「散文」？以寫作的題材來分，散文又可分哪幾類？

答：在一切文章中，只要是不押韻的文章，都可稱為散文。從寫作的題材來分，散文可分下列六大類：即以寫景為主的遊記，寫人為主的傳記，寫情的抒情小品，寫事的敘事散文，寫物的詠物小品，寫理的說理散文或議論文。

56. 在經學散文中，時代最早的有哪些散文？

答：在經學散文中，今人能閱讀到最早的散文，要推尚書和周易。尚書是上古的書，包括虞、夏、商、周四代的文獻和政書。周易來自於卜筮，由卜筮的運用，衍為人生處世哲學，是周代易理的書。

57. 記錄孔子言行的書是論語，論語在散文的發展上，有何成就和貢獻？

答：論語是記載孔子或孔子弟子與當時人言行的一部書，也是我國春秋時代的散文，距今約兩千五百多年。論語的篇章，一小節自成一章，每章獨立成一單元，記事質樸而不重華采。在文言虛字的使用上，極為精確自然，為後世古文家奉為典範。從論語到孟子，也可以發現，我國春秋時代到戰國時代散文的發展，是由簡樸的散文，發展到繁複的散文。論語中的論仁，成為後世古文家道統所在。

58. 在先秦諸子的散文中，莊子的寓言和韓非子的寓言有何不同？

答：在先秦諸子的散文中，莊子和韓非子都以寓言稱著，莊子的寓言，擴及自然界的各種事物，如北溟的鯤化為鵬，河伯探訪北海若等；韓非子的寓言，則多落實在人事上，如賣矛和盾的矛盾故事，齊桓公和晏嬰的故事等，多半是寫人間發生的小故事，均具有強烈的啟發性。

59. 司馬遷被奉為古文之祖，原因何在？

答：西漢司馬遷撰史記，史記一書，是二十五史的第一部，同時他開創了紀傳體的史書，也開創了傳記文學。唐宋以來的古文家，都奉史記為古文的規範，因此司馬遷不僅是偉大的史學家，也是偉大的古文家，且被後人推崇為古文之祖。

60. 班固被尊為駢文之祖，原因何在？

答：東漢班固是史學家，也是文學家，他的史學作品是漢書，屬斷代史，然而其中論贊、敘事詳贍，為史書中之翹楚，且具文學價值，尤其漢書中收錄漢賦不少。班固被尊為駢文之祖，因他創作了不少賦作和駢文，如兩京賦、典引，以及燕然山銘等。從東漢以來，駢文興起，班固之作，實為啟端，故被世人尊為駢文之祖。

61. 昭明文選成書於何時？是誰編的？內容如何？

答：昭明文選，簡稱文選，書成於梁代，由梁昭明太子蕭統召集梁代文人編選而成的，原三十卷，唐李善注文選時，列為六十卷。共收周秦兩漢至梁代單篇的文章，約分為三十七體，包括賦、楚辭、詩，以及駢文，是繼詩經、楚辭之後的一部文學總集及歷代文選。

62. 梁代有哪幾部文學批評的著作？

答：梁代重要文學批評的著作，最稱著的有鍾嶸的詩品和劉勰的文心雕龍兩部鉅著。

63. 北魏酈道元水經注是怎樣的一部書？

答：北魏酈道元的水經注，凡四十卷，是依據漢代桑欽所撰的水經，加以作注而成的書。注文較原書多出二十倍，注以水道為綱，描述水道所經的地理環境、歷史事跡、民間傳說，內容豐富，文采生色。本是一部地理河渠的書，經酈道元的描寫，便成為我國第一部山水小品散文的名著。

64. 南朝宋劉義慶的世說新語是怎樣的一部書？

答：南朝宋劉義慶所寫的世說新語，凡三卷，共分成三十六門，記載東漢以來，至東晉間的文人、學者、士子的言行軼事，反映當時的時代環境、政治背景、社會生活，以及士大夫的生活習俗，至為傳神。是一部寫人物軼言軼事的筆記文學，也是一部民間文人所寫的傳記文學。

65. 何謂「古文」？

答：古文一詞，顧名思義便是古代的文章。但在唐代古文家所說的古文，在內容上，強調文以載道的精神，具有寫實諷諭的功能；在形式上，強調寫參差句的散文，不與四六文為尚。誠如韓愈所說的：「愈之為古文，豈獨取其句讀不類於今者邪？思古人而不得見，學古道則欲兼通其辭，通其辭者本志乎古道者也。」

66. 在韓愈、柳宗元提倡古文運動之前，有哪些古文家在倡導古文，而被視為唐代古文運動的先驅？

答：在韓柳提倡古文運動之前，有北魏蘇綽提倡樸質的散文；隋李諤、王通倡貫道濟義的文章，唐陳子昂倡言復古，李華、蕭穎士、柳冕、獨孤及、元結等排斥駢麗浮華的文風，崇尚樸質復古的古文，這些文士，都可視為唐代古文運動的先驅。

67. 唐代韓柳古文運動主要的古文理論如何？

答：唐代韓愈和柳宗元在貞元年代，提倡古文，他們所主張的古文理論，是：一、文以載道，認為古文是寫實、實用的文學，文章必須記載道德，具有寫實、諷諭的社會功能。二、主張文道合一、文教合一，使文學與儒學合而為一。三、反對時文，也就是反對浮華的駢文。四、主張古文的典範文章，在經書和秦漢文中。於是推崇五經、史記、漢賦為古文的根源。並寫清新謹嚴的古文。

68. 北宋古文運動以誰為盟主？重要的古文家有哪些？

答：歐陽脩繼韓柳之後，提倡文以明道，反對西崑體的浮華，而再次發起古文運動，成為北宋古文運動的文壇盟主。歐陽脩樂於獎掖後進，使文壇一時的俊傑，均出入其門下，如曾鞏、王安石、蘇洵、蘇軾、蘇轍等。

69. 何謂「唐宋八大家」？「唐宋八大家」的名稱，始於何時？

答：所謂唐宋八大家，是指唐宋時著名的古文家共八人，即唐代的韓愈、柳宗元；宋代的歐陽脩、曾鞏、王安石，以及三蘇父子：蘇洵、蘇軾、蘇轍。「唐宋八大家」之名，始於明茅坤所編選之八大先生文鈔。

70. 明代前後七子古文家的古文主張如何？

答：明代古文家中，有前七子：李夢陽、何景明等和後七子：李攀龍、王世貞等，他們均主張擬古的古文，主張「文必秦漢，詩必盛唐」。

71. 何謂「公安派」？公安派的文學主張如何？

答：晚明時，有袁宗道、袁宏道、袁中道三兄弟崛起於文壇，他們都是湖北公安人，世人因稱之為公安派。公安派的古文理論：一、反對前後七子摹擬之俗。二、主張文章的寫作，要獨抒性靈，不拘格套。三、認為文學是進化的，確認古今之變，一代有一代的文學。四、重視小說戲曲的作品。

72. 何謂「古文義法」？清代桐城派是怎樣建立的？

答：清代康熙年間，方苞編古文義法約選，主張寫古文要重視義法。所謂古文義法，是指寫文章要有內容、要有層次結構，即易經所說的「言之有物，言之有序」。其後有劉大櫆、姚鼐繼續發揚光大，一時蔚成文風。方苞、劉大櫆、姚鼐三人，都是安徽桐城人，尊經史及唐宋八大家，主張為文需重義法，世稱桐城派。

73. 何謂「駢文」？駢文和散文有何不同？

答：所謂駢文，是東漢以來，流行於六朝間行偶的文章，多為駢辭儷語的文體，後人稱之為駢文，或四六文、六朝文。駢文和散文的不同，在於駢文的基本句法，是以四字或六字為基本句，而散文不受句法的限制，可以自由書寫，因此駢文行偶，散文行奇。其次，駢文尚綺靡華采，散文尚自然樸質。駢文要用典故，散文只要白描鋪敘。駢文盛行於六朝，散文在秦漢時已存在，其後唐宋古文家所寫之古文，其實就是散文。

74. 六朝文有四體之說，是指哪四體？

答：清人孫德謙在六朝麗指一書中，將六朝的駢文分為四大類，稱為六朝文四體：即永明體、宮體、吳均體、徐庾體。永明體是重聲律對仗的駢文，宮體是以輕豔為尚的駢文，吳均體是以山水清音為主的駢文，徐庾體是徐陵、庾信所寫的駢文，也是新宮體。他們開拓了駢文的新境界，不限於宮廷生活輕豔的題材，只要是隨興感發，都可以寫入駢文之中，成為至情至性的文章。

75. 唐代有哪些重要的駢文家？以及他們有哪些主要的作品？

答：唐代駢文，承六朝文的遺風，唐代重要的駢文家，有初唐四傑的駢文，大抵措辭綺麗，屬對工整，文章高華，如王勃的滕王閣序、駱賓王的為徐敬業討武曌檄，為天下至文。他如張說、蘇頲，是駢文的能手。中唐陸贄的奏議、柳宗元的謝表，是有名的駢文代表。晚唐李商隱的樊南四六甲乙稿，堪稱晚唐駢文家的巨擘。

76. 清代有哪些著名的駢文家？

答：清代駢文盛行，重要的駢文家，有陳維崧、毛奇齡、汪中、蔣士銓、王闓運、李慈銘等，堪稱一代之大家。

77. 何謂「小說」？

答：小說一詞，由來已久，為文體中的一種。古代對小說的看法，漢書藝文志將小說家列入先秦諸子九流十家中的一家。小說便是說小道的小篇文章，大抵為街談巷語所傳說的故事，與士大夫說仁義大道理的論著不同。例如魏晉南北朝的志怪筆記，唐宋的傳奇小說，以及宋明的短篇小說，明清的章回小說。今人以為小說本屬散文，後此體特別發達，於是脫離散文而自立門戶，凡是能創作人物、刻劃人性、敘述故事情節的作品，便可視為小說。

78. 我國志怪筆記小說流行於何時？有哪些重要的作品？

答：我國志怪筆記小說，盛行於魏晉南北朝時。所講述的內容，大都記載奇特之事，尤其喜述狐鬼故事。其間重要的作品，有神異經、漢武帝故事、漢武帝內傳、西京雜記、搜神記、拾遺記、博物志、搜神後記、冥祥記、續齊諧記等。

79. 傳奇小說始於何時？它的特色何在？

答：傳奇小說始於唐代，也是我國短篇小說的開始。傳奇小說的特色，在於寫人事，不在於寫鬼怪的故事。六朝志怪筆記，是寫些非理性的「幻設語」，而唐人傳奇小說已是理性寫實的作品，是寫人間事的「作意」小說。

80. 唐人寫愛情故事的傳奇小說有哪些？

答：唐人寫愛情故事的傳奇小說，有元稹的鶯鶯傳，又名會真記，寫張生和崔鶯鶯的故事；白行簡的李娃傳，寫長安一枝花的故事，亦即李娃和滎陽公兒子的愛情故事；陳元祐的離魂記，寫王宙和張倩娘的故事；蔣防的霍小玉傳，寫李益和霍小玉的愛情故事。

81. 我國的話本始於何時？最早的話本有哪些？

答：我國的話本始於唐代，今所見最早的話本，也是唐代說書人所用的底本，見於敦煌所出土的唐人話本，如韓擒虎話、廬山遠公話、唐太宗入冥記、葉靜能話等。

82.明清章回小說中，有四大部之稱，是指哪四大部？

答：明清章回小說中，有四大部，即明羅貫中的三國演義、施耐庵的水滸傳、吳承恩的西遊記，以及清曹雪芹的紅樓夢。

語文、文法與修辭常識測驗題

一、單選題

（　）1.就「單音性、孤立性、分析性」三者中，中國語言最具備的特性是　Ⓐ單音性　Ⓑ孤立性　Ⓒ分析性　Ⓓ三者相等。

（　）2.中國語言中，動詞不包含時態，時態的表示，要靠副詞或助詞來表示的，是屬於　Ⓐ單音性　Ⓑ孤立性　Ⓒ分析性　Ⓓ三種性質皆備。

（　）3.下列哪一組是一二三四聲相連　Ⓐ三民主義　Ⓑ吾黨所宗　Ⓒ夙夜匪懈　Ⓓ主義是從。

（　）4.我國文字有多少年歷史　Ⓐ二千年　Ⓑ三千年　Ⓒ四千年　Ⓓ五千年。

（　）5.「門」、「刀」兩字是　Ⓐ象形　Ⓑ指事　Ⓒ形聲　Ⓓ會意字。

（　）6.研究中國文字，最重要的一部書是　Ⓐ論語　Ⓑ說文解字　Ⓒ康熙字典　Ⓓ爾雅。

（　）7.下列哪句話敘述錯誤　Ⓐ「卂」字从「飛」省體　Ⓑ「匕」字从「化」省體　Ⓒ「交」字从「大」變體　Ⓓ「母」字从「女」增體。

（　）8.下列哪一個是主謂式合義複詞　Ⓐ良心　Ⓑ司機　Ⓒ厚薄　Ⓓ海嘯。

（　）9.下列哪一句話敘述錯誤　Ⓐ「玻璃」是衍聲複詞　Ⓑ「爸爸」是重疊複詞　Ⓒ「老鼠」是合義複詞　Ⓓ「沙發」是翻譯複詞。

（　）10.下列哪一個不是偏正式合義複詞　Ⓐ觀眾　Ⓑ冬天　Ⓒ學生　Ⓓ年輕。

（　）11.下列哪一個不是述賓式合義複詞　Ⓐ注意　Ⓑ知己　Ⓒ缺德　Ⓓ乾淨。

（　）12.下列哪一個不是並列式合義複詞　Ⓐ教授　Ⓑ辦法　Ⓒ依靠　Ⓓ語言。

（　）13.下列哪一個是主賓式複詞　Ⓐ拒絕　Ⓑ商量　Ⓒ斷交　Ⓓ和平。

（　）14.下列各題「　」中的人字，是文法結構中的主語　Ⓐ好「人」　Ⓑ「人」子　Ⓒ「人」是靈長類　Ⓓ豕「人」立而啼。

（　）15.「我看到貓咬老鼠」這句話中，有關「貓咬老鼠」的敘述，何者錯誤　Ⓐ它是一句獨立而完整的句子　Ⓑ它是主謂結構　Ⓒ它在句中充當賓語　Ⓓ它不能算是獨立而完整的句子。

（　）16.以所表達語氣來分，「把這本書拿給他！」是一句　Ⓐ陳述句　Ⓑ命令句　Ⓒ疑問句　Ⓓ感歎句。

（　）17.以謂語的結構來分，「把這本書拿給他！」是一句　Ⓐ敘述句　Ⓑ表態句　Ⓒ判斷句　Ⓓ準判斷句。

（　）18.「他不但瀟灑，而且善良。」是屬於何種關係之聯合複句　Ⓐ並列　Ⓑ承接　Ⓒ遞進　Ⓓ選擇。

（　）19.「苟非吾之所有，雖一毫而莫取。」是屬於何種關係之偏正複句　Ⓐ因果　Ⓑ條件　Ⓒ轉折　Ⓓ擒縱。

（　）20.下列敘述，何者錯誤　Ⓐ「人之初」的「之」是介詞　Ⓑ「美麗的寶島」的「的」是助詞　Ⓒ「其人其事」的「其」是稱代詞　Ⓓ「愛之適以害之」中，兩個「之」字是詞尾。

（　）21.「長安」為古代都城，若在文章中被用來代替清都北京，在修辭學上稱為　Ⓐ借代格　Ⓑ譬喻格　Ⓒ轉化格　Ⓓ映襯格。

（　）22.「車如流水馬如龍」是屬於修辭學上何種譬喻格　Ⓐ明喻　Ⓑ略喻　Ⓒ隱喻　Ⓓ借喻。

（　）23.下列哪一組不是對偶句　Ⓐ碧血橫飛，浩氣四塞　Ⓑ江流天地外，山色有無中　Ⓒ商人重利輕別離，前月浮梁買茶去　Ⓓ間關鶯語花底滑，幽咽泉流水下灘。

（　）24.下列四選項中，有一選項的對偶最工整，平仄最講究，請予選出　Ⓐ眾人皆以奢靡為榮，吾心獨以儉素為美　Ⓑ生當殞首，死當結草　Ⓒ失其所與，不知；以亂易整，不武　Ⓓ明月松間照，清泉石上流。

（　）25.下列哪一選項敘述錯誤　Ⓐ「非不能也，不行也；亦非不行也，不知也。」是用「層遞」的修辭法　Ⓑ「可畏哉，此敵！可恨哉，此敵！」是倒裝句　Ⓒ「貧生於不足，不足生於不農，不農則不地著，不地著則離鄉輕家」是用「頂針」的修辭法　Ⓓ「奏議宜雅，書論宜理」是工整的對偶。

（　）26.下列有關「錯綜」修辭格的敘述，何者錯誤　Ⓐ抽換詞面是指以意義相同的詞語取代形式整齊的句子中的某些詞語　Ⓑ交錯語次是指上下兩句語詞的次序，故意弄得交錯不齊　Ⓒ伸縮文身是指把字數相等的句子，故意布置成字數不等，使長句短句交相錯雜　Ⓓ變化句式是指上下兩句的句型一定要不同。

（　）27.下列有關「映階碧草自春色，隔葉黃鸝空好音」這個對偶句的敘述，何者錯誤　Ⓐ兩句都是上四下三的詩句　Ⓑ每一句的重要節奏點在二、四、七字　Ⓒ凡相對節奏點的兩字，其平仄相同　Ⓓ「自」和「空」意含感慨，表示碧草與黃鸝都不解人世蒼涼。

（　）28.下列有關「心曠神怡」的敘述，何者錯誤　Ⓐ節奏點「曠」、「怡」的平仄相反　Ⓑ「心」是象形字，其餘三字是形聲字　Ⓒ「心曠」與「神怡」不構成對偶　Ⓓ「神」的形符是「示」，从「示」的字，如「祈、禱、祕、祖」等多和神事有關。

（　）29.下列有關「意忉怛而憯惻」一句的敘述，何者錯誤　Ⓐ全句是畸零句　Ⓑ「忉怛」和「憯惻」都是雙聲衍聲複詞　Ⓒ「而」是連詞　Ⓓ謂語是並列結構。

（　）30.下列有關李密陳情表的敘述，何者錯誤　Ⓐ多半以四言成句，頗多排比句　Ⓑ「門衰祚薄」是聯合複句　Ⓒ「烏鳥私情」是將人擬物的「物性化」轉化修辭法　Ⓓ「急於星火」的「於」是連詞。

二、複選題

（ ）31.「刀」和「逃」 Ⓐ聲母不同 Ⓑ韻母不同 Ⓒ聲調不同 Ⓓ聲韻調都不同。
（ ）32.下列哪些字是零聲母的字 Ⓐ號 Ⓑ以 Ⓒ魚 Ⓓ刀。
（ ）33.「我走九百里」一句中，需要變讀為陽平的是 Ⓐ我 Ⓑ九 Ⓒ百 Ⓓ里。
（ ）34.下列諸詞語中，第二個字念成輕聲或不念成輕聲，會產生不同意義的有 Ⓐ雞子 Ⓑ豆腐 Ⓒ木頭 Ⓓ衣服。
（ ）35.下列哪一項敘述正確 Ⓐ「山」是象形字 Ⓑ「亦」是指事字 Ⓒ「休」是會意字 Ⓓ「尖」是象形字。
（ ）36.下列哪一項敘述錯誤 Ⓐ「考」是形聲字 Ⓑ「依」和「倚」是轉注字 Ⓒ「凶」是象形字 Ⓓ「果」是形聲字。
（ ）37.下列哪一個是並列式合義複詞 Ⓐ中秋 Ⓑ懶惰 Ⓒ條件 Ⓓ意思。
（ ）38.下列哪一個不是主謂式合義複詞 Ⓐ得意 Ⓑ冬至 Ⓒ春分 Ⓓ複雜。
（ ）39.下列哪一個是偏正式合義複詞 Ⓐ燒餅 Ⓑ大麥 Ⓒ虛心 Ⓓ步行。
（ ）40.下列哪一個是述賓式合義複詞 Ⓐ飛機 Ⓑ打獵 Ⓒ醃肉 Ⓓ投機。
（ ）41.下列哪一個不是主賓式合義複詞 Ⓐ五金 Ⓑ革新 Ⓒ自由 Ⓓ改善。
（ ）42.下列哪一個不屬於簡縮式合義複詞 Ⓐ立委 Ⓑ立法 Ⓒ監委 Ⓓ監察。
（ ）43.下列哪一個是音譯翻譯複詞 Ⓐ沙發 Ⓑ三明治 Ⓒ奶粉 Ⓓ巧克力。
（ ）44.下列哪句話敘述正確 Ⓐ使用量詞是漢語的特性之一 Ⓑ量詞重疊使用時，常具有「每」的意思 Ⓒ量詞經常前面配合數詞，後面配合名詞一齊使用 Ⓓ「百」、「萬」是量詞。
（ ）45.下列哪句話敘述正確 Ⓐ名詞經常可以作主語或賓語 Ⓑ動詞和形容詞經常可以做謂語的中心詞

Ⓒ副詞經常用來修飾動詞及形容詞　Ⓓ稱代詞最常稱代名詞，有時也可以稱代其他詞類。

（　）46.下列哪一句話敘述正確　Ⓐ虛詞是詞彙意義不具體，但卻具有語法功能的詞類　Ⓑ介詞和連詞的不同在介詞所介繫的是偏正關係，連詞所連繫的是並列關係　Ⓒ表示感歎語氣的詞，凡獨用的叫歎詞，附在句末的叫助詞　Ⓓ虛詞沒有具體的詞彙意義，所以不影響對語句的認識。

（　）47.下列哪句話敘述正確　Ⓐ語是大於詞、小於句的語法單位　Ⓑ並列式合義複詞和並列結構的不同在於合義複詞是由兩個詞素結合而成，並列結構是由兩個詞配合而成　Ⓒ主謂式偏正結構是由主謂結構中加「之」字轉換成偏正結構，它具有和偏正結構同等的語法地位與功能　Ⓓ「可愛的」是附助結構，「的」是助詞。

（　）48.下列有關修辭格的敘述，何者正確　Ⓐ「革命的信心，絕不會為任何侮辱橫逆所沮喪；民族的定力，更絕不會為任何變局所搖撼。」這是「排比」的修辭法　Ⓑ「古之學者必有師，師者所以傳道、授業、解惑也。」這是「頂針」的修辭法　Ⓒ「（洞庭湖）銜遠山，吞長江。」這是「轉化」的修辭法　Ⓓ「其容闐然，其色渥然，其氣充然。」這是「對偶」的修辭法。

（　）49.下列有關修辭法譬喻格的敘述，何者正確　Ⓐ「海闊天空，一望無際，這正是先生一生寬闊的胸襟。」這是「隱喻」　Ⓑ「以地事秦，猶抱薪救火，薪不盡，火不滅。」這是「略喻」　Ⓒ「離恨恰如春草，更行更遠還生。」這是「明喻」　Ⓓ「豬八戒照鏡子。」是「借喻」。

（　）50.下列有關「文法與修辭」的敘述，何者正確　Ⓐ文法重在句子結構的分析，修辭重在表意用辭之優美　Ⓑ文法與修辭對於語文的解釋，著眼點雖不相同，但有相通之處　Ⓒ翻譯文言成白話時，先要經由文法的分析，了解了文言句子的涵義後，再用美妙的修辭方法翻譯成白話　Ⓓ文法與修辭是目標不同、內容各異的兩門學科，不必一起重視。

三、問答題

1. 我國語言有哪些特性？

答：我國語言的特性有：

(1)單音詞佔優勢：在詞彙上，單詞較複詞多。

(2)較富孤立性：大部分詞可以孤立，自由與其他詞彙配合運用。

(3)頗富分析性：表示時態、數量等概念時，需要依賴副詞、助詞等手段來表現的現象叫分析性。

(4)聲調具有辨義作用：「巴」和「把」的不同，全在聲調上，所以聲調具有辨義作用。

(5)元音特佔優勢：漢字每個字音中必要有元音，輔音只能在首尾出現，中間不可能出現輔音。

2. 什麼叫辨義作用？試舉例說明之。

答：辨義作用，就是字形或字音某個成分不同而產生了辨別意義的作用。如「天」和「夭」就因首筆不同而產生了辨義作用；「撈（ㄌㄠ）」和「勞（ㄌㄠˊ）」就因為聲調不同而產生了辨義作用。

3. 我國以哪個音系作為國語？

答：我國以北平音系作為國語。

4. 我國文字有哪些特性？

答：我國文字的特性有：

(1)完整性：每個字都方方正正，平衡、對稱、和諧。

(2)全備性：每個字都包含了形音義三個要素。

(3)統覺性：學會一個單詞，進而與此單詞有關的複詞或詞語都容易學。

(4)穩定性：以字形表義，又用聲符和形聲的配合表音。

(5)藝術性：書法和繪畫具有同等藝術價值。
(6)哲學性：文字的構造，包含哲理。

5.我國文字演變的情形如何？

答：商代通行甲骨文，周代通行籀文，秦代通行篆文，漢代通行隸書，晉代通行楷書，楷書沿用至今。

6.「象形」和「指事」最大的差異何在？

答：象形是據目中之象來造字，所以造出的多半是名詞；指事是據意中之象來造字，所以造出的多半是形容詞或動詞，也有少數的名詞。象形是實象，依形而製字，所以專象一物；指事是意象，因事而生形，所以多博類萬物。

7.何謂「會意」？試舉例說明之。

答：說文解字敘說：「會意者，比類合誼，以見指撝，令長是也。」意思是會合兩個字的意義，以構成一個新字的，叫做會意，像「休」字，从人依木而產生休息的意思，就是會意字。

8.「形聲」的聲和注音有何不同？

答：形聲字的聲符，是文字的一部分，如「松柏柳檜」四字，「木」旁是形符，「公白卯會」都是聲符，它們有注音的作用，同時也是文字的一部分，文字脫離了它們，就不是原來的字。至於注音，像「國」ㄍㄨㄛˊ，如把「ㄍㄨㄛˊ」去掉，剩下來的「國」依然是文字，所以「ㄍㄨㄛˊ」只有標音的作用，不是文字的一部分。

9.什麼叫「標準國字」？

答：我國文字，點畫不同會產生辨義作用，所以把每個筆畫正確的寫法規定好，就是標準國字。我國標準國字已由教育部於民國七十一年正式公告使用，目前全國中文資訊交換碼就是根據標準國字編訂的。

10. 什麼叫「複詞」？複詞可分為幾大類？試各舉一例以說明之。

答：「複詞」是指兩個字以上構成一個表單一概念的詞，它可分為五大類，分別舉例如下：

(1)衍聲複詞：如「糊塗」。

(2)重疊複詞：如「爸爸」。

(3)附加複詞：如「老鼠」。

(4)合義複詞：如「教師」。

(5)翻譯複詞：如「咖啡」。

11. 何謂「合義複詞」？合義複詞可分為幾類？試各舉一例說明之。

答：合義複詞是由意義關係合成的複詞，複詞的詞素雖然原都有意義，但相合後，已凝固成一個詞，通常不拆開使用。它可分為七類，各舉一例如下：

(1)並列式合義複詞：如「美麗」。

(2)偏正式合義複詞：如「火車」。

(3)主謂式合義複詞：如「地震」。

(4)述賓式合義複詞：如「司機」。

(5)主賓式合義複詞：如「革新」。

(6)節錄式合義複詞：如「于歸」。

(7)簡縮式合義複詞：如「經建」。

12. 什麼叫「實詞」？什麼叫「虛詞」？

答：「實詞」和「虛詞」的區別在它有沒有具體的詞彙意義，如「筆」這個詞，我們可以解釋為「用來寫字的工具」，所以是實詞。又如「嗎」這個詞，它必須在「你喜歡嗎？」這個句中，才產生詢問語氣的意義，單獨存在時，並不具有這種意義，所以叫虛詞。

13. 「實詞」可以分為哪幾類？各舉兩個例詞說明之。

答：「實詞」依照它們的詞彙意義和語法功能來分類，可分為七類，各舉兩例說明如下：

(1)名詞：如「人」、「考試」等。

(2)動詞：如「跳」、「尋找」等。

(3)形容詞：如「美」、「可愛」等。

(4)數詞：如「一」、「好些」等。

(5)量詞：如「個」、「公里」等。

(6)副詞：如「很」、「不」等。

(7)稱代詞：如「我」、「這」等。

14. 「虛詞」可以分為哪幾類？各舉兩個例詞說明之。

答：「虛詞」多半要進入語句中才能產生語法功能意義，依照它們的語法功能，可以分為四類，舉例如下：

(1)介詞：如「於」、「除了」等。

(2)連詞：如「和」、「所以」等。

(3)助詞：如「所」、「的」等。

(4)歎詞：如「啊」、「哎喲」等。

15. 什麼叫做「語」？它的結構可分為幾類？各舉例說明之。

答：兩個或兩個以上的詞或語組合起來，能表達比一個詞複雜的意思，而不能獨立成句的叫做「語」，語的結構有七種方式，舉例如下：

(1)並列結構：如「牛羊」、「跑和跳」等。

(2)偏正結構：如「高樓」、「很美麗」等。

(3)主謂結構：如「牛吃草」、「他用功」等。

(4)述賓結構：如「吃飯」、「打排球」等。

(5)後補結構：如「殺死」、「生於憂患」等。

(6)附助結構：如「所愛」、「喜歡嗎」等。

(7)兼語結構：如「遣人隨之往」、「以叢草為林」等。

16. 什麼叫「句子」？什麼叫「完整句」？什麼叫「畸零句」？

答：句子是獨立而完整的語言單位。所謂獨立，是指它前後都可以有完全停頓；所謂完整，是指它具有被表述的主題的主語，和作為表述的謂語。如「牛吃草」一句，前後都可以完全停頓，具備了獨立性；又「牛」當主語，「吃草」當謂語，具備了完整性，所以是句子。

有些句子在特定的語法環境中，可以省略主語或謂語，凡是主謂語完整的句子叫「完整句」，凡是省略了主語或謂語的句子叫「畸零句」。例如「先帝軫念潰池，不忍盡戮。」兩句，第一句是完整句，第二句主語「先帝」承上省略了，只剩謂語，但仍得視為句子，就是畸零句。

17. 句子依照所傳達的情意，可分為幾種句型？

答：句子依照所傳達的情意，可分為四種句型：

(1)陳述句：對主語有所陳述、表態、說明的句子。如「張三是中國人。」

(2)疑問句：對主語有所懷疑或疑問的句子。如「張三是中國人嗎？」

(3)命令句：對主語有所命令、祈使、差遣、建議、請求等的句子。如「張三！去替我買包菸。」

(4)感歎句：對主語發抒某種強烈感情的句子。如「張三真棒喔！」

18. 句子依照謂語的結構類型，可分為幾種類型？

答：句子如依照謂語的結構而分，可分為三種類型：

(1)敘述句：如「余嘉其能行古道」、「古之學者必有師」等是。

(2)表態句：如「白間短窄」、「門前冷落車馬稀」等是。

(3)判斷句：如「張三是中國人」、「問一而告二謂之噴」等是。

19. 什麼叫「兼語句」？試舉例說明之。

答：凡是句中的謂語由述賓結構和主謂結構套在一起而組成的句子，叫兼語句。這種句子前面述賓結構的賓語同時又充當後面主謂結構的主語。例句如：「我請他幫忙。」

20. 什麼叫「被動句」？試舉例說明之。

答：從邏輯觀點出發，凡是受事者居於主位的句子，一般就被稱為被動句。如：「勞力者治於人」、「老馬之智可用」、「他被狗咬了」等句子都是。

21. 什麼叫「複句」？試舉例說明之。

答：複句是有兩個或兩個以上單句形式，彼此不作單句成分的結構的，叫複句。複句裡的單句形式都叫分句，分句是一個複句內彼此分立的半獨立的結構單位。如：「我因為頭疼，所以沒辦法做事。」「因為……所以」是這個複句的連詞。

22. 「積極修辭」和「消極修辭」的區別和功用各有何不同？

答：修辭可分積極修辭和消極修辭兩類，消極修辭是用記述的方法來表達，只求平實明確，是修辭最起碼的要求；積極修辭是用表現的方法來表達，旨在讓人感動，引發共鳴，是修辭較高級的表現。消極修辭的功用在：正確表意，闡明真理；積極修辭的功用在：美化生命，引發共鳴。

23. 什麼叫「修辭格」？修辭格的大類別有幾個？

答：修辭格就是修辭方法形式的分類，譬如用譬喻的方法來修辭的，就叫譬喻格；用對偶的方法來修辭的，就叫對偶格。

就修辭格的大類別來分，大致可分為「調整表意方法」和「設計形式安排」兩大類。譬喻格屬於前一類，對偶格屬於後一類。

24. 「譬喻」修辭法包含幾個成分？依照成分的關係，可分為幾類？各舉例句以說明之。

答：譬喻是「借此喻彼」的修辭法。它包含「喻體」、「喻詞」、「喻依」三個成分。如「人生如夢」一句就是屬於譬喻修辭法的句子，這個句子就是依照「喻體」、「喻詞」和「喻依」的次序構成的。譬喻格可分為四類：

(1)明喻：喻體、喻詞、喻依三者具備的句子，如上所舉之例。

(2)隱喻：具備喻體、喻依，而喻詞用「是、為」等字代替。如：「生命是動人的樂章」。

(3)略喻：省略喻詞，只有喻體、喻依。如：「少女心，海底針」。

(4)借喻：只有喻依，省略喻體、喻詞。如：「羊毛出在羊身上」。

25. 什麼叫「轉化」修辭格？它可分為幾類？試舉例句說明之。

答：轉化是轉變某事物的本質，化成另一種本質不同的事物而加以描述的修辭法。可分為三類：

(1)人性化：將物擬人。如：「桃花依舊笑春風」。

(2)物性化：將人擬物。如：「在天願為比翼鳥」。

(3)形象化：擬虛為實。如：「間關鶯語花底滑」。

26. 什麼叫「誇飾」修辭格？試舉例說明之。

答：誇飾是用超過客觀事實的語詞來修辭的修辭法。利用誇飾法，可以滿足讀者聽者的好奇心理。如李白秋浦歌：「白髮三千丈」，就是用誇飾法造句。

27. 什麼叫「對偶」修辭格？可分為幾類？舉例說明之。

答：對偶是上下兩句字數相等、句法相稱，有時重要節奏點的平仄必須相對的修辭法。它可分為：

(1)句中對：如「七上八下」、「九牛一毛」。

(2)單句對：如「滿招損，謙受益」。

(3)雙句對：如「入門見嫉，蛾眉不肯讓人；掩袖工讒，狐媚偏能惑主。」

(4)長對：「斷簡殘編，蒐羅匪易；郭公夏五，疑信相參：則徵文難。老成凋謝，莫可諮詢；巷議街譚，事多不實：則考獻難。」

28. 什麼叫「頂針」修辭格？試舉一例說明之。

答：頂針是用前一句的結尾作下一句的起頭的修辭法。如「宅中有園，園中有屋，屋中有院，院中有樹，樹上見天，天中有月」，就是用頂針修辭法寫成的句子。

29. 「譬喻」和「借代」修辭格有甚麼不同？

答：「譬喻」是「借此喻彼」，「借代」則是「借此代彼」。例如「心如止水」一句，止水只是心境的譬喻，所以用「如」；「沙鷗翔集，錦鱗游泳」一句，用「鱗」代「魚」，所以是借代格。

30. 「排比」和「對偶」修辭格之不同何在？試舉例說明之。

答：對偶只是兩句間，字數相等、句法相稱的修辭法，排比則大於對偶，用與對偶相近的手段，作兩層以上排列的修辭法。三層以上的排比，固然跟對偶不相同，而兩層的排比與對偶也有所不同：對偶字數相等，通常要注意平仄，並力避字同義同；排比則不必字數完全相等，平仄也不必太講究，也不避字同義同。如：

(1)林海音書桌：「他仰仗它，得以養家活口；他仰仗它，達到寫讀之樂。」這是排比法。

(2)「天增歲月人增壽，春滿乾坤福滿門。」這是對偶法。

國學常識題庫解答

國學名稱、範圍及分類測驗題

一、單選題

1.Ⓑ 2.Ⓐ 3.Ⓓ 4.Ⓒ 5.Ⓑ 6.Ⓑ 7.Ⓐ 8.Ⓒ 9.Ⓐ 10.Ⓓ 11.Ⓑ

二、複選題

12.ⒶⒷⒸⒹ 13.ⒷⒸⒹ 14.ⒷⒹ 15.ⒶⒷⒸ 16.ⒶⒷⒸⒹ

經學常識測驗題

一、單選題

1.Ⓐ 2.Ⓑ 3.Ⓓ 4.Ⓑ 5.Ⓐ 6.Ⓓ 7.Ⓓ 8.Ⓑ 9.Ⓓ 10.Ⓒ 11.Ⓑ 12.Ⓑ 13.Ⓒ 14.Ⓐ 15.Ⓒ

16.Ⓐ 17.Ⓑ 18.Ⓒ 19.Ⓒ 20.Ⓓ 21.Ⓑ 22.Ⓑ 23.Ⓐ 24.Ⓐ 25.Ⓑ 26.Ⓓ 27.Ⓒ 28.Ⓒ 29.Ⓒ 30.Ⓑ

31.Ⓐ 32.Ⓓ 33.Ⓓ 34.Ⓒ 35.Ⓐ 36.Ⓐ 37.Ⓑ 38.Ⓑ 39.Ⓓ 40.Ⓐ 41.Ⓑ 42.Ⓓ 43.Ⓐ 44.Ⓒ 45.Ⓐ

46.Ⓑ 47.Ⓒ 48.Ⓓ 49.Ⓑ 50.Ⓒ

二、複選題

51.ⒶⒷⒸ 52.ⒷⒸⒹ 53.ⒶⒷⒸ 54.ⒶⒷⒹ 55.ⒸⒹ 56.ⒸⒹ 57.ⒷⒸⒹ 58.ⒶⒷ 59.ⒶⒹ 60.ⒶⒹ

61.ⒶⒷ 62.ⒷⒸ 63.ⒶⒸⒹ 64.ⒷⒹ 65.ⒶⒷⒸ 66.ⒶⒷ 67.ⒷⒸ 68.ⒷⒸⒹ 69.ⒶⒷⒸⒹ 70.ⒶⒷⒸ

Ⓓ 71.ⒶⒷⒸ 72.ⒶⒸⒹ 73.ⒶⒷⒸⒹ 74.ⒶⒷⒸⒹ 75.ⒷⒸⒹ 76.ⒶⒷⒸⒹ 77.ⒶⒷⒹ 78.ⒶⒷⒹ

79.ⒶⒷⒸⒹ 80.ⒶⒷⒹ 81.ⒷⒸⒹ 82.ⒶⒷ 83.ⒷⒸⒹ 84.ⒶⒷⒹ 85.ⒶⒹ 86.ⒶⒷⒸ 87.ⒶⒷⒸⒹ

88.ⒶⒸⒹ 89.ⒶⒷ 90.ⒶⒸⒹ 91.ⒶⒸⒹ 92.ⒶⒷⒸⒹ 93.ⒶⒷⒸ 94.ⒶⒷⒸⒹ 95.ⒸⒹ

史學常識測驗題

一、單選題

1.Ⓒ 2.Ⓑ 3.Ⓓ 4.Ⓑ 5.Ⓓ 6.Ⓒ 7.Ⓐ 8.Ⓒ 9.Ⓑ 10.Ⓐ 11.Ⓐ 12.Ⓒ 13.Ⓓ 14.Ⓑ 15.Ⓐ

16.Ⓐ 17.Ⓑ 18.Ⓓ 19.Ⓐ 20.Ⓑ 21.Ⓓ 22.Ⓒ 23.Ⓑ 24.Ⓐ 25.Ⓒ 26.Ⓒ 27.Ⓒ 28.Ⓑ 29.Ⓐ 30.Ⓐ

31.Ⓒ 32.Ⓓ 33.Ⓓ 34.Ⓑ 35.Ⓒ 36.Ⓐ 37.Ⓒ 38.Ⓑ

二、複選題

39.ⒶⒷ 40.ⒶⒸ 41.ⒷⒸ 42.ⒶⒷⒸⒹ 43.ⒷⒹ 44.ⒷⒸ 45.ⒸⒹ 46.ⒶⒸⒹ 47.ⒶⒷⒹ 48.ⒶⒷⒸ

49.ⒶⒷⒹ 50.ⒶⒹ 51.ⒷⒸ 52.ⒶⒷⒸ 53.ⒶⒷⒸⒹ 54.ⒷⒹ 55.ⒶⒷ 56.ⒶⒷⒸⒹ 57.ⒶⒷⒹ 58.ⒶⒸⒹ

59.ⒶⒷⒹ 60.ⒶⒸ 61.ⒶⒷⒸⒹ 62.ⒶⒸⒹ 63.ⒶⒷⒹ 64.ⒷⒸⒹ 65.ⒶⒷⒸⒹ 66.ⒷⒸⒹ 67.ⒸⒹ

68.ⒶⒷⒹ 69.ⒷⒸ 70.ⒷⒹ 71.ⒶⒷⒸ 72.ⒶⒷ 73.ⒷⒸⒹ 74.ⒶⒷⒹ 75.ⒸⒹ 76.ⒷⒹ 77.ⒶⒷⒸ

78.ⒶⒷⒸⒹ 79.ⒷⒸ 80.ⒶⒷⒹ 81.ⒶⒷ

子學常識測驗題

一、單選題

1.Ⓒ 2.Ⓓ 3.Ⓓ 4.Ⓑ 5.Ⓒ 6.Ⓐ 7.Ⓐ 8.Ⓑ 9.Ⓓ 10.Ⓒ 11.Ⓑ 12.Ⓑ 13.Ⓒ 14.Ⓑ 15.Ⓐ

16. Ⓑ 17. Ⓓ 18. Ⓑ 19. Ⓓ 20. Ⓐ 21. Ⓓ 22. Ⓒ 23. Ⓑ 24. Ⓓ 25. Ⓓ 26. Ⓑ 27. Ⓓ 28. Ⓒ 29. Ⓒ 30. Ⓐ

二、複選題

31. ⒸⒹ 32. ⒶⒷⒸⒹ 33. ⒶⒷⒸⒹ 34. ⒷⒸⒹ 35. ⒷⒸⒹ 36. ⒶⒷⒸⒹ 37. ⒶⒷⒸ 38. ⒶⒷⒸⒹ 39. ⒶⒷⒸⒹ 40. ⒶⒷⒸ 41. ⒷⒸ 42. ⒶⒷ 43. ⒶⒷ 44. ⒶⒸⒹ 45. ⒶⒷⒸⒹ 46. ⒸⒹ 47. ⒸⒹ 48. ⒶⒷⒸⒹ 49. ⒶⒷⒸⒹ 50. ⒶⒷⒸⒹ

文學常識測驗題

一、單選題

1. Ⓒ 2. Ⓐ 3. Ⓒ 4. Ⓑ 5. Ⓑ 6. Ⓒ 7. Ⓒ 8. Ⓒ 9. Ⓓ 10. Ⓑ 11. Ⓑ 12. Ⓑ 13. Ⓒ 14. Ⓒ 15. Ⓑ
16. Ⓐ 17. Ⓒ 18. Ⓓ 19. Ⓑ 20. Ⓓ 21. Ⓐ 22. Ⓐ 23. Ⓑ 24. Ⓒ 25. Ⓑ 26. Ⓐ 27. Ⓐ 28. Ⓓ 29. Ⓒ 30. Ⓒ

二、複選題

31. ⒶⒸⒹ 32. ⒸⒹ 33. ⒶⒷⒸ 34. ⒷⒸ 35. ⒶⒸⒹ 36. ⒶⒷⒸ 37. ⒶⒹ 38. ⒶⒸⒹ 39. ⒶⒷⒸ 40. ⒶⒷⒸⒹ 41. ⒶⒷ 42. ⒶⒷⒸⒹ 43. ⒶⒸ 44. ⒶⒷ 45. ⒶⒸⒹ 46. ⒶⒷⒹ 47. ⒶⒸⒹ 48. ⒷⒸⒹ 49. ⒸⒹ 50. ⒸⒹ

語文、文法與修辭常識測驗題

一、單選題

1. Ⓒ 2. Ⓒ 3. Ⓐ 4. Ⓓ 5. Ⓐ 6. Ⓑ 7. Ⓑ 8. Ⓓ 9. Ⓒ 10. Ⓓ 11. Ⓓ 12. Ⓑ 13. Ⓐ 14. Ⓒ 15. Ⓐ
16. Ⓑ 17. Ⓐ 18. Ⓒ 19. Ⓑ 20. Ⓓ 21. Ⓐ 22. Ⓐ 23. Ⓒ 24. Ⓓ 25. Ⓓ 26. Ⓓ 27. Ⓒ 28. Ⓒ 29. Ⓐ 30. Ⓓ

二、複選題

31.ⒶⒸ
32.ⒷⒸ
33.ⒶⒷⒸ
34.ⒶⒸ
35.ⒶⒷⒸ
36.ⒸⒹ
37.ⒷⒸⒹ
38.ⒶⒹ
39.ⒶⒷⒸⒹ
40.ⒷⒹ
41.ⒶⒸ
42.ⒷⒹ
43.ⒶⒷⒹ
44.ⒶⒷⒸⒹ
45.ⒶⒷⒸⒹ
46.ⒶⒷⒸ
47.ⒶⒷⒸⒹ
48.ⒶⒷⒸ
49.ⒶⒸⒹ
50.ⒶⒷⒸ

文苑叢書

國學常識精要

邱燮友等／編著

中國歷史源遠流長，歷經五千年的傳承，孕育出博大精深的中國學術。為了使初學者以新觀念、新方法來體驗中國學術的內涵和精華，本書邀請四位教授執筆，從《國學常識》一書摘取精華，撰成此書。從源頭脈絡解析，並條列重點，無須基礎即可閱讀。書中內容涵括經、史、子、集等文學常識，並收錄國學常識題庫，協助讀者統整前人知識之精髓，方便學習與理解，本書不僅是考生的最佳選擇，亦可成為對中國學術有興趣者的橋樑。

莊子及其文學

黃錦鋐／著

本書集作者歷年來研究《莊子》的論文共九篇，將《莊子》一書中的理論與文學內容相互印證，以見《莊子》在文學上的價值與影響，為研究者提供一批評的識見與線索。而對於眾說紛紜的向秀、郭象《莊子》注相關問題，作者也綜合各家研究者的意見作一客觀的評論，並指引出研究《莊子》注的新途徑。此書以宏觀角度重新檢視莊子學，在浩瀚研究典籍中汲取養分，足以作為研究莊子學說思想及文學的最佳參考書籍。

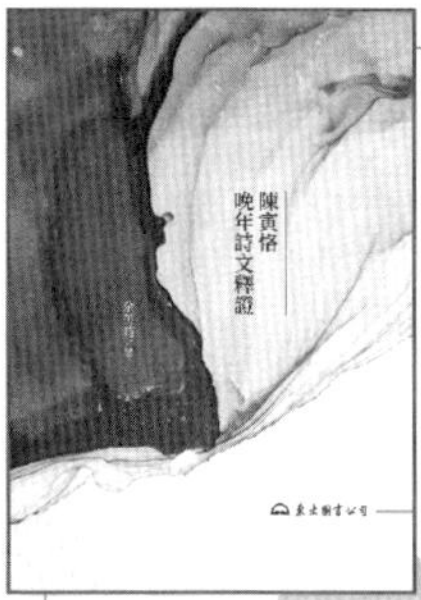

陳寅恪晚年詩文釋證

余英時／著

本書是作者四十年來研究陳寅恪史學觀念和文化精神的總集結。一九四九年以後，陳寅恪已成為中國大陸唯一未滅的文化燈塔，繼續闡發「獨立之精神」和「自由之思想」。十餘年以來本書所激發的爭議不斷擴大，最後演成所謂的「陳寅恪熱」，引出了大批有關他晚年的檔案史料。作者利用新史料增寫了〈陳寅恪與儒學實踐〉和〈試述陳寅恪的史學三變〉兩篇長文，更全面地闡明他的價值系統和史學思想，而這也是本書最後決定出版的主要原因。

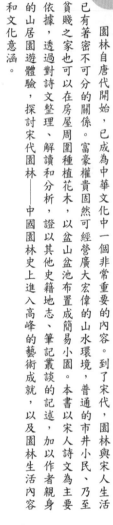

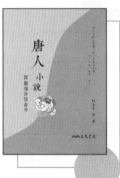